中国资产评估丛书之一
资产评估专业教学参考用书

中国资产评估理论与实践

主　　编　贺邦靖
执行主编　刘　萍

中国财政经济出版社

图书在版编目（CIP）数据

中国资产评估理论与实践／贺邦靖主编．—北京：中国财政经济出版社，2013.10

（中国资产评估丛书；1）

资产评估专业教学参考用书

ISBN 978-7-5095-4797-7

Ⅰ.①中… Ⅱ.①贺… Ⅲ.①资产评估－研究－中国 Ⅳ.①F123.7

中国版本图书馆 CIP 数据核字（2013）第 214507 号

责任编辑：孙 琛　　　　　　责任校对：张 凡
封面设计：潘馨怡　　　　　　版式设计：录文通

中国财政经济出版社 出版

URL：http://www.cfeph.cn
E-mail：cfeph@cfeph.cn

（版权所有　翻印必究）

社址：北京市海淀区阜成路甲 28 号　邮政编码：100142
营销中心电话：88190406　北京财经书店电话：64033436　84041336
北京富生印刷厂印刷　各地新华书店经销
787×1092 毫米　16 开　26.25 印张　655 000 字
2013 年 9 月第 1 版　2013 年 9 月北京第 1 次印刷
定价：72.00 元
ISBN 978-7-5095-4797-7/F·3879
（图书出现印装问题，本社负责调换）
本社质量投诉电话：010—88190744
反盗版举报热线：88190492　88190446

中国资产评估丛书
编委会

主　　　编：贺邦靖
执 行 主 编：刘　萍
编委会成员：刘玉廷　贾　谌　刘公勤　袁白薇
　　　　　　刘　伟　王子林　李春满　宋　阳
　　　　　　卞荣华　韩立英

序　言

　　中国的资产评估行业萌生于20世纪80年代末、90年代初，伴随着改革开放，特别是维护国有资产权益的需要创立并发展，在市场经济体制建立完善过程中迅速成长壮大。随着市场经济体制的不断完善，资产评估除为国有经济布局战略性调整和产权交易、各类所有制企业资本运营等传统领域提供专业服务外，在更广泛范围、更深层次上服务于我国经济建设、政治建设、文化建设、社会建设和生态文明建设等领域，对支持国有企业改革、促进资本市场发展、维护市场秩序、防范金融风险，维护社会公共利益和国家经济安全、推动建设高效廉洁的现代政府、保护社会公平正义发挥了十分重要的作用。

　　伴随着中国经济社会的快速发展，资产评估行业取得了骄人业绩，成为市场经济体系不可或缺的有机组成部分。资产评估行业发展得益于改革开放，汇聚了多方智慧力量。党中央国务院的重视和扶持，确定了行业发展的方向和基调。财政部等政府部门对资产评估倍加关注和支持，制定政策发挥评估专业服务优势，营造了良好的执业环境。中国资产评估协会审时度势，以引领和服务行业发展为己任，充分发挥了政府与会员、专业与市场、国内与国际之间的桥梁和枢纽作用，地方财政部门和协会恪尽职守，积极推进各地评估工作，形成了行政管理和行业自律有机结合的良好局面。广大评估工作者潜心笃志，孜孜以求，坚持独立、客观、公正的立场，以诚信赢得信赖，以专业赢得市场，共同谱写了行业发展的华美乐章。

经过二十余年的发展，资产评估行业走出了一条适合中国市场经济的评估服务专业之路，创立了一套服务于中国经济社会的评估理论体系和部分领域国际领行的执业规范标准，培养了一支讲道德、有能力的专业服务队伍。同时，构建了有力的行业监管体系，搭建了科学有效的会员管理与服务模式，推动了信息化水平的不断提升，赢得了在世界评估界的重要话语权。资产评估业务规模和范围不断扩大，机构品牌影响力和核心竞争力不断提升，行业建设取得了长足进步，得到了政府、企业和市场的充分认可，为推动市场经济发展，加快改革开放进程，发挥了保驾护航的作用。

财政部部长楼继伟长期重视和关心资产评估工作，对行业发展寄予厚望。他近期指出，市场经济发展需要资产评估，资产评估前景广阔，要进一步发挥资产评估在市场经济及财政管理中的基础作用。财政部部长助理刘红薇精心指导资产评估工作，指出资产评估行业要"以德为先、树立诚信"，充分发挥服务经济社会的专业功能。资产评估行业要将贯彻落实十八大精神作为重大使命，立足于服务经济社会发展，努力实现评估行业转型升级，由单纯为经济发展服务转变为为"五位一体"建设全面服务；由单纯为产权交易服务转变为为产权交易和价值管理并重服务；由单纯鉴证为主转变为鉴证和咨询并重；由单纯为国有经济服务转变为为多种所有制经济服务；由为一般资产服务转变为为一般和特殊资产全方位服务。

值此中国资产评估协会诞生二十年之际，中国资产评估协会组织编写了《中国资产评估理论与实践》、《中国资产评估制度与准则》、《中国资产评估国际交流与借鉴》丛书，首次回顾了二十多年来资产评估行业的建设与发展，全面总结了资产评估的基本理论和方法，系统揭示了中国资产评估的发展规律；科学梳理了资产评估有关的制度和准则体系，充分展示了资产评估行业制度化、专业化的发展成果；以国际视野全面总结了中国资产评估行业国际交流与借鉴的历史和经验，分析比较了中外资产评估的特点。

这套丛书是资产评估管理者、执业者、理论研究者等集体智慧的结晶，是对资产评估行业二十多年发展成果的提炼和升华，是为推进中国资产评估事业健康、有序发展所做的一项扎实的基础建设工作，为指导评估执业和管理实践提供有益的参考，对资产评估行业转型升级、科学发展具有重大的现实意义和深远的历史意义。

新时期新阶段，中国资产评估行业迎来了新的发展机遇。党中央、国务院提出深化经济体制改革、加强文化强国建设、生态文明建设和城镇化建设等一系列治国方略，为资产评估现代服务业提供了广阔的发展空间。我国加快政府职能转变，更加重视发挥市场和社会的作用，为资产评估行业组织服务社会管理和创新提供了施展才华的平台。广大资产评估工作者要高举中国特色社会主义伟大旗帜，以邓小平理论、"三个代表"重要思想和科学发展观为指导，开拓创新，携手共进，全面贯彻党的十八大精神，发挥政府宏观调控、市场资源配置两个作用，抓住传统、新兴、潜在三个市场，推进行业优质发展、协会优质管理、机构优质服务、评估师优质执业，加强法制准则、管理体系、人才队伍、诚信道德、行业文化五项建设，共同创造资产评估行业美好的明天，为实现中国资产评估行业的中国梦，为建设中国特色社会主义作出新的、更大的贡献！

中国资产评估协会会长　贺邦靖

二〇一三年八月八日

目 录

绪论 …………………………………………………………… （1）
第一章 中国资产评估的产生与发展 ……………………… （14）
  第一节 中国资产评估发展历程 ……………………… （14）
  第二节 中国资产评估行业管理体制的沿革 ………… （40）
  第三节 中国资产评估行业发展现状 ………………… （49）
  第四节 中国资产评估行业发展特色 ………………… （53）
第二章 中国资产评估理论建设 …………………………… （64）
  第一节 中国资产评估理论建设的历史进程 ………… （64）
  第二节 中国资产评估理论建设的逻辑起点 ………… （75）
  第三节 中国资产评估应用理论 ……………………… （80）
  第四节 中国资产评估技术理论 ……………………… （100）
第三章 中国资产评估实践（一） ………………………… （148）
  第一节 综述 …………………………………………… （149）
  第二节 中外合资合作领域的资产评估 ……………… （153）
  第三节 国有企业改制领域的资产评估 ……………… （157）
  第四节 产权交易市场领域的资产评估 ……………… （163）
  第五节 资本市场领域的资产评估 …………………… （166）
  第六节 金融市场领域的资产评估 …………………… （174）
  第七节 会计计量领域的资产评估 …………………… （183）

第八节　跨国并购领域的资产评估 …………………………（190）
第九节　知识产权领域的资产评估 …………………………（194）
第十节　非货币资产出资领域的资产评估 …………………（200）
第十一节　企业清算领域的资产评估 ………………………（206）

第四章　中国资产评估实践（二） ……………………………（212）
第一节　司法实践领域的资产评估 …………………………（212）
第二节　文化建设领域的资产评估 …………………………（217）
第三节　生态环境建设领域的资产评估 ……………………（221）
第四节　财政资金绩效评价领域的资产评估 ………………（228）
第五节　税收领域的资产评估 ………………………………（234）
第六节　森林资源资产评估 …………………………………（238）
第七节　珠宝首饰艺术品资产评估 …………………………（243）
第八节　资产评估与各专业对接的创新实践模式 …………（250）
第九节　中国资产评估实践将生生不息 ……………………（253）

第五章　中国资产评估行业建设 ………………………………（257）
第一节　综述 …………………………………………………（257）
第二节　中国资产评估行业协会组织建设 …………………（263）
第三节　中国资产评估行业制度建设 ………………………（270）
第四节　中国资产评估行业市场建设 ………………………（279）
第五节　中国资产评估行业执业机构建设 …………………（285）
第六节　中国资产评估行业人才队伍建设 …………………（293）
第七节　中国资产评估行业信息化建设 ……………………（300）
第八节　中国资产评估行业文化建设 ………………………（308）
第九节　中国资产评估行业国际交流与合作 ………………（313）

第六章　中国资产评估行业管理 ………………………………（321）
第一节　综述 …………………………………………………（321）
第二节　中国资产评估行业行政管理 ………………………（323）
第三节　中国资产评估行业自律管理 ………………………（332）

第四节　国有资产评估项目的核准、备案管理 …………（357）
第七章　中国资产评估行业发展前景 ……………………（377）
　　第一节　中国资产评估行业发展面临的形势 ……………（377）
　　第二节　中国资产评估行业发展趋势 ………………………（383）
　　第三节　中国资产评估行业发展的指导思想和理念 ……（388）
　　第四节　中国资产评估行业发展的市场空间 ……………（391）
　　第五节　中国资产评估行业建设路径 ……………………（395）
参考文献 ……………………………………………………（402）
后记 …………………………………………………………（405）

绪　论

2013年，中国资产评估行业迈入了自诞生以来的第二十五个年头，距中国资产评估协会成立也已有了二十个年华。早在1988年3月，大连会计师事务所受大连炼铁厂委托，就大连炼铁厂拟作为对外投资的建筑和机电设备提交一份价值报告。谁也没有料到，这份报告成了构建中国资产评估大厦的第一块基石。

1991年11月16日，国务院颁布了《国有资产评估管理办法》（第91号令），这是中国第一部规范资产评估管理的最高行政法规，从法律层次上赋予了资产评估的合法地位。

1993年9月28日，中华人民共和国民政部批复同意中国资产评估协会注册成立，标志着中国资产评估行业宏伟建筑的初步形成。

二十多年来，在党和国家政策指引下，在财政部党组的领导下，在民政部的指导下，在评估行业十多万人的共同努力下，在社会各界关心支持下，中国资产评估行业从无到有、从小到大，已发展壮大成一支有逾3万名注册资产评估师、近3000家资产评估机构、年评估业务收入超80亿元的充满朝气的队伍。二十年来，我们走出了一条适合中国市场经济的评估服务专业之路，我们创立了一套服务于中国经济社会的评估理论体系，我们培养了一支讲道德、有能力、恪尽职守的专业服务队伍，用我们无数次的创新实践、不懈的努力赢得社会的尊重、政府的认可、市场的信赖。中国资产评估行业的发展不仅表现在量的增长，更体现在质的提升。在放飞资产评估梦想和做优做强做大的号角声中,行业布局集中度不断提高,专业理论与执业水准显著提升;准则体系日益完善;社会影响不断扩大,国际地位不断增强;管理体制日趋健全,协会作用充分发挥。现在,中国资产评估行业已成为现代服务业中一支重要的专业力量,两新组织(即新经济组织和新社会组织)中一支朝气蓬勃的重要组成力量,在改革开放、经济建设与社会发展中发挥着不可替代的作用。

二十年的历程,记载着评估人的艰辛与拼搏,谱写着评估行业的建设与成就,描绘着评估专业的发展与收获。二十年的历程在历史的长河中只是瞬间,在中国评估史上却是值得永久记忆的精彩片段。在中国资产评估协会成立二十年之际,回首二十多年行业的形成、建设、发展、壮大,面对新形势、新阶段、新挑战,我们认真梳理行业发展的重大历史事件,深刻总结成长过程中积淀的历史经验,从中探索行业应遵循的发展规律,从而不断完善理论与实践体系,为推进行业在未来实现更好更快发展打下基础。

一、资产评估的属性

资产评估在国际上有近百年的发展历史,经历了由财产评估到资产评估的历程,凭借特有功能在维护和协调资产所有者、经营者权益,推动生产要素的合理流动和优化配置,促进经济结构调整,从而保障社会再生产顺利、有效运行等方面发挥着重要作用。

资产评估即对资产进行评定、估价,以确定该项资产可能的市场交易价值。资产评估的价值发现功能源于原始形态的财产评估。在简单商品交换时期,市场条件还不发达,价格信息并不完备,当房屋、土地、牲畜等财产作为商品开始进行买卖交换时,买卖双方都期望由所信任的第三者以独立、公正的身份就财产价值进行判断,并给出一个公平的价格以达成交易。充当这种角色的人被称为

"掮客"。在新中国成立前，掮客一直活跃在财产交易领域，直到解放初的农村，还能看到他们的身影。

在其他文明古国早期，也能找到原始的财产评估痕迹。古罗马时期，当朝者出于征税目的需要对相关财产进行价值估计；古代犹太人在放贷活动中也需要对提交的抵押财产进行价值估计，以此确定放贷额度。这些都属于原始财产评估的范畴。

原始财产评估也被称为经验评估，评估人员凭借多年的历史经验积累，主要依据自己的实践经验和知识进行评估。原始财产评估是市场条件不发达的产物，在市场价格信息不完善、交易行为不活跃的情况下，原始评估为促进商品交易活动发挥了重要的历史作用。

现代意义上的资产评估产生于资本主义早期、资产作为生产要素正式从财产中分离出来之时。与一般财产不同，资产在使用中可以为使用者带来衍生收益，资产的这种营利属性改变了市场交易的目的。在简单商品交换中，人们走进市场卖东西，是为了买回自己需要的商品，是"为了买而卖"；资产作为生产要素进入市场以后，人们购买资产是为了将资产收益出售，是"为了卖而买"。生产要素市场的出现，标志着简单商品经济已经发展为市场经济。改革开放之前，我国实行的是高度集中的计划经济体制，物资由计划分配，价格由政府统一制定。这种单一的分配及定价形式，造成了我国资源配置的严重扭曲。党的十一届三中全会的召开拉开了经济体制改革的序幕。价格定价机制改革成为经济体制改革的关键突破口，价值发现成为现代服务业的排头兵，先后经历了以计划调节为主、市场调节为辅、有计划的商品经济、建立社会主义市场经济的指导思想变迁的历程，最终建立了适应社会主义市场经济体制要求的、以市场为主导的价格管理体制。在此过程中，资产评估作为为生产要素市场提供价值发现等专业服务的经济活动，成为了市场经济的一个不可或缺的组成因素，为推动经济发展作出了重要贡献。

通过资产评估，突破了计划经济单一的定价机制，发展了遵循市场经济运行规律的现代定价机制，满足了经济社会活动中价值发现和管理的多元化、多层次需求。所以说，资产评估本质上是市场经济的产物，具有咨询性、社会性及动态性。

第一，资产评估具有咨询性。与资产评估关系较为密切的社会审计相比，二者服务于同一个市场，在提供专业服务时，均需利用会计记录等相关资料作出专业判断，都具有独立、客观、公正的社会属性。但二者的专业属性不同，审计履行鉴证职能，要求如实反映企业财务状况及经营成果，主要就企业经营活动的合规、合法、合理性作出事实判断。资产评估则主要履行咨询职能，需要就企业资产的获利能力作出价值判断，本质具有咨询属性，但评估结果一经政府认定或运用，就有了鉴证属性。

第二，资产评估具有社会性。从专业的角度看，资产评估和财务会计的关联度很高，二者都对资产进行价值计量，业务属性基本相同。但二者的社会属性不同，资产评估服务于市场，具有独立、客观、公正性，财务会计则服务于企业或单位，主要职能是核算与监督，为企业的经营决策提供信息。

第三，资产评估具有动态性。在对资产进行价值计量方面，会计有相当的一部分仍然以可靠计量的历史成本为依据，会计的资产价值计量基本上是静态的。资产评估要捕捉的是交易时点所显现的资产价值，由于资产价值因其交易环境、要素配置条件的不同而不断变化，因此资产评估的资产价值计量是动态的。

二、资产评估在市场经济中的地位

经过二十余年的发展，中国的资产评估在中国特色的社会主义市场经济建设、国有经济体制改革、经济发展方式转变和产业结构优化升级、社会进步和发展等方面作出了积极的贡献，服务对象几乎涵盖了国民经济的所有行业及社会经济的各个领域，已成为中国经济体制改革的重要专业支柱。

（一）资产评估是市场经济不可或缺的专业服务行业

在1992年召开的党的十四大报告中，明确提出了"建立社会主义市场经济体制"的改革目标。伴随着我国市场经济发展，"评估"这一词汇在中国几千个政策文件和多个法律中体现。

市场经济的特征是生产要素在经济活动中无障碍地流通，调节生产要素在不同部门的流出流入，以实现其有效配置，从而使其获利能力达到最大化。生产要素流动和组合的过程实际上就是生产要素交易的过程。与一般商品不同，资产作为生产要素，其交易价值是由其有效配置下的获利能力决定的。在市场经济中，资产的交易价格实质上是其获利能力的价值表现。受市场环境和资源配置等各种因素的影响，投入市场流通的资产，一般不能简单地按原值或账面价值进行交易，否则会损害交易一方的利益，影响资产的合理流动。因此，资产评估的过程实际上是模拟买卖双方的决策过程。资产评估是评估人员利用假设条件将被评估资产限定在某种状态下和某种市场环境中得出的"拟制价值"，目的在于促进交易各方当事人的合理决策，以克服有限理性和机会主义的影响，从而为资产交易双方理性确定资产交易价格、保障产权有序流转提供价值尺度。按照这一逻辑推断，市场经济以生产要素有效配置为根基，资产评估是生产要素实现有效配置过程中的一个重要支撑。市场经济需要对价值进行合理判断，价值判断需要以科学的资产评估为依托。评估是市场经济的新兴经济语言，在市场经济下，所有用货币表现的价值形态都可用估价来解决。作为一项动态化、市场化的社会活动，资产评估是市场经济条件下活跃存在的经济范畴，评估行业是现代服务业的重要组成部分，在市场经济中其专业服务不可或缺。

从全球视野观察，进入21世纪以来，资产评估已经成为一个独立完整的专业服务行业,逐渐被国际社会和各经济组织所认可,在许多国家得到较快发展。与发达国家相比,我国资产评估行业还很年轻,也正是因为年轻,多了朝气和创新。二十多年来,我国资产评估行业积极参与到我国经济体制改革进程中,为国有企业改制重组、清产核资、企业投融资体制改革等重大经济行为提供专业服务,发挥了重要的作用。资产评估行业为维护公平正义、协调各方利益、维护公共权益、促进和谐稳定等作出了重要贡献,已经成为中国社会主义市场经济中不可或缺的专业服务行业。

(二) 资产评估是现代服务业的重要专业组成部分

现代服务业通常是指智力化、资本化、专业化、效率化的服务业,已经成为衡量一个地区或国家综合竞争力和现代化水平的重要标志之一。目前,高端服务业产值已经占到全球 GDP 的 40% 以上,我国高端服务业产值仅占到 GDP 的 20% 左右,还有很大发展空间。

资产评估行业具备典型的现代服务业特征,具有技术密集、知识密集、高附加值、低资源消耗、低环境污染等现代高端服务业特点,是专业服务业的重要组成部分,也成为通用商业化语言。

一是服务主体具有专业性。资产评估机构是依法设立,从事资产评估业务的社会专门服务机构,根据服务的不同主体和不同专业体现出综合专业素质,多专业知识储备的要求。注册资产评估师在学历和知识结构及专业资历方面具有严格的准入条件并接受高质量的继续教育,具有高道德品质、高智力表现、高专业素养、高敬业精神的群体特征,是一个智力密集型行业。通过资产评估的价值发现、价值衡量、价值管理功能,能够促进各类生产要素合理流动,促进金融与产业的对接,带动相关产业高速发展。

二是服务对象具有高端性。资产评估作为生产服务业,服务触角几乎延展至国民经济的所有行业及社会经济的各个领域。从国有企业改制到中外合资合作企业的设立,从公司上市到抵押担保、破产清算、房地产投资、财产保险、财产诉讼,从服务财税体制改革到金融资产评估、物业税、公共资产管理、破产企业清算及知识产权、林权制度改革等高端经济活动,都需要资产评估担当"价值发现"与"价值尺度"的作用,助力这些高端经济活动的发展,具有较高附加值。

三是服务行为具有公正性。资产评估是专业机构和人员按照国家法律、法规以及资产评估准则,根据特定目的,遵循评估原则,依照相关程序,选择适当的价值类型,运用科学方法,对资产价值进行分析、估算和发表专业意见的行为和过程。注册资产评估师通过专业技术与专业经验为客户提供个性化的知识产品与知识服务,包括评估报告、评估咨询、投资咨询、可行性研究等。目的是为交易行为提供价值参考,减小报告使用双方由于信息不对称造成的价值损失,降低交易成本,发现交易风险,实现互利双赢。

从 2011 年开始,财政部、国家税务总局启动现代服务业营业税改增值税试点工作,在相关文件中明确将资产评估业作为鉴证服务类列入试点范围。2012 年 12 月,《国务院关于印发服务业发展"十二五"规划的通知》(国发〔2012〕62 号)中明确将资产评估列入生产性服务业中的商务服务业,并提出要积极发展包括资产评估在内的专业服务。资产评估作为现代专业服务行业的一分子,已成为服务中国经济发展方式转变和产业结构优化升级的专业力量。

(三)资产评估是中国经济体制改革逐步深化的重要专业支撑力量

1984 年 10 月,在党的十二届三中全会通过的《中共中央关于经济体制改革的决定》中,第一次明确指出中国的社会主义经济不是计划经济,而是有计划的商品经济。1992 年 10 月,党的十四大改变了过去建立有计划的商品经济的提法,第一次把社会主义市场经济确立为中国经济体制改革的目标模式,从而为资产评估业的诞生奠定了坚实的制度基础。二十多年来,中国资产评估行业根植于中国经济体制改革,并成为改革向纵深推进的专业支撑力量。

一是在完善以公有制为主体、多种经济成分并存的基本经济制度的进程中大显身手。国有企业是我国国民经济的支柱,深化国有企业改革是整个经济体制改革的中心环节。中国资产评估行业在诞生之初,就立足维护国有资产权益、防止国有资产流失,发挥着在国有产权交易中抑制腐败的重要作用。二十多年来,国有企业资产评估始终是资产评估机构的"主业"。在国有企业改革与发展的历程中,资产评估行业功不可没。通过资产评估的专业服务,摸清了国有企业资产的实际价值量,为国有经济实现布局战略性调整、国有企业战略性改革、国有资本证券化、国有资产保值增值、现代企业制度建立健全,发挥了重要作用。随着非公经济领域的日趋活跃,资产评估为中外合资、合作及民营企业并购重组、公司上市提供专业服务和智力支持,服务对象日益扩大。

二是在经济体制改革及相关重点领域,如财税体制、金融体制、林权管理体制和文化体制等改革领域中,资产评估以其提供的价值评估的专业服务,为支持自主创新和促进科技成果向现实生产力转化,加强资源节约和环境保护,推动国家知识产权战略实施等方面发挥了重要作用。

三是为政府转换职能、实现政企分离提供有效专业服务供给。在此方面,最具代表性的就是各级国资委的成立,标志着政府的公共管理职能和国有资产出资人职能分开。通过评估服务,为国资委摸清家底、考核绩效、科学决策,更好地行使监督与管理职能提供了强有力的依托。

由此看出,在社会主义市场经济条件下,资产评估具有举足轻重的地位,是独立的、专业的、不可或缺的现代服务行业,是推动中国市场经济发展的重要引擎之一。

三、资产评估在市场经济中的作用

资产评估的专业服务在市场经济中的作用日益增强,作为规范交易行为的价值标尺,资产评估在促进市场资源优化配置,保障资本市场良性运行,维护社会主义市场经济秩序,维护各类资产权益,维护公共利益和对外开放环境下的国家利益中发挥了积极作用。

(一)资产评估在促进市场资源优化配置中的作用

资产评估作为价值发现者、公正衡量者,为市场参与方及政府宏观调控提供科学合理的专业意见,对提升市场资源配置的效率起到了积极的作用。

资产评估是揭示资产价值的专业手段。在市场经济条件下,资源优化配置是指市场遵循平等性、竞争性、法制性和开放性的一般规律,由市场机制通过自动调节实现对资源的配置,即市场通过自由竞争和"理性经济人"的自由选择,由价值规律来自动调节供给和需求双方的资源分布,用"看不见的手"进行优胜劣汰,从而自动地实现对全社会资源的优化配置。价值规律是"看不见的手"发挥作用所遵循的基本规律,而资产评估所体现的评价和评值功能,恰是价值规律实现的必要条件。受社会必要劳动时间、供求关系及市场环境的动态影响,资产价值往往处在不断变化之中,需要评估专业人员对资产的时点价值进行合理评估,为交易双方提供合理的价值信号,以引导经济资源向价值最大化方向流动,防止"劣币驱逐良币"现象的产生。

资产评估是实现政府宏观调控的抓手。由于市场调节具有自发性、盲目性、滞后性等弱点,社会生产和再生产所需要的供求的总量平衡、经济和社会的可持续发展、社会公共环境的改善等,又需要由国家的宏观调控这一只"看得见的手"来实现。两只手相互补充、相互促进，推进市场的资源的优化配置。同样，"看得见的手"也离不开资产评估。这是因为，政府只有掌握市场、企业所发出的较为准确的价值信号，才能有效实施调控，提高资源的配置效率。以 2008 年美国次贷危机为例，正是金融衍生品的泛滥，造成了价格信息的严重失真，使美国政府失去了宏观调控的有利时机。另外，为社会提供公共物品也是政府宏观控制的一项重要任务。借助资产评估的专业力量做好公共物品的评估，有利于政府防范寻租行为、合理配置公共资源、充分发挥公共服务职能。

(二) 资产评估在推进资本市场发展中的作用

中国资产评估行业与中国资本市场几乎同时起步，二十多年来，资产评估行业已成为保障资本市场良性运行不可或缺的专业服务机构，为实现国有资产保值增值、推进上市公司并购重组、促进融资功能提升、提高资本市场财务会计信息质量方面发挥了至关重要的作用。

首先，资产评估实现了国有资产在证券市场上的保值增值。国有和国有控股企业是上市公司的主体。据有关数据统计，从资产购买方看，其控股股东主体为国有性质的占 72.7%，其中央企占 36.3%；从资产出售方看，国有企业的比例为 74.6%，其中央企的比例为 14.5%。置入资产涉及国有资产平均评估增值率接近 100%，增厚了重组后上市公司每股净资产含量，重组后的国有及国有控制的市值均有不同程度增长。资产经评估定价后证券化对于国资部门科学监管国有资产、逐步引入市值考核奠定了良好的基础。

其次，资产评估已经成为上市公司重大资产重组定价的核心环节。并购重组已成为国内证券市场配置资源的一种重要方式。据统计，2008—2010 年间，中国上市公司公告重大资产重组事项为 254 项，其中参照资产评估结果进行交易定价的重大重组事项就高达

225项，占比约为89%，资产评估机构的估值意见已经成为上市公司资产重组定价的依据。

再次，资产评估已成为促进融资功能提升的重要手段。通过对知识产权等无形资产进行合理估算，可以有效解决知识产权质押融资等难题，促进无形资产与金融的对接，有力拓展文化企业、科技型中小企业等企业的融资渠道。

最后，资产评估提高了上市公司会计信息质量。资产评估机构通过运用合理的评估方法，挤干了上市公司账面价值的水分，提高了会计信息的质量，为上市公司投资决策、新股发行、股权分置改革和广大中小投资者理性投资，及配合会计准则改革提供了良好的价值发现机制。

（三）资产评估对规范经济秩序有促进作用

市场经济秩序的实质，就是以规范经济利益关系为手段，促进市场有序运行为目的，为各市场主体从事市场活动创造共同平等的交易环境。但受市场主体追求自身利益最大化的影响，经济秩序并非自动形成，既需要政府的强力监管，也需要资产评估等专业机构发挥作用。产权交易的本质是等价交换，而资产评估的职能就是为交易主体实现公平交易提供价值尺度。在产权交易过程中，如果没有一个客观、公正、科学的评估价值，参与产权交易的各方就成了"盲人摸象"，这必然滋生投机、寻租与腐败现象。由于资产评估机构的介入，既抑制了交易主体的非理性行为，也为政府强力监管提供了"数据库"。正是资产评估机构职能的发挥，才将"看不见的手"与"看得见的手"实现了完美融合，使"公开、公平、公正"的经济秩序得以维护和不断健全。

（四）资产评估对维护包括国有资产在内的各类资产权益有积极作用

资产评估的基本目标是为资产交易和产权变动服务，按照这一目标，资产分为有形和无形资产、单项和整体资产、可确指和不可确指资产等等，资产评估专业人士通过运用合理假设和相应技术手段，为控制各类资产的主体在进行资产交易和产权变动时作出价值判断，从而实现交易价值的最大化。有了资产评估，交易各方能够在公开、公正、公平的前提下，实现资产最有可能实现的交换价值。由此不难看出，资产评估作为一种制度设计，目的在于维护投资者（包括潜在的投资者）与经营者、债权与债务人及其他利害关系人的共同权益并实现权益均衡。

中国国情决定了国有经济的主导地位，国有资产一直在全社会资产中占有较高的比重。随着经济体制改革的不断深化，国有资产开始进入交易领域，资产评估行业随之诞生并通过职能作用的发挥，逐步有效遏制了以账面价值替代公允价值、低评或不评无形资产、化公为私、假破产真逃债、盲目投资等"内部人控制"行为和对资产价值认知匮乏所造成的损害国有资产权益的现象。随着非公经济的兴起，作为真正人格意义上的产权主体，民营企业更为关注维护自身资产权益，出于内生需求，开始在资产交易和产权变动中大量聘用资产评估机构，从事与兼并收购、引进战略投资者、IPO（首次公开募股）相关的评估服务。

（五）资产评估对维护公共利益和对外开放环境下的国家利益有必要作用

资产评估是公众利益的维护者。首先，资产评估通过促进市场资源的优化配置，为政府实现增收节支、企业增加经济效益、全社会提高经济总量作出了重要贡献，从而提升了社会公众的整体福祉。其次，资产评估通过完善经济秩序，保障了纳税人的合法权益。再次，资产评估通过从事林权评估、碳排放交易评估等相关业务，有助于消除外部不经济，加快建设资源节约型和环境友好型社会。最后，资产评估通过进入司法鉴证业务领域，已逐步在防治贪污腐败、实现司法公正发挥越来越突出的作用。

资产评估是对外开放条件下国家利益的维护者。对外开放是中国的一项基本国策，提高对外开放水平，要以维护国家利益为最高准则，实现国内发展与对外开放的统一。从"引进来"看，资产评估为中外合资、合作的资产组合合理作价提供专业服务，使交易双方建立在公平、平等、透明的基础上，避免了中方资产低估和外方资产高估的行为，提高了外资利用水平，推动了国内企业技术进步和产业结构升级。从"走出去"看，一些大型资产评估机构积极跟随中国企业"走出去"，在跨国并购和投资中做好配套服务，有力地支持了中国企业在全球范围内开展资源配置和价值链组合，提高了国家竞争力。

以上我们从资产评估的基本概念和原理入手，结合中国实际，对资产评估在市场经济特别是社会主义市场经济中的地位和作用进行了简要论述。本书将对二十多年来的中国资产评估行业理论与实践发展的历史与未来进行回顾与展望。第一章主要概述中国资产评估行业的产生与发展；第二章全面展示中国资产评估行业的理论建设及其成果；第三章和第四章分别介绍了中国资产评估在不同领域的实践；第五章系统回顾中国资产评估行业的建设历程；第六章介绍中国资产评估行业管理现状；第七章展望中国资产评估行业的发展前景。

第一章 中国资产评估的产生与发展

大凡一项新生事物的产生,都是历史发展的需要。蓄势已久,其兴也勃,其发展也速,其历程则因时移势迁,艰难曲折各有不同。中国资产评估行业籍改革开放的大潮应运而生,因其在维护国有资产权益方面发挥了重要作用而得到了党和政府的高度重视,在政府行政主导下规范起步,同时也伴随着政府机构、职能的转变而进行着艰难的行业管理体制的探索。回顾中国经济体制改革和政府职能转变的历史变迁,检视中国资产评估行业二十年来所经历的重大事件,总结行业在改革与发展中形成的特色与规律,对于我们坚定信心,实现在新起点上的新腾飞具有十分重要的意义。

第一节 中国资产评估发展历程

中国资产评估的发展历程,可以大致划分为初创建立、探索成长、体制变革和规范发展四个阶段。

一、初创建立阶段(1988—1993年)

(一)改革开放孕育了中国资产评估行业

20世纪80年代,随着我国改革开放的深入发展,中外合资、合作、对外长期投资和对外出售产权等经济行为不断增多，要求必须合理确定中外双方的交易价格。1988年3月，大连市政府率先作出尝试，在大连炼铁厂与香港企荣贸易有限公司的合资过程中，为了防止国有资产的损失，由大连会计师事务所对大连炼铁厂作为投资的建筑和机电设备进行了评估，这是我国首例资产评估业务，开启了我国资产评估的序幕。

同期，大连市财政局于1988年3月向市政府呈文，申请成立资产评估机构。1988年4月大连市政府以大编发〔1988〕88号文，批准设立大连市资产评估中心[①]。

1988年8月，厦门市财政局国资处对厦盛小巴士公司中外合作期满归属中方的资产评估结果进行认定。同年10月，厦门市财政局国资处又对台湾国产汽车厂、第二汽车制造厂和厦门汽车工业公司合资成立的"厦门联合汽车工业公司"，利用厦门汽车装配厂的厂地所涉及的厦门汽车装配厂固定资产评估结果进行认定。

1988年9月12日至9月24日，国家体改委委托中国企业管理协会与美国评估师协会（ASA）在京联合举办了企业资产评估研讨班。

这一期间发生的上述一系列重大历史事件，表明中国资产评估业在改革开放大潮的催生下，开始了在市场、组织、专业技术等方面的萌动。

1988年，成为资产评估在中国诞生的标志性元年。

（二）国企改革提出国有资产评估的要求

20世纪80年代末，我国国有企业改革进入纵深阶段。为防止国有资产流失，规范国有资产交易行为，政府部门开始将资产评估视为维护国有资产权益的一种重要手段。1989年2月，国家体改

[①] 引自《中国会计报》2008年12月12日的《铭记20载春秋》。

委、国家计委、财政部、原国家国有资产管理局以体改经〔1989〕38号文和体改经〔1989〕39号文关于企业兼并和出售国有小型企业产权的暂行办法明确规定:"被出售企业的资产(包括无形资产)要认真进行清查评估";"对兼并方的有形资产和无形资产,一定要进行评估作价,并对全部债务予以核实。如果兼并方企业在兼并过程中转换为股份制企业,也要进行资产评估。"同年9月,原国家国有资产管理局以国资工字〔1989〕第3号发布了在国有资产产权变动时必须进行资产评估的若干暂行规定,规定凡是占用国有资产的单位,在实行租赁、联营、股份经营、兼并和出售国有企业、资产折股出售、破产清理、企业结业清理、中外合资、合作经营中,必须进行资产评估工作。这一系列重大政策的出台,顺应了经济形势发展的需要,适应了国企改革的需求,初步确立了资产评估的法律地位。

(三) 资产评估中心的成立夯实了行业发展的基础

1990年7月6日,原国家国有资产管理局成立资产评估中心,将资产评估纳入政府行政管理,从制度、人员等层面加强行业基础建设。

一是建立资产评估行业资格准入制度。资产评估机构资格的审批始于1990年。原国家国有资产管理局于1990年成立了资产评估机构资格评审小组,小组成员由国家计委、财政部、国家审计署、国家工商行政管理局、国家物价局、原国家国有资产管理局,指定经济、会计、物价、工程技术专业的司级以上干部组成,在公开、公平、公正的基础上授予资产评估机构评估资格。1991年8月,经资产评估机构资格评审小组第一次会议审议通过,中华会计师事务所等12家机构成为我国首批被授予资产评估资格的中介机构。这种以原国家国有资产管理局为主组建资产评估资格评审小组并授予资产评估资格的工作方式一直存续到1994年。

1990年11月26日，上海证券交易所成立，股票、债券等证券正式登陆中国市场。为了适应证券市场健康发展的需要，保证证券发行的评估质量，1993年3月20日，原国家国有资产管理局、中国证券监督管理委员会以国资办发［1993］12号文，联合发布了关于从事证券业务的资产评估机构资格确认的规定，规定了申请从事证券业务资产评估的机构必须具备的条件。证券业资产评估资格由原国家国有资产管理局和中国证券监督管理委员会共同审批，并联合颁发资格证书。经过严格审查，1993年4月9日，原国家国有资产管理局、中国证券监督管理委员会以国资办发［1993］17号文，联合发布确认中发国际资产评估公司等21家资产评估机构从事证券业资产评估资格的通知，首批确认21家评估机构从事证券业评估的资格。

二是建立资产评估报告制度。1991年6月20日，原国家国有资产管理局以国资办发［1991］39号文，印发关于建立国有资产评估工作的报告制度的通知，要求各地国有资产管理部门定期上报资产评估项目统计表、评估机构统计表、评估培训情况报表。为了适应我国财会制度的重大变革，1993年10月27日，原国家国有资产管理局以国资办发［1993］57号文，印发资产评估报告制度的补充通知，决定在原有统计报表系统的基础上，增加企业整体评估统计表。评估报告制度的建立，有利于掌握和了解全国资产评估工作的开展情况，促进评估管理规范化。

三是建立资产评估收费制度。1992年12月10日，原国家国有资产管理局会同国家物价局以价费字［1992］625号文，联合发布资产评估收费管理暂行办法，明确了资产评估收费的原则和标准。在长达近二十年的时间里，该办法对规范评估行业收费行为、维护委托方和资产评估机构的合法权益发挥了重要作用。

四是着手开展评估专业人员培训。1990年与1991年，原国家国有资产管理局分别举办了两届资产评估讲习班，针对国际资产评估理论、评估方法、评估案例等进行授课，培训对象主要为中央有关部门、各省资产管理部门主管资产评估的负责人、财经院校从事资产评估教学的老师、部分资产评估机构的业务骨干等。1992年4月，原国家国有资产管理局编写了《资产评估概论》，这是我国第一部由国家行业主管部门组织编写的资产评估专业培训教材。同年原国家国有资产管理局提出了要对资产评估执业人员经常组织培训的要求，并规定各地的资产评估管理人员和直接从事资产评估操作的人员，原则上由省、自治区、直辖市、计划单列市的国有资产管理部门或由其委托的其他单位组织培训，并鼓励社会上其他单位举办以普及资产评估知识为内容的培训班。

（四）91号令明确了资产评估法律地位

1991年11月16日，国务院颁布了《国有资产评估管理办法》（第91号令），这是中国第一部对资产评估行业进行政府管理的最高行政法规，标志着中国资产评估行业走上法制化的道路。该办法明确规定：凡是涉及国有资产产权或经营主体发生变动的经济行为都要进行评估，同时还规定全国资产评估管理的政府职能部门是国有资产管理部门，将审批评估机构纳入国有资产管理部门的职责范围，规定了被评估资产的管理范围、评估的程序和方法及法律责任等。国务院第91号令的颁布，从法律层面上赋予了资产评估的合法地位。

按照91号令的要求，1991年11月20日，中国国际经济与法律咨询公司提交了《丰满发电厂固定资产评估报告》。根据李鹏总理的指示，经有关部门研究决定，委托中国国际经济与法律咨询公司对我国历史最长的大型发电厂——丰满发电厂的固定资产进行重新评估。丰满发电厂固定资产账面原净值仅为1.045亿元，评估后价值为7.720亿元。

在国务院的大力支持下，资产评估行业在1991年迎来了第一个发展的高峰期，随着国有资产评估业务的急剧增加，国家各经济管理部门以及会计师事务所、审计事务所、财务咨询机构等纷纷组建资产评估机构，开展国有资产评估工作。据统计，1991年，全国已有资产评估机构（含兼营机构和专营机构）共476家，从事资产评估的人员6300人。各评估机构评估并经政府部门确认的国有资产评估项目4958项，评估的资产账面原值258亿元，评估值400亿元、增值率56.8%。

（五）中国资产评估协会开始走上历史舞台

为适应评估行业的快速发展，加强对全国评估行业的组织管理，加快与国际接轨，1992年11月，原国家国有资产管理局批准同意成立中国资产评估协会（以下简称"中评协"）。1993年9月28日，中华人民共和国民政部批复同意中评协注册成立（社证字第1491号），并核发了社会团体登记证。1993年12月10—11日，中国资产评估协会召开成立大会，自此，我国有了全国性的资产评估行业管理协会。中评协的成立，是顺应当时经济体制改革和政府职能转变的必然要求，开启了中国资产评估行业发展的新里程。

继中评协之后，辽宁、山西、四川、北京、天津、重庆等地率先组建了地方资产评估协会，其他地方也开始积极筹备。地方资产评估协会的成立，初步构建了全国性的资产评估自律管理网络体系。

经过初创建立阶段的发展，中国资产评估行业从无到有，在法制建设、组织建设、市场建设等方面取得了显著成效，截至1993年底，全国取得资产评估资格的机构共1600多家，从业人员2.6万人，成为社会主义市场经济中一支重要的新生力量。

二、探索成长阶段（1994—1998年）

随着社会主义市场经济体制的逐步建立，资产评估工作的重要性、迫切性日益突出。1994年4月，国务院办公厅在明传电报中，强调在审批外商投资企业与国有企业产权交易管理中，要对国有资产认真评估，以保护国有资产的权益。1994年11月6日，时任国务院副总理的朱镕基同志在全国国有资产管理暨清产核资工作会议上，强调要加强资产评估工作。为了适应日益发展的社会主义市场经济需要，加快资产评估行业人才队伍建设、制定执业标准和整顿市场秩序，成了这一阶段的当务之急。

1994年7月，原国家国有资产管理局重新修订了资产评估中心的"三定"方案，明确提出：资产评估中心是承担原国家国有资产管理局部分政府行政管理职能的直属事业单位，又是中国资产评估协会的办事机构。一个政府主导行政管理和行业自律管理相结合的资产评估行业管理体制初具雏形。1996年7月31日至8月2日中国资产评估协会第二次会员代表大会在黑龙江省哈尔滨市召开，会议选举产生了中国资产评估协会第二届理事会理事、常务理事以及协会领导成员。

（一）创建注册资产评估师执业资格制度

为加强对资产评估人员的执业准入控制，建立一支专业化的队伍，1995年5月8日，原人事部、原国家国有资产管理局联合下发《关于印发〈注册资产评估师执业资格制度暂行规定〉及〈注册资产评估师执业资格考试实施办法〉的通知》（人职发〔1995〕54号），全国注册资产评估师执业资格制度正式建立。

1995年8月30日，原人事部、原国家国有资产管理局发出《关于印发〈注册资产评估师执业资格认定办法〉的通知》（人职发〔1995〕104号），对符合《注册资产评估师执业资格认定办法》中规定条件的、在资产评估工作岗位上的高级专业技术人员，经审核后认定为具有注册资产评估师执业资格。原人事部、原国家国有资产管理局共同组成"注册资产评估师执业资格认定工作领导小组",负责全国注册资产评估师执业资格的认定工作。1996年8月,原国家国有资产管理局对首批认定为具有注册资产评估师执业资格的人员(全国共计581人)予以注册。注册资产评估师执业资格认定工作在1996年实施执业资格考试后不再进行。

1996年5月18—19日,首次全国注册资产评估师执业资格考试举行,全国共有38000多人参加考试,5263人通过考试取得注册资产评估师执业资格。这批人员中的绝大多数后来成为了中国资产评估行业的一线骨干。考试制度的建立,规范了行业人才选拔和培养工作,为注册资产评估师专业化、规范化发展奠定了坚实的基础。

(二)建立职业道德规范和技术标准

为促使资产评估执业人员更好地履行职责,坚持资产评估的客观公正性,保证资产评估质量,1995年4月12日,中评协发布《资产评估执业人员自律守则》,这是我国资产评估行业最早的职业道德规范。

1996年5月,在总结几年来资产评估实践经验的基础上,中评协组织专家制定了《资产评估操作规范意见(试行)》(中评协〔1996〕03号),对资产评估基本原则和方法、操作程序、评估报告和工作底稿等进行了规范,并就各类资产评估作出了具体规定。该规范意见对提高资产评估业务水平、规范业务操作发挥了重要作用,同时也为以后制定行业统一评估准则起到了铺路石的作用。中评协从1996年起开始着手研究和制定资产评估准则,同年11月,中评协秘书处向中评协第二届理事会提交了14项资产评估准则的草拟稿。1998年初,提出了中国资产评估准则的框架结构和准则制订计划,并制定了准则制定程序和准则发布程序。同年4月,中评协在上海崇明岛举行了资产评估准则研讨会。

(三) 加强对资产评估机构的资质管理

为加强有效管理，原国家国有资产管理局于1994年开始对资产评估机构正式实行定期年检制度，并由中评协具体组织实施。对所审批的机构从执业质量、职业道德、人员结构、后续培训、注册资金到位和风险基金提存等方面进行检查；中评协在各地检查的基础上，再选择一些地区进行核查和复核；年检合格的资产评估机构，方可继续从事资产评估业务。

为加强行业自律管理，中评协决定从1994年实行会员管理制度。中评协负责管理中央直属会员，资产评估机构必须成为协会的省级或直属会员。1994年10月，中评协第一届三次常务理事会审批了首批协会团体会员资格，并为553家协会团体会员颁发了会员证书。

(四) 跻身国际评估领域

1995年3月，经外交部批准，中评协作为中国评估组织的唯一代表加入国际评估准则委员会，成为其正式会员。由此中国评估行业正式跨入国际评估界，并积极参与到国际评估界的有关事务中。中评协加入国际评估准则委员会，标志着我国与国际评估界的交流进入一个新阶段。1997年6月，中评协与联合国计划开发署、中国国际经济技术交流中心在北京举办了资产评估标准国际研讨会，国内评估行业专家学者和多个国家评估业权威人士参加，加强了我国资产评估行业同国际评估界的业务交流。

从1993年至1998年，先后颁发的《中华人民共和国公司法》(主席令第42号)、《中华人民共和国促进科技成果转化法》(主席令第68号)、《中华人民共和国拍卖法》(主席令第23号)、《中华人民共和国公路法》(主席令第19号) 等国家法律，明确提出了资产评估的要求。国务院、原国家国有资产管理局以及国务院其他相关部门（国家林业局、国家专利局等）也先后颁布了一系列关于资产评估的规章制度和文件，进一步明确了资产评估的必要性，赋予了资产评估合法的地位，为资产评估提供了大量的法定业务，服务于中外合资、清产核资、企业改制及上市以及国有产权交易定价等经济行为，成为本阶段评估行业的主要业务领域。资产评估成为国有企业改革中维护国有资产权益的重要手段。

回顾探索成长阶段，我国资产评估行业在制度化、专业化、国际化等方面取得了可喜的进步，评估市场、评估机构、从业人员大幅增长，截至1998年末，全国共有资产评估机构3800多家，注册资产评估师14000余人，从业人员达4万多人，已经形成了相当的规模。

三、体制变革阶段（1999—2003年）

资产评估业经历了第一个十年快速发展期后，一些体制性、深层次的矛盾也开始逐渐显现，如，评估机构的挂靠体制依然具有浓厚的计划经济色彩，评估准则制定工作、评估理论建设相对滞后等。要使资产评估行业在社会主义市场经济中真正成长壮大，一场全方位、系统性的改革势在必行。

（一）深入开展行业清理整顿

根据国务院关于清理整顿中介机构的要求，为促进我国资产评估行业的健康发展，1998年8月18日，财政部发布《财政部关于开展全国资产评估行业清理整顿工作的通知》（财评字［1998］101号），决定自1998年9月至1999年12月，对全国各类从事资产评估业务的机构以及执业人员的执业资格及其执业行为进行清理整顿，旨在规范资产评估执业秩序，严格资产评估机构的设立条件，规范资产评估从业人员的职业道德，提高执业质量，加强资产评估行业管理和资产评估机构内部管理。

按照通知要求,财政部及各省级财政部门成立了清理整顿工作领导小组,对全国4039家资产评估机构开展了此项工作。经过自查、检查、抽查和总结验收四个阶段,以资产评估机构的设立条件、人员结构及执业行为、执业质量、职业道德、机构内部管理为清理整顿工作重点,共撤销不合格机构142家,清理超龄、兼职等不符合规定的注册资产评估师549人。这次清理整顿,不仅规范了执业秩序,也为下一步评估机构脱钩改制奠定了基础。

根据国务院清理整顿经济鉴证类社会中介机构领导小组以国清[2000] 4号文中《关于规范乡镇企业资产评估业管理的意见》,乡镇企业资产评估行业按照"归类合并、保留机构、归并资格、规范运作"的原则,纳入资产评估行业统一管理。2001年5月8日,财政部、农业部联合发布《关于乡镇企业资产评估机构和乡镇企业注册资产评估师换发财政部统一证书有关事项的通知》,共为254家乡镇企业资产评估机构、2091名乡镇企业注册资产评估师换发了新证。

(二) 完成全行业机构脱钩改制

1999年2月,财政部颁布《关于资产评估机构脱钩改制的通知》(财评字[1999] 119号),要求评估机构在人员、财务、职能、名称四个方面与挂靠单位实行彻底脱钩,成为按照《合伙企业法》或《公司法》的要求,由注册资产评估师出资设立的合伙形式或有限责任公司形式的资产评估机构。同时规定资产评估机构在1999年12月31日以前完成脱钩改制工作,凡在规定时间未完成脱钩改制的资产评估机构,一律取消从事资产评估业务的资格。全国资产评估机构脱钩改制工作就此全面展开。通过脱钩改制,保留了413家合伙制评估机构、2000多家有限责任公司制评估机构,1100多家评估机构因改制合并或未达到改制条件而被注销。

脱钩改制是一项制度创新和实践创新，它使资产评估机构成为真正意义上"自担风险、自负盈亏"的独立市场主体，彻底改变了评估机构作为中介机构不独立的状况，提高了资产评估行业的公信力，增强了评估机构应对市场风险的能力，极大地释放和激发了评估机构的活力，成为评估行业自产生以来一次在生产关系层面最重要的大变革。

（三）大力推进行业建设

2000年3月，中评协与中国注册会计师协会合并，实行"两种资格、两个行业、一个协会、统一管理"，对外交流时"中国资产评估协会"牌照保留。在这一阶段：

1. 加强执业规范建设，初步提出评估准则体系框架。从1999年开始，资产评估行业注重对国外评估准则制定状况的研究，在借鉴国外评估准则的基础上，结合我国资产评估行业理论研究成果和实践经验，初步提出了我国资产评估准则体系框架，准则建设迈出了第一步。

1999年，财政部先后发布了《资产评估报告基本内容与格式的暂行规定》（财评字［1999］91号）和《补充规定》（财评字［1999］302号）以及《中国注册资产评估师职业道德规范》（财评协字［1999］6号）；中评协以评协字［1999］53号文，发布了《资产评估业务约定书指南》、《资产评估计划指南》、《资产评估工作底稿指南》和《资产评估档案管理指南》共四个资产评估操作指南。针对当时证券市场引发的有关无形资产评估的争议，集中力量对我国无形资产评估中存在的问题进行了研究。2001年7月23日，财政部以财会［2001］1051号文发布了《资产评估准则——无形资产》。该项评估准则是我国第一部资产评估准则，其发布标志着我国资产评估准则发生了从无到有的根本变化。

2002年，为推动评估准则建设，资产评估准则起草组成立。同年8月,协会发布《资产评估基本准则(征求意见稿)》和《资产评估职业道德基本准则(征求意见稿)》。2003年1月28日,协会又发布《注册资产评估师关注评估对象法律权属指导意见》(会协〔2003〕18号),对评估师关注的法律权属提出指导。同时,中评协发布《珠宝首饰评估指导意见》(中评协〔2003〕1号)。上述一系列准则、文件,为规范资产评估师的职业道德和专业能力提供了技术支持和道德规范。

2. 建立后续培训制度,提高执业人员素质和水平。1998年,财政部发布了《注册资产评估师后续培训制度(试行)》(财评协字〔1998〕2号),1999年,中评协发布了关于执行《注册资产评估师后续培训制度(试行)有关问题》的通知(评协字〔1999〕59号),对注册资产评估师后续培训的内容、课时、形式及组织管理等作出了明确规定,注册资产评估师的后续教育正式纳入制度化管理。同时,中评协组织编写培训教材和后续教育教材,加强行业培训。2002年12月,《注册资产评估师后续教育培训丛书》在北京举行首发式。中评协还结合经济热点和行业工作重点,在行业内举办了各种类型的培训班。

3. 推动资产评估理论基础建设。2000年7月,中评协在深圳举行高新技术企业价值评估研讨会,对中小企业上市、风险投资、计算机电子网络价值等诸多评估前沿课题进行了探讨。从2001年至2003年,通过中央财经大学资产评估研究所连续发起举办了三届中国评估论坛,分别以"资产评估在市场经济中的地位与作用"、"中国资产评估准则"、"资产评估行业诚信建设与风险规避"作为论坛主题,进行深入的探讨和研究,取得了一定的成果。2003年6月,在业内专家、学者历经四年的共同努力下,中评协首批25个资产评估研究课题完成,有力地推动了我国资产评估理论研究的进程。同时,中评协还组织翻译国际评估准则和其他国家的评估准则,出版了各类专业丛书和论文集。中评协通过积极开展行业理论研究,注重推动课题成果运用，很好地指导了评估实践，既推动了资产评估理论基础的建设，又在一定程度上提高了注册资产评估师的执业水平。

4. 积极参与国际评估行业交流。继1998年中评协和美国高级评估师联合会在上海成功举办了中美资产评估国际研讨会之后，1999年，中评协与国际评估准则委员会（IVSC）共同举办了"'99北京国际评估论坛"。在此期间举行的国际评估准则委员会年会上，中评协当选为国际评估准则委员会常务理事，刘萍秘书长为中评协在IVSC的常务理事代表，提升了中国资产评估行业在国际评估领域的地位，拓宽了参与国际评估事务的渠道。同年，财政部组团考察了美国联邦金融机构监察委员会评估分会、美国评估促进会、美国评估师协会、加拿大评估学会与美国评值公司；中评协组团赴港与香港测量师学会进行首次工作会谈。2000年，财政部、中评协组团出席在美国举行的"2000年世界评估师大会"，财政部主管领导在大会闭幕式上发表了题为《资产评估与中国经济发展》的演讲。2000年和2002年，刘萍女士分别两次率团参加国际评估准则委员会的年会。这一系列的对外交流活动，奠定和增强了中国资产评估行业在国际评估界的地位和影响。

5. 中评协首家专业委员会成立。2001年9月20日，中评协珠宝首饰艺术品评估专业委员会在京成立。在业务技术方面，该委员会以国土资源部珠宝玉石首饰管理中心作为依托，由中国资产评估协会实行行业统一管理。这个委员会是中评协首个专业委员会。中国珠宝玉石首饰行业协会常务副会长、行业资深专家张蓓莉教授担任专业委员会主任委员。

随着本阶段一系列措施的出台，中国资产评估行业在改革中发展，在整顿中提高，打破了体制瓶颈，初步构建了准则体系的基本框架，提升了国际影响和地位，取得了质的飞跃。截至2002年年底，全国共有资产评估机构2996家，注册资产评估师18000余人，从业人员5万余人。

四、规范发展阶段（2004年至今）

中国资产评估行业经过十几年的不断探索，在社会主义市场经济中的独特地位和专业作用也越来越被社会认可。作为独立的经济鉴证类中介行业来进行管理，更有利于其作用的发挥。在此背景下，经国务院同意，2004年2月16日，财政部作出了中国资产评估协会单独设立的决定，明确指出："单独设立中国资产评估协会，是适应市场经济发展的要求，改进和加强资产评估行业管理，促进其健康发展的重要举措。"

中评协自单独设立以来，充分履行自律管理职责，在财政部的精心培育，中国证券监督管理委员会、国务院国有资产监督管理委员会等监管部门合力支持下，行业逐步走上了规范化、法制化的发展轨道，鲜明地体现了这一阶段规范发展的主题和特征。

（一）加强自律管理，全面推进行业建设

中评协单独设立后，在建立和完善准则体系、自律监管体系、创新会员管理体系和服务模式、推动行业法制建设、人才培养、国际交流和合作等方面开展了大量的工作，为全行业贯彻落实科学发展观、实现在新时期的腾飞作出了突出贡献。

1. 召开第三、四次会员代表大会，引领行业科学发展

2005年7月19日至21日，中评协第三次全国会员代表大会在北京召开。这是2004年中评协单独设立以来召开的一次十分重要的会议，是中国资产评估行业发展史上的又一里程碑。来自有关政府部门、社会团体、高等院校、企业界及资产评估行业的代表共460人参加了会议。时任中共中央政治局常委、国务院副总理黄菊到会祝贺并发表重要讲话。财政部部长金人庆到会致辞。会议审议并通

过了《中评协第二届理事会工作报告》、《中国资产评估行业（2006—2010）发展规划》、《中评协章程》、《中评协2004年度财务工作报告》、《中评协会费管理办法》，选举产生了中评协第三届理事会。

2010年9月9日至10日，中国资产评估协会第四次全国会员代表大会在北京召开。时任财政部党组书记、部长谢旭人，党组成员、部长助理刘红薇，中纪委委员、中国资产评估协会会长贺邦靖出席会议并讲话；中国证监会纪委书记李小雪，国务院国资委副秘书长郭建新出席开幕式并讲话。相关政府部门、职业团体、科研院校及评估机构代表等共400余人参加了此次会议。会议审议并通过了中评协副会长兼秘书长刘萍作的《中评协第三届理事会工作报告》，选举产生了中评协第四届理事会和领导班子成员。新当选的中评协会长贺邦靖指出，新一届理事会要充分发挥资产评估在政府宏观调控和市场配置资源中的作用，巩固和挖掘传统市场、积极开拓新兴市场、努力培育潜在市场，全面推进实现行业优质发展、协会优质管理、机构优质服务、评估师优质执业，切实加强法制准则、管理体系、人才队伍、诚信道德、行业文化五项建设，提升行业软实力，全面增强行业核心竞争力。

中评协第四次全国会员代表大会召开于"十一五"即将收官之时，大会全面总结了过去五年行业发展所取得的辉煌成就和宝贵经验，同时为行业实现在"十二五"期间更好更快发展做好了思想、组织、行动、舆论的准备。

2. 全面建设评估准则体系

在财政部和相关各方的鼎力支持下，中评协将资产评估准则体系建设作为行业工作的重中之重。2004年2月25日，中评协制定的《资产评估准则——基本准则》和《资产评估职业道德准则——基本准则》，由财政部以财企〔2004〕20号发布。根据两个基本准则确立的基本要求，2004年至2012年，中评协共制定、修订了26

项评估准则。这些准则覆盖了主要执业领域，规范了主要执业流程，实现了程序性准则与实体性准则的结合，组成了较完备的评估准则体系。这些准则的专业理念、基本术语等与国际评估准则趋同，同时在规范范围、技术运用、报告格式等方面充分考虑了中国实际。

评估准则建设成绩取得了良好的社会反响，一些监管方和评估报告使用者开始主动与中评协联系制定相关业务的执业准则。评估准则的制定成果也已经成为国际评估界的亮点，从最初的全面跟行国际评估准则，到逐步并行，再到著作权、商标权、专利权、实物期权等评估准则方面领行，我国评估准则的制定经验已经成为国际评估界的有益借鉴。

评估准则制定机制也逐步完善。2005年，中评协在地方协会建立了准则联络员制度；2007年，财政部资产评估准则委员会、中评协资产评估准则技术委员会和资产评估准则咨询委员会成立；这些工作为评估准则制定提供了组织保障。

中评协积极做好评估准则的宣传和推广，提升评估准则的社会认知度。结合后续教育，全面开展新准则培训工作，并将新准则的贯彻实施作为执业质量自律检查重点，通过检查、督促、指导评估机构和从业人员严格按照评估准则规范执业，保证执业质量，从而切实推动准则实施落到实处。

通过几年的努力，评估行业已构建起完整的资产评估准则体系，基本上实现了执业有规可循，监督检查有据可依的发展目标，行业执业规范化程度有了明显提升。

3. 创新会员管理体系和服务模式

2005年8月31日，中评协第三届常务理事会第一次会议通过了《中国资产评估协会会员管理办法》，并于2012年2月16日进行了第二次修订。按照办法的规定，中评协建立了会员分级管理、会员晋升制度、会员奖惩制度，健全了优胜劣汰的竞争机制。建设会员管理平台，提升会员管理效率。

在会员服务方面，以"为会员服务"为宗旨，建立并逐步完善了以分级分类会员管理为核心的会员管理模式，不断创新会员管理机制、健全诚信档案管理、构建会员服务平台，会员管理与服务体系日益完善。已经基本形成了一个服务于行业、服务于市场、服务于会员的高质量的会员服务平台：一是加强会员交流，扩大行业影响，提升评估声望；二是注重提升会员形象，加大对行业资深会员、金牌会员等的宣传，增强评估师的职业自豪感；三是增强会员归属感。增加服务内容，改善服务手段，使协会真正成为广大会员可信赖的大家庭。

4. 健全自律监管体系

中评协第三次全国会员代表大会以后，在注册管理层面建章健制，通过建立资产评估师注册、年检、转所、注销等多项管理制度，完备注册资产评估师的管理机制。从2005—2012年，共办理批准注册资产评估师注册12629人，撤销注册2355人，并完成了评估师换发新证工作，注册管理工作日益规范。

在执业质量监管层面，建立了行业自律惩戒、执业质量检查、谈话提醒、业务报备、投诉举报、综合评价等各项监管制度，夯实了行业自律监管基础。从2007年起，中评协和地方协会开始在行业内组织开展年度资产评估机构执业质量自律检查工作，每年抽取评估机构总数20%以上的机构，对其执业情况进行实地执业质量检查，建立起了日常监管的长效机制。自2010年起，财政部和中评协创新了监管手段，开始了联合检查，由中评协组织实施。截至2012年底，顺利完成了两轮对全国证券资格资产评估机构及一轮以上对全国非证券资格资产评估机构的执业质量检查工作。通过检查的数据分析，检查的成效正逐年提高：整体执业质量有了较大幅度的提升；机构内部管理更加严密规范；收费水平稳步提高。经过针对不同情况的差别处理，表彰先进、惩戒落后，最大限度地发挥了监管的作用，扩大了检查的影响力。

5. 大力加强人才建设，提升队伍整体素质

中评协坚持人才是行业发展第一资源的理念，行业人才培养机制逐步完善。以行业高端人才、国际化人才、高级管理人才培养为重点，以注册资产评估师继续教育为基础，以行业后备人才为重要补充，构建起分阶段、分层次、点面结合、自主培养与联合培养相结合的人才培养机制，形成了"学历教育、准入教育、继续教育"三个阶段，"高端人才、管理人员、执业人员"三支队伍，以及"中评协、地方协会和评估机构"三个层次的培训体系。

多年来，中评协通过多种措施，加强人才建设，高层次人才培养工作初见成效，人才队伍专业素养及职业道德素养得到有效提升，推动了行业人才建设。一是着力培养高端专业人才。从2007年开始，依托高校资源优势，与清华大学联合培养高端人才，打造高端人才培养的品牌项目。二是加强高层管理人才培养。从2007年起，加强了地方协会秘书长、证券业务资产评估机构高管及首席评估师的培训，有效地提升了行业管理人员的能力和素质。三是加快国际化人才培养。从2007年开始，与美国评估师协会、国际企业价值分析师协会等国际组织合作，举办各类高级研修班。四是扎实开展继续教育。结合行业发展需要，不断创新培训手段，丰富培训内容，开展远程网络视频培训、面授培训等多层次、多种形式结合的培训模式，全面落实分级分类分层次培训。五是加强后备人才的培养。中评协先后建立了10所"资产评估学科建设基地"，促使全国27所高校先后设立了资产评估本科专业，确定了中联、中企华等6家评估机构为首批"全国资产评估教学实验基地"，促进产、学、研的进一步融合，为行业发展提供基础性后备人才。2010年1月，国务院学位委员会决定在我国设置资产评估等硕士专业学位，中评协积极推动评估专业硕士建设，充分利用不同培养院校学科的资源优势，促使高校资产评估专业人才的培养与评估行业的需求相结

合,提高资产评估人才培养质量,增加优秀高层次人才储备。

6. 完善行业人才选拔准入机制,提升注册资产评估师胜任能力

为适应我国资产评估行业的快速发展对人才的需求,吸引和储备更多专业人才,中评协不断完善注册资产评估师考试制度,改革考试大纲和考试教材,提高考试命题和阅卷质量,提升考试工作的科学化水平,为行业选拔优秀人才。经过几年的努力,基本形成了考试制度完善、考试大纲和教材细化、命题科学合理、管理精细化的考试管理模式。2005 年至 2012 年底,全国考试报名人数共计 180853 人,考试全科合格人数为 11751 人,总合格率为 11.57%(按出考人数统计)。

7. 全面推进行业理论研究工作

建立由业内外知名专家组成的特约研究员队伍、由行业资深评估师和高级专业人员组成的行业专门研究队伍、协会内部人员组成的专业研究队伍等三支队伍,为行业研究工作的开展奠定了人才基础。同时,中评协逐步形成了一套比较完善、有效的课题研究和管理制度,发布了中评协课题研究管理办法、课题经费管理办法、课题规划和合作研究课题管理办法等一系列的规章制度,并根据国家对资产评估的要求和行业发展战略规划,制订了全行业课题研究的指导性目录,通过建立健全课题研究和管理机制,整合研究资源,使课题研究更加规范化、制度化和科学化,提升了课题研究的水平和质量,专业研究成果不断丰富。近年来,协会组织完成的《公允价值计量评估方法及实践》、《资产评估与金融风险防范》、《上市公司并购重组评估专题报告》等一系列重大课题,在行业内外引起较大反响。

8. 积极推进资产评估立法

中国资产评估行业自产生以来,一直存在多种资格并存、多个部门归口管理、多种考试并存以及多项法律零散规定的状况,严重阻碍了评估行业的规范、有序发展,针对这些评估业由来已久的

"流弊",制定一部专门的资产评估法,将评估师、评估机构以及所有评估活动纳入法律规范的轨道势在必行。中评协立足行业长远发展,带头提出评估立法建议,得到全国人大、财政部的充分肯定和支持。同时,中评协为立法提供了大量详实有用的研究资料,提供了评估法中的主干观点,并多次举办国际、国内研讨会,深入研究、扩大宣传。第十届、第十一届和第十二届全国人民代表大会常务委员会都非常重视和支持制定《资产评估法》,《资产评估法(草案)》于2012年2月进入审议阶段。目前,立法工作仍在继续推进。在积极推动评估立法的同时,中评协还高度关注国家有关法律的制订、修订工作,针对国家几项大的法律修订的时机,就其中有关资产评估的条款进行了认真而又充分的研究,提出了系统的、有针对性的修改意见和建议。所提意见和建议得到大量采纳,进一步提升了行业法律地位。

9. 提高国际地位,扩大国际影响

在2007至2008年国际评估准则委员会改组为国际评估准则理事会(IVSC)过程中,刘萍秘书长成功当选为国际评估准则理事会管委员会9名委员之一,对IVSC的战略、决策及发展方向有了更具影响力的话语权。在管委会下设的两个独立的委员会中,也有中评协推荐的行业专家。中评协还在国际评估准则的起草、修订等事务中发挥重要作用,使国际评估准则的制定能够日益充分地反映我国经济和评估行业的需求。

2005年6月,中评协加入世界评估组织联合会(WAVO)并当选常务理事。这是继1999年当选国际评估准则委员会(IVSC)常务理事后,中评协出任又一国际性评估组织的常务理事。2012年,中评协副会长兼秘书长刘萍当选世界评估组织联合会副主席,成功连任国际评估准则理事会(IVSC)管委会委员,2013年5月,当选国际企业价值评估分析师协会副主席,中评协国际影响力和地位上升到新高度。目前,中评协除和50多个国家正常交流与相互合作外，还在专业领域进行经常性的交流活动，先后分别与美国注册价值分析师协会、韩国鉴定评价协会、波兰评估师协会联合会、澳大利亚财产学会、俄罗斯评估师协会等国家评估组织签订了友好合作备忘录，并在评估立法、准则制定、人才培养等方面请国外业界知名专家参与指导，建立了多个领域的相互协作关系，促进了与相关国际组织深层次的交流。

在中国资产评估规范发展阶段，我国资产评估行业已基本形成了"法律规范、政府监管、协会自律、机构自我完善"的管理体制，建立起比较完整的评估准则体系和行业自律监管体系，使评估行业的公信力、影响力得以不断提高。到2012年底，全国共有资产评估机构2936家，注册资产评估师30675人，从业人员10余万人。

（二）优化行业执业环境

根据2004年7月1日实施的《中华人民共和国行政许可法》的有关规定，结合评估行业管理体制改革的具体实际，财政部等相关政府部门对资产评估行业的管理也适时进行了调整，在更加尊重市场主体的前提下，将工作的重心转移到优化行业的市场环境、法制环境及制定行业重大发展战略的轨道上来。

1. 开展全行业大检查

2004年8月开展了全国资产评估行业全面检查，财政部、证监会联合开展证券评估机构综合检查，办公室设在中评协，具体组织检查工作。检查的内容包括：资产评估机构设立条件、内部管理制度和质量控制制度、评估报告质量、职业道德遵守情况等基本情况检查。共检查了全部3458家资产评估机构和21771名执业注册资产评估师，对自动离职和挂靠的325名执业注册资产评估师予以撤销注册；对存在资质、内部管理或执业质量问题的51家机构作出了警告、暂停执业、吊销资格的行政处罚；对31名注册资产评估师由行业协会作出警告、行业通报批评的行业自律惩戒；对存在不规范问题的评估机构和评估师给予了谈话提醒和限期整改；对通过检查的评估机构重新换发了《资产评估资格证书》。

此次检查是继1988年开展机构清理整顿以来，开展的又一次全国性、系统性的检查，对净化执业环境、优化执业结构、推进行业在新起点规范发展发挥了重要作用。

2. 完善机构资质管理

2005年财政部颁布《资产评估机构审批管理办法》（财政部令第22号），2011年，财政部对22号令进行了修订，并以财政部第64号令颁布了《资产评估机构审批和监督管理办法》，对资产评估机构及其分支机构的设立、变更和终止等行为及监督管理进行了规范。64号令呈现以下几个特点。第一，顶层设计，责权清晰。64号令在行业管理制度顶层设计上规范了行政监管与自律管理的有机结合，规范了政府行政管理，明晰了政府事权和协会事权两者关系，明确提出了行业协会协助政府监管的职能、责任和自律监管在执业质量监管体系中的作用。第二，理念先进，方向明确。64号令秉持评估机构加强品牌建设、做优做强做大的管理思路和理念，创新机构组织形式、理顺规范分支机构及字号的管理，引导机构积极探索做优做强做大的多种途径和模式，不搞"一刀切"，促使行业不断科学发展。第三，适应需要，讲求实际。64号令适应了评估行业服务市场经济发展的新需求，首次提出对从事文化艺术、自然资源等评估业务的机构要设立专门规定，适应了机构不断拓展新业务领域，适应不同服务目的的新需求。

为了加强对从事证券、期货相关业务（以下简称证券业务）资产评估机构的管理，维护证券市场秩序，保护投资者和社会公众的合法权益，2008年4月29日，财政部、中国证券监督管理委员会联合印发《关于从事证券期货相关业务的资产评估机构有关管理问题的通知》（财企[2008]81号），对证券业务资产评估机构的申请条件及合并、分立、分支机构设立、重大事项报备等方面进行了明确规定。81号文主要规定的内容：一是规定了资产评估机构申请证券评估资格应当满足的条件和应当提交的材料；二是规定了具有证券评估资格的资产评估机构设立分支机构的报备问题；三是明确了具备证券评估资格的资产评估机构合并或分立时，证券业务评估资格的继承问题；四是提出了资产评估机构重大事项报备和年度报备的具体要求；五是明确了财政部和证监会对从事证券业务资产评估机构的日常管理措施；六是规定了证券评估资格的撤回、撤销情形以及相应的管理要求。

鉴于证券、期货相关评估业务涉及重大公众利益，81号文对从事证券业务的资产评估机构提出了更加严格的管理要求，为促进资产评估机构做优做强、实现资产评估行业规模化发展提供了制度保证。同时注重发挥行业协会的自律作用，与行政管理相结合，有利于证券评估领域的规范发展，有利于维护证券市场秩序，有利于保护投资者及社会公众的合法权益。

3. 规范国有资产评估，加强国有资产管理

2005年，国务院国资委发布了第12号令《企业国有资产评估管理暂行办法》。2006年，财政部发布了第35号令《行政单位国有资产管理暂行办法》和第36号令《事业单位国有资产管理暂行办法》。2008年，《企业国有资产法》发布。2009年，财政部发布了第54号令《金融企业国有资产转让管理办法》。2012年，财政部发布了财文资〔2012〕15号《中央文化企业国有资产评估管理暂行办法》。

这一系列法规文件，对发挥资产评估在国有资产管理中的作用作出了规定。中评协在财政部指导下，积极参与了相关法规文件的制定工作，就其中有关资产评估的条款进行了认真、充分的研究，提出了系统、有针对性的修改意见和建议。

此外，为促进资产评估在特定国有资产产权交易或特定经济行为中发挥作用，中评协在财政部支持下，积极与相关国有资产管理

部门协调，促成了财政部与相关部门以行政规范性文件形式对金融不良资产处置等特定经济行为中的资产评估事项，以及森林资源资产、知识产权等特定资产的评估作出规定。2005年，财政部和银监会发布了财企〔2005〕89号《关于规范资产管理公司不良资产处置中资产评估工作的通知》。2006年，财政部和国家林业局发布了财企〔2006〕529号《森林资源资产评估管理暂行规定》。财政部和国家知识产权局发布了财企〔2006〕109号《关于加强知识产权资产评估管理工作若干问题的通知》。

4. 规范资产评估收费，优化行业执业环境

为维护社会公共利益和当事人的合法权益，2009年11月17日，财政部会同国家发改委印发《资产评估收费管理办法》（发改价格〔2009〕2914号），文件要求各地方于2009年12月底前向社会公布重新制定的资产评估收费办法和收费标准，并自2010年1月1日起执行。新《收费办法》对旧办法进行了重大改革，实行政府指导价与市场调节价相结合，取消了以资产评估结果为计费依据，同时增加了计时收费方式，增设了收费下限相关规定，使评估计费更加科学，既有利于合理补偿资产评估机构的服务成本，也有利于维持相关当事方的合法权益。截至2012年底，全国已有23个省、自治区、直辖市发布了地方资产评估收费管理办法，对抑制低价竞争，保障服务质量，优化执业环境起到了积极的促进作用，也成为2010年、2011年评估行业收入大幅增长的主要原因之一。

5. 研究制定行业重大发展战略，推动行业实现跨越式发展

（1）资产评估行业做优做强做大，机构做优做强做大是重要基础。通过推动评估机构做大做强做优，进一步增强评估机构的综合服务能力，提高行业社会公信力，从而更好地适应社会经济发展的要求。中评协坚持以下工作思路和原则。一是创新理念、政策推动。机构做优做强做大要解放思想、创新理念，只要有利于市场经济，有利于评估行业发展，我们都予以积极支持。二是多种模式，

市场选择。机构做优做强做大是机构自身的选择、市场的选择。充分尊重市场的选择，鼓励机构选择适合自身发展情况的方式做优做强做大，无论采用总分公司还是母子公司，都为他们的选择提供政策、工作层面的支持，不搞一刀切，不搞运动式。三是积极探索、稳步推进。机构做优做强做大是一项中长期的任务，中评协在鼓励机构实践做优做强做大发展模式的同时，注重加强指导，统筹协调，及时总结，有序推进。

作为《财政部关于推动评估机构做大做强做优的指导意见》（财企〔2009〕453号）的配套措施，2010年11月，财政部发布《财政部关于评估机构母子公司试点有关问题的通知》（财企〔2010〕347号），中国资产评估协会根据该通知制定了《评估机构母子公司试点管理办法》（中评协〔2010〕187号）。2010年12月，经财政部批准，中联资产评估集团有限公司成为国内第一家采用"母子公司"经营模式的资产评估机构。截至目前，已获财政部批准进行母子公司试点的评估机构共6家。评估行业采用母子公司方式推进做优做强做大，是财政部党组落实党中央、国务院推动现代服务业发展战略的一项重大举措。母子公司试点，打破了原有制度对机构组织形式的束缚，以"品牌"为主导，有利于规模的良性扩张，有利于建立以评估为核心的专业配套服务体系和遍布全国的执业服务网络体系；母子公司以资本为纽带，有利于母公司对子公司的风险控制；以专业服务人合为根本，将公司制的内部治理结构和合伙制约束机制有机结合，有利于形成现代高端服务业有效运行机制。

通过母子公司试点的不断推进，评估机构的品牌影响进一步增强，品牌效应逐步显现，带动了行业影响力的提升；评估机构执业水平的提升，带动了行业服务能力的提升；机构诚信水平不断提高，带动了行业正面形象的提升；评估机构人才培养力度增加，带动了行业人才储备的厚度和广度不断增加；评估机构综合实力提升,带动了整个行业核心竞争力不断提升。

(2)发布行业发展规划。2011年11月,财政部企业司与中评协组成了联合起草小组,着手起草行业未来五年发展规划。在广泛征求了地方财政部门、行业协会的意见后,2012年10月23日,财政部发布《关于印发〈中国资产评估行业发展规划〉的通知》(财企〔2012〕330号)(以下简称《规划》)。《规划》首次以财政部名义发布,反映了财政部党组对评估行业的高度重视,是我国资产评估行业的一件大事,标志着资产评估行业迎来了全新的前所未有的发展机遇,在业界立即引起了强烈反响。行业发展规划在深入剖析资产评估本质属性的基础上,适应新时期、新形势的要求,从转变观念、拓展思路入手,摆脱了传统观念的束缚,站在服务于完善社会主义市场经济体制、经济社会发展要求和大力发展现代服务业的高度,重新定位、规划和明确了资产评估行业发展的指导思想,极大地拓展了资产评估的市场空间,是对资产评估行业发展的全新打造。相信随着《规划》的发布实施,并随着行业执业质量和专业服务能力的稳步提升、执业环境和内部治理的日益改善以及行政监管和行业自律的不断加强,必将实现我国资产评估行业的跨越式发展。

第二节 中国资产评估行业管理体制的沿革

中国资产评估管理体制主要由行政管理和行业自律管理两条主线构成。适应国家经济建设、改革开放与评估行业自身发展的需要,这两条主线不断地进行分化组合,演变出一条生动的体制改革路径。中国资产评估管理体制历经以下三个阶段:

一、单一行政管理阶段（1989—1993年）

由于我国长期实行单一公有制的计划经济，国民经济主体是各级各类国有企业。所以我国经济体制改革的主攻方向始终聚焦在国有企业改革上。我国国有企业改革始于1979年，先后经历了扩大企业自主权、在一定程度上实现所有权和经营权的"两权"分离、建立现代企业制度三个发展阶段。国有企业在逐渐向市场经济过渡的过程中，国有资产产权变动情况大量发生，为防止国有资产流失，有必要对交易涉及的国有资产价值进行科学度量。在这样的历史条件下，资产评估作为维护国有资产权益的一种政策措施被引入我国，并运用行政管理体制进行管理。

（一）原国家国有资产管理局下设资产评估中心，专司评估管理职责

1988年8月，由时任国务院总理李鹏主持召开的国家编委第五次会议上通过的《国家国有资产管理局"三定"方案》，明确规定了国家国有资产管理局对资产评估管理的职责。

1989年10月26日，原国家国有资产管理局设立资产评估中心（以下简称"评估中心"），其管理职责主要是：系统研究评估理论，制定资产评估标准、法规；制定资产评估机构的标准条件，对资产评估机构进行审查，颁发评估许可证并对资产评估机构进行监督管理；负责组织中央管辖的资产评估工作；受原国家国有资产管理局委托审核有关单位提出的资产评估申报书，作出是否准予评估立项的决定并负责确认资产评估结果；受托对资产评估的纠纷进行仲裁；负责组织资产评估人员的培训工作；指导地方国有资产评估工作；汇总分析全国国有资产评估的信息数据，及时就资产评估出现的新情况、新问题作出对策反映；在资产评估方面建立必要的国际

联系，组织必要的合作交流等。根据上述职责，资产评估中心设置了政策研究处、机构管理处、认证仲裁处、培训处和办公室共四处一室。

评估中心对资产评估行业进行专门的行政管理。各省、自治区、直辖市和计划单列市国有资产管理局也相继成立资产评估管理部门，资产评估管理体制开始建立。

（二）划分中央、地方管理两层次

按照"统一领导、分级管理"的原则，原国家国有资产管理局在负责对全行业组织、管理、指导和监督的前提下，直接审批和管理中央级的资产评估机构；省、自治区、直辖市国有资产管理行政主管部门，或经省国有资产管理行政主管部门授权的计划单列市国有资产管理行政主管部门负责审批、管理和监督本级的资产评估机构。

在此阶段国有资产的评估管理与资产评估的行业管理合为一体，是基于我国改革之初，尚未理顺产权管理职责与政府管理职责的关系。同时，相对于西方发达国家的资产评估上百年的历史，我国资产评估行业起步晚，底子薄，包括操作方法、工作程序、专业标准，甚至评估报告的制作，都亟待规范。通过建立行政管理体制建章立制，可以实现中国资产评估行业的高起点和规范起步。这不仅为我国经济体制改革和国有企业改革提供了可靠的技术保障，同时也是在改革开放、吸引外资过程中，维护国家民族权益的重要的体制保障。

二、政府行政管理框架下探索行业自律管理体制阶段（1993—2004 年）

中国资产评估的行政管理体制最初是为满足国有资产的管理需

要，在中央政府的强力推动下设置的。随着改革开放的推进，资产评估所需要的独立、客观、公正的专业属性要求必须建立足以胜任行业自律管理的行业组织。同时，承担行政管理职能的评估中心在职能运转中存在的问题也开始显现：资产评估中心既有政府管理职能（如政策法规制定，评估立项确认），又兼有社会性的行业管理职能（如评估理论研究、标准制定、人员培训等）；随着更多地参与国际评估事务，评估中心作为政府机构难以承担与国际评估行业组织对接、沟通等功能，因此资产评估管理体制改革势在必行。

为了解决行业中存在的体制问题，顺应市场经济的要求，也为了与国际接轨，中评协于1993年正式成立，这标志着评估管理体制开始了由政府管理转向行政管理与行业自律管理相结合的有益尝试。

中评协与评估中心共同行使对行业的管理职能。评估中心主要负责资产评估机构审批，对评估机构进行监督管理，资产评估资格的建立以及资产评估管理人员的教育培训工作等。中评协主要负责资产评估操作人员的业务培训，并受托负责注册资产评估师制度的建立及管理工作，包括制定相关制度和办法，向原国家国有资产管理局提出建议等工作。

1993年12月，中评协召开第一次常务理事会通过了协会财务管理基本原则和会员会费交纳标准。之后，陆续起草制定了《资产评估执业人员自律守则》、《中国资产评估协会团体会员会费缴纳办法》、《中国资产评估协会人事管理办法》、《中国资产评估协会财务管理办法》、《中国资产评估协会文件管理办法》等一系列自律管理的工作制度，积极筹办会刊《中国资产评估》等，中国资产评估行业从此开始了自律管理的破冰之旅。

1994年4月，经原国家国有资产管理局和中评协第一届理事会第三次常务理事会研究决定，中评协与评估中心合署办公，两块牌子，一套人马。主要职责包括草拟全国性资产评估法法规、规章以及职业准则和政策性文件；组织审查资产评估机构的执业资格；审核中央企业和地方重大项目的资产评估立项以及对资产评估结果的审核确认；组织执业人员考试、考核和培训等；受理资产评估纠纷的调解和仲裁；负责资产评估理论、方法和标准的研究工作；制定资产评估专业技术标准，工作程序以及职业道德守则；开展国际交流等。同时，协调各省建立协会，形成上下贯通的工作机制。

评估中心和中评协的合并，减少了两个部门工作的矛盾和交叉，也充实了中评协的工作职能，其自律管理职能也在这一阶段得到不断丰富和创新，如制定并实施了注册资产评估师制度、会员管理制度、机构年检制度等，这种体制在当时特定的历史条件下，为我国资产评估行业自律管理的不断完善打下了基础。

1998年，随着我国社会主义市场经济体制的基本建立，市场机制在国家经济发展中扮演着越来越重要的作用，加入世界贸易组织也已进入到冲刺阶段，而当时政府机构的设置相当部分仍然沿袭传统计划经济体制的基本框架，难以适应形势发展的需要，政府机构改革迫在眉睫。按照九届人大一次会议提出的改革方案，中国政府进行了第七次政府机构改革，其力度之大、范围之广，都远超前六次，被称作"中国政府的世纪性工程"。刚刚诞生不到十年的中国资产评估行业也经历了这场重大改革的洗礼。

在这次政府机构改革中，原国家国有资产管理局撤销，将其职能并入了财政部。财政部成为全国资产评估行政主管部门。财政部内设评估司，负责资产评估的行政管理职能。中国资产评估协会在财政部领导下，负责资产评估行业的自律管理。

在行政管理方面，财政部进一步加大了市场化、规范化的改革力度。首先，财政部完善了国有资产行政管理与资产评估行业行政管理及行业自律管理职责，将国有资产评估立项确认纳入行政管理，将行业行政管理与行业自律管理进一步细化。财政部对资产评估机构实行统一政策、分级管理；各省、自治区、直辖市、计划单列市财政厅（局）按照管理权限，负责对本地区的资产评估机构进行管理和监督。注册资产评估师的管理、执业准则的拟定及其他行业自律管理归属中评协。同时，为适应社会主义市场经济发展的需要，从1999年起，对全部评估机构实施脱钩改制，从而将行业一次性整体推向市场。

在自律管理方面，中评协进一步强化自律管理职能。在此阶段改革中，中评协开始成为相对独立的行业自律组织。适应评估机构脱钩改制的新形势，中评协适时提出了转变职能、加强服务意识、强化行业自律管理、建立行业自律管理新体系的工作方针和目标，推出了注册资产评估师签字制度。各级评估协会及评估机构组织实施了针对评估机构负责人、项目负责人和一般执业人员开展的后续培训，并将注册资产评估师的后续教育纳入制度化管理的范畴。

2001年12月31日，国务院办公厅转发了财政部《关于改革国有资产评估行政管理方式加强资产评估监督管理工作意见的通知》（国办发[2001]102号），对国有资产评估管理方式进行重大改革，取消财政部门对国有资产评估项目的立项确认审批制度，实行财政部门的核准制或财政部门、集团公司及有关部门的备案制。之后财政部相继制定了《国有资产评估管理若干问题的规定》（财政部令第14号）、《国有资产评估违法行为处罚办法》（财政部令第15号）等配套改革文件。通过这些改革措施，评估项目的立项确认制度改为备案、核准制，加大了资产评估机构和注册资产评估师在资产评估行为中的责任。与此相适应，财政部将资产评估机构管理、资产评估准则制定等原先划归政府部门的行业管理职能移交给行业协会。这次重大改革不仅是国有资产评估管理的重大变化，同时也标志着我国资产评估行业的发展进入到一个强化行业自律管理的新阶段。

2003年，国务院成立国有资产监督管理委员会（以下简称国资委）。根据《国务院国有资产监督管理委员会主要职责内设机构和人员编制规定》（国办发［2003］28号），财政部有关国有资产管理的部分职能划归国资委，国有金融企业与行政事业单位国有资产管理职责仍由财政部行使。国资委作为国务院特设机构，以出资人的身份管理国有资产，包括负责监管所属企业资产评估项目的核准和备案。财政部则作为政府管理部门负责资产评估行业管理工作。这次改革实现了国有资产评估管理与资产评估行业管理的完全分离，表明日益壮大的我国资产评估行业在形式和实质上都真正成为一个独立的中介行业。在这之后，中国资产评估行业改变了"重项目、轻管理"的管理模式，探索完善了行业自律管理体系，促使行业为整个市场经济、多种所有制经济提供服务，使评估行业的专业性、独立性地位得到进一步提升。

2003年12月19日，国务院办公厅转发了财政部《关于加强和规范评估行业管理的意见（国办发［2003］101号）》，文件肯定了评估行业取得的成就，同时也指出了在管理体制等方面存在的问题，提出了资产评估行业规范发展的目标与措施，从而为推进资产评估行业走上规范发展的道路提供了新的政策支持。

2004年2月，根据财政部《关于中国资产评估协会单独设立的通知》（财办［2004］6号）精神，中国资产评估协会从中国注册会计师协会正式分立出来，再次成为独立的行业自律管理组织。同时经财政部党组研究决定，由财政部企业司具体行使评估行政管理职责。在经历了十五年艰辛探索后，中国资产评估管理体制开始形成了一条适合自身发展、行政管理与自律管理有机结合不断完善的新模式。

三、行政管理下的行业自律管理阶段（2004年至今）

中国资产评估协会的继续单独设立是本阶段的里程碑事件。经过艰难的探索，终于实现了中国资产评估行业的行政管理与自律管理的适当分离、合理分工、互相配合、各有侧重,形成了一个全新的行政管理下的行业自律管理体制。

(一)财政部规范行政管理职责

1. 贯彻《行政许可法》,发布《资产评估机构审批管理办法》(财政部令第22号)。2004年7月1日,中国第一部《行政许可法》开始实施。该部法律的实施对我国的行政管理产生了巨大的影响,尤其是对行政机关依法行政提出了更高的要求,极大地促进了我国行政管理法制化水平的提高。为贯彻落实《行政许可法》,转变和调整行政管理方式,推动资产评估行业健康发展,财政部于2005年5月11日发布第22号令,即《资产评估机构审批管理办法》。办法中明确了财政部及省级财政部门的审批管理与监督职责,规定了资产评估机构的专营化发展方向及其设立条件。为保护该办法实施前批准设立的兼营机构的合法权益,专门规定了截至2008年6月30日的3年过渡期,以使其有足够时间进行业务调整。在规定的期限内,1930家兼营机构全部转为专营机构。

2. 发布《资产评估机构审批和监督管理办法》(财政部令第64号),对评估机构实现全过程管理。22号令是当时行业管理最重要的一部部门规章,为规范评估行业的发展发挥了重要作用,但随着时间的推移,在执行过程中也暴露出一些问题,如,没有规定对评估机构运营过程中的监管和资产评估机构的退出机制;财政部门对资产评估机构的后续管理缺乏依据且没有相应的监管手段;对资产评估机构的变更行为规定不完善;对资产评估机构的合并或者分立、跨省迁移以及组织形式转换等缺乏明确规定等。

为了解决上述问题,2011年,财政部对22号令进行修订,发布第64号令,即《资产评估机构审批和监督管理办法》,自2011年10月1日起施行。修订的主要内容包括:将名称由《资产评估机构审批管理办法》修改为《资产评估机构审批和监督管理办法》;

规定资产评估机构可以采用特殊的普通合伙形式设立；细化了对评估机构变更行为的处理，规定资产评估机构可以依据国家有关法律法规合并或者分立、可以转换组织形式、可以跨省级行政区划迁移办公场所等；增加了"监督管理"一章。64号令被誉为是财政部对资产评估机构从审批管理向全过程管理的标志性文件，对规范资产评估机构的审批、加强对资产评估机构的监督、促进资产评估行业的健康发展具有重要意义。

（二）中评协重构自律管理体制

中评协单独设立后，从评估行业的自身发展实际出发，并借鉴国际惯例，对自律管理体制框架进行了重大调整。

1. 健全行业自律管理的组织架构

按照中评协第三次全国会员代表大会通过的章程规定，中评协是资产评估行业的全国性自律管理组织，会员代表大会为最高权力机构；理事会为会员代表大会的执行机构；常务理事会为理事会的常设机构，在理事会闭会期间，行使理事会职权。为体现会员治会，三代会后，理事会先后设立了教育培训等8个专门委员会，以及会计与评估等7个专业委员会；秘书处为中评协常设办事机构，负责落实全国会员代表大会、理事会、常务理事会、会长办公会的各项决议、决定，承担各项日常工作；地方协会是资产评估行业的地方组织，接受中评协指导，三代会后，大多数地方协会逐步单设，形成了组织体系健全、秘书处构架完善、中评协与地方评协上下联动的全国行业自律管理组织体系。

2. 建立健全理事会为核心的决策机制

中评协第三次全国会员代表大会以来，理事会始终将行业治理与决策机制的规范和有效运行放在重要位置，重点从理事会运行层面、行业自律管理层面、协会秘书处管理层面进行规范，并按照财政部的有关要求，制定了《财政部中国资产评估协会工作运行规程》，建立并完善了协会秘书处管理机制，为理事会规范高效运行提供了良好的制度保障。

中评协第三次全国会员代表大会以后，理事会先后审议通过了理事会、常务理事会、会长办公会、秘书长办公会、专门与专业委员会工作规则等近10项理事会运行制度，以及会员管理办法、执业行为自律惩戒办法等十几项行业自律管理和监督制度，为自律管理有效实行奠定了制度基础。秘书处先后制订了秘书处工作规则等20项内部管理制度措施，为高效运行提供了良好的制度保障。

经过自律管理体制的重新架构，形成了会员代表大会、理事会、秘书处。各机构严格按协会章程各司其责，实现民主决策、民主管理、相互制衡、规范运行的良性运行机制。

中国资产评估管理体制经过二十多年的艰辛探索，已基本形成适应社会主义市场经济需求、符合行业自身发展实际的崭新模式，自律管理公信力与权威性不断提高，行政管理的监管效率显著提升，二者形成了一种有机互补、良性互动关系，中国资产评估管理体制在改革中日臻优化。

第三节 中国资产评估行业发展现状

在短短的二十多年时间里，中国资产评估行业经历了从无到有、从小到大，从弱到强的发展历程，在改革中发展，在探索中提高，取得了显著成绩。目前，行业法律制度体系和准则体系基本健全，市场竞争力和专业能力稳步提高，服务领域和服务对象日益拓展，社会影响力和国际话语权逐步增强，中国资产评估行业已经成为促进经济社会健康发展不可或缺的重要力量。二十多年所取得的成就充分显示了中国资产评估行业发展的"中国特色"与"中国速度"，夯实了行业持续发展的重要基础。

一、规模实力显著增强

(一) 业务收入快速增长,做强做大效应日益显现

2005年至2012年,全国资产评估业务收入年均增速超过10%。在保持高速增长的同时,行业规模布局加速集中,到2012年,前10位评估机构的年评估收入全部超过5千万元(前6名实现了年收入过亿元);其收入占全国总收入的比重也由2006年的9.28%上升至2012年的16%。区域化发展取得新成效,截至2013年3月底,共有63家评估机构在全国范围内设立分公司180家;6家评估机构设立子公司28家。国际化发展迈出新步伐,6家评估机构通过在海外设立分支机构、发展成员所或承接海外评估项目等多种形式拓展海外业务。

(二) 人员队伍不断壮大,整体素质明显提高

从1996年全国第一次注册资产评估师考试起到2012年,共举行十六次全国注册资产评估师统一考试,累计有55.4万人次参加考试,通过4.04万人,为行业实现可持续发展提供了宝贵的人才储备。通过完善考试制度,广泛吸引优秀人才,壮大人才队伍。截至2012年底,全国执业注册资产评估师达到30675人,其中,资深会员38人,金牌会员30人,从业人员10余万人。

中评协一直把人才建设作为行业发展的根本保障,提出了人才是行业第一资源的理念,以高端人才培养为重点,不断强化执业人员职业道德教育与专业能力培训,统筹推进各类人才培养。行业队伍整体素质明显提高,委托方认可度和社会公信力明显提升。

二、市场领域加快拓展

市场是行业发展的物质基础。中评协以服务经济社会为目标,以加强理论研究为基础,以规范业务和服务市场并重为原则,积极推广最佳执业实践,帮助和引导评估机构拓展评估领域。通过多年的摸索实践,建立了一套市场开拓的有效路径,即按照"发现市场——研究市场——固化市场——发展市场"的路径不断拓宽服务领域,延长评估服务链条,扩大服务辐射面,拓展评估市场。目前,评估市场已经涵盖了动产、不动产、企业价值、无形资产等各类资产,涉及经济、社会、政治建设等各个方面。评估服务范围从国有经济扩大到各种所有制形式,从单项资产扩大到整体资产、企业价值,从实体资产扩大到虚拟资产,从物质资产扩大到精神层面的文化资产。评估服务的经济行为涉及企业工商注册、改制上市、并购重组、企业价值发现、知识产权转化、森林资源市场化、抵押担保、公允价值计量以及不良资产、诉讼资产处置等诸多方面。

三、法律、法规、准则体系不断健全

我国资产评估法制建设逐步完善,评估立法取得重大进展,《中华人民共和国资产评估法(草案)》已进入审议程序。

目前行业法律法规体系是以《国有资产评估管理办法》即国务院第91号令为主干,以行业行政主管部门颁布的一系列有关资产评估的规章制度为主体,以相关法律法规、司法解释、规章制度为重要补充支撑的体系。公司法、证券法、企业国有资产管理法、合伙企业法、拍卖法等相关法律,均规定了有关资产评估事项,在规范评估目的、对象、主体、程序、方法、监管等基本要素方面形成比较完整的框架,确立了资产评估的法律地位,为资产评估行业依法执业提供了基本的法律依据。

近年来,评估行业准则建设取得长足进展,建立了体现中国特色、具有国际视野的评估准则制定模式,积累了较为丰富的准则制定经验。截至目前,共发布了 26 项评估准则,建立起适应中国国情、与国际趋同、兼容性较强的评估准则体系。这些准则涵盖了业务操作、职业道德和业务质量管理等主要执业领域和执业流程,既能有效指导评估实践,又得到了国际、国内评估界、委托方和政府部门的认可。其中,专利、著作权、商标等多项资产评估准则项目填补了国际评估准则的空白,在国际上具有领先意义,从而使我国的评估准则建设实现了从"全面跟行"、"逐步并行"到"部分领行"的跨越。评估准则的制定和实施,提升了行业执业质量,提高了行业服务能力。

四、社会公信力大幅提升

资产评估行业是市场经济条件下社会信用体系的重要组成部分,执业质量是行业公信力的基石。中评协以提升执业质量作为行业公信力提升的重要标志,通过建立评估准则体系、加强培训和职业道德教育、完善执业质量监管制度、抓好执业质量自律检查工作、加大贯彻资产评估准则实施力度、加强执业案例研究工作、完善评估业务报备制度、加大行业自律惩戒力度等系列举措,不断提高执业人员的职业道德素质和专业胜任能力,增强评估机构和评估人员的责任意识和风险意识,从而规范了评估执业行为,促进了评估执业质量不断提高,充分发挥了资产评估行业在维护社会公正、维护各方当事人利益的积极作用,提高了行业的社会公信力。

五、管理体制日趋优化

经过二十多年的改革实践,当前我国资产评估行业已经建立起政府行政监管、行业协会自律管理、评估机构自我完善的有机结合的行业管理格局，为行业发展奠定了坚实的体制基础。财政部企业司和中评协在行政监管和自律监管中合理分工，行政监管重在宏观管理和政策引导，自律监管重在微观管理和具体指导。二者的有机结合和有效运行，为行业建设和发展提供了体制保障。中评协在积极配合财政部行政监管基础上，以推动行业科学发展为目标、以更好地服务经济社会发展为主题、以提升行业公信力为主线，建立起准入机制健全、治理结构完善、退出机制合理完备的资产评估行业自律监管体系。中评协与多个部门沟通，有效帮助评估机构寻求获得政府支持的路径，反映诉求和呼声，为机构发展开道护航。

六、国际地位显著提升

中评协代表中国资产评估行业参与国际评估准则理事会和世界评估组织联合会。近年来，中评协参与国际评估事务和重大课题研究的机会不断增加，参与了对20国集团峰会提供专业咨询及政策建议，推动提升评估行业在服务全球经济稳定中的影响力；积极参与国际评估准则的制定工作，围绕评估行业发展方向提出战略建议，新版国际评估准则在结构、内容和风格方面也融入了中国评估行业的意见。中评协还与50多个国际和国家评估行业组织建立合作和交流关系，国际合作范围不断扩大，合作程度日益加深。中国评估行业在国际上的话语权和专业引领影响力日益提升。

第四节　中国资产评估行业发展特色

回顾发展历程不难看出，区别于西方国家，中国资产评估行业具有鲜明的三大特色：一是改革开放催生，它的产生恰好吻合于经济重大转型期的起点；二是市场需求引导，随着社会主义市场经济体制的建立健全而不断焕发出活力；三是政府主导规范，成为行业发展初期至今走向规范发展的重大决策推动者。

一、改革开放催生了中国资产评估行业

30多年的改革开放，成就了伟大中国前所未有的辉煌，让一个有着13亿人口的相对落后的农业大国，昂首步入现代化。期间，中国从政治、经济、社会、人文等领域都呈现出转型期的特点。资产评估行业的产生也是源自于这场改革开放，并直接服务于对外开放、国企改制等改革的重点领域。

1. 对外开放成为评估行业产生的动因

随着国有企业对外合资合作、承包租赁、兼并、破产等经济行为日益增多，由于缺乏合理的评估技术支持，当时国有企业往往采用账面价值与境外企业合资合作，国有资产流失现象日益凸显。根据原国家国有资产管理局提供的资料表明，仅1992年全国与外商合资合作的8550家国有企业中，有5000多家的675亿元账面资产没有经过评估，按45.2%的升值率计算，一年中就流失掉305亿元。这种状况引起社会的广泛关注，重估国有资产价值的呼声非常强烈，从而产生了首例评估业务。所以，资产评估行业的产生，是中国经济在从封闭走向开放进程中为维护经济主权所无法绕过的一道坎，是开放型经济发展所遵循的客观规律。

2. 服务国有企业成为评估行业发展壮大的基础

国有企业改革是经济体制改革的中心环节。随着国有企业改革的不断深入，同中外合资、合作情形类似，国有资产在国有企业改组、改制、改造、破产进程中的流失问题同样暴露出来，主要表现在：一是将国有资产低估或漏估后低价入股。最常见的手法是对其中有形资产部分按原值等价折合入股，如对土地、房产等大宗不动

产按原购入价评估,不计其市场升值部分。相当一部分企业甚至把原来国家拨给的土地,不计价折合成国家股份划作自己企业的法人股,对国有资产中的专利、商标、商誉、品牌等极具价值和增值潜力的无形资产,则不予评估或按极低的价格评估,有意无意吞噬国有资产;二是在改制中将公有财产无偿量化给个人,致使国有资产流失;三是在红利分配时,国家股、集体股、个人股同股不同利。不合理的利益分配造成国有资产流失,据国家体改委与财政部估计,仅1997年国家应得的收益流失约3亿元以上;四是改制企业发生的亏损由改制前单位负担。据初步统计,从1988年试行破产法以来,在1988—1993年五年间,全国共审结破产案件2000多件,已破产的企业当中,绝大部分企业占用大量国有资产,有相当一部分企业破产的主要动机是逃避债务,企业破产之后,银行贷款理所当然地予以核销。"破产有利"、"先分后破"的现象相当严重,破产企业中的资产流失,已成为国有资产流失的主渠道之一。由于国有企业职工当时占社会总就业人数的绝大部分,这些现象如果任其蔓延,不仅改革将面临夭折,而且会诱发社会不稳定因素。在这样的环境背景下,资产评估作为加强国有资产管理、维护国有资产权益的重要手段应运而生,将国有企业作为主要服务对象并一直延续至今。也正是政府在发展初期所赋予评估机构的国有资产评估这一法定业务,才使评估行业区别于其他中介行业,具备了较高的发展起点。

综上所述,中国资产评估业的产生体现了改革开放不断深化的迫切需求。

二、市场驱动促进了中国资产评估行业的发展

1992年10月,党的第十四次全国代表大会确定中国经济体制改革的目标是建立社会主义市场经济体制。在这种重大制度变迁

下，资产评估由原来从属于国有资产监管的行政手段，逐步开始"正本清源"，归位于"市场经济产物"这一天然属性，从"诱致性生长"走向了"内生性驱动"的道路。

社会主义市场经济要求建立统一开放的市场体系，充分发挥市场在资源配置中的基础性作用，保证各种商品和生产要素的自由流动。随着产权市场、金融市场（包括货币市场与资本市场）、房地产市场、技术市场、信息市场等生产要素市场的建立与完善，新的市场领域不断向资产评估行业发出服务需求信号，推动了行业向市场经济的更高领域、更深层次发展，其中产权市场与金融市场是资产评估服务关联度最高的两个市场。

（一）产权市场的形成促进了资产评估发展

产权市场是企业实物资产交易市场，适用于企业资产的整体出售、拍卖和直接并购。产权市场的建立是社会主义市场经济的必然要求，所带来的产权流动和重组行为正是资产评估行业存在的逻辑基础。

中国产权市场产生于 20 世纪 80 年代中期，经过不断探索和创新，从 2002 年开始，进入了一个全面发展的相对繁荣阶段，建立了京、津、沪、渝四大产权中心。产权市场最早定位于国有资产交易，到了 2003 年，财政部发布《企业国有产权转让管理办法》（财政部令第 3 号），要求国有产权转让应当在依法设立的产权交易机构中公开进行。随着服务品种的不断丰富，当前，产权市场的服务范围已基本覆盖了除上市公司流通股以外的其他大多数资本要素资源，包括国有产权、集体产权、非公产权以及知识产权资产等。

产权市场遵循公开和竞争两大基本原则。公开，是指转让信息披露公开、转让过程公开，以实现公众对交易信息的知情权，切断特定的利益输送通道，有效避免产权的私下交易与暗箱操作；竞争，就是通过公开发布产权转让信息，大范围、多渠道征集受让人并导入竞价机制,实现有效竞争,发挥市场的价值发现功能。从中不难看出,产权市场重在解决交易信息不对称,从而实现资源的优化配置。资产评估作为产权市场的一种嵌入式制度安排,在规范产权转让、发现价值功能方面得到了充分的体现,实现了产权在流转过程中的保值增值和公众对产权处置的知情权,防止了产权交易过程中的商业贿赂行为。

(二) 金融市场的建立加快了资产评估行业发展

金融是现代经济的核心,改革开放以来,中国金融市场取得了长足的发展,从单一的货币市场转变为货币与资本市场并存、多品种、多层次的市场体系,也为资产评估释放了更多的市场空间。

1. 货币市场对资产评估的需求不断增加

目前主要包括抵押贷款评估和不良金融债权评估。我国商业银行办理抵押贷款时,一般确定的最高抵押率为抵押物价值评估值的70%,其余的30%是金融机构对借款人到期不履行债务、实现抵押权所预计的风险含量。商业银行为了防范抵押风险,首先对抵押物的评估价格确定了一个抵押率或折扣率;其次在评估值中扣除了所预计的(包括违约赔偿、抵押物预期贬值、处置费用等在内的)全部风险值;最后将抵押物当期的正常价格调整成了抵押价格。为了防止办理抵押时财产的估值高于实际价值,处置时估值又往往低于实际价值,导致在贷款发放时看似足额有效的抵押品,到处置时出现明显的价值衰减现象,越来越多的商业银行加强了对抵押物品的价值管理,制定了贷款抵押物价值动态管理办法,从贷前的抵押物价值初次评估,到贷后对抵押物进行定期或不定期的跟踪等方面都做了明确的规定。越来越多的银行开始聘请外部独立的资产评估师从事抵押贷款的评估,旨在提高抵押担保质量、保障银行债权安全、及时量化和化解风险。

1999年,中国成立了中国长城、中国信达、中国华融和中国东方等四家资产管理公司，1999年至2003年，四家资产管理公司先后收购四家中、农、工、建国有商业银行不良资产1.4万亿元，使四家国有商业银行的不良贷款率一次性下降近10个百分点[①]。在处置不良金融资产的进程中，资产评估的作用日渐得到重视。由于不良金融资产的形成具有特定的历史阶段性，其定价问题更为复杂和敏感，并涉及到资产管理公司的业绩考核，因此发挥具有独立第三方地位的评估机构的作用就显得尤为必要。评估行业和四大资产管理公司在金融不良资产评估理论和实践方面进行了深入探索，总结了不少成功的经验，在此基础上，中国资产评估协会于2005年发布了《金融不良资产评估指导意见（试行）》（中评协［2005］37号），引入了金融不良资产评估的价值类型，提出了价值评估与估值分析的具体要求，对规范金融不良资产评估和处置行为、合理衡量金融不良资产的处置效果等起到了积极作用。目前，除四大资产管理公司处置金融不良资产外，为保全资产，银行、中央汇金公司、中国建投公司以及地方金融企业，也开始通过处置不良资产降低经营风险，而资产评估是其处置过程中必不可少的前置程序。

众所周知，银行业是高风险的行业，银行风险具有易发性与高破坏性的特点，是金融危机乃至经济危机的导火索。资产评估可以有效协助防范金融风险，除了在以上两个领域外，资产评估对金融的作用还体现在商业银行股份制改造以及公开上市过程中，对包括股权、债权、不良资产以及商誉、核心客户资源等无形资产在内的整体资产进行评估；对银行间的重组、并购、股权转换等行为进行评估。另外，资产评估还是银行创新业务的评价工具。总之，随着金融改革的不断深入，将会给资产评估行业提供更多的市场空间。

2. 资本市场的建立加快了资产评估行业发展

在高度发达的市场经济中，从广义的角度看，资本市场同时也

[①]《提高我国资产管理公司处置不良资产效率的再思考》，朱孟楠、黄晓东 http://doc.mbalib.com/view/420329f90008e6a92c3d34f64782ec66.html.

是产权市场,是产权市场的资本化和高端化。证券市场是资本市场中一个最重要的领域,也是当前资产评估最为活跃的一个高端服务领域。

在我国证券市场发展初期,发行上市的法人主体主要是国有企业。国有企业在股份制改造过程中,面临以非货币资产出资作价折股的问题,直接提出了资产评估的市场需求。随着证券市场的不断健全,其在经济与社会发展中的辐射力、影响力日益深化。上市公司的资产定价,与广大投资人和利害相关方的利益密切相关。这就需要专业的机构为资本市场提供公允价值,为资本市场的投资与交易定价提供参考。为了维护广大投资者的合法权益,促进证券市场持续健康发展,《公司法》对企业在发行上市阶段的资产评估提出了原则性要求,《证券法》对上市公司并购重组交易中的资产评估提出了具体要求。可以说,资产评估在企业改制发行上市、上市公司并购重组中担当着不可或缺的重要角色,在上市公司资产转让、资产置换交易过程中,为确定资产价值发挥了十分重要的作用。

资本市场在 21 世纪的中国市场经济中具有不可替代的地位,作为市场经济制度的顶层设计,资本市场的发展和壮大也为资产评估提升专业素质提供了广大的空间。中国资本市场在短短 20 多年的时间里,取得了非凡成长,成为全球第二大资本市场和第一大期货市场。据公开资料显示,截至 2012 年 12 月底,我国有上市公司 2494 家,总市值 23 万亿元;证券公司 114 家,基金公司 70 家,期货公司 161 家,投资者有效账户数 7635 万户。中共十六届三中全会明确提出,必须大力发展多层次的资本市场体系,建立统一互联的证券市场。多层次的资本市场体系包括多层次的股权交易市场和多层次的债权交易市场,继主板、创业板设立之后,"新三板"已登陆我国资本市场。从长远发展来看,我国资本市场必将融入世界资本市场,大量的国外企业会来到中国的资本市场投资、融资,从而给资产评估行业带来更大的市场机遇。

三、政府主导推动了资产评估走向规范

中国改革开放性质决定政府既是改革的主导者、推动者，又是改革的参与者，具有双重身份。回顾中国资产评估行业二十多年的发展史，仍然可定义为政府主导模式。政府紧紧跟进社会主义市场经济体制改革的步伐，不断调整改革路径，充分发挥自律管理和市场机制的作用，完善法制环境，加强宏观调控，主导行业逐步走向规范发展的道路。

（一）引入自律管理体制

中国经济体制的改革与社会结构的转型，要求政府治理模式必须逐渐从无限政府向有限政府转变。随着资产评估行业的日益壮大，面对这支庞大的队伍及其所产生的日益纷繁复杂的经济活动，政府既无精力、也无必要进行全面监管，因此，政府主动把微观性和技术性的职能授权给行业协会行使，既是转变职能的需要，也符合国际惯例。从1993年成立中国资产评估协会以来，虽然政府对协会的定位出现过一定的反复，但自律管理的作用在试错纠错的过程中却得到了不断强化。各级行业协会作为政府部门的得力助手和会员合法利益的代表，积极支持政府对行业的行政管理，协助政府发挥宏观调控职能，并充分利用自身的信息和资源优势加强对本行业的自律监管，从而使行业发展尊重市场规律、体现国家意志、履行社会责任。在财政部门的领导下，各级协会在加强专业建设和执业质量监管、推进人才培养、完善治理结构、服务广大会员等方面的功能日臻完善，自律管理体系建设在实践中不断走向建立健全。

（二）还原市场主体身份

资产评估是市场经济的产物，又是市场经济的重要组成部分，

这是资产评估制度的本质属性。而我国资产评估机构的产生是在经济转型期，因此从它产生之初，就深深打上了计划经济的烙印，即官办色彩浓厚。这种挂靠体制所带来的政府干预、多头管理、执业缺乏独立性、与国际惯例脱轨等诸多弊端，与评估机构的本质属性背道而驰。在1992年党的十四大提出建立社会主义市场经济体制目标后，让行业尽快走向市场，是政府所要完成的迫在眉睫的首要任务。所以我们说1999年财政部所主导的脱钩改制是中国资产评估史上影响最为深远的大事件，它使政府作为市场规则的制定者、监督者角色归位，解决了既是"运动员"又是"裁判员"的双重身份问题，彰显政府改革的决心和魄力；它打破了计划经济模式的束缚，还原了资产评估独立的第三方中介服务机构的属性，树立了资产评估机构独立、客观、公正的市场主体地位，扫除了行业向国际化方向发展的障碍。

（三）完善法制环境

市场经济是法治经济。资产评估行业作为一个从无到有的新兴行业，如果法制建设不能及时跟进，即使走向了市场，也不可能形成良性竞争环境并高效率运作。只有具备合理而完备的法律，才能发挥市场经济有效配置资源的功能。二十多年来，资产评估行业的法制建设步伐不断加快，已初步形成了一套以国务院颁布的《国有资产评估管理办法》为主干，以财政部、原国家国有资产管理局等政府主管部门颁布的一系列关于资产评估的规章制度为主体，以全国人大及其常委会、司法机关和其他政府部门颁布的相关法律、司法解释和规章制度为补充的资产评估法律体系。但是由于涉及资产评估的部门法规过于繁多、复杂，个别法规之间甚至出现矛盾、冲突的现象，且立法层次低，整个行业无专门的法律，由此导致评估行业多头管理、条块分割、业务交叉、争夺市场的局面难以禁止。也正是法律的缺位，才形成了资产评估有关的行政管理权限的频繁变更、政府的有关部门职责存在交叉等政策模糊现象。

　　为了从根本上扭转这种状况，在财政部、中国资产评估协会努力协调下，2005年12月16日，《资产评估法》被正式列入十届全国人大常委会的补充立法计划。经过长达7年的磨合与博弈，2012年2月27日，在十一届全国人大常委会第二十五次会议上，酝酿、起草近六年之久的《资产评估法》草案，首次接受审议。《资产评估法》的早日颁布，将会成为行业具有里程碑意义的大事，对统一市场体系、提高行业法律与社会地位、规范行业发展将产生重大积极影响。

（四）把握行业重大发展战略

　　战略问题关系到行业发展的兴衰成败。尽管中国资产评估行业取得了辉煌的成就，但在发展的进程中一些体制性、全局性的问题和市场所固有的缺陷也在逐步显现出来，如人才短缺现象严重、业务结构单一、竞争秩序不规范等。另外，对资产评估行业在社会主义市场经济中的功能定位也需要一个不断探索和认识的过程。要解决这些问题必须统筹兼顾、谋划全局、立足长远，做好行业中长期的发展战略制定工作。而现阶段资产评估行业仍属新兴行业，社会影响还有待进一步提升，所以从战略制定者的权威性及战略目标的可行性、战略执行的保障性等多层面考虑，由政府来做好战略的顶层设计是比较恰当的。近几年来，财政部明显加大了对行业的战略管理，包括做大做强做优指导意见、中国资产评估行业发展规划的发布等，从战略高度加强对行业的宏观调控力度、主导行业的正确发展方向、推出促进行业发展的扶持政策，对推进行业攻坚克难和实现科学发展的作用积极而深远。

　　总之，中国资产评估行业之所以取得非凡的发展速度，政府的主导作用功不可没。由于我国的资产评估行业起步较晚，法制化环境有待完善，协会的功能有待提升，这种特殊的国情决定了我们不可能像西方资本主义国家那样去实现行业高度或完全自治，而是需要政府部门的大力支持。特别是由于国有企业事关国计民生和国家经济命脉，而国有资产评估在整个评估业务体系中占有很大的比重，同时，评估还涉及以上市公司投资者为主体的公众利益，所以无论从国有资产所有者，还是从公共管理者的角度，政府都有必要加强对评估行业的监管，因此政府主导行业规范发展的模式仍将在一定时期存在。但随着行业市场化程度的不断提高和法制环境的日益健全，以及根据2013年国务院在全国"两会"上提出的改革社会组织管理制度、发挥社会组织作用的总体要求，调控的灵活性、针对性将更加体现因势利导、与时俱进的特点，从而与行业自律管理、机构自我发展相互借势，形成推动行业实现科学发展的合力。

第二章 中国资产评估理论建设

第一节 中国资产评估理论建设的历史进程

中国资产评估行业的发展特点是市场创造需求，实践先于理论。旺盛发展的资产评估实践不断引导着评估理论建设，而理论建设的成果，又在不断地推动资产评估实践的发展和深化。中国资产评估的理论建设始终坚持积极适应市场经济发展需求、忠实服务于我国经济体制改革实践的原则，充分发挥了专业人士、科研院校和行业协会三方面的积极性和创造性；积极引进西方先进的评估理论与方法，不循旧例，不囿常规，洋为中用，不断创新，努力解决实践中提出的新问题。在短短的二十年时间，初步形成了具有中国特色的资产评估理论框架，为我国现代服务业在市场经济中发挥作用作出了杰出贡献。

一、借鉴国际经验，积极引进资产评估理念和方法

中国资产评估行业起步较晚，其理论建设是从学习西方开始的。1988年3月，大连炼铁厂与香港企荣贸易有限公司合资，开展了首例资产评估项目。这一新出现的市场经济中介服务行为引起政

府有关部门的重视，同年 9 月 12 日至 23 日，国家体改委委托中国企业管理协会与美国评估师协会（ASA）在京联合举办了企业资产评估研讨班。此举开了引进西方资产评估理论与方法之先河。

现代意义的资产评估在西方兴起于 19 世纪中叶，其评估理论建设始于新古典主义经济学的代表人物马歇尔。在 1890 年出版的经典著作《经济学原理》中，马歇尔从均衡价值论出发，提出和发展了许多现代评估理论中广为应用的基本概念，包括根据收益折现确定价值、探讨建筑物及土地折旧对供求价值的影响等。其后，世界各国的经济学家对资产评估的原理和方法从不同视角进行了深入的探讨和研究。

在中国资产评估理论建设的奠基阶段，最急迫的任务是建立资产评估的基本范畴和功能定义，确定资产评估使用的基本方法。为此，在联合国开发计划署（UNDP）的支持下，1990 年 12 月、1991 年 12 月原国家国有资产管理局连续在京举办了两期资产评估国际讲习班，聘请了安达信公司和美国评值公司的评估专家授课，系统地介绍了国际通用的资产评估基本概念、功能作用、基本方法和操作流程。

在认真学习西方经验的基础上，原国家国有资产管理局积极推动资产评估的规范建设。1989 年 2 月 19 日，国家体改委、财政部、原国家国有资产管理局在联合下发的体改经［1989］39 号文关于出售国有小型企业产权的暂行办法中规定："被出售企业资产（包括无形资产）要认真进行清查评估"，文件中首次提出了资产评估的三种基本方法。同年 9 月 21 日，原国家国有资产管理局在国资工字［1989］第 3 号文对国有资产产权变动时必须进行资产评估的若干暂行规定中又进一步对评估对象、评估组织、评估原则、评估程序和评估方法作出了明确规定。

二、紧跟改革实践，探索建立中国资产评估理论框架

中国资产评估行业源于改革，服务于改革，因而得到了政、企、学、研各方面的重视和支持。1989年10月，上海百家出版社出版了余长国编著的《资产评估的原理和方法》一书。此后，一批由各地方国有资产管理机构组织编写的资产评估专业书籍陆续出版，其中早期出版的有：大连国有资产管理局编著的《资产评估》（1990年）、辽宁国有资产管理局编写的《资产评估理论与实务》（1994年）等。

1992年4月，由原国家国有资产管理局评估中心编写组编写的《资产评估概论》正式出版发行，这是我国第一部由国家行业主管部门组织编写的资产评估专业教材，首次对资产评估的原理与方法进行了较全面系统的阐述。该书基于资产评估要素构成，科学地阐述了资产评估的内涵和外延。在这本教材中，资产评估被定义为："由专门的机构和人员，依据国家有关规定和数据资料，按照特定的评估目的，遵循使用的评估原则、程序、计价标准，运用科学的评估方法，对资产的价格进行评定估算的过程及其管理活动"。这个定义的主要思想一直延续至今，界定了中国特色的资产评估包含的基本要素：评估主体、评估客体、评估目的、评估原则、评估依据、计价标准、评估方法。要素间的逻辑联系是：评估目的决定价值标准，价值标准是确定被评估资产功能价值的尺度，是对评估结果的质的规定。评估方法是在评估目的的指导下，基于一定的评估原则对具体评估对象所采用的具体的评定估算方法。

1991年11月16日，国务院颁布91号令《国有资产评估管理暂行办法》，这是我国第一部也是至今唯一的一部关于资产评估的专门性行政法规。由于我国资产评估发轫于国有资产管理体制改革，保障国有资产在产权变动中的保值增值成为资产评估的基本前

提,因此,国务院91号令强调了国有资产评估的外生性和强制性,表现出强烈的行政主导的政策意向,文件明确规定了必须进行资产评估的11种经济行为,不同的经济行为适用的政策不同,对评估的价值定位也产生了重要影响,经济行为成为确定评估目的的核心。国务院91号令提出的评估目的、评估程序、评估方法对我国资产评估理论建设具有重要的和深远的导向性影响。

国务院91号令及其配套的原国家国有资产管理局发布的《国有资产评估管理办法施行细则》(国资办发〔1992〕36号),对资产评估中的业务和管理主体、管理方式、评估目的、评估原则、评估假设、评估方法、工作流程、基准日、报告期、评估报告的使用与披露等进行了规范。1996年5月7日原国家国有资产管理局转发中国资产评估协会制定的《资产评估操作规范意见(试行)》(国资办发〔1996〕23号),对各项资产、负债的具体评估方法及主要参数取值范围进行了较具体细致的规定。根据国企改革初期破产清算的需要,在评估方法中,除了采用国际通用的重置成本法、现行市价法和收益现值法外,还增加了清算价格法。在推进"债转股"的过程中,针对大量不良贷款转为资产管理公司股权的改革举措,评估实践中还探索性地出现了批量处理的"快速评估法"。这些不太严密的方法对于解决不太成熟和不太完善的市场体系中的评估问题发挥了重要作用。

此后,中国资产评估协会组织业内外专家,深入研究探讨资产评估理论与实践,将研究成果和实践经验以资产评估准则的形式表现出来,并应用和指导资产评估实践。至此,借鉴西方资产评估理念和方法,符合中国改革实践需要的中国资产评估理论和操作框架基本形成。

三、积极创造条件,构建资产评估理论建设平台

中国资产评估协会建立以后,一直将中国资产评估理论建设提

到培养专业人才、建立行业标准、推进评估实践发展的高度，极大地推进了评估理论建设。

一是大力推进评估准则建设，以评估准则作为评估理论指导执业实践的桥梁和载体。2004年2月，财政部发布了《资产评估准则——基本准则》和《资产评估职业道德准则——基本准则》（财企[2004]20号），同年3月，国际评估准则委员会主席约翰·埃居先生还专门给中国资产评估协会发来贺信，对两个基本准则的发布表示祝贺。中国资产评估协会在每次行业"五年计划"和每届会员代表大会中，都有关于准则的规划，每年都有准则修订与开发的计划。近年来，每项准则的出台，都有相应研究课题作为理论基础。评估准则已成为中国资产评估行业服务资本市场和经济建设中估值需求的"基本语言"，体现了价值评估这项专业服务的理论功底，受到报告使用方、监管部门、研究机构和社会各界的广泛认同。

二是积极推进资产评估的学科建设。学科建设是资产评估理论建设的学术平台，在早期的资产评估实践中，不少高等院校、研究院、设计院的专业人员作为外聘专家参与进来，他们将本专业的经济理论、财务会计、技术经济、工程经济、机械原理等引入评估实践，极大地丰富了资产评估的理论内容。东北财经大学1990年设立了"国有资产管理与资产评估专门化"专业，这是全国大专院校中最早开始的资产评估学科建设工作。1999年，财政部、中国资产评估协会在厦门大学、中央财经大学、河北农业大学三所大学建立资产评估学科建设基地。2006年，财政部、中国资产评估协会进一步确定清华大学、中国人民大学、北京师范大学、上海财经大学、厦门大学、中央财经大学、东北财经大学、河北农业大学8所院校为我国资产评估领域学科建设基地，2008年又增加了中南财经政法大学和南京财经大学两所高校。资产评估学科建设基地的建立，加强了资产评估理论研究，为资产评估行业的健康有序发展提供了重要的智力支持。2008年，中国资产评估协会确定了6家资产评估机构为相关高等院校的评估实践基地，为评估理论研究的落地、培养高起点的专业人才提供实践的土壤。2009年3月，教育部发布《关于做好全日制硕士专业学位研究生培养工作的若干意见》（教研[2009]1号），将资产评估专业人员培养提升到全日制硕士研究生层面，为培养高端资产评估专业人才打下了牢固的基础。资产评估学科建设的稳步推进，在资产评估理论建设、教材开发、后续教育培训以及评估准则建设等方面发挥了重要作用。

三是加大课题研究力度，努力探索评估业务功能拓展的理论基础。中国资产评估协会建立以来，围绕行业发展重点和协会中心工作，积极开展重大理论研究课题的开发工作，成立了由业内外知名专家组成的特约研究员队伍、由行业资深评估师和高级专业人员组成的专门研究队伍，以及由协会秘书处人员组成的专业研究队伍三支理论研究队伍，通过多措并举、集智攻关全面推进行业理论研究工作。2008年，中国资产评估协会设立发展研究部，统筹协调行业理论研究的规划与发展，制定了课题管理、资助课题研究经费管理以及课题立项、中期审核、结题专家评审制度，并拨出专门经费用于资助资产评估研究课题项目，有效地促进了评估理论建设。

截至2012年底，由中国资产评估协会立项并资助的研究课题73项，课题范围涵盖了动产、不动产、无形资产、企业价值、生态资产等各类资产，涉及领域包括资本权益、金融、证券等多种市场，业务功能拓展到生态、文化、政府绩效评价等新兴领域。其中部分研究成果已经纳入资产评估准则建设，成为行业标准，为资产评估巩固和挖掘传统市场、积极开拓新兴市场、努力培育潜在市场奠定了坚实的基础。

四是通过杂志和行业网站，形成资产评估理论交流的媒体平台。通过宣传推广资产评估理论，加强了对资产评估师的理论指导，普及、提高社会各界对资产评估理论的认知。1994年9月25日，《中国资产评估》作为内部通讯，正式创刊。该刊物的宗旨是宣传资产评估行业的方针政策，传播资产评估信息，研究资产评估理论方法，开展资产评估经验交流，促进资产评估事业发展。1996年2月，该刊开始在国内外公开发行，截至2012年12月，总共出版了153期。自2005年起，《中国资产评估》被龙源期刊网全文数字化收录并在全球发行，同时被接纳为全球中文电子期刊协会会员单位。2005年第1期起，杂志分为专业和综合两版交替发行，分别从学术研究和行业管理角度反映中国资产评估行业的最新进展。2006年1月，被《中国学术期刊网络出版总库》全文收录，在"万方数据—数字化期刊群"全文上网，并被《中国核心期刊（遴选）数据库》收录。

2012年11月，《中国资产评估》杂志编辑部加入国家哲学社会科学学术期刊数据库。目前该数据库从中国社会科学院文献信息中心"中国人文社会科学核心期刊"、北京大学图书馆"中文核心期刊"、南京大学"中文社会科学引文索引"三刊核心评价体系选出的818种中文核心期刊中遴选收录，第一批选出的160种期刊进入该数据库，而《中国资产评估》杂志是仅有的几本未在三刊核心评价体系内而被该数据平台破格收录的期刊。入选该数据平台，标志着《中国资产评估》杂志成功步入我国哲学社会科学学术期刊的核心领域，同时被《中国人文社会科学核心期刊要览》（2012版）作为专家推荐期刊收录。刘萍秘书长作为《中国资产评估》杂志主编被中国社会科学院聘请为《中国人文社会科学核心期刊要览》（2012版）评审专家组成员。

中国资产评估协会网站在1999年12月建立初期时，主要用于发布行业新闻，提供管理软件等服务。从2004年开始，网站承担着发布消息、提供信息查询服务。2007年协会网站进行大规模的升级改版，网站功能包括内容采编、内容发布、站点管理、系统管理等，加大了行业窗口的宣传力度。协会网站建立了会员专区，开通了评估人"信息社区"，让评估人在这个大社区里尽情沟通，实时更新专业知识。目前，协会网站还初步建立起以行业互联网站、手机网站、手机客户端、地方协会网站集群组成的网络为核心，面向行业、政府和社会有关方面的资产评估行业宣传体系。

四、积极交流研讨，奠定中国资产评估的国际学术地位

中国资产评估协会建立以后，开展了广泛的国际、国内学术理论交流活动。这些学术活动，不但促进了国内资产评估行业理论水平的迅速提高，也使中国资产评估的理论水平和执业水准在国际评估行业逐步受到广泛认可。

1999年10月9日至13日，中国资产评估协会在京举办"'99北京国际评估论坛及国际评估准则委员会18届年会"，时任国务院副总理李岚清致信表示祝贺，财政部部长项怀诚出席开幕式并致辞。共有来自3个国际性评估组织、23个国家与地区资产评估行业与组织的近60名国外代表，国家计委、财政部等7个部委、各省（自治区、直辖市、计划单列市）资产评估协会、评估机构的160名国内代表参加了会议。

2000年7月1日至2日，中国资产评估协会在深圳举办"高新技术企业价值评估研讨会"。财政部、证监会有关负责人，国内评估师、香港测量师、会计师与律师行业的专业人士参加了研讨会。研讨会对中小企业上市、风险投资、计算机电子网络价值等诸多评估前沿课题进行了探讨。

2001年开始，由中国资产评估协会主持或支持承办的"中国评估论坛"、专题研讨会和座谈会，逐步成为资产评估行业、相关监管部门、研究机构、高等院校交流评估理论的一个平台。每次论坛的成果汇集，都推动国内资产评估理论研究和执业实践向更深入、更精细、更科学迈进。如2001年论坛主题为"资产评估在社会主义市场经济中的地位与作用"，2002年论坛主题为"中国资产评估

准则建设",2003年论坛主题为"资产评估行业诚信建设与风险规避",2005年两次座谈会的主题分别是"金融不良资产评估"、"行政资质等行政许可与无形资产评估",2006年两次论坛主题分别为"国际会计准则对资产评估与财务报表影响"和"企业价值与资本运营",2007年论坛主题为"知识产权战略与资产评估",2010论坛主题为"森林资源资产评估",2011年论坛主题是"市场拓展与品牌建设"。2012年,中国资产评估协会在厦门举办了"品牌价值评估"论坛。这些论坛分别与财政部、中国证监会、国家知识产权局、国家林业局、资产管理公司、高等院校等联合举办,研讨的主题及时关注了当年出现的新的评估业务类型、评估难点问题和国际评估界最新理论动向。

1995年3月,中国资产评估协会首次加入国际性评估组织——评估准则委员会(2008年更名为国际评估准则理事会)并担任理事职务,表明我国评估行业建设已初见成效,进入了与国际评估界平等对话的新阶段。1999年10月,中国资产评估协会在北京承办国际评估准则委员会年会,并出任国际评估准则委员会常务理事,标志着我国在全球评估行业的地位和影响力有了重要提升,成为中国资产评估行业发展历史上的里程碑。2005年,中国资产评估协会加入世界评估组织联合会(WAVO),刘萍副会长兼秘书长为其10名常务理事之一。2012年至今,刘萍秘书长进入多个国际评估组织的管理层,进一步拓宽了我国参与国际评估事务的渠道,增强了国际话语权。

近年来,中国资产评估协会已经成为国际评估舞台上的重要力量,在国际评估组织中的话语权和影响力日益增强。中国资产评估协会在国际评估准则理事会、世界评估组织联合会、国际财产税学会等国际组织担任常务理事,积极参与国际评估组织事务。随着我国国际交流的不断拓展和深化,深层次专业交流成果显著。一是通过专业性国际交流如举办专业性国际会议、开展专业性专题考察等，有效提升了行业的专业水平。2006年"资产评估与市场经济发展"主题国际论坛、2008年"资产评估与财政税收——国际经验与中国改革"国际论坛及2011年国际机器设备评估大会等国际专业会议搭建了各国评估同仁交流沟通的高端专业平台，从不同角度和不同专业领域对我国评估理论及实践的进一步发展发挥了重要作用；知识产权评估、公允价值评估等国际考察为我国评估行业集中获取了大量的第一手资料，对我国评估理论与实践发展具有重要的参考作用，体现了国际交流服务于专业提升的重要功能。二是加强了国际化问题及相关专业课题研究。经济全球化趋势为企业引进来、走出去提供了广阔的发展空间，经济改革和对外开放对我国资产评估行业的国际化需求越来越多样化和复杂化。为积极应对和进一步提升国际化服务的水平和能力，中国资产评估行业积极开展了国际化问题研究，包括人才培养、国际业务合作模式研究等，并开展了央企境外并购资产评估等课题研究，为提升我国评估行业国际竞争力、推进行业国际化进程做了积极准备。三是强化了国际研究基础工作。根据行业建设和发展需求，近几年组织了评估准则的互译工作，积极宣传中国的专业建设成果和学习国际同行的先进经验，不断积累和提升专业建设的知识水平和综合能力。中评协2008年、2012年两次对已发布的中国评估准则进行了翻译、出版，并组织专家对《国际评估准则》2007年版（第8版）、2011年版进行了中文版的翻译，准则的双语化对我国评估准则与国际评估准则间的趋同发挥了重要的桥梁作用。行业的外事观察员和外事联络员，还定期跟踪国际评估准则理事会、世界评估组织联合会及国际财产税学会等国际评估组织的发展动态，作为我国评估行业和自律组织发展的有益参考。

五、有力支撑准则制定，形成一批资产评估丰硕成果

中国资产评估行业在为经济社会发展作出重要贡献的同时，取

得了一批丰硕的理论成果。

（一）形成了国际领先的资产评估准则体系

理论建设有力地支持了行业执业规范——资产评估准则的制定。经过多年的努力，中国资产评估行业走过了学习跟从—兼容并行—部分领先的准则制定道路，形成覆盖主要执业领域和执业流程，符合中国国情、引领国际趋势、兼容性强的较为完整的评估准则体系。截至2012年底，我国资产评估行业正式发布的评估准则共26项，包括2项基本准则、12项具体准则、4项评估指南、8项指导意见。这些准则涉及到了评估实践的业务操作、职业道德和质量管理；涵盖了企业价值、无形资产、不动产、机器设备，国有资产、金融不良资产、财务报告目的等主要执业领域；指导业务约定书、评估程序、评估报告、工作底稿等主要执业流程，基本满足了行业执业、行政监管、报告使用等各方面的需求，获得了社会各界的广泛认可。

（二）形成了一批颇具影响力的专业书籍

理论建设的另一成果体现在专业书籍的出版，自1992年出版发行第一本资产评估领域权威书籍《资产评估概论》以来，中国资产评估协会在总结评估实践经验和课题研究的基础上，陆续出版了一系列的准则及讲解，《资产评估业务管理与实践》、《珠宝首饰评估词典》、《上市公司并购重组企业价值评估和定价研究》、《上市公司并购重组市场法评估研究》、《企业价值评估与资本运营》、《国际评估准则2007》、《国际评估准则2011》、《借鉴与参考——国外资产评估行业考察研究报告》、《资产评估与市场经济》、《无形资产评估实务》、《无形资产评估案例》、《资产评估业务管理与实践》、《监管计划——加强不动产评估业监管的机会》、《2007年资产评估执业质量检查案例集》、《2008年资产评估执业质量检查案例集》、《资产评估理论与实践研究》、《森林资源资产评估研究》、《第七届国际机器设备评估大会论文集》等一大批反映行业管理、专业研究和指导执业的书籍，对树立专业形象，扩大社会影响起到了积极的作用。

（三）创立了具有中国特色的资产评估理论体系

资产评估行业在学习借鉴西方发达国家价值理论和评估相关理论的基础上，结合中国实践，突破了计划经济固有的定价模式，发展了西方价值实现机制，经过探索和创新，创立了符合中国社会经济发展特点、指导评估实践的专业理论体系，形成了社会、市场广泛认可的资产评估学科。资产评估理论体系从价值理论的经济学基本论点出发，依据市场理论、预测理论、产权理论等经济学理论形成资产评估的基本要素和基本原理，根据成本核算、收益预期、市场博弈等技术方法，形成资产评估的具体路径、方法和参数，使得中国的资产评估行业在基本理论与原理上与国际评估行业保持趋同和一致，在具体方法和参数上体现了中国社会主义市场经济的特色。

第二节　中国资产评估理论建设的逻辑起点

中国资产评估理论框架的建立有两个逻辑起点：一是源于价值理论的西方资产评估理论；二是基于国情的中国社会主义市场经济理论。现代西方资产评估业兴起于19世纪中叶，资产作为生产要素进入市场以后，20世纪初，这个新兴的市场经济重要中介服务行业得到重视和发展，评估实践急需得到理论指导，源于价值理论的西方评估理论逐渐开始从经济理论中分化独立出来。中国的资产评估业的兴起源于国企改革的需要，政府主导下的全国范围内的国有企业改革浪潮为资产评估创造了高度密集的实践机会,关于走中国特色社会主义道路、创建具有中国特色的社会主义市场经济理论的不懈探索为中国的经济体制改革实践、包括新兴的资产评估实践活动提供了丰富的和强有力的理论指导,这使得中国资产评估理论建设从一开始就基于中国国情、服务于国家经济发展战略和经济体制改革政策,这些都对中国资产评估理论建设方向、理论框架体系形成产生了重大影响。

一、中国资产评估理论建设的西方资产评估理论基础

中国资产评估行业的发展特点是市场创造需求,实践先于理论,在开拓探索阶段并无成熟的理论指导。借鉴西方比较成熟的资产评估理论并加以改造,以适用于中国国情变成了首要选择,主要源于经济学中价值理论的西方资产评估理论也因此成为中国资产评估理论框架建立的逻辑起点。

经济学是关于社会经济发展规律的科学。自1776年亚当·斯密《国富论》开始奠基,现代经济学已经有200多年的发展历史。随着数理统计方法的引入,经济学的研究由静态分析发展为动态分析,产生了计量经济学,在此基础上又发展出新古典经济学、新制度经济学等经济学派,并应用于社会经济计量分析中,指导人类社会的财富积累与创造。

经济学研究的核心问题之一就是价值的发现与价值的实现,由于对价值本质及成因的研究不同,经济学的价值理论分成劳动价值论、效用价值论和均衡价值论三大版块理论。这三大价值理论构成了资产评估三种基本评估方法的理论基础。

以亚当·斯密、大卫·李嘉图为代表的古典经济学派提出了劳动是商品价值的唯一源泉的论断,从而建立了劳动价值论,马克思在概念上严格区分了价值与使用价值,提出了商品的二重性问题,

指出商品的二重性取决于劳动的二重性,即抽象劳动和具体劳动。价值是无差别的人类抽象劳动的单纯凝结,提出了交换价值即价格围绕价值上下波动的价值规律。劳动价值论关于资产价值由生产该项资产的社会必要劳动时间所决定的思想,是资产评估中使用成本法评估资产价值的理论基础。

效用价值论作为与劳动价值论相对立的价值理论最早形成于17世纪中叶。1776年法国经济学家孔迪亚克提出,经济学的中心问题是价值问题,价值由效用和稀缺性决定,效用决定价值内容,稀缺性决定价值量的大小。孔迪亚克被认为是效用价值论的开创者。由于资产的效用表现为获利能力,在效用价值论看来,资产价值应以其所带来的收益来衡量。这一理论成为资产评估中使用收益法评估资产价值的理论基础。

均衡价值论是19世纪中叶以来西方经济学界关于价值理论争论的一个总结。英国经济学家马歇尔把劳动价值论的基本观点和效用价值论的基本观点结合起来,从供给和需求两个方面考察了市场条件下的商品及资产的价格。提出了均衡价值论。商品或资产的价值由供给和需求共同决定,生产成本决定了供给曲线,效用需求决定了需求曲线。短期内,价格可能会由于供需双方的不平衡而产生一定的波动,但长期看,在自发的市场调节下,供需会回到均衡状态,供给价格会与需求价格将趋于实现均衡价格。因此,资产估值不仅要考察资本成本,还要考虑市场需求状况。均衡价值论是资产评估中使用市场法评估资产价值的理论基础。

二、中国资产评估理论建设的中国市场经济理论基础

改革开放是社会主义中国历史发展的一次伟大觉醒,由传统计划经济体制向市场经济体制转轨,是走中国特色社会主义道路的一次重大实践,中国市场经济理论就是这一成功实践的理论结晶。中

国资产评估行业由改革开放催生，在党和政府强力主导和支持下迅速发展，中国市场经济理论的产生与发展也强有力地指导和推动着中国资产评估理论的建设，成为中国资产评估理论内涵形成及其发展的逻辑起点。

中国市场经济理论的建立，主要基于三个重要的理论框架，这三个理论框架都对中国资产评估理论建设产生了深刻的影响：

其一，中国市场经济理论认为，计划与市场作为资源配置方式，都是一种经济手段，本身不具有制度属性。市场经济可以和社会主义制度相结合，且这种结合可以有效地解决计划经济条件下的效率低下和激励不足问题，促进国民经济快速、健康发展。在市场经济条件下，资本的价值属性及其作用被彰显出来，资产价值量的核算符号意义被资产获利能力的价值表现意义所取代，在会计功能失效的地方，资产评估的价值发现和价值实现功能有了广阔的发挥作用的舞台。

其二，中国市场经济理论认为，市场经济与社会主义制度相结合，必须体现社会主义基本制度的特征，即坚持和完善以公有制为主体，多种所有制经济共同发展的基本经济制度。这是社会主义社会的必然要求，也是处于社会主义初级阶段的必然的制度选择。在这种经济制度下，坚持平等保护物权，创造各种所有制经济平等竞争环境，便成为国家宏观调控经济的一项重要内容。中国资产评估的经济中介服务功能也就因此具有了鉴证性和咨询性的双重属性和双重作用。

其三，中国市场经济理论认为，坚持和完善以公有制为主体，多种所有制经济共同发展的基本经济制度，必须毫不动摇地坚持改革开放，大力推进国有经济改革，加大国有企业改制和国民经济结构调整力度，以更加适应社会主义市场经济发展的需要。在这个理论指导下，中国资产评估首先服务于国有经济改革便成为历史的必然。不仅在实践中以国有资产评估起步，并被赋予维护国家利益、防止国有资产流失的历史使命，而且这种对于产权归属清晰化的关注和资本权益保护意识的强化，也成为了中国资产评估理论建设的一个重要特征。不仅如此，全国范围内大规模的国有企业改制不仅为中国资产评估创造了密集的实践机遇，而且也为中国资产评估理论建设中，探讨非交易条件下的价值发现和价值实现的理论认知与技术方法提供了巨大的推动力。

三、明确中国资产评估理论建设逻辑起点的实践意义

明确中国资产评估理论建设的逻辑起点对于中国资产评估理论建设的发展方向和目标要求具有非常重大的实践意义。

一是有利于中国资产评估理论的学科定位。中国资产评估理论建设目前仍处于初级阶段，更多关注于具体操作方法和技术手段的探讨，缺乏对于资产评估理论整体架构及其基础理论的深层思考。现行的学科教材和培训内容也只满足于评估要素分析和技术方法的介绍，缺乏对构建评估基础理论问题和整体理论结构的深层思考。明确中国资产评估理论建设的逻辑起点，有利于将现已基本成熟的基础性理论概念和理论观点进行科学归类及划分，从而在根本上解决资产评估理论的学科定位和内在机理等基础性问题。

二是有利于形成中国资产评估理论范式的内在逻辑。丰富的、但相对离散的实践导向与资产评估整体理论思考的缺失，导致现行的资产评估理论研究往往局限于对个别具体事件的专项解读，并未深入到个别事件现象反映的深层内涵，从而形成的理论观点未能体现资产评估各组成要素和基础概念之间的逻辑联系。明确中国资产评估理论建设的逻辑起点，有利于准确把握评估具体实践的内在联系和本质特征，促进中国资产评估理论建设在整体上形成统一的理论范式和逻辑严密的理论主线。

三是有利于开展资产评估理论的超前研究。中国资产评估的实

践先导特性使得资产评估理论研究相对滞后成为了一种长期的存在。明确中国资产评估理论建设的逻辑起点，有利于准确把握中国资产评估实践的发展趋势和潜在需求，从而更有针对性地开展资产评估理论研究，强化理论对于实践的指导意义和引导实践不断前行的重要作用。

第三节 中国资产评估应用理论

经济学理论研究的核心问题是抽象意义上的市场商品价格形成机制。通过对不同的经济问题和经济现象的研究，形成了各式各样的经济学理论，也构成了资产评估的应用理论体系，包括市场理论、预测理论、风险理论、产权理论、博弈论等。虽然这些理论对于商品价格的理论与资产评估中所使用的价值定义并不能直接对应，但这些理论有助于理解资产的价格形成，为评估时具体分析资产特征、资产评估目的、假设、原则和途径提供理论依据。

一、市场理论

（一）市场理论概述

1. 市场理论的基本原理

市场理论是研究影响资源配置和分配的厂商行为的理论。市场理论也被称为厂商理论、厂商均衡理论，它是微观经济学的组成部分。该理论重点分析不同市场条件下的厂商均衡条件与价格、产量的决定。其中，市场条件主要包括市场的结构、市场组成的特点和市场的竞争程度。

市场理论的主要贡献者是意大利经济学家斯拉法、英国经济学家琼·罗宾逊夫人、美国经济学家张伯伦。斯拉法于1926年出版的《竞争条件下的收益规律》是该理论产生的标志。1933年,罗宾逊夫人出版的《不完全竞争经济学》、张伯伦出版的《垄断竞争理论》可以看作是厂商理论最主要的著作。此后,厂商均衡理论被视为对均衡价格理论的完善和发展,成为重要的西方经济学理论。

市场理论的主要研究对象包括市场结构、产量、价格、总收益、总成本、利润等。第一,市场结构。市场结构是指影响厂商行为的市场组成特点,包括一个行业中厂商的数量、资源的流动、厂商产品的差异性与替代性等等。从整个市场的竞争关系看,市场结构可以分为完全竞争、完全垄断、垄断竞争和寡头垄断四种类型;第二,产量的确定。在市场理论中,厂商为了使利润达到最大化,将根据利润最大化原则,按照边际收益等于边际成本来确定产量进行生产;第三,价格的确定。市场理论中的价格仍由供求均衡确定,是供求曲线的交点;第四,总收益。市场理论中的总收益由平均收益和产量确定;第五,总成本。市场理论中的总成本由平均成本和产量来确定;第六,利润。市场理论中分析的利润是超额利润,或者说是净利润。该利润是总收益减去总成本后的利润,超额利润是通过市场竞争获得的。

2. 市场理论的基本内容

在微观经济学中,市场理论的研究内容主要包括成本理论、市场或厂商的分类、厂商均衡等几个方面。

根据成本理论,厂商为进行生产购买生产要素而支付的代价是厂商的成本。成本按投入要素是否全部可变而分为长期成本和短期成本,按是否随产量变化分为不变成本和可变成本,另外也可细分为总成本、总平均成本、边际成本、总不变成本、总可变成本、平均不变成本、平均可变成本等。

市场是从事某一特定商品买卖的场所或接触点。厂商为市场生产产品,不同种类的市场决定了其中厂商的性质和类型。从厂商数目、产品差别程度、进入市场的难易程度以及厂商对产量和价格的控制程度，市场或厂商形成了不同的结构和类型，即完全竞争、完全垄断、垄断竞争和寡头垄断。

厂商均衡是以利润最大化为目标，分析四种厂商在短期和长期中如何决定价格和产量。根据四种厂商的平均收益曲线、边际收益曲线同需求曲线的关系，从而区别四种厂商均衡的各自特点并得出结论：完全竞争厂商或市场是经济效率最高的，成本最小、价格最低，各种资源或生产要素的利用达到最优状态。

(二) 市场理论在资产评估中的应用

市场理论在资产评估中应用广泛，在评估假设、价值类型和评估方法等方面都运用到市场理论。

首先，公开市场假设是资产评估的一个重要假设。所谓公开市场，是指一个有众多买者和卖者的充分竞争的市场。在这个市场上，买者和卖者的地位是平等的。资产交易双方都有获取足够市场信息的机会和时间，买卖双方的交易行为都是自愿的、理智的，而非在强制或不受限制的条件下进行的。买卖双方都能对资产的功能、用途及其交易价格等作出理智的判断。公开市场假设是指资产可以在充分竞争的产权市场上自由买卖，其价格高低取决于一定市场的供给状况下独立的买卖双方对资产的价值判断。公开市场假设是对拟进入的市场的条件，以及资产在这样的市场条件下接受何种影响的一种说明。

其次，市场价值是资产评估中最常用的价值类型之一。市场价值是指资产在公开市场上应该实现的价值，即理性的买卖双方在地位平等、信息公开、交易成本、时间成本足够低的市场上最终达成的一致价格。市场价值定义中的各项前提条件均是一种理想状态下的市场条件，不考虑任何非理性因素，正如完全竞争市场的假设条件，大量买者和卖者、资源完全流动、信息完全等。

再者，在资产评估的收益法评估过程中，预测企业未来现金流时，通常会涉及对未来生产成本、价格、产量等因素的预测，可以根据厂商均衡理论，对未来市场的供给与需求进行分析预测，从而科学合理地确定企业的未来利润水平。经济主体在市场上的一切交易行为总是要追求利润最大化，即要以最少的费用求得最大的利润，因此人们在选择商品时，都要选择效用高而价格低的，如果效用与价格比较，价格过高，就会敬而远之。这种经济主体的选择行为结果，在效用均等的商品之间产生替代作用，从而使具有替代关系的商品之间在价格上相互牵制而趋于一致，这就是替代原则，市场法就以这一原则为依据，同时在成本法的更新重置成本确定、收益法的替代品市场分析等方面也遵循了替代性原则。

二、预测理论

（一）预测理论概述

1. 预测理论的基本原理

预测理论是关于寻求系统运动、变化与发展的规律，从而能对系统未来的行为与状态作出科学预测的一门科学。它萌芽于20纪40年代，最初预测研究只是停留在哲学概念的纯理论与学术的研究上。60年代以来，预测研究渐渐发展到应用研究上。预测研究日益受到关注，研究领域不断扩大，研究方法也逐渐完善。时至今日，预测理论已经成为一门发展迅速、应用十分广泛的新学科。

预测是指在掌握现有信息的基础上，依照一定的方法和规律对未来的事情进行测算，以预先了解事情发展的结果。预测的目的是为决策系统提供制订决策所必须的未来信息。为了提高未来信息的可靠性与准确性，必须深入研究获取这些信息所使用的各种方法与手段。根据预测方法的特点和属性，常用的预测方法可分为定性预测和定量预测两大类。定性预测是指依靠人的直观判断能力对预测事件的未来状况进行直观判断，故亦可称为直观判断预测法。定性预测主要是对预测事件未来状况和性质上的预断，而不着重考虑其量的变化情况。常用的定性预测方法有头脑风暴法、德尔斐法、主观概率法、关联树法、先行指标法等。定量预测是根据历史统计数据，运用一定的数学方法进行科学的加工整理，借以揭示有关变量之间的规律性联系，用于预测和推测未来发展变化情况。定量预测类方法多用于时间系列的预测，包括单纯外推法、趋势外推法、迭代外推法、移动平均法、指数平滑法、模拟类方法等。

2. 预测理论的基本要素

虽然预测对象具有不同的性质，属于不同的预测领域，其特殊性决定了它们在预测过程中采用具体的不同的方法与手段，但就预测理论的整体而言，它们之间存在着固有的同一的基本要素。首先，预测离不开作出预测的主体即预测者，同时，预测是对预测对象（即现实系统）作出的预测，所以，在预测理论中必然存在着预测对象。因此，预测者与预测对象就成了预测理论的基本组成。要使预测者对预测对象作出科学的预测，就必须使预测者与预测对象之间进行大量的信息流通，正是这种大量的信息沟通才使预测者与预测对象发生一定的联系，也构成了一个矛盾对立统一体——预测系统。该系统必须要与其周围的环境存在信息联系，既有信息输入，也有信息输出。所以，信息（内信息与外信息）是预测理论的基本要素之一，也是预测者与预测对象之所以能够构成实际预测系统的必不可少的条件。由于构成预测系统的基本要素——预测者（人）具有主观能动性，因而，这种主观能动性对于预测系统不仅有预断的能力，而且通过决策的实施手段，还有对系统实施操纵与控制，从而主动地去争取预断实现的能力。可见，在预测系统中，预测者是最积极、最主动的因素。预测理论要求预测者不仅要把握预测理论的理论、方法和手段，而且还必须把握预测对象运动、变化与发展的客观规律。其中包括自然科学和社会科学的知识与方法，以及为了尽快作出科学预测必须掌握的现代高速处理信息的计算技术——电子计算机、电子模拟机等。预测的目的是为了得到预测结果，不需要得到预测结果的预测系统是不存在的。因此，归纳起来预测理论由以下六个基本要素组成：预测者、预测对象、信息、预测理论、方法和手段、预测结果。

3. 预测的一般构成

预测的过程由彼此紧密联系的三个基本部分组成。第一，预测的基础理论部分，它包括预测研究的理论基础和方法论基础。对于预测系统，研究它运动、变化、发展的基础理论与方法，包括经济理论、系统论、信息论、控制论等。第二，预测技术、方法和手段。是在基础理论指导下，对预测对象的具体事件进行预测的整个过程，它包括根据基本原理建立预测事件的模型；该模型必须满足一定的边界条件；模型要充分利用系统的大量内、外信息；模型有多种形式，如实物模型、系统模型、图模型、各种模拟模型（电子模拟模型、计算机模型等）以及各种数学模型（指数曲线预测模型、多项式预测模型等），等等。第三个组成部分是"预测结果"，即预测系统所要达到的主要目的。在对预测结果进行必要的准确性估计与评价之后，就将其输入至决策系统中去，作为决策系统进行决策时的科学依据之一。

（二）预测理论在资产评估中的应用

资产评估的三种基本方法在具体应用中或多或少都会涉及到指标预测问题。尤其是收益法评估，其运用的前提就是被评估资产在未来具有连续获得预期收益的能力，评估的核心问题就是对评估对象未来现金流量的预测。资产评估发展至今，对于如何才能确定预测评估对象的未来收益仍是一个悬而未决的难题。有关资产评估书籍中只是提到一般要综合考虑宏观经济环境变化、行业发展趋势、企业的历史生产经营数据、生产形势的发展和产品的市场竞争等内外因素进行预测。这种综合分析的方法虽然考虑全面，但不可避免地会带有主观性，致使评估结果因评估人员不同而存在较大差异，可能使评估行为缺乏客观公正性，这也正是收益法评估的难度所在。所以，预测技术和方法在很大程度上影响了评估值的准确性，选择适宜的预测方法进行科学的预测是资产评估的基础。

在进行具体的资产评估预测时，需要注意六个关键问题：（1）确定具体的预测目标和影响因素。在实际评估工作中，预测目标要依据评估对象来定，并且预测目标要制定得具体。通过综合运用有关的经济理论、资产评估理论和实际经验来分析影响预测目标的各个因素。此外，在具体预测方法选用时，可以采用统计分析等科学方法对历史数据的变化规律进行分析；（2）选择合适的预测方法并建立预测模型。选择预测方法的原则包括准确度原则、经济原则和时间原则；（3）收集尽量多的与评估对象相关的数据。数据反映了经济发展的历史状况，评估预测是从实际情况出发，离不开数据支持，定量预测更是如此。事实上，预测模型是反映一种逻辑的抽象的关系，其中必然含有未知参数，如折现率的确定。只有当这些参数的值确定之后，模型才可以被应用。用这些参数已知的模型预测变量的未来值时，还要用到预测变量的历史数据或其他相关变量的数据；（4）模型参数的估计。对于不同的具体评估问题，虽然模型相同，但未知参数的取值各异，这样可以使模型具有更好的适应性。在应用模型进行评估预测之前，需要估计模型参数的取值，一般要使用历史数据，用数学或统计学的方法；（5）预测值的计算以及预测误差分析。模型参数被估计出来之后，就可以利用模型计算预测变量在预测期（或预测单元）的预测值了。如有可能，在计算预测量的未来值之前，也要利用历史数据对模型进行检验，即考察所选模型是否合适。在计算预测变量的未来值之后，若能给出其置信区间，则预测效果会更好；（6）信息反馈与预测结果的修正。对经济变量的未来值进行预测，近期的数据比早期的数据更具重要性。因此，当获得更新的数据时，有必要依据这些最新信息对预测结果进行修正。

三、风险理论

（一）风险理论概述

有关风险的经济学理论可分为两个部分：一是新古典经济学理论，其理论基础是理性人假设和有效市场假说，认为风险的产生是基于人们对事物的期望和预期效用，在此基础上将人们对风险的态度分为风险厌恶、风险偏好和风险中性三类；二是行为经济理论，认为人类由于受到认识的局限和心理活动、情感因素的影响，经常会有有限理性的行为发生，并在期望和预期效用的基础上，构建了有限理性行为的风险理论。

1. 新古典经济学风险理论

（1）期望值风险理论。期望值理论是不确定性条件下的决策理论，该理论假定市场个体在不确定性条件下对风险的态度是中立的，人们只考虑期望值的大小，不考虑对风险的偏好，认为市场中的主体会根据风险的期望值大小对资产价值进行判断，期望值取决于事物收益值以及该收益发生的概率。

（2）全风险理论。全风险理论是在风险厌恶理论基础上发展起来的，风险厌恶理论认为，人们对资产的决策判断依据不是期望效用函数，而是根据一种主观的期望值，希望获得资产的价值是低风险的，人们对风险持厌恶态度。后来，弗里德曼和萨维奇对该理论进行了补充，认为人们对风险并不都是厌恶的，而是存在三种类型，即风险偏好、风险厌恶和风险中性，并且人们对风险的态度不是固定不变的，不同的主体会有不同的选择。这导致对现实资产评估风险的判断趋向复杂，单一的判断就会导致与实际偏离。马克维兹则认为，人们对风险的态度受财富水平的影响，财富水平高的市场主体对风险的态度是偏好的。

（3）效用风险理论。该理论与期望值风险理论相似，市场主体在资产的效用与决策行为之间建立某种函数关系，以决策行为作为自变量，以效用作为因变量，当效用达到最大值时，便是行为主体所要采取的结果。预期效用函数是决策者在面临多项决策选项时，以理性偏好为基础的市场主体总会找到某种方法，对其预见的各种结果赋予一定的期望值，根据期望值大小来作出自己的决策。

2. 行为经济学风险理论

新古典风险理论是构造一个预期效用函数来表示行为主体决策的不确定性，卡尼曼认为，预期效用函数的构造依赖偏好的完备性和传递性的理性假设，人类由于受到认识机制的局限，经常会有不理性的行为发生。该风险理论将行为主体的效用看作价值函数和权重函数的共同作用。

价值函数考虑市场主体在风险和损失规避情况下的效用感受，对于某个参考点的获利或损失，人们的感受不一样，离参考点愈近，人们对获利或者亏损就愈加敏感，并且亏损部分价值曲线的边际变化较之赢利部分的边际变化更大。当收益确定时，主体的行为表现为风险厌恶；当损失确定时，则表现为风险偏好，人们通常以某个参考点的获利或者损失感受作为结果，而不是最终的价值状态，市场主体遵从的是损失规避准则，而不是风险规避准则，并由此得出价值函数的四个基本结论：一是认为对风险的认识是基于某个参考点；二是参考点的右边是盈利，当处于盈利时，人们对风险是厌恶的；三是参考点的左边是亏损，当处于亏损时，人们是风险偏好型的；四是人们对亏损的感知更敏感。这里的权重函数与新古典风险理论相比，虽然都表示事件发生的概率，但新古典风险理论一般是线性函数关系，而这里是非线性函数关系，即低估大概率事件而高估小概率事件。卡尼曼认为，决策权重函数更加接近真实世界中人们的决策行为，由于权重函数涉及行为主体对不同事件概率的评价，因而人们对可能性大的事件往往会认为其理所当然而将其轻视，但又过高估计小概率事件的权重。

（二）风险理论在资产评估中的应用

1. 资产评估风险

从新古典经济学基础理论出发，资产评估是存在于经济、法律和社会大环境下的一个复杂程序过程，从价值判断的角度分析资产评估风险，是基于个体和市场来分析的：个体注重的是效用，评估机构或评估师从专业角度测算资产的价值，就是从"理性人"效用的视角考察资产的价值；而市场考察的是整体，由市场的有效性导致均衡价格形成，进而形成市场价值，市场价值是客观和公正的价值，是市场参与各方博弈的结果，而专业的"理性人"测算的资产价值也会与市场的实际价值存在偏差，这个偏差就是风险。然而，当代行为经济学和行为金融学的发展，对风险的理解和分析出现了变化。行为经济学将人不再看成是完全理性的，而是将人的心理活动也作为分析的对象之一。不同的心理活动会出现行为上的偏差，人的这种异质性决定了即使"理性的"专业评估师也会对同一资产产生不同的价值判断。因此，资产评估风险是由于人的有限理性和市场的非有效性，致使评估师对资产的评估过程发生行为偏差，进而导致利益相关方对价值认识不一致的可能性。

评估师分析资产价值包括三个环节：资产评估的客观程序、资产评估的技术分析过程和资产所处的环境分析过程，其中评估程序是客观的，但技术分析过程和环境分析过程是主观的，其测算过程不可避免受到行为主体的影响，虽然实践中要求资产评估师保持客观公正，但理性的市场主体还是会衡量其所获得的收益与承担的风险大小，追求两者之间的匹配关系。资产评估过程受宏观经济环境、估价方法、估价时点、估价对象、资料收集以及参数选择的影响，所有这些因素的选取最后都是由评估师决定，因此，评估师在测算资产价值过程中，容易受到自身利益与专业水平的影响，即使水平相当的评估师对同一资产的评估结果也会存在差异。

新古典风险理论是基于理性人假设和有效市场假说的，在期望值风险理论中，评估师在与委托方就评估费进行商谈时，往往对评估工作获得的收益与风险大小进行衡量，决定是否承接业务。根据全风险理论，评估师可分为风险偏好型、风险中立型和风险规避型三种，不同的评估师对评估风险的偏好可能不一致。评估师风险偏好的分类使评估机构出现了分化，有的偏好承接风险较大的项目，如涉案项目、产权纠纷项目等，有的则偏好承接风险较低的项目，如常规评估项目，当然，这种分化是与收益的高低匹配的，风险高的项目，通常认为其收益高，反之亦然。

2. 折现率的确定

在收益法评估的过程中，将资产预期收益通过适当的折现率折现至评估基准日的理论基础不仅包括贴现理论，也运用到风险理论，即一项资产的价值是利用它所能获取的未来收益的现值，其折现率反映了投资该项资产以获取收益所必须承担风险的回报率。

资本资产定价模型（CAPM）最初的目的是为了对风险资产（如股票）进行估价。但股票的价值在很大程度上取决于购进股票后获得收益的风险程度。其性质类似于风险投资，二者都是将未来收益按照风险报酬率进行折现。因此 CAPM 模型在对股票估价的同时也可以用来决定风险投资项目的折现率。资产的期望收益率取决于无风险收益率、市场组合收益率以及相关系数的大小。其中无风险收益率讲的是投资于最安全资产比如购买国债时的收益率；市场组合收益率是市场上所有证券品种加权后的平均收益率，代表的是市场的平均收益水平；相关系数表示的是投资者所购买的资产跟市场整体水平之间的关联性大小。所以，通过研究单项资产跟市场整体之间的相关性,确定该资产项目的风险大小,可以计算该资产项目的折现率。

四、产权理论

(一)产权理论概述

产权理论是美国新制度经济学派创立的、研究产权的界定和交易的经济学理论体系,其渊源可追溯到19世纪末20世纪初的旧制度经济学派。1991年度诺贝尔经济学奖得主凡·科斯1937年发表的《企业的性质》、1960年发表的《社会成本问题》等论文被公认为西方产权理论的开山之作。继科斯之后,众多经济学家继续对产权理论进行了深入的探讨和补充,发展了新的产权思想,概括起来,对产权理论进展产生影响的主要有:以威廉姆森等人为代表的交易成本学派,以德姆塞茨和阿尔钦等人为代表的所有权学派,以布坎南等人为代表的公共选择学派,以舒尔茨等人为代表的自由竞争学派,以肯尼斯·阿罗等人为代表的信息经济学派,以波斯纳和库特为代表的法经济学派,以菲吕博腾和配杰威齐等人为代表的比较产权学派。

产权理论认为,社会资源的配置,不论采取企业制度,还是市场制度,或是政府管制方式,最重要的在于产权清晰程度。无论运用哪种机制,其成本高低和相应资源配置有效性的高低,均取决于产权制度。产权理论的主要理论观点有:经济学的核心问题不是商品买卖,而是权利买卖。人们购买商品是要享有支配和享受它的权利;资源配置的外部效应是由于人们交往关系中所产生的权利和义务不对称,或权利无法严格界定而产生的。市场运行的失败是由产权界定不明导致的;产权制度是经济运行的根本基础,有什么样的产权制度,就会有什么样的组织、什么样的技术、什么样的效率;

严格定义或界定的私有产权并不排斥合作生产，反而更有利于合作和组织。一种私有产权制度会产生出非常复杂，合作效率极高的组织。但这种复杂的组织是以私人产权的自由交易形成的。所以明确界定私有产权能为有效地寻找最优体制奠定制度基础。而自由的交易对寻找有效率的体制的作用比分配商品的作用重要得多；在私有产权可以自由交易的制度下，中央计划也是可行的，只要计划是有效的，就可以使自由交易双方得利。

（二）产权理论在资产评估中的应用

1. 产权持有

（1）产权界定决定资产评估的范围。确定资产评估范围是进行资产评估工作的前提，要确定待评估资产的范围，其唯一的依据是资产的产权界定。所以进行资产评估工作首先有一个产权界定的过程。例如对企业流动资产进行评估首先必须根据所有权和产权确定待评估流动资产的范围，有些流动资产虽然在评估时为企业占有，甚至已列入企业报表的资产项目，但若其所有权并不属于企业便不应予以评估，如承接代客加工业务时，客方交来的材料、半成品等。

（2）不同的产权具有不同的权益价值。产权就是对财产的权利，或基于财产的权利，是指由财产所有权和由财产所有权产生的与该权利相关的各种财产权利构成的一组权利束，其直接表现为人对物的关系，实质是权利主体之间人与人的行为关系，即所有者之间行为权利的关系[①]。首先，产权是基于资产而产生的行为权利，产权本身没有价值，但是基于财产的产权能够给产权主体带来未来的经济收益从而产生价值。不同资产所能带来的收益是不同的，因此不同资产的产权价值也是有差异的，一般来说收益能力越强的资

---

① 曹玉贵：《企业产权交易定价研究》，经济管理出版社 2011 年版。

产其产权价值也就越高。其次，产权是与资产所有权相关的权利束，并且具有可分解性，通常包含所有权、使用权、处置权等。由于这些不同的权利所能带来的经济利益存在差异，因此即使对于同一资产，不同的产权也具有不同的权益价值。某项资产的所有权和使用权的转让价格是存在差异的，一般所有权的价格会高于使用权的价格。以房屋产权为例，房地产的购买价格和出租价格是有较大差别的，因为二者所对应的产权权利是不同的。由于我国国有土地所有权归国家所有，因此住宅售价对应的权利包括70年的法定使用权，以及对房屋改造、出租和转让等其他权利，而出租价格仅仅对应一段时期内的使用权。

（3）"外在性"影响资产评估的价值。科斯认为，实际的市场运行是有摩擦的，它集中体现在所有者权益的外在性上。所有权有两个基本特点：一是完整性，即占有权、使用权、收益权与处置权的统一；二是排他性，即属于一个人所有的财产，决不能为另一个人所有。但所有权的完整性和排他性并不一定总是有效。交易至少是两个所有者、两种平等的所有权之间的事情，当交易双方在各自的所有权范围内行事，由于所有权活动范围的交叉，一方的行为可能要对另一方造成损失或收益，这就是所谓的外在性。例如收音机的所有者收听美妙动听的音乐，隔壁邻居也得到美好的享受；工厂排放废气，周围的农户却要蒙受一定的损失。

"外在性"理论给资产评估带来的重要启示在于："外在性"会带来所有者权益之外的额外收益或损失，从而影响资产的价值，对资产交易的价格产生直接的影响。资产评估应该充分关注"外在性"给评估资产带来的损失和收益，以及这种损失和收益对资产交易的现时价格的影响。例如在对房屋建筑物进行评估时，一个重要的价格影响因素就是环境因素。房屋四周的城市建设、基础设施、地段、开发程度和环境保护状况等与房屋本身的所有权无关，但对房屋的价格有着重要影响，有时环境因素影响的权重，并不亚于房屋本身的造价。环境因素对房屋建筑物评估价格的影响实际上就是"外在性"对房屋建筑物价值的影响——好的环境带来外在的收益；恶劣的环境带来外在的损失。

(4) 委托代理成本降低产权的价值。自20世纪70年代以后，围绕企业产权理论方面取得了一系列显著的成果。就企业产权理论而言，最突出的是关于委托代理理论取得的进展。委托代理理论中的委托代理关系是指一个或多个行为主体根据一种明示或隐含的契约，指定、雇佣另一些行为主体为其服务，同时授予后者一定的决策权利，并根据后者提供的服务数量和质量对其支付相应的报酬。授权者就是委托人，被授权者就是代理人。从根本上来说，导致委托—代理关系产生的根源在于委托代理双方对自身利益最大化的追求。当委托人委托其他人来处理某项事物比自己亲自处理能够获得更多经济利益，同时代理人也能够从接受委托中获得比从事其他活动更多的收益时，委托—代理关系就会产生，并获得经济学上的"分工效益"和"规模效益"[①]。在经济生活中，只要交易一方拥有另一方没有的信息就出现了信息的不对称，这种经济关系可以被看作是一种委托—代理关系。信息不对称引起的委托代理问题可以分为两类：第一，信息不对称发生在交易之前的"逆向选择"；第二，信息不对称发生在交易之后的"道德风险"。逆向选择会大大增加交易双方的交易成本，当交易成本足够大时就会导致交易无法进行，资产也无法实现价值最大化。道德风险是现代企业所有权和经营权分离情况下存在的主要委托代理问题，由于代理人和委托人目标函数不一致和存在的信息不对称，代理人的行为可能会偏离委托人目标函数而委托人又难以观察和监督，从而出现代理人损害委托人利益和影响效率的现象。

委托代理问题会影响产权的价值，这种现象在我国国有企业当

---

① 曹玉贵：《企业产权交易定价研究》，经济管理出版社2011年版。

中非常明显。与一般企业产权相比，国有企业产权制度最大的特征是存在多层级的委托—代理关系，并且是一种以行政权力为依托的强制性代理关系。就国有企业而言，我国国有资产的法定所有权属于全体人民，国务院代表国家行使国有资产所有权，并由中央到地方形成多级的委托代理关系，由国有资产监督管理部门委任相关国有企业管理人员负责企业的经营管理工作，而国有企业经营管理层成为国有资产的最终代理人，因此，国有资产所有人与经营者之间形成了委托代理关系。由于存在多层次委托代理关系，国有企业的产权不明晰和代理问题更加突出，从而导致国企的发展缓慢和效率低下。名义上全体人民是国有企业产权的初始委托人，并在法律上是真正的产权主体，但实际上全体人民并不具备对国有产权的行为权利，因此作为产权主体是缺位的。为了降低国有产权的代理成本，提高国有企业的价值，必须建立"归属清晰、权责明确、保护严格、流转顺畅的现代产权制度"。明晰产权并且严格保护产权带来的合法收益，能够激励产权主体追求资产利用效率的最大化，加强对代理人的监督和激励，降低代理成本。建立完善的产权交易市场，能够为产权的流动和多元化改组提供低成本的市场条件，促进产权资源的优化配置。

在非对称信息情况下，代理人总是更多地掌握信息优势，同时，由于委托人与代理人利益诉求的差异性，迫切需要一系列的参与机制与激励约束机制来建立有效的委托代理关系，维护委托人的利益。因此，在产权交易等涉及委托人重大利益的事项中，需要由独立评估师提供专业的估值服务，委托人通过评估师的专业服务弥补信息不对称的缺陷，并根据独立评估师的专业服务对相关产权交易进行决策，从而达到有效维护委托人根本利益的重要作用。因此，资产评估是解决委托代理问题的重要措施，在我国现有的经济结构中，资产评估对化解委托代理关系中存在的问题尤其重要。

2. 产权交易

同一项资产对于不同的产权主体来说其价值可能也是不同的,这与资产评估中投资价值的概念是相似的。因为同一资产能够给不同产权主体带来不同的经济利益,这种差异源于对资产整合能力和利用效率的不同。因此,当资产的产权发生变动时,价值也会发生相应的变化。产权的变动通常是通过资产交易实现的,在交易过程中资产能够流向配置效率较高的产权主体,从而实现价值增值。以天津狗不理包子饮食集团公司的产权拍卖事件为例,2003 年底天津市和平区人民政府决定在天津产权交易中心挂牌转让狗不理集团的国有产权。产权的拍卖底价根据资产评估结果设置为 1520 万元,这就是该国有产权拍卖前的价值。最终拍卖的成交价格高达 10600 万元,产权的变动实现了 9080 万元的价值增值。最终的买方天津同仁堂股份有限公司之所以愿意出如此高的价格,是因为经过对自身运营能力的考察之后,认为收购带来的预期收益将远远超过收购成本。从案例中也可以看出,产权拍卖交易中的成交价格更为关注产权的投资价值,这是影响购买方决策的关键因素。

五、博弈论

(一) 博弈论概述

博弈论又称对策论,起源于 20 世纪初,1944 年冯·诺依曼和摩根斯坦恩合著的《博弈论和经济行为》奠定了博弈论的理论基础。20 世纪 50 年代以来,纳什、泽尔腾、海萨尼等人使博弈论不断发展并逐渐成熟。近 20 年来,博弈论作为分析与解决冲突和合作的工具,在管理科学、国际政治、生态学等领域得到了广泛的应用。

博弈论是研究决策主体在给定信息结构下如何决策以最大化自己的效用,以及不同决策主体之间决策的均衡。博弈论由三个基本要素组成：一是决策主体，即参与人或局中人；二是给定的信息结构，即参与人可选择的策略和行动空间，又叫策略集；三是效用，即可以定义或量化的参与人的利益，又称偏好或支付函数。参与人、策略集和效用构成了一个基本的博弈。

博弈主要可以分为合作博弈和非合作博弈，两者的区别在于参与人在博弈过程中是否能够达成一个具有约束力的协议，若不能则称非合作博弈，非合作博弈是现代博弈论的研究重点。比如两家企业 A、B 合作建设一条 DVD 的生产线，协议由 A 方提供生产 DVD 的技术，B 方则提供厂房和设备。在对技术和设备进行资产评估时就形成非合作博弈，因为每一方都试图最大化己方的评估值，这时 B 方如果能够获得 A 方关于技术的真实估价或参考报价这类竞争情报，则可以使自己在评估中获得优势；同理，A 方亦是如此。至于自己的资产评估是否会影响合作企业的总体运行效率这样的"集体利益"，则不会被重视。这就是非合作博弈，参与人在选择自己的行动时，优先考虑的是如何维护自己的利益。合作博弈强调的是集体主义、集体理性，是效率、公平、公正；而非合作博弈则强调个人理性、个人最优决策，其结果是有时有效率，有时则不然。

（二）博弈论在资产评估中的应用

1. 资产评估与合作博弈

理想中的资产评估过程应该是合作博弈的过程，由不同利益集团参加，这些利益集团包括政府、资产评估机构、资产评估师、证监会、国资委、委托方、中小投资者等。比如在并购活动中，引入独立第三方的资产评估实际上就是促成利益相对两方进行的一种合作博弈，政府作为管理者希望资产评估能有利于整个经济的稳步健康发展；资产评估机构和资产评估师希望能够获取合理的评估服务收费，规避执业风险；证监会希望能够规范上市公司的并购交易行为，保护中小投资者的利益；国资委希望能够保护国家的利益，防止国有资产的流失，评估结论在这一过程中的任何调整与变化都是为了实现交易最终的公平和公正，此时形成的资产评估结论是一种静态博弈下的纳什均衡。但是交易双方在并购过程中由于利益诉求的对立，其博弈肯定是不合作博弈，任何一方都希望资产评估结论能有利于自身，当资产评估成为评估师与某个利益集团间竞争与妥协的产物，并购中利益相对立的交易双方会不断进行博弈直到最终达到新的均衡，这种博弈从一定程度上可以阻止评估师的妥协，成为促进评估机构健康发展的除行业监管、行业自律以外的第三种力量。

2. 资产评估师模拟交易价格

按照拉特克利夫提出的理论[①]，资产评估师应复制买卖双方的决策过程，进行相应的市场模拟，并在该框架下选择评估方法。资产评估的过程实际上进行了市场模拟，复制了市场买卖双方的交易决策过程，评估人员利用假设条件将被评估资产限定在某种市场环境和供求状态下，根据互动结果，得出模拟价格。在资产评估中，如何促使资产利益双方在合作的基础上实现个人理性与集体理性的"双赢"结果，同时实现效率与公平，避免出现非合作博弈下的"囚徒困境"，造成集体的非理性是资产评估师需要关注的核心问题。

资产在实际交易过程中是一个谈判与议价的过程。在有资产评估师参与的资产业务中，实质上是模拟了这一过程。运用谈判理论推导这一过程，在假设资产业务双方是有代表性的、资产双方是理性（或有限理性）的条件下，讨论相关的资产业务的讨价还价过程，探究资产利益主体——买卖方、出租与承租方、承保与投保方、银行与抵押方等双方在对资产相关利益的模拟分配过程中，如

---

① Ratcliff, R. U. Is there a "New School" of Appraisal Thought? The Appraisal. 1972, (10): 522–528.

何在避免效率损失与成本增加的前提下，采用均衡的策略、原则和依据，形成公允的市场价值。

3. 资产评估师是无偏仲裁人

资产业务双方要达成业务，均要有有效合作的意愿。在博弈论中，仲裁和协调是解决讨价还价（谈判）问题的两种方式，有助于形成一致性的议价焦点均衡状态。仲裁和协调通过模拟讨价还价过程，节约了谈判成本；仲裁人或协调人凭借其经验和所掌握的所有资产交易局中人的信息，作出相对公平的判断。其中，仲裁有一定的强制性，而协调没有强制性。鉴于资产业务双方在出价与报价、讨价与还价中存在公平与效率损失，以及仲裁与协调的议价模拟性，对应于资产评估的鉴证与咨询职能，资产评估师具有焦点均衡的无偏仲裁人或协调人的作用和职能。资产评估师作为焦点均衡的无偏仲裁（协调）人可以体现具体的资产评估目的要求，以及判定资产评估实际价值类型归属。

因为公平和效率的福利性质可以在任何博弈中决定焦点均衡，所以资产评估师应该尽量基于某种客观、公平、对称的原则进行选择。具体说来，资产评估师判定焦点均衡的依据有二个基本解，即在两人合作讨价还价中焦点均衡应该依据纳什讨价还价解，在大型经济中则应依据沙普利值。

依据资产评估的公允市场价值这一标准，资产评估师应保证资产的价格会以公正无偏、富有效率的结果出现。通过资产评估师为不同类型的资产业务提供满足公允与富有效率的纳什讨价还价解与沙普利值，可以避免在拍卖模型、完全信息或不完全信息讨价还价模型分析中在谈判中的时间、成本、效率上的损失。通过资产评估师的价格推荐，还可以在微观层面上实现资产业务相关方依据评估结果迅速达成交易，节约交易成本、缩短交易时间，避免冲突的目的。在宏观层面上，可以促进资源优化配置、加强资产管理、维护市场的正常秩序。

4. 有限理性资产评估师的学习过程

资产评估师是有限理性的主体。首先，资产评估师处于特殊的情境中，比如信息过多、高度不确定性以及客户与时间压力等环境约束，给资产评估师的评估工作带来了相当大的难度；其次，资产评估师受到知识、信息、计算等认识能力的限制，以及受注意力广度、选择性感知、目标认同等心理因素所限，难以进行复杂的信息加工和概率计算，常常依赖于一些判断规则或经验性判断策略来简化复杂的决策情景。

资产评估是一种基于不完全信息而对评估客体价值进行专业判断的行为。它不仅是收集、整理和分析信息的过程，也伴随着由感知、注意、学习、记忆、表象、推理、问题解决等构成的心理活动过程或认知过程。资产评估师的知识、智慧、经验直觉、推理、偏好和价值观直接影响着评估的原则标准和结果。因此，资产评估需要"再学习"或"次级学习"的过程，即学习如何检查自己的学习并进行探索式学习的过程，即适应性学习、重构性学习和过程学习，因此资产评估师的后续教育是必要的。

第四节　中国资产评估技术理论

一、成本定价理论

（一）成本定价的理论基础

从经济学的角度看，资产评估的成本途径是建立在古典经济学派的价值理论之上的。亚当·斯密在《国富论》（1776年）中认为价值是一种客观现象。一件物品的自然价格反映了该物品所耗费的成本。古典经济学派将价值归因于生产成本。资产评估成本途径就是建立在这个价值理论基础之上的，它将价值与成本联系了起来。

（二）价值评估的成本途径

1. 成本途径的基本思路

运用成本途径进行资产评估的基本思路是：以被评估资产的构建或购买成本为依据，再扣除被评估资产从全新状态到现有状态所产生的有形损耗和无形损耗等因素所造成的贬值，最后得出被评估资产的价值。

2. 成本途径的基本因素

一般来说，运用成本法时涉及到四个基本要素：即资产的重置成本、资产的实体性贬值、资产的功能性贬值和资产的经济性贬值。

其中资产的重置成本又可以分为复原重置成本和更新重置成本两种。前者是指采用与原资产完全相同的材料、设计标准、建造结构和技术条件等，以现时的价格再构建相同的全新资产所需的成本。后者是指采用新型材料、新技术标准，以现时价格构建的具有相同功能的全新资产所需的成本。

资产的实体性贬值也称为有形损耗，是指资产由于在使用过程中，人为或自然力致使资产物理性能损耗或下降，从而导致的价值损失。

资产的功能性贬值是指由于技术进步引起的资产功能相对落后而造成的资产价值损失。它包括在资产构建过程中新技术、新材料和新工艺的应用，而使资产的原有建造成本超过现行的建造成本，或由于现在资产功能增强使原有的运营成本超过现行的运营成本。

资产的经济性贬值是指由于外部条件的变化，所引起的资产闲置或收益下降等而造成的资产价值损失。

3. 成本途径的具体方法

成本途径的实际应用中又可以分为原始成本法和重置成本法。

原始成本法就是采用资产的历史成本,即某项资产在构建时所付出的全部费用支出,包括购买或建造价格、运输安装调试等所有费用。历史成本是会计核算的重要依据,原始资料完备,清晰,具有客观性和查证性。所以在目前企业的经营管理和财务分析中普遍采用历史成本的资料。但是以资产的历史成本作为价值评估的计价依据这种简易的方法只是在少数特殊情况下才是可行的,比如说对企业货币资产的评估。

重置成本法是指按照被评估资产的现时完全重置成本(简称重置全价)减去应扣损耗或贬值来确定被评估资产价值的一种方法。

评估师运用重置成本法时,在绝大部分情况下应选择采用更新重置成本。只是在无法获得更新成本或特殊的项目时才采用复原成本。资产的重置成本可以通过各种方法取得。在评估实务中较为广泛运用的有:重置核算法、价格指数法以及功能价值类比法等。估算资产的实体性贬值可以有:观察法、使用年限法、费用修复法等。由于资产的功能性贬值主要是因为技术进步引起的资产功能相对落后而造成的资产价值损失。所以要根据被评估资产目前的效用、能力、消耗等方面与新资产的差异所造成的成本增加或效益降低,来确定被评估资产的贬值额。经济性贬值主要是外部经济环境的变化所引起的资产价值损失。估算其贬值额应该以重置成本为基数,以生产能力或收益损失来计算贬值率。

4. 成本途径在各单项资产评估中的应用

成本途径广泛应用于各单项资产的价值评估,如:机器设备、房地产、资源性资产等。

(1) 成本法在机器设备评估中的应用:成本法是通过估算被评估机器设备的重置成本和各种贬值,用重置成本扣减各种贬值作为资产评估价值的一种方法,它是机器设备评估中最常使用的方法之一。其计算公式为:

评估值＝重置成本－实体性贬值－功能性贬值－经济性贬值

①重置成本的计算：机器设备的重置成本包括购置或构建所发生的直接成本与间接成本，具体应包括设备本身的购置、构建费、运输安装费，以及其他的合理的必要支出成本。当然，这里设备本身购置构建费用的估算是主要的。设备本身的重置成本也包括直接成本和间接成本，而且会因为是外购或自制的设备有所不同。一般来说，可以有如下方法：直接法——直接市场询价、使用价格资料等方法；物价指数法——采用定基物价指数或环比物价指数的方法；重置核算法——常用于估算非标准自制设备的重置成本；综合估价法——通过确定设备主材和外购件的费用，算出完全制造成本，并考虑利润和设计费等得出重置成本；重量估价法——采用设备的重量乘以综合费率，同时考虑利润计算重置成本，并根据设备的复杂系数进行调整的方法；类比估价法——亦称指数估价法，主要用于石油、化工等专用设备，可用同一系列不同生产能力设备的重置成本变化与生产能力变化的某种指数关系，求出设备的重置成本。还有许多其他方法可以确定设备的重置成本。

②实体性贬值的估算：机器设备无论在使用或闲置的过程中都会发生有形损耗，由此引起的贬值就是实体性贬值。设备实体性贬值的常用估算方法包括观察法、使用年限法和修复费用法。观察法是评估师通过实地观察，根据经验对被评估对象的状态和损耗程度作出判断，从而确定其贬值的方法；使用年限法则是根据设备的使用寿命来估算贬值，具体就是用设备的已经使用年限除以设备总使用年限来确定设备贬值率。有时候须考虑设备残值。修复费用法是假设设备所发生的实体性贬值是可以补偿的，设备实体性贬值就应该等于修复其损耗所发生的费用。

③功能性贬值的估算：由于无形磨损而引起的资产价值损失称为机器设备的功能性贬值。这种贬值主要体现在超额投资成本和超额运营成本两方面。所谓超额投资成本就是由于技术进步，新技

术、新材料、新工艺的出现，使得相同功能的新设备制造成本降低，其更新重置成本将低于复原重置成本。这时，机器设备的功能性贬值额就等于复原重置成本减去更新重置成本。但在评估实践中，前面估算重置成本的时候本来就是估算的更新重置成本，已经包含了这部分功能性贬值，所以就无需重复考虑了。而所谓的超额运营成本就是由于新技术的进步，使得设备在运营费用上低于老设备，此时引起的功能性贬值就是设备未来节省的运营成本的折现值。

④经济性贬值的估算：是由于外部因素引起的贬值。如市场竞争加剧，产品需求减少，生产能力过剩，国家能源、环保等保护性政策影响等引起的贬值。主要体现在设备使用寿命缩短、运营费用提高和市场竞争加剧几个方面，具体贬值的估算可根据具体情况确定贬值率。

（2）成本法在房地产评估中的应用：成本法是房地产评估的基本方法之一，主要用于既无收益又很少有交易情况的房地产项目，如政府大楼、学校、医院、图书馆、博物馆、公园等建筑物。但是由于房屋与其所依附的土地具有不同的自然和经济特性：房屋是人类劳动的产物，会随时间的变化而贬值；但土地是自然的产物，随人类的改造而凝聚人类的劳动成果，所以房屋价值和土地价值的成本法会有所不同。

①土地评估的成本法：也称成本逼近法，其基本公式如下：

土地价值 = 待开发土地取得费 + 土地开发费 + 利息 + 利润 + 税费 + 土地增值收益

具体操作步骤：首先计算待开发土地取得费用——或是国家征收集体土地而支付给集体土地所有者的费用，包括土地补偿费、地上附着物和青苗补偿费以及安置补助费等，或是为取得已利用的城市土地而向原土地使用者支付的拆迁补偿费用；然后计算土地开发费用——主要包括基础设施配套费，即通常所说三通一平或七通一平的费用，公共事业建设配套费以及小区开发配套费；第三步是计算投资利息——包括前期两大费用的占用期所产生的利息；第四步计算投资利润和税费——确定利润的关键是确定合理的利润率和投资回报率，再根据国家规定确定应付的税费；最后确定土地增值收益——主要是土地用途与功能改变所产生的增值。至此，根据上述公式可以求出土地使用权价值。

②新建房地产评估的成本法：新建房地产项目，如评估基准日为开发建成日则无需考虑折旧，直接计算开发成本即可。基本公式为：

新建房地产价值 = 土地取得费用 + 开发成本 + 管理费用 + 利息 + 销售税费 + 利润

其中土地取得费用与土地评估的成本法基本相同。开发成本则包括：勘察设计与前期工程费、基础设施建设费、房屋建筑安装工程费、公共配套设施建设费以及开发过程中的税费和其他间接费用。管理费用是指开办费和开发过程中管理人员的工资等。利息为土地取得费用和开发成本之和的投资利息。销售税费包括销售费用、税金及附加以及其他销售税费。开发利润应根据类似房地产平均利润率来确定。

③旧建筑物评估的成本法：运用成本法评估旧建筑物时，不能再采用原来的建造成本，而是应以评估时点重新建造成本为基础估算重置成本，再考虑建筑物的使用和磨损，减去其贬值额，得出其价值。公式为：

建筑物价值 = 重置成本 - 年贬值额 × 已使用年限

这里重置成本是更新重置成本，即采用新的建筑材料和工艺建造一个与原建筑功能结构基本相同的建筑物的成本。贬值是指建筑物的价值贬损，不同于会计上的折旧。它主要是由于物理化学因素以及社会经济因素所造成的建筑物的有形和无形损耗。计算贬值额的方法很多，常用的有定额法、余额递减法、成新折扣法等。

(三) 企业价值评估的成本法（资产基础法）

企业价值评估的成本法是指资产基础法，根据企业价值评估准则定义：企业价值评估中的资产基础法，是指以被评估企业评估基准日的资产负债表为基础，合理评估企业表内及表外各项资产、负债价值，确定评估对象价值的评估方法。注册资产评估师运用资产基础法进行企业价值评估，各项资产的价值应当根据其具体情况选用适当的具体评估方法得出。

为什么我们把资产基础法又称为成本法，这是有一定的历史原因和理论依据的。历史的原因是在20世纪90年代我国大量的国有企业改组改制以及合资合作等经济活动的资产评估都是采用这种方法对企业整体进行评估，并称之为："整体企业评估的重置成本法"。而理论上的依据是因为在大部分情况下，企业的资产负债表是由会计的成本核算原则得出来的，即表中的资产价值通常是用它们的历史购买或收购成本来记录的。所以以此为基础的评估方法又被称之为企业价值评估的成本法。成本法评估企业价值在我国资产评估发展的历史上有着重要的作用。它曾经是中国评估师首选的企业价值评估途径，随着收益法和市场法的逐步应用，才回归到现在合适的地位。

企业价值评估的成本法（资产基础法）是完全不同于单项资产的成本法。资产基础法是以资产负债表为导向的评估方法，企业资产负债表体现了其历史成本，资产基础法还要涉及到未入账的有形和无形的资产和负债的确定和评估，并同时要对已记入资产负债表中的资产和负债进行重估，而对其重估价值的方法也不限于成本途径，可能是市场或收益的途径。所以资产基础途径是一种以企业所拥有的资产来确定企业价值的一种思路。

1. 资产基础途径的基本原理

根据会计原理和会计准则，资产负债表记录的资产经提取折旧后的历史成本属于账面价值。同样，资产负债表记录的总体资产经提取折旧后的历史成本，减去所记录的负债的历史价值，就等于属于企业所有者权益的账面价值。也就是说：最基本的会计原则是：资产的账面价值减去负债的账面价值等于所有者权益的账面价值。

同样，从资产基础法的角度出发，也可以认为：最基本的企业价值评估原则是：资产的当前价值减去负债的当前价值等于所有者权益的当前价值。

资产基础途径中常用的方法有资产加和法、清算价值法和超额盈利资本化法三种方法，其中资产加和法（也常叫净资产价值法 NAV）是中国资产评估师应用最多的一种方法，其做法就是把企业的资产和负债都评估到确定的价值标准下的价值，然后由此确定企业整体或权益的价值。而清算价值法仅用于公司资产清算的特殊情况，在评估实践中也得到一定的应用。超额盈利资本化法是先把公司的有形资产和负债进行评估之后再加上无形资产的价值，由此确定企业权益的价值。

2. 资产基础途径的资产加和法

这种资产加和的评估方法，在中国的资产评估历史上，曾经广泛运用于情况复杂的大中小企业，解决了许多评估实践中的难题。

（1）资产加和法中的几个重要原则。

第一，评估中，财务报表中资产的历史成本是评估分析工作的起点，而并非评估分析工作的终点。评估人员对以公允会计准则为依据的资产负债表的使用，仅仅是作为其评估分析工作的起点，而不是以账面价值作为评估结论。而以评估价值结果为依据的资产负债表将作为资产加和法的最终形式。

第二，评估后，所有的资产和负债将以评估中所选择的恰当价值标准重新体现其价值。此时，得出的价值都是在一定价值类型下的评估价值而并非所谓的"账面净值"。

第三，企业所有的资产和负债将以所选择的恰当价值类型予以重估。此外，企业的许多极有价值资产可能没有记录在以历史成本为依据的资产负债表中。其中包括企业许多起到实质作用的无形资产。

同时，企业的许多重要的负债也没有记录在以历史成本为依据的资产负债表中。其中包括企业整个范畴的或有负债。这些项目都是资产加和法评估时特别需要关注的地方。因此，新的资产科目和可能情形下新的负债科目，作为资产加和法评估内容的一部分，将出现在企业以评估价值为依据的资产负债表中。

（2）资产加和法基本程序。资产加和法在中国的评估实践中总结出许多经验与技巧，下面从资产加和法的评估原理出发论述其程序与过程。

根据资产加和法的原理，基本程序应该包括以下六个步骤：

第一，获得资产负债表：评估人员的评估首先从企业的历史成本资产负债表开始。此资产负债表若是在评估基准日编制的最为理想。如果不能获得评估基准日的资产负债表时，也可以采取委托方的会计师编制评估基准日的历史成本资产负债表，或自己根据资料编制评估基准日的资产负债表，或依赖距评估基准日之前最近的财务核算期限已结束的资产负债表进行评估调整等等。

第二，确定资产负债表上需要重新估价的资产与负债：评估人员将慎重地分析和了解所评估企业每一项实质性的在账资产和负债。评估人员的目的是根据所选择的适用于所评估企业价值标准，决定需要评估资产与负债。如我们可以设定市场价值为企业评估时适当的价值类型。这样，评估人员将此程序中按照评估市场价值的要求，分析企业每一项实质性的在账资产项目和负债项目是否需要进行评估。

第三，确定资产负债表之外的需要确认的资产：评估分析人员将确定在评估结果的资产负债表中需要确认的目前没有入账的（有时称为资产负债表之外的）资产。例如：无形资产经常没有记入编制的资产负债表中，而这些资产往往是小型高新技术企业、传媒文化产业以及第三产业服务机构里经济价值最大的组成部分。评估人员应寻找这些没有在账上体现的有形资产和无形资产。

第四，确定资产负债表之外需要确认的或有负债：评估人员将需要确定在评估结果的资产负债表中需要确认的、但目前没有入账的实质性的或有负债。如果或有负债中存在潜在的未解决的环境污染问题，则可能需要聘请专家作出判断。在一般公允会计准则的规定中，或有负债是不记入以历史成本为基础编制的资产负债表中的。但在审计和财务报表的审核中，重要的或有负债需要在其附注中予以披露。或有负债的确定和评估在资产加和法中，相对来说是不经常应用的程序。对于那些存在未予判决的经济起诉、所得税或资产税方面的争议或环境治理要求等情形的企业，或有负债将对企业的经营风险有重要的影响（通常可以量化）。因此，或有负债对此企业的评估价值也将有重要的影响。

第五，对以上确定资产和负债项目进行评估：在账面的资产与负债分析之后和账外的资产与负债确定之后，评估人员将开始企业每一项资产评估的定量分析程序，如有必要，还将进行企业每一项负债的定量分析程序。在典型的企业价值评估项目中，评估人员进行的是各类资产的评估分析。这些资产类型包括财务资产、有形动产、不动产、无形不动产和无形动产。对于某些类型的资产，企业评估人员可能需要专门的评估人员。

第六，编制评估后的资产负债表：在得出企业的所有有形资产和无形资产的价值，和得出企业的所有的账面和或有负债之后，评估分析人员将可以编制一份评估后，日期为评估基准日的资产负债表。在这份以评估结果为基础的（不同于以历史成本为基础的）资产负债表中，评估分析人员直接以算术程序，从企业（有形和无形的）资产价值减去企业（账面和或有的）负债的价值，得出的是以企业权益价值衡量的100%的所有者权益（一般也是具备进行市场交易特性的和具备控股所有权基础的)。

此时,资产加和法评估了企业全部的所有者权益。当企业还有若干不同类型的股权权益问题时,则可能要求增加一些其他的评估程序和价值分配的程序。

如果评估项目涉及非企业全部权益的价值(如不能在市场交易的、属于企业某类不具备表决权的普通股的少数股权价值),则需要进行评估的减值或增值。而若需要考虑资产预期中的出售,则增加潜在的收益后的所得税也必须予以考虑。

3. 资产基础途径的超额盈利资本化法

在超额盈利资本化法中,企业所有的资产和负债(因此也是对企业的所有者权益)的评估是一次集中地分析和计算。一般情形下,集中重估方法是对企业高于其账面净资产价值的全部超额价值进行量化。在采用超额收益资本化法时,企业权益的价值是企业有形资产的净值加上企业以商誉形式体现的整体无形资产的价值之和。此整体无形资产的价值(或称之为企业超出其账面价值的全部增值),采用超额盈利资本化法进行确定。

按照资产基础途径的概念进行界定,超额盈利资本化法是(在所有资产的重估集中进行的情形下)一种以资产为基础评估途径的应用。但必须要强调的是,在要求严格的超额盈利资本化法的运用中:首先,所有的有形资产将重估其市场价值之和;其次,在国外大量应用的超额盈利资本化法多使用于确定企业以商誉形式出现的整体无形资产的价值。

二、收益定价理论

资产评估除了成本定价途径外,还有一种以未来收益为基础的收益定价途径。如果说成本定价是基于劳动价值论的定价方法,收益定价则是基于效用价值论的定价方法。由于资产的效用主要表现为预期未来的获利能力,因此从效用价值论的观点出发,资产定价应该就是以其未来获利的多少来确定,这就是收益定价理论。收益定价是目前我国评估实务中较为广泛应用的一种定价方法。

(一)收益定价的理论基础

1. 收益定价的概念

收益定价就是以被评估资产未来预期收益的现值来确定被评估资产的现实价值。资产是未来预期能为拥有者产生经济利益的资源,也就是能为资产拥有者带来未来收益。因此收益定价实质就是以资产未来产生的收益的多少确定资产现实的价值,这样收益定价就存在两个需要解决的问题:其一是资产未来所产生的预期收益的多少;其二就是由于未来收益是具有风险的收益,具有风险的收益与没有风险的收益相比价值是不一样的,因此在确定资产未来收益后,还需要确定衡量未来收益实现风险因素的一个重要参数——折现率。

收益定价通过目标资产未来产生的收益确定其价值,未来产生收益可以理解为是目前投资形成的资产未来所产生的收益,因此资产预期收益实际也就是现在投资所形成资产的未来收益,因此收益定价实质上就是利用未来收益,通过投资者可以接受的投资回报率来确定现实投资的价值。

2. 收益定价估算的基本公式

谈起投资,人们首先想起的是在证券市场上的股票投资,事实上近代资产评估理论与实践的发展离不开资本市场的发展。

假设投资者是对整个公司进行股权收购或整体收购,也就是体现控股股东的权益,如果期初的投资为 V_0,即被收购企业期初的股权价值或整体价值,由于投资者是对企业进行整体收购,因此每年投资回报为被投资企业每年可以获得的净经营现金流 NCF_i,记第 n 年末股票投资价值为企业整体价值 V_n,则有:

$$V_0 = \frac{NCF_1}{1+R} + \frac{NCF_2}{(1+R)^2} + \frac{NCF_3}{(1+R)^3} + \cdots + \frac{NCF_n}{(1+R)^n} + \frac{V_n}{(1+R)^n}$$

上式中被投资企业的经营现金流 NCF_i($i=1,2,3,\cdots,n$)为企业经营净现金流,即为:

销售收入 – 销售成本 – 期间费用 + 所得税 + 折旧/摊销 – 营运资金增加 – 资本性支出

上述 V_0 表达式的含义是企业的期初投资价值等于该投资持续期间每年可以获得的净经营现金流的现值之和再加上期末该投资价值的现值,这个模型被称之为估算企业全投资或股权价值的自由现金流模型。

上式是采用收益法评估企业价值的基本理论公式,表现的方式是将未来一定期限内的每年收益逐个进行折现,折成现值,最后将每年收益的现值加总,这种方式被称为折现方式。

在评估实际操作中还有一种方式被称为"资本化"。它实质是上述公式在特定条件下的表现形式。如果假定被评估企业经营是永续的,上述公式中未来每年的收益是按一个固定增长率 g 增长,当 $g < R$ 时,可以推导得出:

$$V_0 = \frac{NCF}{R-g}$$

上式就是被评估企业每年收益按固定比例增长情况下估算的价值,其中 $R-g$ 就被称为资本化率。

资产评估的收益定价理论以及收益法评估的模型与方法经过近百年的发展已经相对比较成熟,在这个发展过程中凝聚着众多著名的经济学家和杰出人士的贡献。

3. 收益定价理论的形成

收益定价理论的形成经过了以下几个主要阶段:

(1) 埃尔文·费雪的资本价值理论。1906 年,费雪在其专著《资本与收入的性质》中完整地论述了收入与资本的关系及价值等相关问题。在这本著作里,费雪从人们对收入的感受入手,分析了

资本价值的形成过程,对资本价值最后总结为:

①资本价值是收入的资本化或折现值;

②如果利息率下降,资本的价值(预期收入的资本化)将会上升,反之亦然。

埃尔文·费雪第一次系统的地阐述现代资产评估价值收益法评估的基础,提出了资本(资产)的价值可以以其未来的收益倒推估算,他进一步提出了倒推过程需要采用一个折现率参数的概念,并且指明这个参数受资本利息率等因素影响。

(2)约翰·布尔·威廉姆斯与收益折现模型。威廉姆斯是第一批认为股票价格由其企业内在价值决定的经济学家之一,被公认为是股票投资分析方法的创始人和发展者。他最著名的著作是根据他在哈佛大学的博士论文基础上写成的《投资估值理论》。在这本书中,威廉姆斯首次提出了以折现现金流为基础的估值模型,严格来说,是以股利折现为基础的估值模型,奠定了现在收益法评估所采用折现模型的基础。

股利折现模型的涵义是:股东从公司获得的收入的根本来源是股利,所以股东权益的当前价值等于其未来所获得的股利的现值与未来股票现值之和。

在威廉姆斯的股利折现模型基础上,研究人士又进一步发展出自由现金流折现模型(Free Cash Flow Discount Model)。自由现金流折现模型分为企业全投资自由现金流模型和股权自由现金流模型。

(二)收益定价中预期收益的确定

1. 预期收益预测的假设前提

收益定价中的预期收益确定就是根据预测理论,对于被评估企业未来的经营业绩进行预测。

预测理论是关于寻求系统运动、变化与发展的规律,从而能对系统未来的行为与状态作出科学预测的一门科学。企业的经营虽然受到各种各样的因素影响，但是企业的经营仍然是有规律可循的，并且这种规律是满足牛顿运动规律的，可以预测的。但是，企业的未来经营毕竟还是受到许多因素的干扰，因此在对企业未来经营进行预测时需要从客观现实中抽象出需要考虑的主要因素，而对于一些非主要的干扰因素则可以不予考虑，这就是未来经营预测所依赖的假设前提。目前国内评估界普遍采用的未来预测假设包括两类：

（1）持续经营假设（最佳假设）。持续经营假设也称为最佳假设，就是假设被评估企业的经营业务可以按照其目前的状态持续经营，在可预见的未来不会发生改变。

这个假设包涵两层含义：其一是被评估企业是一个可以持续经营的实体，也就是其未来依靠自身的能力可以不断保持目前的经营业务活动；其二是其未来的经营活动将保持目前的经营规模和能力"简单重复"目前的方式，也即进行简单再生产方式。

（2）推测性假设。与持续经营假设相比，推测性假设最大的区别就是在预测被评估企业的未来经营时，企业存在一个未来可能要发生的事项，这个事项将要或可能改变企业目前的经营方式或规模，在对企业未来的经营进行预测时需要考虑这个事项对企业未来经营的影响。如企业将要兴建一条新的生产线，增加产能，因此未来的经营预测与目前比会有一定程度的改变，即有扩大再生产，但这种改变也是可以预测的，包括对于新增生产线的技术标准、投资数量、完成时间等都是可以预测的。

2. 预期收益的分类及预测方法

对于一项投资或资产，其未来的经营收益期可能会很长，有些投资，如对一个企业的投资，其经营期可能还是无限期的，而对未来的预测我们主要采取的方法为定量预测的简单外推法、趋势外推法、迭代外推法、移动平均法、指数平滑法、模拟类方法等。对于被评估企业基准日后几年的经营，可以根据其历史经营情况采用单纯外推法等进行相对准确的"明细预测"（Explicit Projection）。对于一定年限后的经营预测,由于历史数据已经相距时间较长,因此目前实际也无法准确预测,因此一般进行"固化"的趋势外推法进行预测"(Implicit Projection)。从企业经营角度上考虑,一个企业在未来几年可能因为企业在推测性假设前提下将要发生的事项对未来经营预测所产生的影响会使企业的未来经营有一些变化,等企业经营发展几年后,企业的经营模式和规模等就会基本趋于稳定,这样也为"固化"未来预测创造了条件。

根据上述论述,预期收益一般可以分为两个时期,其中第一期是基准日后若干年,称之为预测期,在这个期间内,需要对企业的未来经营给出较为详细的预测;第二期为,基准日后若干年后至永续,在这个期间内,中国评估师一般都采用"固化"最后一年收益或现金流的方式对未来进行预测,也就是假设从这一年开始企业每年的经营收益或现金流都会保持前一年水平或在前一年水平上按一个固定比例增长。

预测期的长短取决于被评估企业未来收益或现金流的稳定性,目前中国评估行业的惯例都是采用5年左右,这符合一般企业对未来经营判断的规律。但对于特定的企业或行业,这并不是一成不变的,一般根据具体情况分析确定。

在预测期内,企业未来的经营预测一般是根据基准日前历史数据和企业未来发展规划为依据,对预测期内各年经营收益或现金流作出预测;对于预测期后的经营预测,一般称之为"终值"预测,国内评估界目前一般都是采用"永续资本化"的方式预测终值,即按预测期最后一年的收益或现金流进行资本化的方式估算终值。

(三) 收益定价中折现率的估算

收益定价的核心是对被评估资产未来产生的收益进行定价,但是衡量、定价未来收益存在一个技术问题。因为未来的收益是尚未实现的收益,与已经实现的现实收益相比存在不确定性问题,也就是说存在一个收益实现的风险。同时，资金还有时间价值因素。如何将未来不确定收益转换为一个确定的现实的收益价值就需要一个收益定价中经常提及的折现率概念。

1. 折现率的定义与分类

折现率的概念源自投资回报率，投资者在进行投资时，最关心的一个问题是其投资的回报率，因此投资者需要对其进行的投资估算回报率，折现率实质就是期望未来投资的回报率：

$$折现率 R = 期望投资回报率 r = \frac{年收益}{产生收益投资的价值}$$

从折现率的定义公式中可以看出，折现率由分子中"年收益"和分母中的"产生收益投资的价值"两个因素确定，由于分子中的年投资收益所采用的"收益口径"可以分为（税前/税后）利润/现金流，不同的收益口径就会产生不同"口径"的折现率，不同口径折现率在用于折现未来预期收益时，需要与预期收益的口径保持一致；分母中产生收益投资的价值所选择的价值类型不同，则会形成不同价值类型的折现率；分母中投资是股权投资或全部投资（股权+债权）则相应形成股权投资或全投资类型的折现率。不同类型的折现率将用于评估不同类型的企业价值评估。折现率中上述两个参数"口径"与"类型"的不同组合将导致不同口径、类型的折现率。

投资收益和产生收益投资的价值一般常见排列组合情况如下：

（1）分母——股权投资/全投资的市场价值。当折现率定义公式中的分母为股权投资/全投资的市场价值，则分子可以有以下不同组合情况：

①当分子为股权投资/全投资所形成的利润，则折现率为股权投资/全投资市场价值类型利润口径折现率；当分子为股权投资/全投资所形成的现金流，则折现率为股权投资/全投资市场价值类型现金流口径折现率。

②当分子为股权投资/全投资税前收益，则折现率为股权投资/全投资市场价值类型税前口径折现率；当分子为股权投资/全投资税后收益，则折现率为股权投资/全投资市场价值类型税后口径折现率。

（2）分母——股权投资/全投资的投资价值。当折现率定义公式中的分母为股权投资/全投资的投资价值，则分子也可以有以下不同组合：

①当分子为股权投资/全投资形成的利润，则折现率为股权投资/全投资的投资价值类型的利润口径折现率；当分子为股权投资/全投资形成的现金流，则折现率为股权投资/全投资投资价值类型现金流口径折现率。

②当分子为股权投资/全投资形成的税前收益，则折现率为股权投资/全投资投资价值类型税前口径折现率；当分子为股权投资/全投资税后收益，则折现率为股权投资/全投资投资价值类型税后口径折现率。

《资产评估准则——企业价值》（中评协 [2010] 227 号）要求在进行收益法评估时，预期收益的口径与折现率的口径需要保持一致，因此在进行企业价值评估时要时刻注意所采用的折现率是否与预期收益口径保持一致；同时还必须注意折现率的类型与评估所选择的"价值类型"是否相互匹配。

2. 股权投资回报率与资本资产定价模型（CAPM）的估算方法

估算股权投资口径的折现率目前一般采用资本定价模型（Capital Asset Pricing Model or CAPM）。

资本定价模型是美国学者威廉·夏普、林特尔和莫辛等人在现代投资组合理论的基础上发展起来的，它是现代金融市场价格理论的基石，广泛应用于投资决策和资产评估领域中。该模型在评估领域可以表述如下：

$$CAPM = R_f + \beta \times ERP + R_s$$

式中：CAPM：股权回报率；

R_f：无风险回报率；

β：Beta 风险系数；

ERP：股权市场超额回报率；

R_s：公司特有风险超额回报率；

该模型目前是估算股权投资折现率最为常用的模型，一般被认为是估算股权投资、市场价值类型、现金流税后口径的折现率。

资本定价模型 CAPM 包含四个主要参数，R_f、β、ERP 和 R_s，采用 CAPM 模型估算股权投资折现率则必须要估算上述四个参数。

（1）无风险投资回报率 R_f 的估算。无风险投资回报率是投资无风险资产所获得的投资回报率。无风险必须具备两个条件：其一，没有投资违约风险，即投资者可以毫无损失地收回投资本金和获得投资收益。这一条件通常在一个主权国家只有政府信用才能保证，如国债资产；其二，在特定时间内，完成投资和再投资可以确定，没有无法按既定要求完成投资的风险，既在特定时间内可以按预期的规定完成投资行为，并且在原投资到期后，可以利用原投资的本金和收益按照预期要求完成再投资行为。因此所谓无风险投资就是既没有违约风险，也没有投资和再投资风险的投资。

为了满足上述条件，在评估实践中，一般都是选择政府发行的多种长期国债的到期收益率平均值作为无风险投资的回报率 R_f。政府发行的国债具有政府的信誉，通常没有违约风险，或者违约风险可以忽略。

在估算无风险回报率时，选择多种长期国债可以避免或者降低按照预期规定完成投资和再投资的风险，选择多种国债可以降低选择一种国债可能存在的在特定时期内投资不成功的风险。

（2）股权风险超额风险回报率（ERP）的估算。股权超额风险回报率（Equity Risk Premium 或 ERP）是投资者进行股权（股票）投资所期望的超过无风险回报率的部分，由于股权（股票）投资的风险要高于国债投资,因此投资者期望的投资回报率也要高于国债投资的回报率,高出部分就是所谓的ERP。这里股权(股票)投资一般都是指股票交易市场上股票投资,因此这里ERP也都是指投资股票市场所期望的超过无风险回报率的部分。

对ERP估算主要有两种方法,包括采用资本市场历史数据估算ERP的历史数据法和所谓的"隐含ERP法"。隐含ERP估算方法的基本思路是首先对上市公司未来一定时期的经营业绩和终值进行预测,然后以一个假设的折现率对未来经营业绩和终值进行折现得到一个现值,即市场价值,由于上市公司的现实市场价值是已知的,因此采用反算的方式测算当这个折现率应该是多少时计算得到的市场价值与实际的市场价值相等,估算出这个折现率后,再扣除相关无风险收益率,最后得到ERP的估算结论。

中国的主要评估机构都通过公司的研究部门,运用中国资本市场的历史数据法定期(如每月、每季度或每年度)对评估报告采用的ERP进行估算,还有一些机构采用用国家风险修正成熟资本市场风险溢价数据的方式确定ERP。

(3)风险系数β的估算。美国著名金融学家哈里·马科威茨,第一次给出了风险收益的精确定义,他通过把收益和风险定义为均值和方差的方式,将数理统计方法引入到投资中收益与风险的定量研究中。这个理论进一步演变成为现代金融投资风险理论的基础,也是利用β作为衡量公司相对风险的指标的理论依据。

投资股市中一家公司的股票,如果该只股票的β值为1.1,则意味着该只股票的波动率是股市平均波动率的1.1倍,也就是该股票风险比整个股市平均风险高10%;相反,如果该只股票的β为0.9,则表示该只股票的波动率是股市整体波动率的0.9倍,也就是该股票风险比股市风险平均值低10%。

当采用收益法评估非上市公司时,这些非上市公司的股权(股票)是不存在β系数的,因此不存在一种方法可以直接估算出非上

市的被评估企业的 β 系数，评估界目前采用的估算非上市公司 β 系数方法都是间接的方法，就是通过在上市公司中选择与被评估企业"类似"的公司作为"可比企业"，用这些可比企业的 β 系数来"间接"地对被评估企业的 β 进行估计。

中国资产评估协会很早就关注到 β 系数对收益法评估的重要性，开展了多项对于 β 系数的理论和实证研究课题，从 β 系数的测算方法、对资本市场的解释能力、专业数据服务商数据可靠性等多方面进行研究。早期评估报告大都有评估机构自行测算，在万得、大智慧等专业数据服务商提供的上市公司 β 系数日趋完善后，评估行业大多在数据服务商平台上进行分析与处理。

(4) 公司规模溢价和特有风险超额回报率 R_s 的估算。资本定价模型中的 β 系数表示了资产的投资回报率对市场变动的敏感程度，可以用来衡量资产的不可分散风险。所谓不可分散风险，又称为系统性风险，是指市场中无法通过分散投资来消除的风险。比如说利率、经济衰退、战争，这些都属于不可通过分散投资来消除的风险。另外，市场中还有一种风险被称为非系统性风险，也被称之为特殊风险（Unique Risk 或 Idiosyncratic Risk），这是属于个别股票的自有的风险，这类风险可以通过变更股票投资组合来消除。但当采用 CAPM 模型估算单一股票投资风险溢价时，则这种非系统风险无法消除，需要作为公司特有风险另行估算其超额收益率。

公司单一股票全部特有风险超额收益率可以进一步细化为公司规模溢价（Size Premium）RP_s 和特别风险溢价 RP_u，即：

$$R_s = RP_s \pm RP_u$$

其中公司规模溢价 RP_s 为公司规模大小所产生的超额风险溢价，主要针对小公司而言，由于其规模较小，因此对于投资者而言其投资风险相对较高。

国内执业者借鉴国际上的 Fama – French 和 Grabowski – King 研究的思路，在考虑公司的资产规模基础上，创新性地引进另一个参数—收益能力指标,来研究公司规模超额风险溢价与公司资产规模和收益能力两个指标参数的关系。通过回归分析得到的 RP_s 与总资产 S 的自然对数和总资产报酬率 ROA 之间的结论:

$$RP_s = 3.73\% - 0.717\% \times Ln(S) - 0.267\% \times ROA \ (R^2 = 92.26\%)$$

其中:RP_s:公司特有风险超额回报率;

S:公司总资产账面值(按亿元单位计算);

ROA:总资产报酬率;

Ln:自然对数。

在公司特别风险溢价 RP_u 的内涵上,中国研究人员结合中国企业的实际情况,认为 RP_u 一般至少包括如下风险因素:

一是客户聚集度过高特别风险。客户聚集度是指被评估企业与可比企业相比其客户过于集中在一个或几个少数客户,由于客户过于集中就会出现一旦这些客户违约或出现问题,则直接会给被评估企业的经营带来重大影响,这种风险是公司特别风险 RP_u 中需要考虑的重要因素;

二是产品单一特别风险。产品集中度也是被评估企业与可比企业相比,其产品结构过于单一,缺少有效的产品系列或组合,因此企业会产生特别风险;

三是市场集中特别风险。市场集中是指公司的产品只能在某个地区或某个区域销售,不能跨地区销售,这样的企业其投资风险与可以跨地区销售的企业相比存在更高的风险。另外,如果被评估企业能在一个能获得很好保护的地区或行业内经营,则其经营风险与不能在一个获得很高保护的行业或地区经营的风险要低,这些都是所谓市场集中所能产生的特别风险因素;

四是原材料供应聚集过高特别风险。对于一些企业,其生产经营比较严重依赖原材料的供应,如果这些企业的原料供应渠道单一,则其经营风险就会被认为较高,因为对于这样的企业其在控制成本等方面将会存在比其他企业更艰难的情况,也会存在由于原材料的短缺等造成生产经营无法正常维持的风险；

五是管理者特别风险。有经验的管理者往往可以作出正确的决策，在应对复杂的市场竞争中处于有利地位，特别是对于某些具有非常影响力的人物，公司的发展往往非常依赖这些具有影响力的人物，一旦这些人物出现问题，如生病、死亡等则对公司的经营产生巨大影响，这就会造成管理者特别风险。

3. 企业全投资回报率与加权平均资本成本（WACC）的估算

企业全投资是指企业股权资金和债权资金之和，企业全投资回报率就是企业股权资金与债权资金的投资回报率的加权平均值。由于企业的股权投资者与债权投资者所承担的风险不一样，因此企业的股权投资回报率与债权投资回报率也不一样，股权投资回报率一般要高于债权投资回报率。

莫迪格莱尼和米勒共同提出了公司资本成本定理，简称 MM 定理。这些定理提出了在不确定条件下分析资本结构和资本成本之间关系的新见解，发展了投资决策理论。

MM 定理一，在不考虑公司税收的前提下，一个公司投资者的投资总风险不会因为企业资本结构的改变而发生变动。因此，无论公司的融资组合如何，公司的总价值是相同的。

MM 定理二，当公司存在税收问题时，由于债权的利息可以用于抵税，即税盾效应，因此公司增加负债，也就是增加财务杠杆，可以降低公司税后的加权平均资金成本。即含有财务杠杆公司的价值等于与之经营风险相同的不含有财务杠杆公司的价值再加上债权利息所产生的抵税价值，即税盾的价值。

WACC 通常被用来作为企业全投资的投资回报率或者折现率。作为企业全部资本的加权资金成本，WACC 一般可以分为两类。

①采用下式表述的 WACC：

$$WACC = \frac{E}{D+E}R_e + \frac{D}{D+E}R_d$$

这类 WACC 被称为含税盾的加权资金成本。

②采用下式表述的 WACC：

$$WACC = \frac{E}{D+E}R_e + \frac{D}{D+E}R_d(1-T)$$

这类 WACC 被称为剔除税盾的 WACC。

根据 MM 定理，剔除税盾的 WACC 具有一个特性，即剔除税盾的 WACC 不随资本结构的变化而变化，也就是说当企业的总投资 D + E 保持不变，则剔除税盾的 WACC 就保持不变。由于该类型的 WACC 具有此种特性，因此在实际应用中一般都是采用剔除税盾的 WACC。

根据 MM 定理，公司的平均资本成本与公司资本结构无关；含有财务杠杆公司的价值等于与之经营风险相同的不含有财务杠杆公司的价值再加上债权利息所产生的抵税价值，即税盾的价值。因此，与用 WACC 折现得到的全投资企业价值有如下一个等效表达式：

$V_L = V_U + VTS$

其中 V_L：含有资本结构的企业价值；

V_U：不含有资本结构的企业价值；

VTS：税盾的价值。

债权投资回报率实际上是被评估企业的债权投资者期望的投资回报率，也就是说，是债权投资人投资被评估企业债权所期望得到的投资回报率。

不同的企业，由于企业经营状态不同、资本结构不同，企业的偿债能力会有所不同，因此企业债权人承担的投资风险也不尽相同。对于不同偿债能力的企业，债权投资人所期望的投资回报率也应不尽相同。因此企业债权投资回报率最佳的估算方法应该是能考虑到企业偿债能力因素影响的估算方法，或者说债权期望投资回报率应该随企业偿债能力的强弱而有所变化。

目前中国评估师对债权回报率的估算一般都是采用银行基准贷款利率作为债权的期望回报率。这种方法对于许多企业，由于其经营业绩良好、资本结构合理，采用银行基准贷款利息作为其债权期望回报率是可行的。但执业界的分析人员已经注意到，以银行贷款利率作为被评估企业债权投资回报率会存在误估风险，主要表现在以下几个方面：

①贷款利率是银行系统借贷给企业的利率，这个利率受国家调控因素影响。另外企业贷款还受是否有抵押资产和第三方担保等多方面的因素影响，并不能随着借款方的经营风险的改变而改变，因此不能充分反映被评估企业实际债权的投资风险；

②贷款利率作为国家宏观调控的一种手段，经常会因为国家宏观政策的调整而改变，而国家宏观政策的改变与被评估企业经营风险并不一定存在必然联系，国家宏观政策改变了，并不一定代表企业的债权投资风险就改变了。例如，为了克服2008年国际金融危机的影响，国家实施积极的财政政策和适度宽松的货币政策，银行利率在一年内几次大幅度下调，这一政策并不代表被评估企业的债权投资风险也大幅度降低了，相反被评估企业由于金融危机其经营风险反而可能提高，因此贷款利率并不总能代表被评估企业的债权期望投资回报率。

中国评估界的学者和执业人员，已经开始研究债权资本成本的合适替代指标，或合适的债权资本估算方法。

收益法是现代企业价值评估使用最多的方法，在对经典理论和方法的吸收和应用过程中，中国资产评估行业结合中国国情和中国市场的特点，在许多执业操作细节国际评估界尚无统一定论的情况下，对收益法具体应用细节进行了大量有益探讨。如对于加权平均资本资产模型中资本结构的确定方式，采用实际资本结构、目标资本结构、行业资本结构的对比分析；营运资金预测方式，行业特征与资本结构的影响；收益法企业价值评估中折旧与资本性支出的预测模式；非营运资产和溢余资产的特征及分析等。针对特定评估目的、特定资产类型收益法运用的研究，如对于上市公司并购重组企业价值收益法评估分析；公路收费权收益法评估；矿业企业整体价值评估与矿业权价值评估中收支预测模型和参数的异同；周期性行业企业价值评估收支预测及折现率的确定方式；收益法评估无形资产时收益分成率与折现率的确定方式等。这些理论研究和执业实践，极大满足了中国资本市场、国有资产产权管理对收益法评估的需求，丰富了中国资产评估执业人员后续教育和后备人才的教学案例。

三、市场定价理论

资产定价的另外一种途径就是被称之为市场法的市场定价方式，市场定价是基于均衡价值论基础上的定价方法，该定价方式的基本理论基础就是在公开的、均衡的市场上，相同或近似的资产的交易价格也应该相同的或近似的。

如果说成本定价和收益定价都是基于一种绝对的数量模式对资产进行绝对定价，则市场定价则是一种对比模式的相对定价，因此成本定价和收益定价也被称之为绝对定价方式，而市场定价则被称之为相对定价方式。由于市场定价完全是以相同或相似资产在公开、均衡市场上的实际交易价格为基础，通过对比分析进行定价，因此从理论上说可以更充分反映市场的情况，因此市场定价是未来资产评估发展的一个方向。

市场定价实质就是在现实公开交易市场上寻找相同或相似资产交易案例作为可比对象，通过分析可比对象交易价格或合理报价来分析确定被评估资产的价值。市场定价通常是通过"价值比率"的方式估算被评估资产价值，具体的说就是通过比较对象的市场交易数据，估算其市场价值与一个财务数据或一个非财务数据之比的价值比率，然后将这种价值比率应用到被评估资产中，以获得被评估资产的评估价值，其中典型的价值比率包括现金流价值比率：

$$现金流价值比率 = \frac{企业整体市场价值}{企业年现金流}$$

市场法根据可比对象选择的方式和途径不同可以进一步分为两类：一类称为上市公司比较法（Guideline Public Company Method）；另一类称为交易案例比较法（Merger & Acquisition Transaction Method）。

（一）市场定价的上市公司比较法

上市公司比较法就是在证券交易市场上选择与被评估企业相同或相似的上市公司作为可比对象，以可比对象股票交易价格作为可比对象股权的公开市场交易成交价，通过分析可比对象的股权成交价来分析确定被评估企业的股权价值或整体价值。

对于市场法评估，无论是采用上市公司比较法还是交易案例比较法，都需要首先选择"可比对象"，选择可比对象是采用市场法评估的基础。同时，可比对象选择的质量或者说可比对象与被评估的目标企业之间的可比性是市场法评估结论可靠性的重要保证，因此可比对象的选择无疑是市场法应用的关键。

1. 可比对象的"可比"标准

可比对象的选择关键就是要确定可比对象的选择标准，这里的标准实际就是可比对象与被评估资产的"可比"性标准。市场法评估要求可比对象要与被评估企业相同或相似，相同或相似其含义应该至少包括以下内容：

（1）企业生产的产品或提供的服务相同或相似，或者企业的产品或服务都受相同经济因素的影响。

（2）企业的规模或能力相当。由于我们可以采用"单位价值"的概念进行对比分析，因此我们可以不要求资产的规模或能力完全一致，但由于资产的规模或能力相距太大，也会造成一定程度上的不可比，因此可比一般也要求资产的规模或能力尽量相当。

（3）未来成长性相同或相似，即可比对象与被评估资产的未来成长性越相同或相似，则可比性越高。

2. 价值比率的选择

价值比率是指资产价值与其经营收益能力指标、资产价值或其他特定非财务指标之间的一个比率倍数。价值比率是市场法对比分析的基础，由于价值比率实际是资产价值与一个与资产价值密切相关的指标之间的比率倍数，即：

$$价值比率 = \frac{资产的价值}{与资产价值密切相关的参数指标}$$

因此，价值比率因资产价值类型的不同而存在不同的价值比率，通常比较常用的价值类型包括市场价值类型比率和投资价值类型比率，其中市场价值类型比率最为常用。

另外，价值比率还存在"口径"问题，即全投资口径和股权投资口径的价值比率。

最后，价值比率中的分母——与资产价值密切相关的指标可以是盈利类的指标、收入指标、资产类指标或其他特别非财务类型的指标，针对不同类型的指标可以衍生出不同类型的价值比率，如盈利类指标衍生出盈利类价值比率；资产类指标衍生出资产类价值比率等。

目前常用的价值比率包括：

（1）盈利类的价值比率。盈利类价值比率是在资产价值与盈利类指标之间建立的价值比率。这类价值比率可以进一步分为全投资价值比率和股权投资价值比率：

①全投资价值比率：

EBIT 价值比率 = EV（股权价值 + 债权价值）/EBIT

EBITDA 价值比率 = EV（股权价值 + 债权价值）/EBITDA

无负债现金流比率倍数 = EV（股权价值 + 债权价值）/无负债现金流

②股权投资价值比率：

P/E 价值比率 = 股权价值/税前或税后收益

股权现金流价值比率 = 股权价值/股权现金流

（2）收入类价值比率。

销售收入价值比率 = EV（股权价值 + 债权价值）/销售收入

（3）资产类价值比率。

①全投资价值比率：

总资产价值比率 = EV（股权价值 + 债权价值）/总资产价值

固定资产价值比率 = EV（股权价值 + 债权价值）/固定资产价值

②股权投资价值比率：

P/B 价值比率 = 股权价值/净资产价值

（4）其他特殊类价值比率。

①仓储量价值比率 = EV（股权价值 + 债权价值）/仓库储量

②装卸量/吞吐量价值比率 = EV（股权价值 + 债权价值）/装卸量或吞吐量

③专业人员数量价值比率 = EV（股权价值 + 债权价值）/专业人员数量

④矿山可开采储量价值比率 = EV（股权价值 + 债权价值）/矿山可开采储量

在上述四类价值比率中，盈利类和资产类的价值比率更为常用，第四类价值比率则更多地适用一些特殊的企业价值评估。

另外，从理论上说资产类价值比率分子——股权价值和债权价值，如果采用市场价值类型，则相应产生出市场价值类型的价值比率；如果选择用投资价值类型，则产生投资价值类型价值比率。

在资产类价值比率中总资产、净资产一般应该采用市场价值，但在实际操作中由于各种限制，可能无法获得可比对象总资产和净资产的市场价值，因此在实务中也可以采用账面价值代替市场价值。

3. 价值比率的修正

（1）上市公司比较法价值比率修正的概念。市场定价的实质实际上是价值比率的分析确定，价值比率包括四类，其中比较常用的一类是盈利类的价值比率。盈利类的价值比率一般包括 EBIT 价值比率、EBITDA 价值比率、无负债现金流价值比率、市盈率（P/E）价值比率和股权现金流价值比率等。从口径上区分，前三个为全投资口径的价值比率，后两个是股权投资口径的价值比率。

从盈利类价值比率的定义上看，盈利类价值比率可以用下式表述：

$$盈利类价值比率 = \frac{资产的价值}{盈利类指标}$$

另一方面，我们在采用收益法评估企业价值时，存在一个收益资本化模型，该模型可以用下式表述：

$$市场价值\ FMV = \frac{FCF_1}{r - g}$$

该模型实际是永续增长、单期间资本化估算企业价值的模型，我们将上述模型进行变换，可以得到：

$$\left(\frac{市场价值\ FMV}{FCF_1}\right) = \frac{1}{r - g}$$

上式的左侧 $\left(\dfrac{市场价值\ FMV}{FCF_1}\right)$ 的含义为企业市场价值除以一个盈利性指标，这实际上就是我们市场法评估中需要估算的最为重要的参数——盈利类价值比率。

因此我们可以得到：

$$盈利类价值比率 = \frac{1}{r - g}$$

式中：r 为折现率；

g 为预期增长率。

通过上述分析，我们可以得出结论，上市公司比较法中的盈利类价值比率与企业的经营风险（以折现率 r 表达），以及预期永续增长率 g 有关。

由于被评估企业与可比对象之间存在经营风险的差异，这个差异反映在被评估企业和可比对象上就是在折现率 r 上的差异上，因此可以采用可比对象和被评估企业的相关数据估算相关折现率来进行必要的修正。

另外，被评估企业与可比对象可能处于企业发展的不同期间，对于进入相对稳定期的企业未来发展相对比较平缓，对于处于发展初期的企业可能会有一段发展相对较快的时期。被评估企业与可比对象处于不同发展时期所产生的差异可以用未来预期永续增长率 g 来表述，因此我们可以采用可比对象和被评估企业的数据计算预期永续增长率 g，并以此为基础进行预期增长率修正。

（2）价值比率因素修正公式。根据单期间资本化模型我们可以得到盈利类价值比率：

$$\frac{FMV}{FCF_1} = \frac{1}{r-g}$$

即：价值比率 $M = \dfrac{1}{r-g}$

式中：r 为全投资折现率；g 为预期增长率。

对于被评估企业有：

$$\frac{1}{M_s} = \frac{FCF_s}{FMV_s} = r_s - g_s = r_G + r_s - r_G - g_G + g_G - g_s$$

$$= \frac{1}{M_G} + (r_s - r_G) + (g_G - g_s)$$

$$M_s = \frac{1}{\dfrac{1}{M_G} + (r_s - r_G) + (g_G - g_s)}$$

上式中，$(r_s - r_G)$ 即可比对象与被评估企业由于风险因素不同所引起的折现率不同所应该进行的风险因素修正系数，$g_c - g_s$ 实际就是可比对象与被评估企业由于预期增长率不同所需要进行修正因素。

我们通常无法有效的估计企业的永续增长率，但可以采用一定时间年限的平均增长率来替代永续增长率，具体的操作可以采用基准日后 5—10 年的几何平均值增长率来近似永续增长率。

（二）市场定价的交易案例比较法

交易案例比较法是直接选取近期企业并购市场上与被评估企业相同或相似的企业并购案例作为可比对象，通过分析对比对象的实际交易价格或合理报价以及合并、收购条件及合并双方及收购与被收购方的各种个别因素等分析确定被评估企业的价值。

1. 可比对象的"可比"标准

对比交易案例法的可比对象是在公开交易市场上选择的类似企业的并购、交易案例。在选择为可比对象时需要综合考虑以下标准：

（1）经营业务相同或相似。要求可比对象的经营业务与被评估企业相同或相似是要求资产功效相同或相似，这是选择可比对象所必须的。

（2）成交日期与基准日相近。非上市公司的并购交易日期可能不是被评估企业的评估基准日，因此会存在由于上述两个日期差异所产生的交易价格差异，为了便于对比，在选择交易案例比较法的可比对象时，应该尽量选择成交日与评估基准日相近的成交条例。

（3）交易案例的控制权状态与被评估资产的控制权状态相同。在选择对比交易并购法的可比对象时应该考虑到对比交易案例的控股权或少数股权的状态，也就是说选择的可比对象交易案例的控股权或少数股权的状态应该与被评估目标资产的控股权或少数股权的状态相同。

2. 价值比率的选择

对于交易案例比较法，从理论上说价值比率的选择应该与上市公司比较法一样，也有盈利类价值比率、收入类价值比率、资产类价值比率和其他特殊类价值比率，但是由于交易案例的相关财务数据比较难以获得，因此现实操作中，比较容易取得的价值比率只包括 P/E 价值比率和 P/B 价值比率等，其他价值比率相对比较难取得，主要是一般交易案例中相关企业的股权交易价格和盈利以及账面净资产等数据较为容易获得，其他数据，如债权价值、利息等比较难以获得。

3. 价值比率的修正

对比交易案例法价值比率主要受以下因素的影响：

（1）交易条款。与上市公司比较法不同，对比交易案例法中的成交价格往往与交易条款有关，所谓交易条款是指交易附带的条件，这些条款对交易价格可能产生影响。

（2）交易方式。企业之间的合并收购方式通常包括协议方式和公开交易方式，两种方式在成交价格上会产生一些差异。一般认为公开交易方式更可能产生公平交易价格，但也会存在公开交易的成交价格可能不是市场价格，而是对于特定投资者的投资价值。对于非公开的协议交易方式，则可能会存在某些其他因素影响交易价格的公允性。

（3）交易时间。在采用上市公司比较法时，由于可比对象的交易价格是每日发生的，因此可以通过选择交易日使得可比对象的交易价格与评估基准日完全相同或非常接近，但对比交易案例法中可比对象的交易日期一般与基准日都存在一定的时间差异，在选择可比对象时虽然尽量选择与评估基准日较近成交的案例，但也不能保证可比对象交易日与基准日能够充分接近，这样就会有一个时间间隔。

从理论上说，上述三因素对对比交易案例法可比对象的交易价格都存在影响，因此对价值比率也会产生影响，应该进行必要的修正。对于有资料表明存在交易附加条款的或者交易不公允的案例，可以将其删除。另外一种修正方式就是选择尽可能多的可比对象，充分稀释个别可比对象中的由于交易条款和交易方式所产生的影响。

对于交易时间因素，可以采用恰当的方式进行修正，其中较为常用的修正方式就是参考产权交易市场上的相关指数确定修正系数。但由于目前国内产权交易市场上的相关指数尚不容易获得，因此可以考虑根据相关数据公司提供的交易案例统计数据，自行设定一个"产权交易指数"，并以此为基础进行对比交易案例法的交易时间因素修正。

例如，我们选择 CVSource 提供的相关产权交易案例数据，计算出 2010 年 1 月发生并购交易案例 P/E 均值为 11.34，将此设定为 1000，以后按月计算，每月计算发生的并购案例 P/E 均值，然后按下式计算各月指数：

$$各月并购指数 = \frac{本月并购案例\ P/E\ 均值}{11.34} \times 1000$$

按照上述计算的 2010 年 1 月到 2012 年 2 月得到并购指数如表 2.1 所示。

表 2.1

序号	年份	并购案例数量	P/E 均值	股权并购指数
1	2010 年 1 月	48	11.34	1000.0
2	2010 年 2 月	45	11.88	1047.9
3	2010 年 3 月	77	9.20	811.8
4	2010 年 4 月	74	10.56	931.0
5	2010 年 5 月	71	11.26	993.0
6	2010 年 6 月	76	8.66	764.0
7	2010 年 7 月	81	11.07	976.5
8	2010 年 8 月	84	12.17	1073.5

续表

序号	年份	并购案例数量	P/E 均值	股权并购指数
9	2010年9月	65	11.84	1044.8
10	2010年10月	60	12.61	1112.2
11	2010年11月	93	11.87	1046.9
12	2010年12月	91	15.93	1405.3
13	2011年1月	52	13.66	1204.5
14	2011年2月	42	13.97	1232.1
15	2011年3月	75	14.35	1266.2
16	2011年4月	69	11.95	1054.4
17	2011年5月	81	12.39	1092.6
18	2011年6月	85	13.07	1152.6
19	2011年7月	54	15.65	1380.5
20	2011年8月	63	13.40	1182.0
21	2011年9月	84	14.05	1239.6
22	2011年10月	68	13.57	1197.4
23	2011年11月	106	12.85	1133.1
24	2012年12月	77	17.39	1534.3
25	2012年1月	16	13.07	1152.8
26	2012年2月	44	13.82	1218.6

根据上述指数，可以构造对比交易案例法评估的交易时间因素修正系数。

四、期权定价理论

资产评估作为一个综合性的应用学科，总是不断地从投资理论、金融理论、财经理论或其他理论学科中吸取营养，来丰富自己的评估方法和技术手段。期权定价理论在资产评估和企业价值评估中的应用即为一个典型。目前尽管世界上各评估发达国家的评估准则中还没有正式把期权定价理论的应用作为法定的评估方法与技术加以确定。但是世界各国的评估师已经看到它在许多特殊的情况下对特殊性质的企业或资产的评估确有无可替代的优势。正因为如此，2011年中国资产评估协会首开先河，酝酿并发布了目前世界上唯一的《实物期权评估指导意见（试行）》（中评协［2011］229号）。预计在不久的将来，期权定价理论和模型将会以更加完善和易于使用的面目出现在广大评估师的面前，成为有力的应用工具。

（一）期权定价理论起源与发展

1. 期权定价理论起源

回避风险的需求导致了期权的产生。早在公元550年，古希腊就出现了第一个期权合约；1790年，美国出现了第一个期权合约；到19世纪，期权交易的产生和发展为厂商进行套期保值、防范价格风险提供了更多的选择工具，进一步丰富了金融市场的交易内容。

期权的英文单词是option，源于拉丁语optio，拥有选择买卖的特权之意。记载期权思想的文献最早可以追溯到古希腊亚里士多德的《政治学》中的记载。期权的理论研究始于1900年，法国的巴舍利耶的博士论文《论关于投机的数学理论》（On the Theory of Speculation）中首次运用随机过程理论中的布朗运动和鞅（martingale）等工具来描述证券价格在连续时间域上的动态变化。伊藤在20世纪四五十年代深入研究了随机积分学（stochastic calculus），提出了ITO定理，使得随机过程逐渐成为金融学研究的基本工具。斯普恩科修正了巴舍利耶对股票价格运动假设中的不合理因素，假设股票价格服从几何布朗分布，既考虑了货币的时间价值，又避免股票价格为负的理论尴尬。

随后，20世纪五六十年代金融经济学产生一系列重要成果：关于资本结构的MM定理、关于有效市场理论和资本资产定价模型等。促进和孕育了布莱克和舒尔斯以及默顿的伟大突破，建立了令人信服的期权定价模型。从而基本上完善了期权定价的理论体系。使期权定价的方法有了突飞猛进的发展。Black–Scholes–Merton模型为期权定价理论奠定了一个总体性的框架。

实物期权理论脱胎于金融期权定价理论，它与金融期权尽管存在种种差异，但他们有共同的假设。其应用的兴起源于学术界和实务界对传统投资评价的净现值技术的置疑。传统的净现值法（NPV），尤其是将期望现金流按照风险调整折现率贴现的净现值法（DCF）应用最为广泛。迈尔斯首先指出，当投资对象是高度不确定的项目时，传统净现值理论低估了实际投资。迈尔斯（Myers，1977）认为不确定下的组织资源投资可以运用金融期权的定价技术。组织资源投资虽然不存在正式的期权合约，但高度不确定下的实物资源投资仍然拥有类似金融期权的特性，这使得金融期权定价技术可能被应用到这个领域，来量化此类投资。

2. 期权定价理论的核心观点

期权的魅力在于让投资者付出较少成本，在控制或有损失的基础上能够得到较大的获利空间。其核心观点主要表现在以下四个方面：

（1）期权相关的权利和义务不对称。投资者获得期权后拥有的选择权，在有利的条件下可以行使权利，在不利的条件下可以选择放弃权利。因此，期权相关的权利和义务是不对称的。

（2）期权相关的成本和收益不对称。投资者付出一定成本可以获得期权，条件不利时不执行期权，损失只是购买期权的成本；条件有利时行使权利，可以获得较大差价收益。也就是说，期权所有者付出的成本是固定的，而获得的收益有很多可能，可能是零，可能很大，因此，投资获得期权的成本与其持有期权的收益是不对称的。

（3）管理"不确定"以提高期权价值。投资者通过期权锁定了不确定的下界风险，这意味着不确定程度越高，标的资产的波动越大，投资者获得上界收益的可能性就越大，期权价值越高。

（4）运用复制组合对冲不确定。期权可通过标的资产与无风险资产动态复制而得，期权定价是通过标的资产动态反应的。决策者可以通过复制组合对冲不确定性,这使得决策者的效用函数不对期权定价产生影响。

3. 期权定价的理论基础

金融理论的逻辑起点是一般均衡,即投资者在追求个人福利最大化的过程中通过市场相互作用从而实现的平衡状态。严格意义上的一般均衡很少在现实世界出现,但一般均衡原理是投资者行为决策的基准,也是金融理论的基本出发点。因此,期权定价的理论基础可以总结为以下三点:

(1) 无套利均衡原理。从定义上看,套利强调两点:第一,获得无风险收益;第二,采用"自融资策略",即无需自有资本,完全通过贷款融资。无套利均衡是从单个经济行为者追求利益最大化的假定推导得出的。在"无套利均衡"状态下,金融资产的价格等于其价值。也就是说,一个有效的均衡市场中不存在无风险的套利机会。

(2) 风险中性定理。风险中性是相对于风险偏好和风险厌恶的概念,风险中性的投资者对自己承担的风险并不要求风险补偿。我们把假定每个人都是风险中性的世界称之为风险中性世界(Risk-Neutral World),这样的世界里,投资者对风险不要补偿,所有证券的预期收益率都是无风险利率。真实世界里的投资者尽管在风险偏好方面存在差异,但当套利机会出现时,投资者无论风险偏好如何都会采取套利行为,消除套利机会后的均衡价格与投资者的风险偏好无关,罗斯(Ross,1976)严格证明了这一逻辑。

(3) 市场完全性与有效性的假设。市场是完全的意味着每一种不确定性因素都存在对应市场,所有的不确定因素都可以在市场上交易,这样的市场就是完全市场。有效市场是指资本市场确定的资本价格充分反映了全部信息。如果市场上出现套利机会,套利行为将会使得金融资产的价格与其基本价值相一致,达到"无套利均衡状态",即"有效市场状态"。

(二) 期权定价模型

在介绍期权定价模型之前，有必要先介绍一下期权的有关基本概念。

1. 期权的基本原理与概念

（1）期权（Option）是指期权持有人在规定的时间（expiration date）内有权力但不负有义务（可以但不是必须）按约定的价格（exercise price，strike price）买或卖某项财产或物品的权力。换言之，期权是这样一种权力：持有人在规定的期限时间内有权力但不负有义务（即可以但不是必须）按照事先约定的价格买或卖某项财产或物品（这里包括金融资产或实物资产）。

（2）买方期权与卖方期权：如果是其持有人有按约定的价格买的权力，则称为买方期权（Call option），也有称为看涨期权，因为持有这种期权，将来价格上涨时较为有利。如果是持有人有按约定价格卖的权力，则称为卖方期权（put option），也有称为看跌期权，因为持有这种期权，将来价格下跌时较为有利。以下简称买权（call）和卖权（put）。

从证券头寸买卖的角度来看，买权和卖权各自都可以买进和卖出，因此，就有了四种基本的期权头寸：

多头买权（long call）——持有（hold）或买进（buy，subscribe）买权

多头卖权（long put）——持有（hold）或买进（buy，subscribe）卖权

空头买权（short call）——卖出（sell，write）买权

空头卖权（short put）——卖出（sell，write）卖权

（3）美式期权与欧式期权：美式期权与欧式期权的主要区别在于，美式期权可以在其到期日之前任何时间获得执行，而欧式期权只能在期权到期日后获得执行。

2. 期权的价值因素和术语

期权的价值主要取决于下列因素：标的资产的当前价值（现值）；标的资产价值变化的幅度（方差）；对标的资产支付的红利；期权的执行价格或称约定价格；期权的有效时间和相应于期权寿命的无风险利率。

根据期权的基本原理以及上述价值因素，可以解释有关期权的一些基本术语如下：

（1）到期日（maturity date）——指期权持有方有权履约的最后一天。如果期权持有方在到期日还不做对冲交易，则他要么在规定的时间内执行期权，要么放弃期权。

（2）约定价格——指期权合约所规定的，期权买方在行使期权时的实际执行价格。即期权卖方据以向期权出售者买进或卖出一定数量的某种商品或金融资产的价格，也称执行价或敲定价或履约价格。

如果用 S 代表期权所对应的标的资产的市场价格，X 代表期权合约规定的约定价格，则对于多头买权而言，当 $S > X$ 时，期权内在价值为 $S - X > 0$；当 $S \leq X$ 时，期权的内在价值为零。用公式表示为：

$V = \max(0, S - X)$

相应地，空头买权的内在价值为：

$V = \min(0, X - S)$

对于多头卖权而言，当 $S \geq X$ 时，期权内在价值为 0；当 $S < X$ 时，期权的内在价值为 $X - S > 0$。用公式表示为：

$V = \max(0, X - S)$

相应地，空头卖权的内在价值为：

$V = \min(0, S - X)$

（3）期权价格——期权是一种纯粹的权力（不附有相应的义务），这种权力的市场价值便是期权的价格（option price）。对于持有方而言，是他得到权力所付出的代价，因而也称期权费（option cost）。它是期权多头持有方在期权交易中的可能最大损失额。

（4）期权利润——既然期权须花费代价才能得到，那么期权到期日的内在价值就不全部是期权投资带来的好处，而只是其内在价值减去期权费才是投资的利润。所以对多头买方期权来说，利润线都低于内在价值线，如图2.1所示。

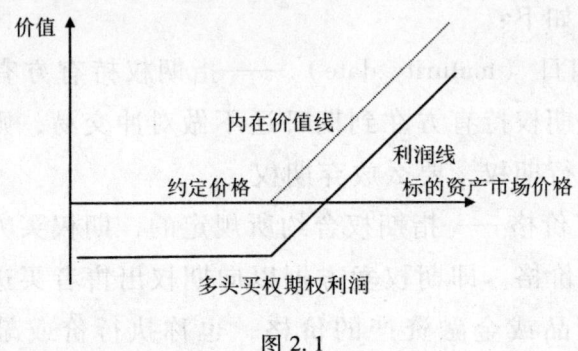

图 2.1

而空头买权的期权利润则相应地高于其内在价值线。实际上就是多头的都低于内在价值，空头的都高于内在价值。其他几种期权的利润示意图从略。

（5）实值与虚值——从期权约定价与标的物市场价之间的关系来看，有三种状况的期权—实值期权、虚值期权和平值期权。对于买权而言，实值期权：指标的物市场价大于约定价，即 $S > X$。虚值期权：指标的物市场价小于约定价，即 $X > S$。平值期权：指标的物市场价等于约定价，即 $S = X$。卖权则反之。

3. 期权定价模型

目前实践应用中最主要的期权定价模型有两个：二项树定价模型和布莱克—舒尔斯 - 默顿期权定价模型。下面分别介绍：

（1）二项树定价模型。二项树模型可以用于计算欧式期权价值，也可以在一定程度上计算美式期权的价值。一期二项树和两期二项树期权定价模型分别如下：

$$f = e^{-rT}[pf_u + (1-p)f_d]$$
$$f = e^{-2rt}[p^2 f_{uu} + 2p(1-p)f_{ud} + (1-p)^2 f_{dd}]$$

上述式中，f 代表买方期权或卖方期权的价值，T 代表期权行权期限，t 代表每期的时间长度。p 被称为假概率，在模型中的数学地位相当于标的资产价格在一期中上升的概率；相应地，(1-p) 相当于标的资产价格在一期中下降的概率。P 一般不需要经过专门估计，而是可以依据其他参数计算出来，这也是它被称为假概率的原因。u、d 分别代表标的资产价值一次上升后为原来的倍数和依次下降后为原来的倍数。f_u 和 f_{uu} 分别代表标的资产价值一次和两次上升后的期权价值；f_d 和 f_{dd} 分别代表标的资产价值一次和两次下降后期权的价值。f_{ud} 代表标的资产价值一次上升和一次下降后期权的价值。

由上面的一期和两期的模型可以推导出多期二项树模型乃至任意 n 期的二项树模型。

(2) 布莱克 - 舒尔斯模型，也称为布莱克 - 舒尔斯 - 默顿模型 (Black - Scholes - Merton Model)。为简化起见，以下一律称为：B - S 模型或公式。

① 对于欧式买方期权定价的 B - S 模型如下：

设买权价值 = C

标的资产市场价值 = S

约定价格 = X

则买方期权的收益（现金流）为：

收益 = S - X　　　当 S > X

　　 = 0　　　　 当 S ≤ X

这个收益实际上就是期权的好处，期权的利润，它不等于获得期权所付出的成本。所以收益为零时，期权仍有价。我们现在要求的也就是这个期权价。

如果距离到期日还有时间 T，则该买权的价值为：

$$C = e^{-rT}E[\max(S_T - X, 0)]$$

上式中，X为固定值，C的价值取决于S_T的各种取值及其相应的概率。假定S_T服从对数正态分布，则通过对布莱克-舒尔斯微分方程的积分求解，可以得到B-S模型的应用形式如下：

$$C = SN(d_1) - Xe^{-rT}N(d_2)$$

其中，S是根据在无套利机会的情况下，$e^{-rT}S_T = S$得出的。$N(d_1)$和$N(d_2)$分别表示在正态分布下，变量小于d_1和d_2时的累计概率，d_1和d_2取值如下：

$$d_1 = \frac{\ln(S/X) + (r + \sigma^2/2)T}{\sigma\sqrt{T}}$$

$$d_2 = \frac{\ln(S/X) + (r - \sigma^2/2)T}{\sigma\sqrt{T}} = d_1 - \sigma\sqrt{T}$$

同样，卖权的价格也可以通过卖权买权平价关系以及$1 - N(d) = N(-d)$得出：

$$p = Xe^{-rT}N(-d_2) - SN(-d_1)$$

其中，d_1和d_2取值不变

B-S公式看上去很复杂，但实际上可以看作是二项树模型的一个特殊情况，只不过它大大地减少了计算所需的信息量。其实，从数学或逻辑关系上来说，B-S模型可以称为连续的二项树模型。

②存在红利情况下B-S模型的修正。由于上述B-S模型没有考虑标的资产支付红利的情况，而红利支付将会导致标的资产价格下降，从而引起买权价格下降和卖权价格上升。此时，需对模型进行一些调整，以达到对期权价值进行修正的目的。

期权期限在一年以上的为长期期权。此时用现值处理红利的办法会有些困难。我们假定预期标的资产的红利收益率（y = 红利/资产现值）在期权有效期内不变。则可将B-S公式调整为：

$$C = Se^{-yT}N(d_1) - Xe^{-rT}N(d_2)$$

其中：

$$d_1 = \frac{\ln(S/X) + (r - y + \sigma^2/2)T}{\sigma\sqrt{T}}$$

$$d_2 = d_1 - \sigma\sqrt{T}$$

这里实际上就是用 Se^{-yT} 代替了 S。这种长期期权的修正模型在自然资源的评估应用中采用较多。因为自然资源一般开采期限较长，可达 10 年甚至 20 年。

③B-S模型的假设与局限。B-S模型确实是我们计算期权价值的十分有力的工具。但是如同其他任何理论模型一样，B-S模型也是在一系列假设的前提下，对现实问题的一种简化和抽象。它至少隐含五个假设条件：

a. 标的资产价格（股票价格）服从对数正态分布；
b. 股票投资回报的波动性在期权有效期内保持固定不变；
c. 在期权有效期内股票或者无红利，或者有已知红利；
d. 存在一个固定的无风险利率；
e. 投资者可以按无风险利率任意借入或贷出。

而在现实中，以上情况得到完全满足是很少见的。尽管如此，B-S模型仍然是目前估算期权价值最好的模型之一。

（三）期权定价理论在评估中的应用

期权定价理论在评估中的应用主要体现在实物期权的评估，所以我们有必要先介绍一下实物期权的概念及基本特性等，然后再详细介绍期权定价理论在各种评估中的实际应用。

1. 实物期权

前面部分的理论都是针对金融期权的，而所谓的实物期权就是采用期权定价理论的方法来处理实物资产评估中投资机会，即投资机会中的内嵌选择权的问题。这些选择权是很难用传统的方法来评估的。

2. 实物期权的基本特性

实物期权的标的资产是各种实物资产,包括有形资产和无形资产等。由于它不是期权合约的产物所以比金融期权更为复杂。其特性有:不存在公开交易的市场和期权价格;可能比金融期权面临多重不确定性;比金融期权复制组合更困难;由于非贸易实物资产常不具备自由交易的特征,所以标的资产的当前价格很难确定;由于没有合约详细规定,所以其成熟期并不固定,期权的执行可能会受到不确定状况的影响;波动率的度量需要近似估算;期权执行价格也并不固定。

3. 关于实物期权的分类

由于实物期权的概念是缘于金融期权,所以其理论研究并未成熟。自迈尔斯提出实物期权的概念之后,很多学者都提出过关于实物期权的分类。

夏普将实物期权分为两类:递增期权(Incremental Option)与灵活期权(Flexibility Option)。特里杰奥吉斯更是把实物期权分为延迟投资、改变规模、转换、放弃、增长和分阶段投资期权以及复合期权七类。

中国资产评估协会在《实物期权评估指导意见》(中评协 [2011] 229号)中为了简化概念,便于应用,在第三章评估对象中指出实物期权评估中涉及到的主要包括增长期权和退出期权两类。指导意见附录中对此有详细论述。

4. 实物期权在资产评估中的应用

(1) 期权定价理论在无形资产评估中的应用。公司拥有专利权。表明公司对该项专利技术在专利期限内享有排它的独占权,可以在任何时候有开发和制造这种专利产品的权利,开发的时机有待于市场的变化。我们现在采用期权定价的方法,便是评估在未来有不确定现金流、并可选择推迟开发的情况下这个专利权的价值。具体步骤如下:

①首先把产品专利视为买方期权。设 I 为该专利产品的开发成

本的现值，V是预期现金流的现值，则拥有该专利产品的损益状况如下：

拥有产品专利的损益 = V – I　　　当 V > I
　　　　　　　　　 = 0　　　　　当 V ≤ I

此时，公司的产品专利拥有权被看作是一个买方期权，专利产品本身为标的资产，而标的资产的现时价值就是现在生产该产品的预期现金流的现值。这可以从标准的资本预算中得到。生产该专利产品的初始投资成本的现值即为这个买方期权的执行价格。也就是说：公司决定为生产销售专利产品而进行投资时，这个专利期权就被执行；否则就不执行。

②运用 B – S 期权定价模型时各种输入变量。

a. 标的资产的价值。对产品专利而言，其标的资产就是专利产品本身。这一资产的当前价值就是目前生产该产品预期可获得现金流量的现值和。它可以通过标准的资本预算分析获得。

b. 标的资产价值的方差。标的资产价值的波动性一方面是由于产品本身未来的市场份额不确定，另一方面是因为技术的飞速发展。对这种专利产品的现金流的波动变化，可以有几种办法估算：如对以前曾经生产过，或有过类似产品的生产经验的，可用它们的历史波动率作为待评估专利产品的价值方差的估计值；或利用与该待评估专利产品处于同一行业的上市公司或行业的价值的平均变化情况作为参考，计算平均变动情况作为估算该项目专利产品的期权参数。期权的价值在很大程度上取决于现金流的变动情况。这种变化越大，即价值方差越大，产品专利的价值越高。

c. 期权的执行价格。当公司决定为生产和销售该专利产品而进行投资时，专利期权就被执行。对此专利产品进行投资的成本就等于期权的执行价格。其基本假设是投资成本保持不变，任何与产品相关的不确定性都体现在与该产品相关的同样不稳定的现金流量的现值上。

d. 期权的期限与无风险利率。当产品专利的保护期结束时，专利期权也就到期了。此后对项目投资的净现值为零。而在期权定价时使用的无风险利率必须与期权的期限相对应。

e. 红利收益率。由于专利权是有固定期限的。如我国专利法规定：自申请日起计算发明专利权的期限为二十年，实用新型专利权和外观设计专利权的期限为十年。美国专利期限为十七年。所以在专利期权中存在着延迟成本的问题。因为专利在其期限之后会失效，那么，失效之后随着竞争者的出现，以前的超额利润便会逐步消失。因此，在专利有效期内，每推迟执行专利期权一年就意味着失去一年创造超额利润价值的现金流。假设专利期权期限内，现金流是均匀分布的，专利有效期为 n 年，则延迟成本可写为：

年延迟成本 $= 1/n$

因此，如果产品专利的有效期为二十年，则每年的延迟成本为 5%。这个延迟成本降低了标的资产的价值，所以实际上它就相当于股票期权修正模型中的红利收益率。所以我们在应用期权定价模型对专利权评估时，大多是采用考虑红利收益率的修正模型。

（2）期权定价理论在资源性资产评估中的应用。如果把一项自然资源看作是一个买方期权，那么标的资产就应该是这种自然资源本身，此时对自然资源投资的价值将由两方面因素来决定：其一是本次投资可获得的自然资源的数量；其二就是该种自然资源的价格。但是对于大多数这类投资，开采矿产资源都会有一定的成本。资产价值与开采成本之差即为资源所有者的利润。设开采成本为 X，资源价值的估计值为 V，自然资源期权的损益状况如下：

自然资源投资的收益 $= V - X$ 当 $V > X$
$\qquad\qquad\qquad\quad = 0$ 当 $V \leqslant X$

从上可知，开发自然资源的投资收益与一个买方期权的收益颇为相似。因为一个执行价格为 X，标的资产当前价值为 S 的买方期权，其收益也是为：

执行期权的收益 = S - K　　　　当 S > K

　　　　　　　　　= 0　　　　　　当 S ≤ K

因此自然资源的投资可被视为是以资源自身为标的资产的一个买方期权。执行该期权就意味着对资源进行开发，支付开发成本（与约定执行价格相对应）。

（3）期权定价理论在企业价值评估中的应用。期权定价理论在企业价值评估中有着广阔的应用前景。如实业投资的追加投资机会、新产品新业务的扩大经营、文化艺术品及影视作品的开发衍生产品以及企业并购中对赌协议和或有补偿等的评估都是可以应用期权定价理论的天地。由于目前国内外对于实物期权在评估中的应用才刚刚起步，理论的运用和对机会的认识还有待进一步的发展。但我国评估界已经在网络公司的评估、版权评估等领域有所尝试。因为对于大部分高新技术创业公司或网络公司而言，其价值主要体现在未来的机会。在用传统的折现现金流量法评估这些公司的价值存在一定难度的时候，把它们的价值看作是一个投资机会的价值不失为一个颇有见地的新思路。

第三章 中国资产评估实践（一）

与发达市场经济国家不同，中国资产评估实践并非内生于已经发育的市场经济环境，而是在中国开启人类历史上最大规模的经济转型背景下产生并逐步壮大的。中国资产评估实践，是伟大的中国社会主义市场经济建设"土壤"孕育出来的、经受了历史的检验并根植其中的不可或缺的有机组成部分。二十多年来，在中国经济体制改革与中国经济快速发展中，特别是国有企业改革与发展中，中国资产评估实践辉煌成就令世界同行感叹，其对中国经济发展的贡献备受关注。从经济建设领域逐步扩大到社会经济的各个领域和各个方面，彰显中国资产评估服务领域的广泛性。

本章归纳了中国资产评估在经济建设领域，特别是在社会主义市场经济体制建立与完善过程中，在中外合资合作、国有企业改制、产权交易市场、资本市场、金融市场、会计计量、知识产权、非货币资产出资以及企业清算等领域的二十多年资产评估实践状况及作用。

第一节 综 述

一、中国资产评估实践，在改革开放时诞生，在法定需求下起步，在规范轨道上发展，在保护国有资产权益中壮大，并逐步成为市场经济的有机组成部分

在中国，人类历史上最大规模的经济转型，从计划经济体制转变为社会主义市场经济体制特殊历史背景，催生了中国的资产评估。1978年12月，党的十一届三中全会作出历史性决定，开始对国家经济管理体制和国有企业经营管理方式进行调整和改革。这一重大决策，标志着国有企业改革和对外开放掀开了历史篇章，从国有企业经营权层面改革，即国有企业租赁、承包、出售小型企业等放权让利开始，为防止国有资产流失，作为国有资产管理的必备程序和保护国有资产权益的专业手段，资产评估应运而生，并始终镶嵌其中。时至今日，以产权交易和管理为主线的国有企业改革与发展，国有资产评估仍然是中国资产评估领域的"主战场"之一。同时期的对外开放政策，引进外资举办中外合资合作企业，中方以企业整体资产和各种实物资产作价出资举办合资合作企业，资产评估为出资实物资产提供价值尺度，不但为中外各方认可，也成为保护国有权益的有效手段。1988年，大连炼铁厂与香港企荣贸易有限公司合资的资产评估项目，成为开启中国现代资产评估业历史篇章的标志性事件。1991年《国有资产评估管理办法》（国务院令第91号）颁布实施，使中国资产评估实践迅速走向规范化发展的轨道，各个经济领域都要求进行资产评估，也成为中国资产评估法定业务体系的制度基础。

起源于经济改革开放背景,根植于经济建设领域的中国资产评估实践之初的功能,就是国有资产保值增值、维护国有权益的专业管理手段。无论是举办中外合资企业,还是为搞活国有企业的各种权益调整,中国资产评估实践起到了权益"防火墙"的作用。历史证明,资产评估在维护国有资产合法权益、推动国有产权有序流转、防止国有资产流失、保护投资者合法权益、维护经济秩序、保障公平交易等领域起到了十分重要的作用。在这种高度使命和责任的历史背景下,中国资产评估行业逐步壮大。

二十多年来,中国经济改革与中国经济高速发展,资产评估提供的价值尺度,起到了基础性的作用,特别是国有企业产权管理和上市公司资产重组中,资产评估成为必不可少的基础环节和目标资产定价的主要依据。在市场经济运行的各个环节、各个领域,资产评估成为必不可少的基础环节和有机组成部分。

二、中国资产评估实践与中国经济改革与发展密不可分,承载维护国有资产权益的重大责任

与世界上任何国家不同,我国的资产评估是在中国经济"转型"和"新兴"两个特点交织建立市场经济体制历史过程中起步发展的。经济体制改革特别是国有企业改革伊始,起步于放权让利,逐步实行政企分开,使所有权与经营权相分离,探索建立多种形式的经济责任制,推行承包经营责任制,对一些小型国有企业实行租赁经营,并在少数有条件的全民所有制大中型企业中进行股份制改造和企业集团化的改革试点等改革历程,资产评估同步作为每一阶段改革、每一种改革方式的管理程序,承载着国有企业改革中维护国有权益的历史重任。1988年,财政部下发的《关于防止租赁企业财产损失的通知》(财政部[88]财工字第77号),第一次提出对国有资产进行评估(即对实行租赁经营前的企业资产进行评估);

1989年，原国家国有资产管理局成立初下发的《关于出售小型国有企业产权的暂行办法》（体改经〔1989〕39号）等文件，也明确提出在发生产权变动中必须对国有资产进行评估；1989年9月，原国家国有资产管理局颁布了《关于在国有产权变动时必须进行资产评估的若干暂行规定》（国资工字〔1989〕第3号）都将资产评估列为国有资产管理必备程序。资产评估在国有企业改革过程中的作用，得以充分发挥。在提供资产价值评估的同时，清查资产、理顺产权，妥善处理国有企业历史遗留问题，保证改革改制工作的顺利进行，都曾是中国资产评估的实践内容。

一百多年以来，世界各国资产评估实践发展充分表明，资产评估与本国经济发展密不可分，资产评估必须为经济发展服务，经济发展也离不开资产评估，不同的国家（和地区）有不同的评估实践特色。改革开放经济政策催生并决定了中国资产评估的实践特色。经过二十年的发展，资产评估已取得市场化价值尺度的基本定位。

三、中国资产评估实践已涵盖中国经济建设各个领域、各种经济行为、各种资产类型，彰显中国资产评估实践的广泛性和综合性

相对于美国等发达市场经济国家，中国资产评估实践尽管时间不长，但得益于人类最大规模的中国经济转型，得益于举世瞩目的中国经济高速发展背景，二十多年来，无论从资产评估服务的行为类型、还是评估的资产类型（评估对象），都体现出资产评估实践领域的广泛性和综合性的特点。从经济行为类型来看，资产评估为企业改制和上市，合资、合作经营，股权转让，资产买卖和置换，债转股，担保融资，破产清算，保险赔偿，损失补偿、税收、司法诉讼、会计计量等众多经济行为提供了广泛的评估专业服务。从资产类型来看，包括企业整体资产、债权类资产、存货、机器设备、

房屋建筑物、土地、专利、商标、著作权、专有技术、珠宝首饰、森林资源资产、矿产资源资产以及各种经济权益,都有资产评估丰富的实践。

四、中国资产评估实践与国有企业改革同步发展,共同成长;与资本市场一同探索,同步规范

与世界上任何国家不同,我国的资产评估实践与国有企业改革同生,并伴随着国有企业深化改革而发展。从1980年前后的"放权让利"到1984年上海飞乐音响公开发行股票为标志的国有企业股份制探索;从1985年左右的"承包经营责任制"到1992年起深入推进的国有企业改革;从1993年的公司制改革和境内外上市开始起步和百户企业建立现代企业制度的试点;从1994年在18个城市试行国有企业政策性兼并破产,到1998年的打破垄断、改制上市、提高企业竞争力为目标的一批垄断行业先后进行的企业重组;从2000年起的一大批国有特大型企业重组改制上市进入国际国内资本市场、建立现代企业制度,到2003年起的国有出资人制度建立,国有企业改革与发展的每一个阶段,资产评估都镶嵌其中。从某种程度上讲,国有企业改革的过程,映射了资产评估发展的历史。目前全国国有企业改制面超过90%,中央企业及其下属企业改制面达到72%,所有的企业改制,都进行了资产评估,有力的保证了国有企业改革的进程。据统计,1989年至1991年,全国共完成国有资产评估项目4958项,评估值共计404亿元;1992年,评估项目共计11846项,是前三年业务总量的2.4倍。2009年,全国国有资产监管系统办理的资产评估核准和备案项目达10220项,评估后的净资产达到了18651亿元。2010年,仅国务院国有资产监督管理委员会监管的124家中央企业,核准备案项目3174项,评估后净资产就达8648亿元,2011年,完成备案的国有资产评估项目3677项,评估

后净资产为 14601 亿元。与此同时，一批作为"国家名片"的中央企业，在国际舞台上崭露头角，中央企业在世界 500 强上榜数量由 2006 年的 10 家攀升至 42 家，这一显赫的成绩单背后，中国资产评估扮演了不可替代的历史角色。

中国国有企业改革从放权让利、扩大企业自主权，到利润留成制度建立、再到承包制，最终走向股份制，开辟了国有企业走向国有资本市场化道路。1983 年新中国第一家股份制企业"深圳宝安联合投资公司"的诞生，1984 年北京天桥百货股份有限公司首次发行股票，资产评估与此一同探索。1992 年，国务院证券管理委员会和中国证监会相继成立伊始，制度框架体系中就构建了一套较为完整的会计、审计、资产评估专业体系。从担当国有企业改制和融资服务功能、到资源优化配置和产业结构调整的主要机制和渠道，资本市场发展的每一阶段，资产评估都为市场的有序运转，提供了公平的价值尺度和丰富的价值信息。从某种程度上讲，资本市场的历史，也映射了资产评估发展的历史。目前，资产评估已经成为上市公司重大资产重组定价的核心环节。

第二节 中外合资合作领域的资产评估

在我国资产评估行业二十多年发展史上，中外合资合作领域中的资产评估实践，对资产评估行业的兴起，具有标志性的历史意义。在经济全球化的浪潮中，中国作为发展中国家必须实行改革开放，积极引进国外的先进技术、关键设备和管理技能，才能实现我国经济的跨越式发展。举办中外合资合作企业，成为对外开放的有效形式。在中外合资合作过程中，合作双方对于资产定价都极为敏感，在双方信息不对称的情况下，通过资产评估，对各类投资对象和投资手段的价值进行客观、合理的度量和估算，是唯一能被合作双方接受的技术手段。资产评估服务提供的价值鉴证,既是吸引外资流入的基础性工作,又是维护国家民族权益的重要技术保障。

一、我国中外合资合作对资产评估的需求

举办中外合资合作企业,是我国实行对外开放经济政策的主要方式之一。在我国中外合资合作发展初期,由于中方对资产的价值,尤其是无形资产价值认识不够,再加上急于引进外资,对投入的固定资产多以账面净值作价,并经常忽视商标、商誉等无形资产的价值,从而形成了不合理的出资比例,损害了中方国有资产的合法权益。这一问题引起了国务院的高度重视,在1991年以中华人民共和国国务院令第91号发布的国有资产评估管理办法中明确规定,国有资产占有单位与外国公司、企业和其他经济组织或者个人开办中外合资经营企业或者中外合作经营企业应当进行资产评估。1992年,原国家国有资产管理局发布的《关于〈举办中外合资、合作经营企业和向外商出售国有资产必须严格执行对中方资产进行评估的有关规定〉的紧急通知》(国资办发［1992］88号)要求,在与外商合资、合作经营或向外商出售国有资产产权前,必须按照《国有资产评估管理办法》(中华人民共和国国务院令第91号)和原国家国有资产管理局制定的《国有资产评估管理办法施行细则》(国资办发［1992］36号)的规定,对中方国有资产进行专业评估。中外合资合作和对外出售产权等经济行为随之增多。作为交易底价参考的一个公正的资产评估结论,成为每一经济行为中确定双方投资比例的依据。

二、中外合资合作中的资产评估实践

资产评估在我国起步,典型的实践是大连炼铁厂与香港企荣贸

易有限公司的合营项目的资产评估。大连炼铁厂始建于1969年,是隶属于大连市冶金工业总公司的全民所有制企业。1985年,大连炼铁厂开始进行新产品开发工作,从联邦德国沙士基打公司引进了先进的离心球墨铸铁管生产设备及有关技术(一期工程),经过两年多的工程建设,一次试车成功并转入生产阶段。为了适应改革开放的需要,扩大国际市场份额,为国家增创外汇,使一期工程发挥出最大的经济效益,必须尽快建设二期工程,使产品质量全面达到国际标准。大连炼铁厂自1985年以来,一直在寻求完成二期工程设备引进和国内配套工作的途径。后经上级有关部门提议,结合大连炼铁厂的具体情况,决定采取中外合作经营的方式引进设备完成二期工程。根据合营各方达成的协议及当地政府的批准,大连炼铁厂以房屋、设备等固定资产出资。1989年12月13日,大连会计师事务所出具了"大会师外验字〔1989〕31号"见证报告书,对大连炼铁厂于1989年1月1日投入合营公司的固定资产作价金额为8215283.84美元。其中:投入厂房、设备等固定资产作价金额为人民币16390779.87元,按约定汇率3.7221(下同)折合4403637.70美元;投入油库、锅炉等在建工程作价金额为人民币760738.22元,折合204384.14美元;投入进口设备作价金额为3607262美元。大连会计师事务所创新性地以见证报告的形式对大连炼铁厂投入的固定资产进行了价值评估,见证报告实质上起到了评估报告的作用。

刚刚起步的资产评估工作为我国首例政府间合作项目——苏州工业园的股权转让提供资产评估服务,以过硬的专业实践维护了国家利益,受到党和国家领导人的肯定。中新苏州工业园区开发有限公司(以下简称"CSSD")是中国和新加坡两国政府之间的合作项目。1994年2月11日,国务院下达了《开发建设苏州工业园区有关问题的批复》,2月26日,时任国务院副总理的李岚清同志和新加坡李光耀资政分别代表中新两国政府在北京签署了《中华人民共和国和新加坡共和国关于合作开发建设苏州工业园区的协议》等文件，同年5月12日，园区破土起动。1999年6月28日中新双方财团签订了《关于苏州工业园区发展有关事宜的谅解备忘录》，双方商定，CSSD将于2001年1月1日起调整中新双方的股权比例，即苏州工业园区股份有限公司（以下简称"SIPC"）拥有的股权由35%调整为65%，新加坡苏州园区开发财团（以下简称"SSTD"）拥有的股权由65%调整为35%，CSSD大股东责任将移交给中方。该项目为政府间合作项目，其政治意义远远大于经济意义。为此，中国资产评估机构受CSSD的委托，代表中方股东对CSSD的股权价值进行评估，为SIPC收购SSTD所持有CSSD的30%的股权提供价值参考依据；外方股东同时聘请了境外估值机构代表外方股东对CSSD的股权价值进行评估。由于CSSD项目开发前期投入大、收益小，导致CSSD一直处于亏损状态。中国资产评估机构经过深入调查、现场勘查、访谈询问、分析测算，与双方股东及管理层进行了反复讨论沟通，分析了亏损的原因和未来的盈利前景，采用收益法对标的资产进行了价值评估。最终的估值结果得到了委托方和外方股东的一致认同和好评，中新双方政府对交易能够顺利完成非常满意，得到党和国家领导人的高度认可。中国资产评估机构对于推动两国政府间的政治、经济合作发挥了自身的专业优势。

三、资产评估在中外合资合作中发挥了重要作用

在中外合资合作的过程中，无论投资主体使用有形资产还是无形资产进行投资，中外双方对于资产定价都极为敏感。在双方信息不对称的情况下，最为合理的方法就是聘请评估机构按一定的程序，运用科学的方法，对各类资产价值进行估算，以作为实施投资行为和与被投资方经济交易的依据，这种评估服务既是吸引外资流入的基础工作，又是维护国有资产权益的重要技术保障。历史证明，在举办中外合资企业中，借助资产评估专业手段，对中方投入

的各类有形资产、无形资产的市场价值进行评定估算，并以此作为作价入股的依据，合理地确定双方在合资合作企业中的出资比例，防止了合营之初国有资产的流失，也保证了国有资产的长期利益。

对中方来讲，在中外合资合作中，中方企业以企业整体资产、部分实物资产作价合资合作，如果依靠当时的账面财务会计信息，只是反映企业历史成本价值，不但不能为中外双方提供公平交易的尺度，而且，以账面价值作为合资合作基础，对中方企业是不公允的，对出资资产进行评估是正确体现中方资产的价值量，保护中方资产所有者和经营者、使用者的合法权益，保证中方资产在合资、合作经营过程中不流失的一项重要工作。

第三节　国有企业改制领域的资产评估

国有企业改制领域的资产评估业务，特别是以建立现代企业制度为主线的国有企业改制领域的资产评估业务，一直是我国资产评估实践的主体部分。在我国资产评估实践发展进程中，具有十分独特的历史作用，这一业务领域不但促进了资产评估理论的发展、推动了评估规范的建设，而且锻炼了一批又一批执业队伍，对资产评估行业的长足发展，具有极其重要的历史意义。

1994年，为了落实《中共中央关于建立社会主义市场经济体制若干重大问题的决定》的精神，原国家经贸委、体改委会同有关部门，选择100家不同类型的国有大中型企业，进行建立现代企业制度的试点。随后，全国各地根据本地区的实际情况，先后选定了2500多家国有企业参与现代企业制度试点。按照"产权清晰、权责明确、政企分开、管理科学"的要求，这些试点企业在清产核资、明确企业法人财产权、进行资产评估基础上，逐步建立了国有资产出资人制度。1997年试点企业普遍在清产核资、资产评估的基础上进行了公司制改造,经过一年的实施,84.8%的企业实行了不同形式的公司制。1999年,党的十五届四中全会提出,国有大中型企业尤其是优势企业,宜于实行股份制的,要通过规范上市、中外合资和企业互相参股等形式,改为股份制企业,发展混合所有制经济,重要的企业由国家控股。资产评估在国有企业股份制改制并上市的改革过程中,客观的对国有企业存量资产价值进行评估,保证了国有企业建立现代企业制度的重大战略决策的顺利实施,也助推国有企业进入资本市场。

一、国有企业改制对资产评估的法定需求

改革开放三十年来,我国国有企业改革经历了放权让利、利改税、承包经营责任制、建立现代企业制度和完善国有资产管理体制等几个阶段。从20世纪90年代始,以党的十四大提出建立社会主义市场经济体制为标志,国有企业开始进入了制度创新、机制转换的新阶段。与前几个阶段不同,新阶段国有企业改革的重要任务是按照现代企业制度的要求,重塑社会主义市场经济的微观基础。为了实现这一任务,相继在调整和完善所有制结构、建立现代企业制度、国有经济布局的战略性调整等一系列理论和实践方面取得了重大突破。大多数国有大中型企业初步建立了现代企业制度,涌现出一批有实力、有活力和有竞争力的优势企业。

诞生于20世纪80年代末、90年代初的我国资产评估行业,顺应了国有企业改制过程中对国有资产保值增值的时代需求,在国有企业公司化改制过程中,出于国家国有资产管理部门对国有资本金的核定需要,借助资产评估对拟作为出资的国有企业资产进行清产核资、评估作价,并将净资产评估值作为公司资本金基数的依据,无论是国有资产监管部门,还是拟进行改制的企业,都将资产评估作为企业改制最重要的工作和最核心环节。为此,国家颁布实施了

一系列关于国有资产评估的相关规定，成为国有企业改制评估的制度基础。除 1991 年 11 月国务院发布的《国有资产评估管理办法》（国务院令 91 号）外，2005 年 10 月修订通过的《公司法》（中华人民共和国主席令第 42 号）规定，对作为出资的非货币财产应当评估作价，核实财产，不得高估或者低估作价。此后，国务院又相继发布或转发了《企业国有资产监督管理暂行条例》（2003 年国务院令第 378 号）、《关于规范国有企业改制工作意见》（国办发〔2003〕96 号）、《关于进一步规范国有企业改制工作实施意见》（国办发〔2005〕60 号）等一系列行政法规或部门规章，其中均涉及国有企业改制对资产评估的需求及相关规定。2008 年 10 月国家颁布的《企业国有资产法》也明确规定，企业改制应当按照规定进行资产评估，准确界定和核实资产，客观、公正地确定资产的价值。

财政部、国务院国有资产监督管理委员会等国有资产监管部门，也根据各个时期的国有资产管理需要，相继颁布了一系列国有资产评估管理的有关办法，对国有企业改制的资产评估提出了明确需求和规定。比如，2005 年国务院国有资产监督管理委员会颁布实施的《企业国有资产评估管理暂行办法》（国资委 12 号令）和 2007 年财政部颁布实施的《金融企业国有资产评估监督管理暂行办法》（财政部第 47 号令）都规定了应当进行资产评估的经济行为，规定应当以经核准或备案的资产评估结果为作价参考依据。

二、国有企业改制中的资产评估实践

改革开放三十多年来，全国国有企业改制面超过 90%。截至 2012 年底，国务院国有资产监督管理委员会系统监管的国有控股上市公司共 953 家，占 A 股上市公司数量的 38.5%；市值合计 13.71 万亿元，占 A 股总市值高达 51.4%。

国有企业改制作为人类历史上最大规模的经济转型，给我国资产评估实践提出了世界性的专业难题。在中国国有企业改制评估实践领域中，那些在国民经济发展中占据重要地位的重点企业，资产规模巨大，资产类型复杂，资产分布遍及全国各地，甚至境外，需要解决的评估专业问题层出不穷。在国内外资产评估史上无先例的"巨无霸"评估项目，对年轻的中国资产评估行业提出了巨大的挑战。中国的资产评估师，刻苦钻研国外成熟的资产评估理论，紧紧围绕中国企业实际情况，满足了不同行业、不同企业改制需求，探求评估操作路径和评估方法。他们与企业并肩作战，凭着为国有资产保值增值的历史责任感，严谨的专业精神和对专业技术的执著追求，不断开拓与创新，攻克了一个又一个专业难题，完成了一个又一个项目，最终摸索出了一套具有中国特色的评估超大型企业的成功经验，为国有企业改制作出了重大贡献。这些评估实践的成功案例，是中国资产评估业的奇迹，是中国资产评估实践的精彩所在。

1999年，中国石油集团改制上市的资产评估项目，在中国资产评估实践历史上，其规模之大、难题之多，为中国资产评估师提出了巨大挑战，但最终的成功成为了资产评估实践跨越发展的符号。中国石油集团是集油气勘探开发、炼油化工、油品销售、油气储运、石油贸易、工程技术服务和石油装备制造于一体的综合性能源公司。该资产评估项目，总资产评估值4020亿元，净资产评估值2130亿元，资产分布在大庆油田、塔里木油田、辽河油田、长庆油田、胜利油田、大港油田等诸多单位，业务范围涵盖石油勘探与生产、销售、炼油与化工、天然气与管道、科学研究等若干分部。当时，中国资产评估行业诞生刚满十年，评估机构规模偏小，面对如此巨大资产量、繁多复杂的专业问题，面临着前所未有的挑战，承担该项任务的评估机构迎难而上，组建一支由本机构评估师和外聘行业专家、助理人员组成的800人的专业团队，历时整整一年。当最后将整整一辆大货车的评估报告和工作底稿运送到审核现场时，时任主管评估立项确认工作的国有资产监管部门领导赞叹不已。而正是这一前所未有的"巨无霸"集群评估项目积累的宝贵经验，为日后众多特大型企业改制评估，积累了十分宝贵的经验。紧接着的中国石化集团改制上市评估项目中，当历时一年装满三个集装箱的评估报告和工作底稿，到达审核现场时，一位评估专家因劳累离世，这就是中国资产评估师在国有企业改制评估实践中的可歌可泣的荣光，其高质量的服务，令世界同行赞叹。

奇迹仍然在继续，随着国有企业改制不断纵深向前推进，中国石油、中国石化评估项目的规模、难度、复杂等很快被不断涌现的新项目刷新纪录，中国的资产评估机构也在挑战不断的实践历练中迅速成长。中国海油、中国铝业、中国银行、国家电网、南方电网、三峡工程、中国国电、中国华能、中国华电、中国电信、中国网通、中国移动、中煤集团、神华集团、中国一汽、中国航空、中国远洋、中化集团、中国化工、中国航天、中国航空、中国核工、中国电子、中电科技、中国船舶、中信集团、中国信达、中国华能、中国长城、中国东方、建银投资、中国人保、中国人寿等决定国家经济命脉的企业改制评估，千亿以上的资产总额、层出不穷的重大核心专业问题、高度分散的资产置放地点，使中国资产评估的实践，迅速走向成熟。在国有企业改制项目中，评估机构不仅摸索出了大型、特大型集群评估项目的组织管理模式，如在项目团队中设立总协调人和中心组，负责与委托方和其他中介机构的协调、制定统一的培训方案和技术操作方案、集中统一解决现场发现的重大专业问题等，并对数字链接、同型同价等海量数据处理总结出了成功的经验，对集团型企业的评估方法也进行了大量有益的探索，开创出了具有中国特色的评估模式。

过去的二十年，是中国国有企业改制的关键时期，也是中国资产评估行业快速成长的重要阶段。今天来看，国有企业改制资产评估实践，是中国资产评估实践领域中，最为成熟的，也是资产评估实践最具有示范效应的。国有企业是社会主义市场经济中的主体，在社会主义市场经济舞台上发挥着主导作用。由此，国有企业改制的资产评估在国家颁布实施的一系列评估规定中发展，使中国资产评估从创立之日，就在规范的轨道上发展，而且一直引领着中国资产评估专业体系的发展。中国的资产评估，在国有企业改制中，对防止国有资产流失，推动国有企业改革等，作出了历史贡献，将与中国国有企业的发展一起载入史册。

三、资产评估在国有企业改制中发挥了重要作用

国有企业的改革，一直是我国经济体制改革的重要方面，经过了大量的探索，党的十六大召开后，国有企业改革的方向更加明确、思路更加清晰、步伐明显加快、力度明显加大。在国有资产布局和结构的战略调整，国有资本"有进有退，有所为有所不为"的进程中，国有企业股份改制、兼并、重组、境内外上市、主辅分离、破产清算、中外合资合作以及收购非国有资产、非国有产权等行为，资产评估在为这些经济行为提供专业的价值尺度，保护国有资产合法权益等方面发挥着极其重要的作用。首先，作为改制设立公司核定国有资本的依据，国有资产作价折股的依据，资产评估有效地实现了国有资产保值、增值的目标；其次，国有企业改制中，通过资产评估，挤干了资产水分，夯实了资产，使改制后企业的生产经营建立在真实的资产规模基础上；再次，国有企业改制中，采用重置成本法进行的资产评估，系统完整的资产清单，客观上为改制后企业建调账、工商注册提供了坚实的基础；最后，国有企业改制中，资产评估详实的资料，对于相关主管部门了解企业资产权属状况、资产使用状态、资产配置现状等，起到了不可替代的作用。也正是由于国有企业改制的评估实践，使中国资产评估理论方法、准则建设、规范实践、人才队伍等迅速发展。

第四节 产权交易市场领域的资产评估

产权交易市场是交易非标准化权益产品的场所，各类投资主体进入产权交易市场，面临的一个核心问题是如何报价，产权交易离不开产权初始定价。经过 20 多年的发展，产权交易市场的交易品种已涵盖包括企业产权/股权、金融资产、林业产权、技术产权、知识产权、环境权益、农村产权、实物资产、涉讼资产、文化产权等 10 多种产品，无论何种形态的产权交易市场，资产评估都成为产权交易活动的内在需求。

一、产权交易市场发展及对资产评估的法定需求

我国现代意义上的产权交易市场，是伴随着国有企业产权制度改革的需求而建立和发展起来的。1992 年，随着企业股份制改革的深入，全国掀起了建立产权交易所的热潮。1995—1996 年，原国家国有资产管理局颁布了《关于加强企业国有产权转让监督管理工作的通知》（国资产发〔1995〕54 号），国务院颁布了《企业国有资产产权登记管理办法》（国务院令 192 号）。2003 年 10 月，党的第十六届三中全会提出要依法保护各类产权，健全产权交易规则和监督机制，推动产权有序流转。2003 年 12 月 31 日，国务院国有资产监督管理委员会、财政部联合发布了《企业国有产权转让管理暂行办法》（财政部令第 3 号），规定企业国有产权转让应当在依法设立的产权交易机构中公开进行；企业国有产权转让可以采取拍卖、招投标、协议转让以及国家法律、行政法规规定的其他方式进行；在清产核资和审计的基础上，转让方应当委托具有相关资质的资产评估机构依照国家有关规定进行资产评估；评估报告经核准或者备案

后，作为确定企业国有产权转让价格的参考依据；在产权交易过程中，当交易价格低于评估结果的90%时，应当暂停交易，在获得相关产权转让批准机构同意后方可继续进行。2009年3月17日，财政部发布了《金融企业国有资产转让管理办法》（财政部令54号），规定金融企业国有资产转让以通过产权交易机构、证券交易系统交易为主要方式；非上市企业国有产权的转让应当在依法设立的省级以上（含省级）产权交易机构公开进行；转让方应当依照国家有关规定，委托资产评估机构对转让标的企业的整体价值进行评估；在产权交易过程中，首次挂牌价格不得低于经核准或者备案的资产评估结果。

2005年，国务院国有资产监督管理委员会牵头六部委开展了中央企业国有产权交易试点机构评审，将北京、天津和上海三家产权交易所列为从事中央企业国有产权转让业务的首批试点产权交易机构。随后，地方国资管理部门也相继指定了地方国有产权交易机构，自此，国有产权转让成为了产权交易市场的主营业务。

二、产权交易市场中的资产评估实践

我国资产评估行业与产权交易市场几乎是同时诞生的。2000—2010年我国产权市场总成交额呈逐年递增的趋势（见图3.1）。2010年，全国各地的产权交易所达到300家左右，年度产权市场成交额突破7000亿元人民币[①]。

中央企业国有产权转让业务开始试点于2005年，北京、天津、上海3家产权交易机构转让企业国有产权3622宗，资产评估价值约1015亿元，成交金额1080亿元[②]。此后，国有产权交易市场得到了快速发展。仅北京产权交易所2004—2011年共完成各类产权交易

---

① 《2010中国产权市场年鉴》。
② 曹和平：《中国产权市场发展报告（2010—2011）》，社会科学文献出版社。

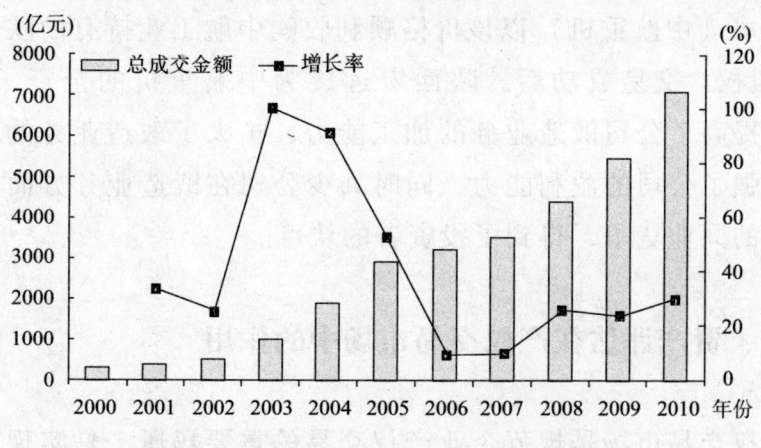

图 3.1 2000—2010 年我国产权市场发展情况①

42144 宗，总成交额突破万亿元大关，达到 10795.68 亿元②。

在依法设立的产权交易机构中公开进行产权交易，是国有企业实现"阳光交易"的重要途径，而实现"阳光交易"的重要基础性工作，就是资产评估。2009 年，中国航空工业集团公司在上海联合产权交易所挂牌出售其所持有的陕西宏远航空锻造有限责任公司 100% 股权的项目，证实了资产评估提供的基础价值尺度能够被投资者认可。中国航空工业集团公司（以下简称中航工业）于 2009 年 11 月 30 日至 2009 年 12 月 25 日拟挂牌出售其持有的陕西宏远航空锻造有限责任公司（以下简称陕西宏远）100% 的股权。在申请公开挂牌之前，中航工业就涉及陕西宏远股权转让，聘请评估机构对陕西宏远股东全部权益进行评估，得出评估结论，陕西宏远航空锻造有限公司在持续经营的假设条件下，股东全部权益评估值为 39452.89 万元，较审计后账面净资产增值 23647.75 万元，增值率为 149.62%。中航工业依据评估结果将其持有的陕西宏远 100% 股权资产挂牌征集受让方，挂牌价 39453 万元。最终，中航重机股份

---

① 2006 年国务院国有资产管理委员会原主任李荣融在全国国有资产监督管理工作会议的讲话。

② 《中国证券报》，2012-02-13。

有限公司（中航重机）以该价格顺利收购中航工业持有的陕西宏远100%股权。交易成功后，陕西宏远成为中航重机的全资子公司，进一步提高了公司锻造业务的加工能力，扩大了锻造业务的市场份额，增强了公司的盈利能力，同时减少公司在锻造业务方面与关联方之间的同业竞争，得到了投资者的认可。

三、资产评估在产权交易市场中的作用

产权交易市场是规范企业产权交易的重要场所，是实现市场资源配置的重要渠道，是进行产业结构调整的重要途径。资产评估作为产权交易市场中的重要组成部分，为促进公平竞争、优化资源配置、建立和发展社会主义市场经济发挥了重要作用。首先，为国有产权在交易市场流转提供了挂牌定价参考。国有企业在依法设立的产权交易市场进行产权交易，可以充分利用交易市场发现价值的功能，达到资产保值和增值的目标。但如果没有资产评估提供价值基础，交易将失去价值坐标。因此，国有资产管理规定，转让价格以经核准或者备案后的评估结果作为参考依据。其次，资产评估为市场参与者提供了丰富的价值信息，为市场参与者公平竞争提供了保障。产权交易市场不仅为国有企业产权有序流转提供了有效途径，也为各市场主体参与公开、公平的产权交易提供了交易平台。作为独立的中介机构，提供的价值信息，无论对于卖方还是买方，资产评估都可以帮助他们确定持续经营前提下的企业产权的市场价值基础，为双方建立交易价格基础提供专业意见。

第五节 资本市场领域的资产评估

党的十四届三中全会《中共中央关于建立社会主义市场经济体

若干问题的决定》指出，要利用资本市场积极稳妥地发展债券、股票融资。投融资体制实行"拨改贷"之后，国有企业经营的资金渠道由政府拨款转为银行提供贷款。由于银行对国有企业的不良贷款率不断攀升，间接融资渠道很难满足国有企业改革资产重组、规模扩张等的融资需求，此外，解决国有企业历史遗留的过度负债和财产损失需注入庞大的资金，在国有企业改革中，仅靠银行的间接融资已难以满足其巨大的资金需求。因此，通过资本市场发展直接融资是必然的出路。同时，资本市场的发展有利于现代企业制度的建立。因为企业为了自己的股票能够上市，利用直接手段来融资，必须按照《公司法》要求，对企业进行公司制的改造，并完成上市公司的规范操作，这就为资产评估进入资本市场领域创造了机遇。截至2012年底，我国深沪两市的2494家上市公司的80%以上IPO（首次公开募股）前股份公司设立时注册资本的核定，都是由资产评估提供验资依据的。以《上市公司重大资产重组管理办法》（中国证监会令第73号）为制度基础的上市公司并购重组中，每年涉及几千亿资产支付手段的重组，资产评估提供了市场化的公平尺度，2008年至2010年，我国上市公司254项重大资产重组事项，参照资产评估结果进行交易定价的计225项，有高达90.7%的资产最终交易价格与评估结论完全吻合。资产评估机构的估值意见成为上市公司资产重组定价的主要依据。资产评估已经成为上市公司重大资产重组定价的核心环节。

一、我国资本市场对资产评估的内在需求

资产评估发挥的价值信息功能和价值尺度功能，都是资本市场内在所需要的。因为公司的价值信息披露直接关系到债权人和公众投资者的利益，是影响公众利益的重要经济关系，国家出台的关于资本市场交易的相关政策强制要求资产评估，实际上是通过立法立

规，将资产评估作为一种独立鉴证手段来保护公众利益，维护资本市场正常秩序的重大举措。如，中国证监会发布的《上市公司证券发行管理办法》（中国证监会令第30号）、《上市公司收购管理办法》（中国证监会令第77号）、《上市公司重大资产重组管理办法》（中国证监会令第73号）、《公开发行证券的公司信息披露内容与格式准则第1号招股说明书》（证监发行字［2006］5号）等文件，对资产评估相关事项作出的规定，都是立足于保护公众利益，维护资本市场正常秩序的正确决策，由此产生的资产评估，实质上是资本市场的内在需要。

经过二十多年的发展，中国资本市场对资产评估提出了多层次、全方位、高标准的内在价值信息揭示的需求，具体体现：一是拟上市公司新股发行定价对资产评估的需求。新股发行定价过高，既损害了新股东的利益，也存在发行失败的风险；新股发行定价过低，则有损老股东利益。为了使新股发行价格真实反映公司的内在价值，实现一级市场和二级市场均衡协调健康发展，切实维护投资者的合法权益，委托专业评估机构对拟上市公司的内在价值进行评估，为新股发行定价提供参考具有重要的意义。例如，《金融企业国有资产评估监督管理暂行办法》（财政部令第47号）对金融企业拟在境内或者境外上市的经济行为规定应当进行资产评估，为新股发行定价提供参考。二是上市公司产权变动对资产评估的需求。资本市场作为资源配置的场所，股权收购、资产重组、产权转让等产权变动行为常有发生，为了维护投资者的合法权益，上市公司通常委托专业评估机构对交易标的进行价值评估，并以评估结果为基础确定交易价格。特别是上市公司重大资产重组和上市公司收购行为。三是上市公司财务报告信息披露对资产评估的需求。2006年2月15日，财政部发布了新的企业会计准则体系，要求自2007年1月1日起在上市公司范围内施行。新会计准则体系在财务报告信息披露方面对资产评估专业服务提出了新的需求，如资产减值测试和合并对价分摊。

二、资本市场中的资产评估实践

资本市场的规范平稳运行，事关国家经济发展和广大投资者的切身利益，资本市场对资产评估的专业要求因此而显得十分重要。从传统的主板市场到中小板市场，再到创业板市场，再到代办股份转让系统，多层次证券市场体系的需求和创新，同时推动了我国资产评估行业的发展壮大和评估实践的创新。

截至 2012 年年底，沪深两市上市公司已达到 2494 家，形成了主板、创业板和中小板并存的格局。随着资本市场的发展，上市公司与非上市公司、上市公司资产与非上市公司资产之间出现了相互注入、互换、置换等不同目的的资产交易，这些交易从最初的为挽救企业危机发展成为进行产业升级、结构调整和提升竞争力为目标的转变，其中以重大资产注入表现尤为突出。近几年来，上市公司并购重组市场日益活跃，交易规模快速扩张，各种交易方式中，凡是涉及资产的，都进行了资产评估。据公开资料显示，2006—2011 年，共有 143 家上市公司实施了行业整合类的重大资产重组，累计交易金额 7570 亿元。2008 年到 2012 年，深圳有 81 家上市公司实施了 236 宗并购重组交易，累计交易金额达 1190.52 亿元。截至 2011 年末，国务院国有资产监督管理委员会监管的 117 家央企集团中，已有 43 家基本实现主营业务整体上市，其中近半数采取了上市公司吸收合并、收购母公司资产等并购方式。资产评估在并购重组如此重大市场领域中，已经成为定价的核心环节。

2011 年中国资产评估协会与中国证监会上市部联合开展的《上市公司并购重组企业估值和定价研究》的课题研究，对 2008 年 1 月至 2010 年 12 月间，中国上市公司公告的 254 项重大重组事项进行了分析，2008—2010 年，中国 A 股上市公司以实现集团整体上市为目的的重大重组88项，占比约35%，以产业整合为目的的重大重组51项，占比约20%，两项加总占上市公司重大重组比例过半。研究报告显示，并购重组已成为上市公司实现资源整合、提高资产质量和经营业绩等战略性目标的重要手段。纳入统计分析的置入股权类资产账面价值总计约2800亿元，评估值总计约5600亿元，整体增值率约为100%，优质资产价值在上市公司并购重组中得到发现和重估。通过上市公司并购重组，大量优质资产纳入上市公司，提高了市场对优质资产的利用水平和认知程度，提升了上市公司的资产质量，资本市场有效配置和利用资源的功能得到进一步发挥。该研究报告大量数据证明，资产评估结果已成为上市公司重大重组定价的主要参照依据。统计结果显示，2008年1月至2010年12月上市公司254项重大重组事项中，参照资产评估结果进行交易定价的重大重组事项达225项，占全部重大重组事项比例约为89%；未进行资产评估的重组事项占比仅为11%。在参照资产评估结论进行定价的对象中有高达90.7%的资产最终交易价格与评估结论完全吻合。资本市场评估实践，也推动了评估行业的发展，如，上市公司重大重组资产评估中同时使用两种方法对资产进行评估的比例从2008年的63%上升到2010年的87%；收益法和市场法作为主要资产最终评估结论的比例有所提升，评估过程中选用收益法的比例已超过七成。根据2012年中国资产评估协会与中国证监会上市部联合出版的《上市公司并购重组市场法研究》显示，2008—2010年间，资产评估机构运用市场法进行独立估值的34个股权对象中，全部采用了上市公司比较法，而且多数采用了"多指标"形式，即综合采用了市净率（P/B）和市盈率（P/E）等价值指标，也充分考虑了流动性溢价对非上市类股权价值的影响。

在资本市场发展历程中，资产评估很多的"第一"和"史无前例"执业经典，在保证资本市场的健康有序发展的同时，也为评估行业整体执业水平提高，起到了强劲的示范效应，彰显了中国资产评估的整体专业实践能力。

东北高速公路分立项目的资产评估在综合使用两种评估方法上作出了有益的探索。东北高速公路股份有限公司（简称东北高速），系由黑龙江省高速公路集团公司、吉林省高速公路集团有限公司、华建交通经济开发中心三家企业共同发起设立的股份有限公司，于1999年发行股票并上市。由于历史原因，公司的治理结构曾经出现过一些问题，在一定程度上影响了公司的发展，并成为A股市场首家因治理结构问题而被"ST"的上市公司，公司上市后，历经"大股东9亿元债务危机"、"张晓光中行高山案"、"梁衷喜事件"、"王彦春血溅股东会"、"二股东哗变"等一系列事件，黑龙江、吉林两省股东的矛盾纠纷不断激化，最终导致公司分立。2010年，根据国务院关于东北高速分立上市申请批复的相关精神，东北高速拟分立成两家独立运营的股份有限公司并分别挂牌上市，同时完成黑龙江省和吉林省两大股东之间的换股，以彻底理顺东北高速的资产和股权关系。根据分立方案，东北高速分立为吉林高速公路股份有限公司（简称吉林高速）和黑龙江交通发展股份有限公司（简称龙江交通），分立后龙江交通账面净资产为24亿元，吉林高速账面净资产为14.25亿元，账面净资产比例约为168∶100。资产评估机构分别采用收益法和成本法两种方法对标的资产进行了评估，龙江交通收益法评估结果是15.15亿元，吉林高速收益法评估结果是20.05亿元，二者比例约为76∶100；龙江交通成本法评估结果是37.98亿元，吉林高速成本法评估结果是23.41亿元，二者比例约为162∶100。黑龙江省和吉林省双方股东股权比为121∶100，根据成本法评估结果，黑龙江一方需向吉林一方补差2.16亿元，根据收益法评估结果，吉林一方需向黑龙江一方补差2.02亿元。两种评估结果导致的补差方向相反，双方均强烈要求选择对自己最为有利的评估方法。评估机构经过多方访谈与认真论证，认为两种方法评估结果均有一定的合理性，最终采用成本法和收益法各取50%权重确定评估结论，龙江交通评估值为26.57亿元，吉林高速评估值为21.73亿元，二者比例约为122:100，与相应的股权比例121:100十分接近，股权置换差价约为700万元（黑龙江一方向吉林一方支付）。评估工作促成了东北高速分立相关各方的共赢，符合"较小的成本、最低的震动"分立原则。2010年3月19日，分立后的吉林高速和龙江交通分别在上海证券交易所成功挂牌上市。东北高速的成功分立，开创了中国资本市场首例上市公司分立重组之先例，解决了东北高速历史原因造成的公司治理问题，为资本市场的健康稳定发展作出了积极贡献，彰显了中国资产评估机构专业创新能力。这一中国资本市场无先例分立上市评估项目，有力证实了中国资产评估在资本市场上的专业实践能力。

延边公路股权回购案的评估项目在应用市场法评估方面开创了先例。延边公路与吉林敖东和广发证券于2006年9月23日分别签署《关于延边公路建设股份有限公司回购吉林敖东药业集团股份有限公司非流通股份之协议书》、《关于延边公路建设股份有限公司吸收合并广发证券股份有限公司之协议书》。协议约定延边公路以2006年6月30日经审计的全部资产（含负债）作为对价，回购吉林敖东持有的延边公路非流通股84977833股非流通股股份，同时延边公路以新增股份换股的方式，与广发证券全体股东所持的广发证券股份进行换股。为此，资产评估机构接受委托，对广发证券的股东全部权益价值进行评估。根据项目背景和评估目的，资产评估机构一改以往证券公司评估所用的"成本法+收益法"评估方法传统模式，开创性的采用了"市场法+收益法"评估方法模式，并采用市场法的评估结果作为最终评估结论。2010年2月5日，延边公路收到中国证券监督管理委员会出具的证监许可[2010]164号《关于核准延边公路建设股份有限公司定向回购股份及以新增股份换股吸收合并广发证券股份有限公司的批复》。历经3年多的跌宕起伏，广发证券借壳上市终获成功。广发证券借壳上市评估项目创新性地发展了市场法评估模型,不仅是国内采用市场法评估证券公司股权价值的第一例,而且是大型金融控股集团采用市场法评估结果作为评估结论的第一例。市场法在广发证券借壳上市评估项目中的成功应用,为日后中国证监会、中国资产评估协会在评估行业大力推动市场法的应用进行了开创性的实践。

2003年11月18日在上海证券交易所上市的中国长江电力股份有限公司,是我国最大的水电上市公司。该公司控股股东——中国长江三峡工程开发总公司,是国内最大的水电开发企业,肩负着国家赋予的"建设三峡,开发长江"的战略使命,全面负责三峡工程的建设和三峡——葛洲坝梯级枢纽的运行。根据国家加快推进国有大型企业股份制改革,支持具备条件的企业逐步实现主营业务整体上市的有关精神,结合中国长江三峡工程开发总公司与长江电力自身发展需要,中国长江三峡工程开发总公司拟以长江电力为平台,将三峡工程发电资产整体注入,支持长江电力做大做强,实现协同发展。为此,聘请资产评估机构,对标的资产进行评估。由于三峡工程是集防洪、发电、航运三大功能于一体,工程建设的目的是寻求社会效益最大化,首要目的是防洪,而非单一的经济利益,因此,评估实践面临的重大专业问题是,三峡发电机组评估定价的方法、理论、参数选择等与一般评估项目均有较大的不同,突出问题是发电资产与其他资产的界面分割难度相当大。例如共同实现防洪、发电、航运效益的挡水大坝、水库及配套附属设施等共用资产如何分摊的问题。就此,中国资产评估协会牵头,由财政部、国务院三峡办、国务院国有资产监督管理委员会、中国长江三峡工程开发总公司等相关部门的领导和专家共同组成专题组进行研究,形成了《三峡工程发电机组评估相关问题研究报告》,研究提出并确定的"投资总体测算、费用整体分摊、单台机组核定、动态调整出让"的评定估算原则,为三峡机组六次评估、金沙江大型水电竣工之后的评估等提供了专业路径。三峡发电资产评估项目的成功完成，得到了资本市场的高度认可，是中国资产评估协会专题研究指导实践之典范。

三、资产评估对资本市场健康发展的重要作用

资产评估在资本市场中，不但提供价值衡量尺度，保障资本市场广大投资者的利益，而且对提高上市公司会计信息质量、大大增强投资相关性具有重要的基础作用。首先，推动发行上市和并购重组，优化资源配置。资产评估在企业改制发行上市、上市公司并购重组中担当着不可或缺的重要角色，已经与财务顾问、会计师、律师一起成为我国上市公司不可替代的四大专业力量。在拟上市公司设立时，资产评估按照公允的价值标准，不但为各股东出资非货币资产提供了公允的价值尺度，而且为保护未来广大投资者利益奠定了扎实的基础。在上市公司并购重组各种方式中，涉及资产交易，资产评估提供了公平价值尺度，为保护广大投资者的利益，提供了专业帮助。其次，上市公司资产公允价值反映方面，资产评估弥补了因缺乏市场交易数据使公允价值计量受限的缺陷，利用自身的专业知识和专业经验，客观反映了上市公司资产价值。

随着我国企业兼并收购的进一步发展及与国际接轨，并购交易结构越来越丰富，对价支付手段也越来越多样化。除了传统的现金和股权外，未来可能出现在成熟市场上常见的可转债、可交换债和普通债权等支付手段，评估机构在未来的并购重组定价中将发挥更大的作用。

第六节 金融市场领域的资产评估

国有商业银行公司化改革、国有企业债权转股权改革、银行不

良贷款处置、抵押贷款等领域的资产评估，构成了金融市场领域二十年资产评估实践的基本业务结构，彰显了资产评估在金融市场领域的基础性作用。同时，金融不良贷款处置的评估实践，丰富了资产评估的专业体系。

一、金融市场领域对资产评估的内在需求

（一）国有商业银行改制对资产评估的需求

国有商业银行作为我国银行业的主体，维系着国民经济命脉和经济安全。加入世界贸易组织后，我国对外开放进入新的阶段。无论是从充分发挥银行的重要作用，还是防范金融风险，加快国有商业银行改革在当时都已成当务之急。在新的时代背景下，党中央、国务院决定加快推进国有商业银行改革。党的十六届三中全会作出重大决策：选择有条件的国有商业银行实行股份制改造，加快处置不良资产，充实资本金，创造条件上市。2003年底，国务院决定首选中行、建行实行股份制改革试点，向两家银行注资450亿美元用以补充资本金。2004年1月，国务院正式公布中行、建行股改试点的决定，国有商业银行股份制改革的攻坚战正式打响。由此，中国金融业开始了一次全新的改革实践，通过这两家大型商业银行深化内部改革、建立良好公司治理结构、转换经营机制，进行股改积累经验，探索出一条打造具有国际竞争力的现代化股份制商业银行的金融改革之路。在国有商业商业银行改制中，资产评估的基础性作用不可替代。

（二）国有企业债转股对资产评估的需求和相关规定

20世纪90年代中后期，国有企业由于高负债率、冗员多、社会负担重、摊派严重、员工积极性不高等原因，陷入了发展的困

境,效益逐年下滑,亏损面逐年增大。1997年,党的十五届一中全会将国企改革的目标确定为在三年内在大多数国企初步建立起现代企业制度,并使大多数国有亏损企业走出困境。为此,中央推出了多项政策,包括兼并重组、主辅分离及债转股,等等。其中,影响最大的是实施"债权转股权"的改革。

1999年12月6日,财政部下发《关于债权转股权工作中资产评估若干问题的通知》(财评字[1999]613号),该文件明确了评估报告确认的程序,规定了评估机构选择的原则,以及评估机构应当具备的条件。2000年12月12日,《财政部关于进一步做好债转股企业资产评估工作的通知》(财企[2000]734号)强调,对部分企业实施债权转股权是党中央、国务院为推动国有企业扭亏脱困,防范和化解金融风险而采取的一项重要举措。资产评估是债转股工作的重要环节。并对债权类资产、实物资产、长期投资、应摊未摊的待摊费用、递延资产及其他潜亏挂账或核算错误以及房产证等评估处理作出明确规定。

2003年2月,《国务院办公厅转发国家经贸委财政部人民银行关于进一步做好国有企业债权转股权工作意见的通知》(国办发[2003]8号)规定,新公司设立时,要依法进行资产评估和产权登记。债转股企业的资产评估,须公开招标,通过竞争确定评估机构和收费标准。参与竞标的资产评估机构必须具备财政部规定的资质条件。

(三)金融不良贷款处置对资产评估的需求和相关规定

实行债转股以后,处置金融不良资产的责任很大一部分落在资产管理公司身上。在我国,资产管理公司以最大限度保全资产、减少损失为主要经营目标。在政策性业务中,金融资产管理公司与财政部形成委托——代理关系,为此引入评估机制,妥善地协调这种关系,以使得处置收益最大化;在商业化业务中,金融资产管理公司引入评估，将评估作为定价的工具，为处置不良资产定价服务。资产管理公司和商业银行处置不良贷款的评估实践，极大降低了银行贷款的损失，也丰富了资产评估专业实践。

财政部于2004年颁布实施、并于2008年7月9日颁布重新修订的《金融资产管理公司资产处置管理办法（修订）》（财金[2008]85号）规定，资产管理公司对债权资产进行处置时，可由外部独立评估机构进行偿债能力分析，或采取尽职调查、内部估值方式确定资产价值，不需向财政部办理资产评估的备案手续。资产管理公司以债转股、出售股权资产或出售不动产的方式处置资产时，除上市公司可流通股权资产外，均应由外部独立评估机构对资产进行评估。国务院批准的债转股项目股权资产，按照国家国有资产评估项目管理的有关规定进行备案；其他股权资产和不动产处置项目不需报财政部备案，由资产管理公司办理内部备案手续。资产管理公司应参照评估价值或内部估值确定拟处置资产的折股价或底价。2005年6月15日，财政部和中国银行业监督管理委员会联合发出《关于规范资产管理公司不良资产处置中资产评估工作的通知》（财企[2005]89号）规定，资产管理公司应当把资产评估作为不良资产处置的重要环节，根据各类不良资产项目的具体情况，严格按照有关法律法规的规定，对拟处置的不良资产委托资产评估机构进行评估，要严格执行先评估后处置的程序，不得逆程序操作。

（四）银行抵押贷款对资产评估的内在需求和相关规定

商业银行是金融体系的主体，贷款业务是商业银行最重要的资产业务。贷款损失风险的防范，是商业银行不可回避的、持续的核心内容之一。从评估实践角度看，商业银行贷款在发放与管理、回收与处置全程风险管理中，涉及以物担保的，都需要对债权保证物的价值进行评估，以此判断贷款风险的程度和债权权利实现的程度。银行发放贷款,对抵押物进行评估(抵押贷款评估),是国际银行业成熟的做法,也是中外评估实践的重要领域和评估行业的传统业务。《中华人民共和国商业银行法》规定了商业银行发放贷款中,借款人应当提供担保,应当对保证人的偿还能力,抵押物、质物的权属和价值以及实现抵押权、质权的可行性进行严格审查。各商业银行制定的相应的贷款抵押办法,构成了抵押贷款评估的内在需求。

(五) 金融市场领域对资产评估需求前景分析

首先,资产评估专业服务于衍生金融工具。20世纪70年代后期以来的金融创新浪潮,产生了衍生金融工具。迄今,它的应用已不仅仅局限于以货币和资本为经营客体的金融业和证券业,而且日益成为一般工业和商业企业资产保值增值或规避结算风险的手段。衍生金融工具是一把"双刃剑",得当使用可以有效地帮助企业获得较高的收益或者对冲经营风险,但如不能正确驾驭,控制其风险,则可能给交易者带来巨大损失。随着国际市场的迅猛发展和信息技术的日新月异,衍生产品的种类越来越丰富,衍生产品设计日益灵活,种类繁多,几乎到了"量身定做"的地步。因此,对衍生产品的定价显得十分重要,当然对其定价也极为复杂,需要高难度数学模型来完成。这是资产评估发展的空间所在。

其次,金融风险管理,将大大扩展资产评估的专业服务功能。过去三十年间,金融市场大幅波动的频繁发生催生了对金融风险管理的需求。2006年世界评估论坛上,专家认为资产评估能在金融风险量化与防范中发挥积极作用。随着金融一体化和经济全球化的发展,金融风险日趋复杂化和多样化,金融风险管理的重要性愈加突出。资产评估这一传统的价值发现工具势必会在金融风险管理领域大放异彩。

二、金融市场领域的资产评估实践

(一) 国有商业银行改制评估

迄今,资产评估行业已完成中国工商银行、中国农业银行、中国银行、中国建设银行、国家开发银行、中国人寿保险股份有限公司、中国人民财产保险股份有限公司等10余家国有大型金融企业的资产评估,和近200家中央金融企业的评估事项。中国工商银行、中国银行、中国建设银行、中国农业银行和交通银行相继进行股份制改革并成功上市,资产评估科学反映了银行资产价值,得到了相关监管方和市场的广泛认同。

2005年,中国最大的国有商业银行——中国工商银行拟整体改制为股份有限公司并上市,总资产高达64572亿元,超过250万公司客户以及超过1.5亿个人客户贷款,18038家境内分行、营业网点及其他机构分行网络,以及包括一系列网上及电话银行、1610家自助银行中心、19026部自动柜员机的电子银行网络,98家境外分行、控股机构、代表处和网点,如在香港、澳门、新加坡、东京、首尔、釜山、法兰克福及卢森堡设有分行,在纽约、莫斯科及悉尼设有代表处,在香港、伦敦及阿拉木图拥有控股机构。如此规模和资产分布特点的评估项目,又一次为资产评估行业提出了新的挑战,为了在一年的评估结果有效期内保质保量地完成评估工作,中国规模最大的三家评估机构组成了联合工作组,共同完成了中国资产评估史上,也是世界评估史上迄今为止最大的一个评估项目。其中解决处理的专业难题,为资产评估理论的完善、实践的示范,积累了宝贵的经验。

(二) 企业债权转股权的企业价值评估实践

债转股,起初是国家为了改善国有银行资产质量和帮助国有企业摆脱困境而实行的一项重大举措，是指国家组建金融资产管理公司，收购银行的不良资产，把原来银行与企业间的债权债务关系，转变为金融资产管理公司与企业间的控股（或持股）与被控股的关系，原来银企之间的还本付息关系转变为企业和金融资产管理公司之间的按股分红。1999年是国有企业三年改革与脱困的关键一年，为推动国有大中型企业尽快摆脱困境，国务院决定对部分国有重点企业实行债转股。第一批经批准进行债转股的580家企业，涉及四家资产管理公司以及中国工商银行、中国农业银行、中国银行、中国建设银行、国家开发银行的近4000亿元债权。在实施债转股的过程中，对债务企业均依法进行了资产评估。

1999年9月2日，中国信达资产管理公司（以下简称"中国信达"）与北京建材集团签订了北京水泥厂债转股协议书。北京水泥厂是日产2000吨水泥的国有大型骨干企业，但该厂过去在投资建设期间，曾向建设银行贷款5.1亿元人民币，到1998年底本息总额已达9.68亿元。过重的债务负担，使这家工厂的生产经营面临着严重困难。北京水泥厂的母公司北京建材集团经过与信达资产管理公司的友好协商，首先对北京水泥厂进行了资产评估，根据评估结果，就北京水泥厂债权转股权的原则、转股金额、股权回购等问题达成了一致意见，并确定了转股方案。实施债权转股权后，北京水泥厂1999年就可实现扭亏为盈。自2000年起，每年可实现利润2000万元以上。资产负债率由原来的80.1%下降为32.4%，通过债转股由北京建材集团和信达资产管理公司为股东设立的有限责任公司，使企业步入了良性循环。北京水泥厂也由此成为中国首家债转股试点企业，北京水泥厂的资产评估成为我国首例债转股评估项目。

2008年，受国际金融危机影响，部分国内企业特别是中小企业出现资金困难。债权出资问题被正式提出。2011年11月23日，国家工商行政管理总局发布了《公司债权转股权登记管理办法》（国家工商局令第57号），该办法规定，用以转为股权的债权，应当经依法设立的资产评估机构评估。该政策的出台，为中小企业债权转股权的评估提供了政策依据。债权转股权评估实践，科学的揭示了出资债权的市场价值，为我国中小企业的发展发挥了重要的专业作用。

（三）金融不良贷款处置的评估实践

由于金融不良贷款的特殊性，金融不良资产评估往往需要对债务企业偿债能力进行分析，但由于债务企业经营不善，法律状态复杂，评估实践远比其他资产评估业务复杂的多，集中体现在评估对象难以确定、评估资料不完整、评估程序受到较多限制等特点。财政部、中国资产评估协会、资产评估机构与资产管理公司做了大量积极的实践探索。中国资产评估协会联合中国信达、中国华融、中国长城和中国东方等四家资产管理公司及有关专家，总结金融不良资产评估实践中的成功经验，针对金融不良资产评估执业特点，制定颁布实施了《金融不良资产评估指导意见（试行）》（中评协[2005]37号），极大的推动了金融不良贷款处置评估实践的规范性。

中国南光进出口总公司是1987年经原对外经贸部批准，在国家工商行政管理局注册登记成立的国有综合性外贸公司，注册资本3000万元人民币，全部为国家资本。2000年5月，根据国务院和中国人民银行有关文件，中国银行总行与中国东方资产管理公司北京办事处签订了债权转让协议，将中国银行总行对中国南光的贷款债权本金余额人民币3.38亿元、应收催收利息余额人民币3.86亿元的债权，依法转让给中国东方资产管理公司北京办事处。2007年，中国东方资产管理公司北京办事处为处置该债权，委托资产评估机构对此进行价值评估。经采用假设清算法，对每一单项资产的变现回收价值估算合计，采用区间值方式表达的分析结论为：综合受偿金额1798万元至2161万元，偿债率为2.48%至2.98%。

在资产管理公司委托评估机构对拟处置不良贷款进行价值分析的评估实践中,多数采用了区间值方式表示分析结论,客观体现了金融不良贷款处置市场的实际情况,科学揭示了金融不良贷款的变现价值,为我国金融不良资产处置提供了市场化的专业服务。

中国信达资产管理公司股份制改革过程中,涉及了1999年承继的从国有商业银行划转资产即政策性资产的处理问题。在资产管理公司改制中本着"一司一策"的原则,中国信达选择了向财政部收购政策性资产的方案,这就意味着评估机构需要对政策性资产逐项评估,评估机构严格根据《金融不良资产评估指导意见(试行)》(中评协[2005]37号),对政策性资产进行评估,最终为中国信达改制奠定了扎实的专业基础。随后,中国华融资产管理公司股份制改制延续了中国信达公司改革路线和评估经验。这一实践的意义在于,除服务经济建设实际需要外,验证了《金融不良资产评估指导意见(试行)》的科学性。

(四)银行抵押贷款的评估实践

1991年国务院颁布的《国有资产评估管理办法》中,第一次以行政法规的形式明确提出了占有单位在进行资产抵押及其担保时,进行资产评估。十几年来,随着我国金融体制改革的深入,抵押贷款制度已成为商业银行保全资产、防范风险的重要措施。抵押资产评估也成为我国资产评估行业中的重要业务领域。抵押品种类(资产种类)涉及企业整体、股权、机器设备、房地产、森林资源资产、在建工程、知识产权、有价证券等各种资产类型。商业银行发放贷款,基本上依据抵(质)押评估结论确定贷款额度。据不完全统计,商业银行的贷款中60%以上的贷款是通过抵押形式发放的,资产评估实践在其中发挥了巨大的作用。

三、资产评估在金融市场中发挥了重要的作用

在国际上,资产评估服务于金融企业的各项经营活动是一种较为成熟的传统业务领域,特别是抵押贷款中对抵质押品的评估。除此之外,在我国,资产评估还发挥了独特的作用。首先,在国有商业银行的股份制改造中,对银行整体资产的评估,保障了我国金融体制改革的进程。其次,国有企业解困、战略性布局调整等一系列改革措施中,资产评估发挥了不可替代的作用。最后,四家资产管理公司1.4万亿政策类不良贷款处置中,采用债务重组、企业重组、打包出售、公开拍卖和证券化等各种方式处置四家国有商业银行不良贷款的过程中,资产评估发挥了历史性的作用。更为值得一提的是,中国资产评估协会专门为商业银行和四大资产管理公司处置不良贷款研究制定颁布实施《金融不良资产评估指导意见(试行)》(中评协〔2005〕37号),使金融不良资产评估工作,一直在规范轨道上进行,为研究起草评估准则所做的一系列探索和创新,对评估专业体系的建设,起到了巨大的促进作用。

第七节 会计计量领域的资产评估

在会计领域,公允价值计量方式被越来越多的国家的会计准则所采用,引发了对资产评估的需求。全球会计界和评估界的实践表明,资产评估可以科学、有效地解决公允价值计量中的一系列实务问题。在企业合并对价分摊、资产减值测试、投资性房地产、金融工具计量等四个方面的资产评估实践,为会计计量领域的资产评估实践提供了丰富的素材,奠定了坚实的基础。

一、会计计量引入公允价值及对资产评估的需求

在会计领域,历史成本会计强调数据的精确性和可验证性,记录的通常是资产的原始购买价格或其他形式的交易价格。20 世纪 30 年代以后,随着企业所有权与经营权的分离以及资本市场的发展,股份公司逐渐成为企业的主要组织形式。股份公司更加分散化的产权主体,以及与债权人、政府等多个产权主体构成庞大的关注企业经营信息的群体,不再仅仅关注企业过去和现在的经营业绩,而是更关注企业未来创造现金流量的能力。与此同时,历史成本会计"可靠性"的根本优势受到了通货膨胀的致命打击,现实经济生活中不断涌现的新经济业务与新经营活动,进一步加剧了历史成本会计体系的崩溃。因此,公允价值计量引入会计系统成为必然。从世界范围来看,公允价值计量方式正被越来越多的国家的会计准则所采用,利用评估技术解决公允价值计量实务,也成为通行做法。例如,欧洲的上市公司在采用国际会计准则后对公允价值计量的广泛使用,已经为外部的专业价值评估机构带来了很大的市场。英国和德国,对于复杂资产的公允价值计量通常都是委托外部的专业价值评估机构进行或委托其复审。特别是在企业合并、无形资产、资产减值、投资性房地产等领域。

2006 年 2 月,财政部发布了新的企业会计准则——《企业会计准则——基本准则》(财政部令第 33 号)中明确指出"企业财务报告的目标,是必须为报告使用者作出科学决策提供相关、真实、可靠、公允的会计信息"。基于这一目标,新会计准则在企业合并、投资性房地产、生物资产、股份支付、债务重组、非货币性交易、金融工具确认和计量等 17 项准则中,直接或间接采用了公允价值的概念或计量方法。通常情况下,在发达的市场经济条件下,公允价值比较容易确定,而如果市场不活跃、不健全,公允价值的判断就

难以进行。在我国,很多资产还没有形成活跃的交易市场。对于一般的会计人员,采用评估技术计量公允价值的难度较大。评估中未来现金流量和折现率的确定需要依赖专业人士的判断。在公允价值的确定中,哪些公允价值的计量可以自己做,而哪些应由外部专业评估人员承担,企业必须要作出抉择。因为许多资产或负债并无活跃市场,一般的会计人员往往不能观察到这种由市场机制决定的、市场参与各方均可接受的价格金额。而且,由于独立性所限,往往会计人员不可能直接承担计量诸如不动产、无形资产等项目的公允价值的责任。因此,在公允价值的计量中,外部专业机构和评估师的介入是一种客观需求。

专业价值评估的专业属性能够提高会计计量的客观真实性,独立属性能够提供公正的价值判断。会计准则对于资产或负债的公允价值在市场中的报价如何采集、确定,以及如何采用估值技术来确定公允价值等问题的规定都较为原则化,不能够具体指导实践操作。资产评估机构倚靠其专业的评估技术能够为公允价值的确定提供科学、合理的参考,在实践中具备专业性和独立性的特点,可以很好地服务于公允价值计量需求。我国现行有关法律法规中也规定,投资、转让、捐赠、企业转制等有产权变动情况下资产的会计计价,可以根据评估结果建账或调账。

二、会计计量的资产评估实践

中国资产评估协会积极推动评估为公允价值计量服务。2007年11月9日,发布实施了《以财务报告为目的的评估指南(试行)》(中评协〔2007〕169号)(以下简称"指南"),明确了在企业合并、资产减值、投资性房地产和金融工具领域的评估对象以及需要在评估过程中重点关注的事项。目前,企业合并对价分摊、资产减值测试、投资性房地产、金融工具计量等四个方面的评估实践,形成了我国资产评估服务于会计计量的业务特色。企业合并对价分摊（Purchase Price Allocation，PPA，也称为"合并成本分配"）评估，是根据企业合并会计准则的规定，对符合企业合并会计准则的、非同一控制下的企业合并的成本，在取得的可辨认资产、负债及或有负债之间的分配，所对应的评估对象为合并中取得的被购买方各项的可辨认资产、负债及或有负债。资产减值测试评估，主要是为了判断企业资产是否存在减值迹象，通过估计单项资产或资产组的可收回金额进行判断。资产减值测试的评估对象包括单项资产和资产组，主要涉及对固定资产及商誉的评估。投资性房地产评估，是对企业已出租的土地使用权、持有并准备增值后转让的土地使用权和已出租的建筑物进行评估，为采用公允价值模式投资性房地产作出合理估计。金融工具计量评估，主要是以公允价值计量且其变动计入当期损益的金融资产或金融负债，或可供出售金融资产进行合理估计。

会计计量领域中的资产评估实践，越来越多。根据财政部会计司课题组统计，截至2011年4月30日，2129家上市公司公布的2010年年报中，公允价值变动计入当期损益的金额为95.53亿元，占利润总额的0.43%。2010年完成企业合并的上市公司有450家，其中330家上市公司完成了非同一控制下的企业合并，占比为73.33%。因企业合并产生的商誉为121.15亿元，计入营业外收入的金额0.30亿元。2117家上市公司发生资产减值，资产减值损失共计2355.26亿元。存在商誉的741家上市公司中，对商誉进行了减值测试的有526家上市公司，占存在商誉的上市公司家数的70.99%。在拥有投资性房地产的833家上市公司中，有27家上市公司采用了公允价值模式对投资性房地产进行后续计量，而采用评估方法确定公允价值的共有15家，占投资性房地产采用公允价值计量的上市公司总数的56.00%。有18.65%的上市公司的交易性金融资产产生公允价值变动损益，有3.15%的上市公司的交易性金融负债产生公允价值变动损益，1.36%的上市公司因衍生工具、套期保值业务等产生公允价值变动损益。上述会计事项，绝大多数借助了资产评估的专业力量，资产评估对会计准则的运用作出了积极的贡献。

下面是一个较为典型的会计计量领域的评估实践案例，这一评估案例，是以财务报告为目的——合并对价分摊的公允价值评估的一个开创意义的实践，从实践角度创造性的体现了在 PPA 评估业务中评估师、审计师与企业管理层的责任区分，将对这一实践领域产生影响：评估师的责任是对各项可辨认资产、负债及或有负债的公允价值发表专业意见；评估结果为各项可辨认资产、负债及或有负债的公允价值，评估报告不包括商誉（或合并收益）确认、公允价值计量形成的递延所得税项目等涉及合并对价分摊的会计事项；根据评估师确定的公允价值进行合并对价分摊是企业管理层的责任；而对上述合并对价分摊事项（包括作为公允价值依据的评估报告）进行审核是审计师的责任。

BM 公司是一家以生产高压、超高压电站锅炉及生物质发电锅炉为主业的，集科研、生产、配套、服务于一体的企业。其主要产品为循环流化床锅炉。BM 公司通过 ISO 质量体系认证，并拥有美国机械工程师学会颁发的 ASME 授权证书及"U""S"钢印。2007年 6 月，LJP 公司以 15 亿元人民币现金收购 BM 公司 100% 股权，构成了非同一控制下的企业合并，其合并对价即为 15 亿元人民币。根据《企业会计准则第 20 号——企业合并》（财会 [2006] 3 号），非同一控制下的企业合并，购买方在购买日应当依据所取得的被购买方各项可辨认资产、负债及或有负债的公允价值，对合并成本进行分配。为此，聘请资产评估机构进行对价分摊的评估。为确保评估报告符合《企业会计准则第 20 号——企业合并》及其他相关准则的要求，评估人员首先与审计人员、LJP 公司和 BM 公司管理层明确：评估基准日应为股权购买日，确定为 2007 年 6 月 30 日；评估对象为合并中取得的被购买方可辨认资产、负债及或有负债,包括资产负债表中列示的所有资产和未反映在资产负债表中的可辨认无形资产。评估中,对 BM 公司表外无形资产进行了辨认和评估,经过现场调查、从企业内部和外部渠道获取相关资料,认为 BM 公司在评估基准日可辨认的无形资产主要包括锅炉制造技术(以下简称"技术")、未结订单、客户关系等,并对其进行了评估。全部可辨认资产、负债及或有负债的公允价值经评估确定后,对其合理性进行测试,PPA 合理性测试方法是将加权资产平均回报率(WARA)和加权资金成本(WACC)进行比较,一般认为,两者比较接近则表明公允价值评估是合理的,否则,应重新检查各项可辨认资产、负债及或有负债的公允价值是否合适,或者是否存在遗漏的资产、负债。本评估项目评估合理。这一经典案例,总结出了 PPA 实践的四个特点,即

1. PPA 评估与股权收购时的成本法评估存在本质的差异,见表 3.1:

表 3.1　　　　　　　PPA 评估与股权收购评估对比表

项目	PPA 评估	股权收购评估
评估目的	为财务报告提供价值参考依据	为股权转让提供价值参考依据
评估对象	各项可辨认资产、负债及或有负债	全部或部分股东权益
评估方法	优先遵循会计准则及应用指南	遵循评估准则
评估基准日	与购买日一致	一般都早于购买日

2. PPA 评估方法的选用应遵循公允价值层级性要求。PPA 评估实质是对不包含商誉的资产组或资产组组合的各项资产和负债的公允价值进行评估,故属于部分资产评估,其评估方法选用应不同于企业价值评估。《企业会计准则第 20 号——企业合并》应用指南对各项可辨认资产与负债的公允价值的确认方法进行了规定。PPA 评估中,各类资产与负债的评估方法应首先符合该规定。该规定实质上是对各种公允价值的确认方法按照公允价值层级性理念进行了优

先排序。优先选用的方法应为市场法。如选用收益法等其他方法也要求评估参数选取时也要优先使用来源于活跃市场的数据。

3. PPA 评估结果需进行合理性测试。评估实践中，在 PPA 合理性测试中，对商誉的计算有两种模式：一种是计算会计商誉，即直接采用购买价与可辨认净资产的公允价值之差作为商誉价值；一种是计算评估商誉，即采用评估确定的企业价值与可辨认净资产的公允价值之差作为商誉价值。

4. 可辨认无形资产与或有负债的评估是 PPA 评估的难点。《企业会计准则第 20 号——企业合并》对合并中取得的被购买方的可辨认无形资产与或有负债的确认以其公允价值是否能可靠计量为原则，并没有给出具体的、操作性强的确认和计量标准。而在评估实践中无形资产、或有负债是否存在，其公允价值是否能可靠计量，很多时候并不能有准确、唯一的答案。总之，PPA 评估中的一些可辨认无形资产与或有负债的评估，如客户关系、未结订单、对外担保、涉讼事项等，对我国评估界而言，还属于较新的业务领域。

三、资产评估在会计计量领域中的作用

首先，在公允价值发现到实现的整个链条中，要厘清专业边界，明确各主体相互独立。企业为反映生产经营的真实状况，增强会计信息相关性，需要资产和负债的公允价值信息，是公允价值的"实现主体"。独立的专业人士，利用专业知识和经验，向企业提供公允价值意见，是公允价值的"发现主体"。企业的会计人员对公允价值进行记录和账务处理，是公允价值的"运用主体"。在公允价值计量中，评估机构提供公允价值，企业会计运用公允价值，审计机构对公允价值的形成和使用进行审核。明确资产评估机构作为独立的专业力量发现公允价值，有助于解决实现、发现、运用和审核边界不清晰的问题，保证公允价值计量各环节之间的独立性。国

际财务报告准则和美国财务会计准则中都允许企业在进行公允价值计量时使用估值技术。实践中，企业按照上述两个准则进行的公允价值计量，大量使用评估专业服务。随着我国利用公允价值计量的逐步发展，企业通过运用第三方专业力量控制公允价值计量风险的意识的逐步增强，资产评估"发现主体"的作用会日益增强。

其次，在市场条件尚不成熟情况下，需要运用专业力量，弥补市场机制不足。公允价值的实现需要倚重透明、活跃、有效的市场。但是以公允价值计量的资产或者负债，种类较多且同质程度较低，往往缺乏符合要求的市场，难以通过市场询价方式取得公允价值。即使存在相应市场，由于我国的市场条件与发达国家不完全相同，证券市场和产权市场仍在不断完善，市场中的报价通常难以反映资产或者负债的公允价值。运用资产评估专业知识和经验，合理发现资产或者负债的公允价值，弥补市场价值发现机制的不足，是现今应当采取的必要手段。国际评估或咨询服务公司为合并对价分摊、减值测试、金融工具评估和投资性房地产评估等业务中涉及的无形资产、金融工具、房地产等资产或者负债，同质程度低，对估值技术需求大。

经过多年的发展，我国评估行业已经具备服务会计公允价值计量的能力。近年来，中国资产评估协会一直非常重视服务会计计量的研究、实践和人才培养，并投入了大量人力、物力和财力，取得了显著效果，为评估行业承担公允价值评估工作做好了技术、人才和管理准备。

第八节 跨国并购领域的资产评估

1984—2000年，我国对外开放领域主要处于"引进来"阶段，对外直接投资（ODI）规模较低，累计对外投资不足300亿美元。

2001—2007年，我国首次将"走出去"提升至国家战略高度，同时在加入世界贸易组织（WTO）的背景下，对外直接投资快速增长。从2008年到现在，在全球金融危机影响下，海外资产估值较以往偏低，海外"抄底"机会来临，我国企业进入大规模海外投资阶段。国有资产监管部门开始对国有企业海外并购进行了规范化管理，先后出台多项规定，规范包括资产评估在内的各个环节。民营企业出于对自身资本安全、资本报酬的考虑，也十分重视对目标公司投资价值的研判。资产评估在其中的实践领域越来越宽。

一、我国企业跨国并购对资产评估的需求

（一）我国企业跨国并购的发展概况

我国对外直接投资自2004年以来开始快速增长。根据商务部、国家统计局、国家外汇管理局于2012年8月30日联合发布的《2011年度中国对外直接投资统计公报》，截至2011年底，中国13500多家境内投资者在国（境）外设立对外直接投资企业1.8万家，分布在全球177个国家（地区），对外直接投资累计净额（以下简称存量）4247.8亿美元，年末境外企业资产总额近2万亿美元。2011年金融类对外直接投资流量60.7亿美元，其中银行业对外投资34亿美元，占56%，中国非金融类对外直接投资685.8亿美元，在非金融类对外直接投资流量中，国有企业占55.1%。投资行业继续多元发展，商务服务业、金融业、采矿业、批发和零售业、制造业、交通运输业形成中国对外直接投资的主要行业架构。

随着中国对外直接投资的迅速增长，中国企业海外并购也得到了较快的发展，特别是能源和资源类的境外并购。在中国企业海外并购中，能源和资源类的并购占到了非常重要的位置。2009年，中国对外油气并购为100亿美元，同年资源并购为88亿美元，两者合

计188亿美元,占当年海外并购的87.4%,战略并购在中国海外并购中的地位可见一斑。普华永道2012年上半年企业并购分析报告显示,中国在2012年上半年的海外并购交易中,资源和能源领域的交易居于首要位置,占总数量的44%(2011年上半年比例为36%),占该时期海外并购交易金额总数的69%。上半年披露的九宗金额超过10亿美元的海外并购交易中,七宗在资源和能源领域。

(二) 跨国并购对资产评估的需求及相关规定

据统计,截至2010年底,中央境外企业和中央企业所属二级以上境外子企业达693户,中央企业境外单位资产总额6299亿元,净资产2870亿元,所有者权益2264亿元,职工人数21万人。有的企业境外资产收入已经占到总收入的40%。2011年,国务院国有资产监督管理委员会发布的《中央企业境外国有资产监督管理暂行办法》(国务院国资委令第26号)、《中央企业境外国有产权管理暂行办法》(国务院国资委令第27号)、《关于加强中央企业境外国有产权管理有关工作的通知》(国资发产权〔2011〕144号)等文件,对中央企业跨国并购中需要进行资产评估的经济行为,资产评估的备案或核准,评估机构的资质,以及评估结果与交易定价的关系等作出了具体规定。中央企业境外国有产权日益增加,相关评估业务将越来越多,业务操作也将更加复杂,不仅境内国有产权流转会愈加频繁,境外国有产权的流转速度和方式也会更快、更加多元化。

从市场内在需求方面,跨国并购对资产评估的需求主要体现在两个方面:一是了解目标企业价值,确定并购支付成本。不同企业跨国并购的并购动因千差万别,并购标的、支付方式、交易结构等复杂多样,目标企业的政治、社会、经济、宗教、法律、风俗文化和产业政策、税收、会计制度等各不相同。对此,为了解目标企业价值,客观地对并购标的进行估值,是跨国并购成功与否的关键。二是了解并购支付成本构成,进行并购价格分摊。《企业会计准则第20号——企业合并》规定，对于非同一控制下的企业合并，购买方在购买日应当对合并成本进行分摊，确认所取得的被购买方各项可辨认资产、负债及或有负债。因此，跨国并购交易完成后，一般需要委托资产评估机构对购买日所取得的被购买方各项可辨认资产、负债及或有负债进行资产评估，为编制财务报告提供价值咨询。

二、跨国并购中的资产评估实践

与其他评估实践相比，跨国并购评估实践存在许多难点问题。首先，评估要素更为复杂，具体体现在评估对象随并购标的和支付方式的不同而变化，单一市场价值类型不同满足交易需求，评估依据与参数随目标企业所在国的不同而变化等。其次，评估技术更为复杂，具体体现在跨国并购同时涵盖了"跨国"和"并购"两项复杂元素，导致跨国并购的评估复杂程度远高于其他项目。例如，控制权价值和各种协同效应价值的评估，目标企业所在国的国家风险量化，以及交易结构对估值的影响等都需要系统考虑。最后，对评估人员的胜任能力要求更高，具体体现在跨国并购涉及两个或两个以上国家的企业，两个或两个以上国家的市场，两个或两个以上的法律制度，跨国并购评估对评估人员的胜任能力无论在知识结构、执业经验方面，还是在语言、文化、沟通方式等方面都提出了高标准。

近年来，跨国并购资产评估实践日益增多，不但保证中国企业顺利的"走出去"，而且，为世界认识中国评估、了解中国评估，提供了良好的渠道，同时也极大的丰富了资产评估专业体系。2011年9月2日，由中信、宝钢、鞍钢、首钢和太钢组成的中国联合体，通过成立一家名为中国铌业投资控股有限公司的特殊目的公司，以19.5亿美元的价格成功收购世界最大的铌公司——巴西矿冶公司

(CBMM) 15%的股权,为此,委托中国资产评估机构对目标企业价值进行评估。如此大规模的收购行动,在中国钢铁领域尚属首次。巴西矿冶公司位于巴西 Minas Gerais 州,拥有世界上最大、品位最高、作业安全程度高的铌矿,占据全球 80% 以上的市场份额。此次中国联合体对巴西矿冶公司的投资对各方都具有非常重要的战略价值。资产评估在收购价格确定中,起到了关键作用。中国资产评估机构作为此次海外并购的中方评估顾问,采用收益法对标的公司的股权价值进行了评估。评估过程中,评估公司对巴西的政治环境、投资环境,以及投资、税收、资本管制等政策进行了详尽的尽职调查,对目标企业的资源储量与品位、销售价格、成本费用等进行了全面分析预测,在依据充分的基础上进行了合理估值,并最终促成了此项跨国并购交易。在该评估项目中,评估机构表现出的专业水平、语言能力等经受了中外各方的考验。

三、资产评估在跨国并购中的作用

实施"走出去"战略,提升企业国际化经营水平,是党中央、国务院在世纪之交审时度势,作出的一项重大战略决策,也是中国企业在经济全球化背景下参与国际竞争,实现持续发展的必然选择。但是,由于中国企业走出去的时间较短,缺乏对境外投资环境和政策的了解,资产评估机构和注册资产评估师的专业优势得以充分发挥,为中国企业跨国并购提供尽职调查及并购价值咨询服务,对减少中国企业跨国并购的障碍、降低跨国并购的风险、保障中国企业的利益,乃至国家利益起到了重要作用。

第九节 知识产权领域的资产评估

知识产权制度是促进人类经济发展、社会进步、科技创新、文化繁荣的基本法律制度。随着世界科学技术的迅猛发展和经济全球化进程的加快,知识产权制度在经济和社会生活中的地位得到历史性提升,知识产权保护受到国际社会的广泛关注。知识产权作为现代经济获利能力最高的资本,其价值受到极大的关注。在我国,知识产权评估成为资产评估专业体系中重要的领域之一。

一、我国知识产权发展对资产评估的法定需求

我国知识产权制度建设起步较晚,但发展速度很快。截至2012年6月底,国家知识产权局共累计受理专利申请量932.2万件,其中,发明专利累计申请量为310.7万件,实用新型专利累计申请311.3万件,外观设计专利申请310.2万件;仅2010年当年,国家知识产权局共受理专利申请122.2万件,首次突破百万件大关。从20世纪70年代末实行改革开放政策以来,我国知识产权保护取得重大进展,知识产权制度逐渐建立并完善,对于促进经济的健康发展和社会的全面进步起到了不可忽视的重要作用,集中体现在建立了符合国际通行规则、门类比较齐全的法律法规体系,先后颁布实施了《中华人民共和国专利法》(主席令第8号)、《中华人民共和国商标法》(主席令第59号)、《中华人民共和国著作权法》(主席令第26号)和《计算机软件保护条例》(国务院令第339号)、《集成电路布图设计保护条例》(国务院令第300号)、《著作权集体管理条例》(国务院令第429号)等涵盖知识产权保护主要内容的法律法规,并颁布一系列相关的实施细则和司法解释,使我国知识产权保护的法律法规体系不断趋于完善。

《公司法》第二十九条规定,知识产权在经依法设立的验资机构验资并出具证明后可以作为非货币资产进行出资。《物权法》(主席令第62号)第二百二十三条规定,债务人或者第三人有权处分的下列知识产权可以出质:可以转让的注册商标专用权、专利权、

著作权等知识产权中的财产权。《担保法》（主席令第50号）第七十五条规定，下列权利可以质押：依法可以转让的商标专用权，专利权、著作权中的财产权。显然，在出资、质押等领域，都存在与其他资产同样的情形，即对标的知识产权进行评估。

鉴于知识产权的重要性及价值确定的复杂性，有关部门对作为运营载体的知识产权需要第三方评估机构进行评估做了详细的规定。2006年，财政部和国家知识产权局联合颁发的《关于加强知识产权资产评估管理工作若干问题的通知》（财企［2006］109号）规定，知识产权占有单位符合下列情形之一的，应当进行资产评估：行政单位拍卖、转让、置换知识产权的；国有事业单位改制、合并、分立、清算、投资、转让、置换、拍卖涉及知识产权的；国有企业改制、上市、合并、分立、清算、投资、转让、置换、拍卖、偿还债务中涉及知识产权的；以知识产权许可外国公司、企业、其他经济组织或个人使用，市场没有参照价格的；涉及知识产权诉讼价值，人民法院、仲裁机关或当事人要求评估的；法律、行政法规规定的其他需要进行资产评估的事项。

二、知识产权领域中的资产评估实践

我国知识产权评估已经有二十年的实践历史，整个知识产权评估的特点可以概括为：起步晚，发展快。资产评估行业产生初期，主要的评估实践领域是有形资产。从1990年到1993年，经过短短的三、四年，评估界对知识产权评估由不认识、忽视、回避到重视，知识产权评估理论和实践都有了很大的发展。此后的十几年，随着我国资本市场的发展，尤其是我国开始实施创新型国家发展战略以来，知识产权评估业务增长迅速，成为资产评估业务中的重要组成部分，并在公司出资、证券市场、会计审计、质押贷款、转让、许可使用、拍卖、诉讼、损失赔偿、纳税等方面取得了跨越式发展。

1993年，首例步入国际资本市场的中国公司——青岛啤酒股份有限公司在香港申请上市时，香港联合证券交易所认为青岛啤酒的核心资产是其商标权，因而对其股票上市提出的相关要求中，包括必须进行青岛啤酒商标价值评估，并且境外商标权都必须由青岛啤酒股份有限公司所有。鉴于此，在青岛啤酒进行商标权所有人变更的同时，中国资产评估师根据香港证券市场对青岛啤酒商标评估作价的要求，开始了知识产权评估的实务操作。其实，香港证券市场也是从1990年南华早报上市才开始进行知识产权评估的，案例很少，境外评估经验与理论研究不足，而且当时无法查询相关评估报告与评估测算。因此在青岛啤酒商标评估时只能完全依靠经济学与投资学的原理进行分析，认为应该以超额收益为基础，通过折现来估算其价值。当初的大胆创新和探索，不无专业价值。而且，1994年在北京召开的我国首批9家境外上市企业经验交流会上，其评估思路得到了评估界的广泛认同。

奥地利Richard Felsinger国际沥青集团公司是一家有着一百五十年历史的跨国公司，该公司1975年推出了NOVOPHALT改性沥青技术，并将此技术推广应用到许多国家的工程项目中。1989年，我国引进了此技术用于建设国门第一路——首都机场高速公路，改性沥青技术项目被列为中奥之间经济技术合作项目，双方并签署了相关协定。在项目合作过程中，双方均提出量化该技术的价值的需求，中国资产评估师对该技术进行公正、客观的评估后，中奥双方的谈判得以顺利进行。

中国基因研究领域的旗帜，被国际著名学术期刊《自然》杂志誉为："正在造就世界最大的基因工厂"的华大基因集团。当时基因研究的投入非常巨大，一台测序设备就需要几十万美元。随着华大基因一天天的成长，所研究项目的增多，其资金的需求量与日俱增，融资成为其必然的选择。由于华大基因这种科研机构的高技术特点，其能够被银行认可进行抵押的有形资产十分有限，属于轻资产机构，但却拥有大量以知识产权为代表的无形资产。在发展的关键时期，通过评估机构对其所拥有的知识产权进行资产评估，以知识产权进行质押，得到了有关金融机构的认可，随后光大控股等投资机构也纷纷参与华大基因的发展，完成了高达十多亿元的大规模战略性融资，促使其迅速成为位居世界前列的基因科研机构。近几年华大基因的收入、权威科学杂志发表论文数量等成倍增长，建有大规模测序、生物信息、克隆、健康、农业基因组等技术平台，新一代测序能力位居世界第一，生物信息开发能力以及超大规模生物信息计算与分析能力也领先全球，奠定了中国基因组科学在国际上的领先地位。

中华著名老字号"全聚德"，始建于1864年（清同治三年），含义为"全而无缺、聚而不散、仁德至上"。140多年来，历经几次重大的历史变革，"全聚德"获得了长足的发展。1993年5月，中国北京全聚德烤鸭集团公司成立，为全聚德在改革开放时期的大发展奠定了坚实的基础。1997年，中国北京全聚德烤鸭集团公司按现代企业制度转制为中国北京全聚德集团有限责任公司。2003年11月，全聚德与华天饮食集团强强联合，成立聚德华天控股有限公司；2004年4月，全聚德集团与首都旅游集团、新燕莎集团实现战略重组。2005年初，在北京全聚德烤鸭股份有限公司的基础上，组建中国全聚德（集团）股份有限公司，标志着全聚德不再仅仅是一个烤鸭品牌，而是拥有丰泽园、仿膳、四川饭店等优秀老字号餐饮品牌企业的首都餐饮联合舰队，全聚德进入了一个新的发展阶段。在此发展过程中，品牌价值评估起到了非常重要的作用，从1993年始，中国资产评估师多次对"全聚德"品牌进行评估，为发挥品牌效应提供了价值基础。

上述仅仅是知识产权评估实践领域的经典之笔，而从评估实践广度来看，经过二十多年的发展，评估机构做了大量知识产权资产评估业务。据不完全统计，约有超过90%的评估机构从事知识产权资产评估业务，此部分评估业务收入约占总业务收入的25%左右，如果包含企业价值评估和以财务报告为目的的评估业务中包含的知识产权评估价值，特别是以并购为目的的企业价值评估业务中，知识产权评估价值已占有相当的数量。知识产权评估业务在整个评估业务中占据了重要位置。

三、资产评估在知识产权领域中发挥了巨大的作用

第一，知识产权评估是建立完善市场经济体制的重要环节。我国经济体制改革建立完善的市场经济体系，不仅包括商品市场、资本市场，而且还包括房地产市场、产权市场、技术市场等。技术的投资与转让，都必须以知识产权评估作为基础。第二，通过知识产权评估，使知识产权的价值在经济活动中得到了确认，促进了技术交易的顺利开展。第三，知识产权资产评估，提高了我国对外开放的质量，极大地增强了对外资的吸引力。在发展初期，由于知识产权评估服务滞后，导致我国专利资产价值不能得到合理评价。在吸引外资的过程中，通过广泛地开展与强化知识产权评估专业服务，控制外方有意高报其知识产权价值，控制我方有意或无意中低估自身知识产权价值，进而促成吸引外资的行为更加规范与公平，进一步提升对外开放质量，大大弥补了我国经济发展资金缺口。第四，通过对知识产权的评估，保护了知识产权所有人的合法权益，促进了高新技术成果的转化。第五，通过知识产权评估服务，有力地支持了国有企业改革和国有经济的战略性重组，维护了国有知识产权的保值与增值。第六，知识产权评估在银行为知识产权质押贷款活动中发挥了极其重要的作用。可转移的知识产权资产可以作为银行贷款担保标的物，使知识产权产业化进程有了资金支持，然而对知识产权作为质押担保，其难度在于知识产权价值量化。第七，通过

知识产权评估服务，使知识产权的股权在公司中得到确认。根据《公司法》规定，全体股东的货币出资金额不得低于有限责任公司注册资本的30%，这就意味着允许非货币出资可以达到70%。这些革命性、时代性的规定充分发挥了非货币资产，特别是知识产权在市场经济中的重要作用。知识产权所有人可以用知识产权作价入股，以获取经济回报，然而如何正确有效合法地确定知识产权资产价值，明确知识产权的股价在公司中所占比例，知识产权资产评估中介服务发挥了极其重要的作用。

为知识产权市场发展发挥作用的同时，知识产权评估实践也推动了知识产权评估理论的发展和逐步完善，推动了评估准则的不断完善。在多年知识产权评估实践与理论研究的基础上，2001年财政部发布了中国第一个资产评估准则——《资产评估准则——无形资产》（财会〔2001〕1051号），这一评估准则的发布实施使我国知识产权评估率先步入了规范化发展轨道。2008年，中国资产评估协会将无形资产评估准则作为第一个修订的评估准则，同时启动了完善无形资产评估准则子系统的工作。发布修订后的无形资产评估准则与嗣后发布实施的《专利资产评估指导意见》（中评协〔2008〕217号）、《商标资产评估指导意见》（中评协〔2011〕228号）和《著作权资产评估指导意见》（中评协〔2010〕215号）一起，构成"1+3无形资产评估准则体系"，得到了国外评估界的肯定，也极大的推动了我国知识产权评估实践的规范发展。

第十节　非货币资产出资领域的资产评估

2005年，《中华人民共和国公司法》（修订）第二十七条规定，股东可以用货币出资，也可以用实物、知识产权、土地使用权等可以用货币估价并可以依法转让的非货币财产作价出资。对作为出资的非货币财产应当评估作价，核实财产，不得高估或者低估作价。以机器设备、房屋、专利和专有技术、土地使用权、股权等非货币作为出资设立公司或对公司增资扩股的法律形式，成为设立公司的主要方式，对出资资产的评估，成为了资产评估非常重要的实践领域之一。

一、我国公司注册资本制度及对资产评估的法定需求

根据《中华人民共和国公司法》（修订），国务院、工商行政主管部门以及相关部门颁布实施的一系列关于非货币出资的相关规定，构建了非货币出资设立公司法定评估业务的法律基础。

2005年12月27日国家工商行政管理总局颁布实施的《公司注册资本登记管理规定》（国家工商行政管理总局令第22号）第七条规定，作为股东或者发起人出资的非货币财产，应当由具有评估资格的资产评估机构评估作价后，由验资机构进行验资。第十七条规定，原非公司制企业，净资产应当由具有评估资格的资产评估机构评估作价，并由验资机构进行验资。同时规定，公司成立后，股东或者发起人作为出资的实物、知识产权、土地使用权及其他非货币财产的实际价额显著低于公司章程规定数额的，应当由交付该出资的股东或者发起人补交其差额。原出资中的实物、知识产权、土地使用权及其他非货币财产应当重新进行评估作价。公司实收资本应当进行重新验证并由验资机构出具验资证明。2011年12月23日，国家工商行政管理总局颁布实施的《公司债权转股权登记管理办法》（国家工商行政管理总局令第57号）第七条规定，用以转为股权的债权，应当经依法设立的资产评估机构评估。财政部和国家工商行政管理总局《关于加强以非货币财产出资的评估管理若干问题的通知》（财企〔2009〕46号）规定，投资人以非货币财产出资的，应当进行资产评估。在验资或申请工商登记时，验资机构或投

资人发现用作出资的非货币财产与评估基准日时的资产状态、使用方式、市场环境等方面发生显著变化,或者由于评估假设已发生重大变化,可能导致资产价值发生重大变化的,应当进行资产评估。《中华人民共和国企业国有资产法》第四十二条规定,企业改制应当按照规定进行清产核资、财务审计、资产评估,准确界定和核实资产,客观、公正地确定资产的价值。企业改制涉及以企业的实物、知识产权、土地使用权等非货币财产折算为国有资本出资或者股份的,应当按照规定对折价财产进行评估,以评估确认价格作为确定国有资本出资额或者股份数额的依据。《企业国有资产评估管理暂行办法》(国务院国资委令第12号)和《金融企业国有资产评估监督管理暂行办法》(财政部令第47号)、《事业单位国有资产管理暂行办法》(财政部令第35号)等,专门规定了非货币出资的情形,即以非货币资产对外投资和接受非国有单位以非货币资产出资,应当对相关资产进行评估。2011年11月27日,《最高人民法院关于适用〈中华人民共和国公司法〉若干问题的规定(三)》(法释〔2011〕3号)规定,出资人以非货币财产出资,未依法评估作价,公司、其他股东或者公司债权人请求认定出资人未履行出资义务的,人民法院应当委托具有合法资格的评估机构对该财产评估作价。出资人以其他公司股权出资,符合下列条件的,人民法院应当认定出资人已履行出资义务,其中一条为"出资的股权已依法进行了价值评估"。在最高法相关负责人就公司法司法解释(三)答问中就非货币财产出资在实践中存在的问题谈到,为保障公司资本的充实和维护公司债权人的利益,公司法司法解释(三)对非货币财产出资进行了专门规范。首先,未评估作价的非货币财产由于其实际价值是否与章程所定价额相符并不明确,在当事人请求认定出资人未履行出资义务时,认为此时法院应委托合法的评估机构进行评估,然后将评估所得的价额与章程所定价额相比较,以确定出资人是否完全履行了出资义务。这种由法院委托评估的方式既可以便捷地解决纠纷，也可以尽快落实公司资本是否充实。

上述涉及的诸多关于非货币资产出资、以及对出资资产评估的规定，对于以非货币资产作为出资设立公司，起到了重要的基础性作用，保证了我国企业法定资本制度的顺利实行。

从《公司法》、《公司登记管理条例》及《公司注册资本登记管理规定》的有关规定来看，除了已经明确规定可以出资的三大类非货币财产外，即实物、知识产权、土地使用权，法律设定了一个授权性的兜底条款，即凡是可以用货币估价并可以依法转让且不是法律行政法规规定不得作为出资的非货币财产，均可以作为出资，这使得可以作为出资的非货币财产空间很大，也将给资产评估带来广阔的业务空间。

二、非货币出资中资产评估实践

新《公司法》颁布实施后，绝大多数的公司设立都涉及以非货币出资设立公司或以非货币资产增资。注册资本是公司存在和从事经营活动的物质基础，是股东或出资人对公司承担责任的限额，是公司承担债务责任的基础。注册资本能反映公司的规模，也是公司对债权人的信用担保。而由具有法定资格的资产评估机构对出资资产评估作价，进而确定注册资本，有利于保证资本的真实，更好地保护债权人的合法权益，维护社会经济秩序，这在十几年的非货币出资评估实践中得到了印证。

我国大型民机项目，是《国家长期科学和技术发展规划纲要（2006—2020年）》十六大重要专项之一，根据规划，中国拥有自主知识产权的 C919 大型客机将于 2016 年正式投放市场。中国商用飞机有限公司（简称中国商飞）作为大型客机项目的实施主体，采用"主制造商—供应商"模式开展大型客机 C919 项目研制工作。根据中航航空电子系统有限责任公司的航电系统董决议［2011］4

号文以及《经修订和重述的综合模块化航电转让和技术转移协议》，中航工业和美国通用电气（GE）公司各自的关联方于2011年11月16日签署了《经修订和重述的合资公司合同》和《经修订和重述的合资公司章程》等相关文件，中航航空电子系统有限责任公司相对控股的中航民用航空电子有限公司拟以货币资金，和通用电气航空系统技术有限公司（"GEAST"）拟以所拥有的综合模块化航电知识产权和技术的、全球的、同等的和不可分割的共同所有权，以及通用电气航空系统太平洋服务中心有限公司拟以货币资金，共同出资组建中航通用电气民用航电系统有限责任公司，合资公司的投资总额为20亿美元或等值人民币，注册资本为13亿美元。为此，资产评估对所涉及的综合模块化航电知识产权和技术的、同等的和不可分割的共同所有权价值进行了资产评估，为出资资产提供价值参考。非货币出资物——评估对象为：在《经修订和重述的综合模块化航电转让和技术转移协议》所定义的综合模块化航电技术、综合模块化航电配置与开发工具，以及在综合模块化航电技术和综合模块化航电配置与开发工具中所体现或包含的综合模块化航电知识产权（"综合模块化航电知识产权和技术"）中的全球的、同等的且不可分割的共同所有权，其将由GEAST作为注册资本连同GEAST拟投入的GE程序知识产权许可一起向合资公司投入。GE所持有的技术能够为合资企业带来分成的收入产生经济效益，故出资无形资产评估采用了收益法来估算其价值。该无形资产出资，是中国无形资产出资设立公司实践的一个典型，其典型意义在于，资产评估利用专业的评估技术，通过合理估算出资无形资产价值，公正了出资各方权益，更重要的是保证了公司资本真实。

三、非货币出资资产评估的作用

首先，对非货币资产出资独立鉴证，保护了股东、债权人、以及社会公众的利益。从资产评估实践角度看，以非货币资产出资设立公司，最早起源于中外合资企业。改革开放初期，我国缺资金、缺管理、缺技术，所以，经济领域中盛行多年的"招商引资"，实际上就是采用外方出资金，中方以存量的房屋、土地等资产出资举办中外合资企业的方式。当初，如果依靠财务会计信息或者账面价值，最好的情况也只是反映资产的历史成本价值，不能为中外双方提供公平交易的尺度，当然中方也提出科学的价值量标准，于是以资产评估提供资产公允市场价值，成为企业作价合资合作的价值尺度，得到了历史的检验。因而在《公司法》中强制要求以非货币资产出资设立公司均必须进行独立资产评估，核实资产，公允作价，是国家通过立法，以评估作为一种独立鉴证手段，保护公众利益的重大举措。

其次，资本真实。出资真实问题，是公司法的核心问题。一是要不要真实，二是如何确保真实。出资要不要真实，答案是显而易见的。著名法学家江平教授说，"公司法的灵魂是资本真实"，否则，规定最低注册资本就失去了意义，就会造成责任和利益的失衡。而如何确保资本真实，最为可行的办法就是对于货币出资，必须经过验资机构验证；对于非货币出资，必须经具有法定资格的资产评估机构进行评估作价，而不能由股东约定作价，因为股东对自我出资非货币作价，出于自我利益的考虑，很容易出现高估的情况而无法保证真实，特别是社会上存在把注册资本与公司实力挂钩的观念，股东更有通过高估非货币出资来提高注册资本的冲动。而即使不存在这一问题，非货币出资种类繁杂，包含各种实物、知识产权、非专利技术、土地使用权、股权等，股东因不具备专业评估知识，很难准确评估其价值，同样保证不了出资真实；另外，即使股东能够准确评估出非货币出资的实际价值，也极易形成形式上的不独立，难以取信于人。这就是资产评估对于非货币资产出资最大的作用所在，也是公司法得以顺利实施的基础性保障。

第十一节 企业清算领域的资产评估

1994年,在进行现代企业制度试点的同时,原国家经贸委在18个城市进行"优化资本结构"的配套改革试点。1996年增加到58个城市,1997年扩大到111个城市。试点的主旨为以市场为依托,在整体推进国有企业转换经营机制的前提下,采取多种政策,通过破产、兼并,探索建立国有企业优胜劣汰机制。国有企业破产是国有企业改革极其重要的方式之一。因此,在我国,相当长时期内企业破产,是针对国有企业而言的,破产清算资产评估实践,也就集中在国有企业破产领域。2006年颁布实施的《中华人民共和国企业破产法》(主席令第54号),普遍适用于各类市场经济主体,破产清算资产评估实践领域得到了扩展。

一、我国企业清算、拍卖相关规定及对评估的需求

(一)企业破产清算相关规定及对评估的需求

在我国,关于企业清算规定,除《民法通则》(主席令第37号)和《民事诉讼法》(主席令第59号)的程序性规定外,多集中在企业破产清算范畴。而企业破产的相关法律和制度规定,在《中华人民共和国企业破产法》颁布实施前,侧重于国有企业破产方面。2006年,全国人大通过并于2007年6月1日生效的《中华人民共和国企业破产法》,作为调整市场经济的基本法律,一种优胜劣汰的法律机制,普遍适用于各类市场经济主体,明确了清算的标准,规定了破产财产的清偿顺序。企业破产程序中,对列入破产清算范围内资产进行评估,是一典型的法定评估业务。国务院《国有

资产评估管理办法》（国务院第91号令）规定，国有资产占有单位的企业清算，应当进行资产评估。国务院国有资产监督管理委员会发布的《企业国有资产评估管理暂行办法》（国资委令第12号）规定了企业破产、解散，应当对相关资产进行评估。财政部发布的《金融企业国有资产评估监督管理暂行办法》（财政部令第47号）规定了企业分立、清算应当进行资产评估。另外，《企业财务通则》（财政部令第41号）明确"企业被责令关闭、依法破产、经营期限届满而终止经营的，或者经投资者决议解散的，应当按照法律、法规和企业章程的规定实施清算。清算财产变卖底价，参照资产评估结果确定"。

国有企业破产清算资产评估的相关规定，直接推动了国有企业破产清算资产评估的规范发展。1997年11月10日，原国家国有资产管理局下发的《在若干城市试行国有企业破产有关资产评估问题的暂行规定的通知》（国资办发〔1997〕58号），系统规定了破产企业的资产评估各个环节的操作要求。2000年9月29日，财政部《关于中央企业破产资产评估项目管理有关问题的通知》（财企〔2000〕385号），详细规范了中央管理企业实施破产中涉及的资产评估管理以及对资产评估的操作要求。

（二）拍卖对资产评估的需求及相关规定

拍卖是现代市场经济和社会生活中的一种重要经济行为，拍卖行业与资产评估行业关系密切。拍卖过程中，借助资产评估专业手段对拍卖标的物进行合理定价或合理确定保留价，是发达市场经济国家通行的做法，也是我国资产评估实践的一个重要领域。《中华人民共和国拍卖法》（主席令第23号）规定，拍卖国有资产，依照法律或者国务院规定需要评估的，应当经依法设立的资产评估机构评估，并根据评估结果确定拍卖标的的保留价。最高人民法院以司法解释的形式规范了上市公司股权拍卖中的有关评估操作，使拍卖评估实践得到了规范的发展。2001年8月28日,最高人民法院审判委员会第1188次会议通过的《关于冻结、拍卖上市公司国有股和社会法人股若干问题的规定》(法释〔2001〕28号),对人民法院在审理民事纠纷案件过程中,对股权采取冻结、评估、拍卖和办理股权过户等财产保全和执行措施时的相关事项进行了系统规范,该司法解释规定"拍卖股权之前,人民法院应当委托具有证券从业资格的资产评估机构对股权价值进行评估","股权拍卖保留价,应当按照评估值确定",这一规定确立了资产评估在司法拍卖领域的法定地位。2004年10月26日,最高人民法院审判委员会第1330次会议通过的《最高人民法院关于人民法院民事执行中拍卖、变卖财产的规定》(法释〔2004〕16号),该司法解释三十六条规定,与资产评估有关的条文达5条之多,其中规定"拍卖保留价由人民法院参照评估价确定",进一步明确了司法领域中的资产评估的定位,延伸了资产评估的实践领域。

二、企业清算中的资产评估实践

企业破产机制的意义在于保护债权人的合法权益,并求得债权人和债务人利益的合理均衡,当企业出现经营管理不善,从而难以按时清偿债务时,及时申请破产,可以用破产财产的变价收入来清偿债权人的一部分损失,从而使债权人的债权得到相应保护。破产程序的目的是使债权人在尽可能快的时间内获得最大量的补偿。合理的变价和分配制度是破产程序的核心环节,由于破产企业财产类型多样,科学变价就成为保证债权人利益的关键。在破产变价前对列入破产变价范围内的财产进行评估是市场经济通行的做法,特别是采取"变卖"变价方式。

资产评估已经成为法院审理破产案件的必不可少的核心环节。2000年,昆明灯泡厂破产清算案,资产评估成为了最为敏感和核心的环节。昆明灯泡总厂始建于1960年3月，系国有中型企业。自1997年起，该企业连续三年严重亏损，处于扭亏无望、资金枯竭、无法维持简单再生产的困境。经审计部门审计、清算组清算和债权人会议确认属资不抵债、不能清偿到期债务的企业、经全国企业兼并破产和再就业领导小组（2000）28号文件批准，被列入2000年第二批全国企业兼并破产计划，2000年9月5日，昆明灯泡总厂向法院申请破产还债。法院受理此案并裁定宣告申请人进入破产还债程序，并及时成立破产清算组，清算组委托资产评估机构对破产企业的财产进行审计和评估后确认：昆明灯泡总厂可供招标收购的破产资产（生产经营性资产）为3342万元，最后由昆明光安照明电器有限责任公司以3200万元中标购买了全部破产财产，清算组顺利完成了资产评估和变卖任务，并据此制定破产财产分配方案，破产案件得以顺利审结。这个看似一般性的破产评估案例，足以说明资产评估早在十年前就已经成为法院审理破产案件的必不可少的程序，而且提供的公允的、可实现的破产财产价值依据，成为平衡债权人、债务人、以及相关当事人权益最为重要的基础尺度，对保障社会主义市场经济秩序，起到了不可替代的作用。

除企业破产清算外，企业经营终止而进行的清算，资产评估被用来确定拟清算企业财产现价，为财产变现底价和分配方案的制定提供重要的法定依据。企业经营终止后，债务人（破产企业）的哪些财产可用于清偿分配，这些财产变现价值的多少，直接关系到债权人的利益。如何正确界定清算企业的变价财产范围，如何对所界定的变价财产进行评估以确定其变现价值，对于保护债权人的合法权益具有十分重要的意义。比较典型的是矿山企业，企业所合法拥有的矿产资源开发完毕，企业清算结业是十分正常的。对矿山企业闭坑后依法清算，涉及包括国家、职工在内的各方当事人的权益，资产评估牵涉各方利益，政策性强，受关注度高。对清算资产范围（评估范围）的确定、评估基准日确定等，丰富了资产评估专业体系。2006年一煤矿的闭坑清算，集中体现出这一特点。某矿山企业占地面积123万平方米，主产品为煤炭，设计能力为60万吨/年，核定生产能力为55万吨/年，随着开采年代的推移和超强度开采，资源储量已经枯竭，2000年4月17日，经批准核销生产能力，该矿全部闭井，需要清算，为此进行了资产评估。评估机构按照相关政策以及委托方确定的破产资产范围确定了资产评估范围：首先，按照破产企业清算组文件划分了企业破产资产和非破产资产（移交资产）；然后，根据《中共中央办公厅、国务院办公厅关于进一步做好资源枯竭矿山关闭破产工作的通知》（中办发〔2001〕11号）的规定，对所属的卫生站、未房改的职工住宅、招待所等社会职能和生活所需的供水、供电等公共设施属移交资产进行了明确；根据清算组的批准文件，土地使用权未纳入评估范围。特别指出的是，矿山已经全部闭井，采矿权已无权利客体，因此评估机构依法未将采矿权纳入评估范围，相应的井下井巷资产按照能否异地使用进行了划分，对按照上述原则确定的评估范围资产进行了评估。企业及其上级主管部门参考评估结果，顺利完成了该矿山企业的关闭清算。这一评估实践，是当时国有企业破产清算评估实践领域的一个索引。

三、企业清算资产评估的作用

首先，资产评估对纳入清算范围的各项资产进行评估，提供的价值尺度，为清算方案的制定奠定了基础。企业清算的核心问题是保障债权人利益，如何客观体现清算资产价值，无疑是解决清算企业和债权人利益关系的重要前提，资产评估起到了不可替代的作用。其次，资产评估对纳入清算范围的各项资产进行评估，提供了充分的价值信息，为各方当事人尽快达成债权债务解决方案，顺利实施清算，提供了重要的保障。资产变现实现价值是债权人债权权利实现的最终体现,资产评估利用充分的市场信息,科学的方法,得出的资产价值,是清算资产最有可能实现价格的估计值,客观上体现了债权权利价值。

在我国,国有企业破产是国有企业战略布局调整的重要方面,在我国国有企业改革历史上,资产评估保证了国有企业破产清算的顺利实施,起到了重大的历史作用。

第四章 中国资产评估实践（二）

中国资产评估的实践，除在经济领域表现在综合性外，另一个显著特点是，从经济建设领域逐步扩大到社会经济的各个领域和各个方面，充分体现出资产评估服务的广泛性。本章即反映除经济建设领域外的司法实践、文化建设、生态环境建设、财政资金绩效评价、税收征管等领域中资产评估的实践；归纳森林资源资产和珠宝玉石资产等特殊资产类型的资产评估实践，并总结我国资产评估实践中形成的与会计师、律师、财务顾问有效对接的专业服务模式。

第一节 司法实践领域的资产评估

司法鉴定是我国诉讼制度的一个重要环节，鉴定结论在证据体系中有很高的权威性，是司法立案、审判、执行的重要依据。司法鉴定制度建立伊始，资产评估就成为其中的一项重要内容。随着社会经济的不断发展以及人们法制观念的增强，经济纠纷案件明显增多，司法机关案件的办理中涉及到的专业技术性问题也越来越多，因此，司法实践中对资产司法鉴定评估的需求也不断增长。

一、我国司法实践对资产评估的需求

结合目前国内相关法律法规及司法解释的规定，综合归纳资产

评估在司法实践领域的实际运用情况，目前司法实践领域对资产评估的需求主要有：债务纠纷涉及的资产拍卖（变卖）价值鉴定评估、资产损害赔偿鉴定评估、刑事案件量刑中相关损失的估算和民事案件涉诉标的价值估算等几个方面。

（一）债务纠纷涉及的资产拍卖（变卖）价值鉴定评估

《最高人民法院关于人民法院民事执行中拍卖、变卖财产的规定》（法释〔2004〕16号）第四条规定"对拟拍卖的财产，人民法院应当委托具有相应资质的评估机构进行价格评估"。《最高人民法院关于人民法院委托评估、拍卖和变卖工作的若干规定》（法释〔2009〕16号）第十三条规定"拍卖财产经过评估的，评估价即为第一次拍卖的保留价；未作评估的，保留价由人民法院参照市价确定，并应当征询有关当事人的意见"。《最高人民法院关于冻结、拍卖上市公司国有股和社会法人股若干问题的规定》（法释〔2001〕28号）第九条规定"拍卖股权之前，人民法院应当委托具有证券从业资格的资产评估机构对股权价值进行评估。"此外，全国各省市高级人民法院也就司法实践中的评估问题等出台了相应的办法。《北京市高级人民法院关于委托司法鉴定工作的若干规定（试行）》（京高法发〔2005〕10号）规定，在司法鉴定中，对专门性问题进行检验、鉴别和评定并得出相应结论，其中包括了鉴定、审计、评估。《四川省高级人民法院委托鉴定管理办法》明确了委托鉴定的范围包括：动产、不动产、企业价值以及无形资产的财产价值评估。

（二）资产损害赔偿鉴定评估、刑事案件量刑中相关损失的估算、民事案件涉诉标的价值的估算

我国《民事诉讼法》（中华人民共和国主席令第75号）、《行政诉讼法》（中华人民共和国主席令第16号）均规定，人民法院在诉讼过程中对专门性问题需要鉴定的，应当交由法定鉴定部门鉴定，

没有法定鉴定部门的，由人民法院指定的鉴定部门鉴定。《刑事诉讼法》规定，为了查明案情，需要解决案件中某些专门性问题的时候，应当指派、聘请有专门知识的人进行鉴定。《仲裁法》（中华人民共和国主席令第 31 号）规定，仲裁庭对专门性问题认为需要鉴定的，可以交由当事人约定的鉴定部门鉴定，也可以由仲裁庭指定的鉴定部门鉴定。2005 年《全国人民代表大会常务委员会关于司法鉴定管理问题的决定》明确了司法领域资产评估鉴定的类型，属于传统的三大类鉴定业务以外的鉴定业务。以上规定，为资产损害赔偿鉴定评估、刑事案件量刑中相关损失的估算、民事案件涉诉标的价值估算提供了法律依据。

二、司法领域中的资产评估实践

司法实践领域中，关于涉讼标的财产（资产）的价值认定、资产损害赔偿价值认定、刑事案件中影响量刑依据的涉案财物（资产）及损失判定，都需要由法院认定的专业评估机构出具专业价值意见。

资产损害赔偿鉴定评估，是资产的所有权、用益物权或者担保物权受到侵害，从而对损害带来的资产价值减损额进行的鉴定评估。资产变价，是人民法院执行案件的重要环节之一。由资产评估确定资产价值减损额、确定资产变价底价是国际通行的做法。人民法院采信资产评估机构出具的关于资产损害赔偿的鉴定评估结论，为法院判案提供依据，有利于案件的处理及纠纷的化解。在此方面，资产评估发挥了重要作用。2001 年 4 月某法院受理的中国某汽车集团公司所持某证券有限责任公司股权冻结与执行案，上海市第二中级人民法院、安徽省高级人民法院、眉山市中级人民法院、西安市中级人民法院、新疆维吾尔自治区高级人民法院 5 家法院对查封冻结的有效性认定问题存在争议，但以上 5 家法院均对评估机构发表的股权资产评估结论给予认可，使得执行案件得以顺利结案。

刑事案件定罪量刑中相关损失的估算，资产评估结论关系到犯罪嫌疑人的定罪量刑，即罪与非罪、此罪与彼罪、量刑的多少等。因此，刑事案件中资产评估结论决定着犯罪嫌疑人的切身利益，决定着案件审理的客观、公正，是非常重要的鉴定结论。如：备受国际、国内广泛关注的"力拓案"，资产评估为人民法院提供了公允的价值评估结论，使案件得到顺利判决。

英澳力拓集团驻华员工胡士泰等人涉嫌受贿与侵犯商业秘密案，于2010年2月10日由上海市人民检察院第一分院向上海市第一中级人民法院提起公诉。法院审理中，面临的最大难点是关于商业秘密侵权人采取不法手段获取商业秘密，给中国钢铁企业造成经济损失的数额，这直接关系到案件的定罪量刑。为此，在财政部和中国资产评估协会的推荐下，上海公安局委托某资产评估机构承担评估鉴定任务。评估师克服"国内无成功先例"的"窃取商业秘密定损"技术难题，充分显示了资产评估的专业功底。

由于这是一起涉及外籍人士犯罪行为，具有一定的国际影响。在复杂的国际局势和法律环境下，力拓胡士泰等人侵犯商业秘密案侦办的核心是取得铁证。作为跨国公司贸易合同领域的商业秘密案，在我国还没有实施刑事判罚并成功维权的先例，在国际上此类商业秘密成案胜诉也鲜有案例。根据中国法律，侵犯商业秘密罪定案具有四大要素：构成商业秘密、明确的权利人、有保密措施、权利人受损或侵权人获利达到规定的价值量。尽管胡士泰等人长期不法搜集、利用我国钢铁行业的情报、商业秘密，给我国国民经济和钢铁企业造成巨大且长期的损失，这是有目共睹的，但是能够成为法律证据意义上的"损失"，则必须有十分严格的法律界定，具有明确、无可置辩的因果关系。由于客观因素，没有途径找出"窃取商业秘密—据此决策—中国钢企受损"的因果关系链条，也不可能从复杂的国际贸易关系中剥离出明确且经得起法庭置辩的因果链条,只有另辟蹊径。中国资产评估师严格执行评估专业准则,作到执业有规。注意与国际评估准则对接,符合国际上评估的操作规程;执行严密的评估程序,取证有序;启用跨专业合作机制,询证有度。经过实施完整的评估程序,并依据评估准则,最终得出结论:鉴于力拓胡士泰等人采用非法手段窃取中国钢企多项商业秘密,直接导致力拓改变业已启动的铁矿石年度谈判模式,违背国际铁矿石贸易谈判惯例而形成有损中方的首发价,导致中方无法接受首发价格订立年度合同,不得不被迫以力拓所要求的按上年度价格80%预付价款取得供货的临时安排。评估表明预付款高于首发价多占用资金所对应的利息,是力拓胡士泰等人窃取商业秘密,给中方钢企所造成的直接的、最小限度的损失,这一损失金额已大大超过了侵犯商业秘密罪最高量刑标准。出具的定损鉴证报告作为公诉人的诉讼材料,庭审中辩方律师没有提出任何异议。据此,上海市第一中级人民法院于2010年3月29日作出一审判决。胡士泰、王勇、葛民强、刘才魁采取利诱等不正当手段,获取中国钢铁企业商业秘密,严重影响和损害中国钢铁企业的利益,给中国有关钢铁企业造成巨大经济损失。以非国家工作人员受贿罪、侵犯商业秘密罪,数罪并罚判处被告人胡士泰有期徒刑十年,并处没收财产和罚金人民币100万元;王勇有期徒刑十四年,并处没收财产和罚金人民币520万元;葛民强有期徒刑八年,并处没收财产和罚金人民币80万元;刘才魁有期徒刑七年,并处没收财产和罚金人民币70万元。

胡士泰等人一审判决后,未对侵犯商业秘密罪的定案量刑提出上诉。该案充分展示了中国资产评估师精湛的专业水准,彰显了中国资产评估服务司法实践的巨大潜力。

三、司法实践领域中的资产评估展望

资产评估是专业性很强的工作,资产评估可以为涉案标的提供价值衡量尺度。民事诉讼案中，立案、审理、判决、执行等各个环节，资产评估均可以提供涉案标的资产的价值鉴定工作。随着社会经济的发展，人们的经济活动大量增加，经济活动中的民事纠纷也随之增加，资产评估行业将会在司法领域发挥更大作用。

第二节 文化建设领域的资产评估

中国资产评估行业为文化企业的资本运营、融资等提供资产评估服务由来已久，已经积累了丰富的出版社企业化改制上市等评估实践经验。2011年10月，党的十七届六中全会通过了《中共中央关于深化文化体制改革、推动社会主义文化大发展大繁荣若干重大问题的决定》，该决定作出推动文化大发展大繁荣的重大战略决策，文化产业受到了前所未有的重视，提升文化产业在我国社会主义建设事业中的地位，必将进一步推动资产评估实践在文化建设领域的发展。

一、经营性文化单位改革对资产评估的需求及相关规定

将人民群众对文化的需求，区分为体现人民群众文化权益的基本文化需求和多样化、多层次、多方面的文化需求两个方面，即公益性文化事业和经营性文化产业这两类不同的主体，来满足两种不同层次的文化需求，对原有的满足多样化、多层次、多方面的文化需求的文化事业单位进行改制，就成了发展社会主义文化产业这一主题中的应有之义。

文化企业资产范围广泛，而且无形资产所占的比重较大。一些文艺院团、非时政类报刊出版单位、电影制片厂、电视剧制作机构等企业的价值，更多的体现在艺术作品的著作权、演艺团队等无形

资产上。一些具有悠久历史的国有文化企业，在漫长的发展过程中形成了深受广大人民群众认可的具有很高品牌价值的知名商标，如商务印书馆、中华书局等。对这些文化企业的无形资产的价值进行科学的评估，为这些宝贵的文化资产提供有效的价值衡量尺度，是实现国有文化事业单位顺利改制，促进文化产业大发展的重要基础。经营性文化事业单位改制，可以采用出售改制、兼并重组、撤销脱钩等各种方式，都需要进行资产评估，以保证各方权益。再一方面，国有文化企业建立起现代文化企业制度之后，还要应对市场竞争，不断做大做强，需要利用各种社会资本，开展投融资活动。据统计，截至2012年年底，按照《文化及相关产业分类（2012）》，沪深证券交易所A股共有上市公司105家，其中属"文化产品的生产"的企业67家，"文化相关产品的生产"的企业38家。随着文化产业的进一步发展，可以预见文化企业在资本市场的活跃程度将会不断提高，由此而产生的对资产评估的需求也会不断增加。

在经营性文化事业单位转制为企业过程中，国家有关部门对国有产权转让涉及到的资产评估，作出了一系列的规定。如，2007年9月29日《财政部、中宣部、文化部、广电总局、新闻出版总署关于在文化体制改革中加强国有文化资产管理的通知》（财教〔2007〕213号）规定，国有文化企业开展投融资活动，必须按照有关规定做好资产评估工作。2008年10月12日《国务院办公厅关于印发文化体制改革试点中支持文化产业发展和经营性文化事业单位转制为企业的两个规定的通知》（国办发〔2008〕114号）规定，经营性文化事业单位转制为企业，要认真做好资产清查、资产评估等基础工作。2012年12月22日财政部文资办关于印发《中央文化企业国有资产评估管理暂行办法》的通知（财文资〔2012〕15号），规定了中央文化企业应当进行资产评估的12种经济行为。这一系列文件规定，对文化建设领域资产评估提供了依据。

二、文化体制改革中资产评估实践

文化体制改革与文化产业发展中,文化企业与文化资产的评估是一个较新的评估领域,评估行业利用自身的执业经验,创新地开展文化建设领域的资产评估,解决文化企业发展中遇到的评估问题,引起了广泛的关注和认可。

(一) 文化企事业单位改制中,资产评估充分揭示无形资产价值

文化企事业单位的改制,是文化体制改革的重要内容之一。企事业单位改制过程中的资产评估实践,充分揭示了文化企业无形资产的价值。中南出版传媒集团公司,是一家拥有"多介质、全流程"产业业态的大型出版传媒骨干企业集团。拥有出版、印刷、发行、印刷物资供应等一套完整的出版业务产业链,还拥有报纸、网站、户外框架媒体等其他业务。2004年10月27日,根据湖南省人民政府《关于湖南出版集团转制为湖南出版投资控股集团有限公司有关问题的批复》,湖南出版集团有限责任公司正式更名为"湖南出版投资控股集团有限公司"。公司2007年设立时进行的资产评估显示,账面净资产为69612.95万元,评估净资产为174011.08万元,增值率为149.97%。其中,无形资产账面价值897.45万元,评估价值3003.69万元,增值率达234.69%,无形资产的潜力和价值得以充分揭示。文化企业这些"闪光点",正是资产评估价值发现与价值公正的体现。

(二) 资产评估为文化产业与金融对接搭桥

大多数文化企业属轻资产企业,企业中最重要的资产——知识产权,目前还难以被大多数金融机构认可,其行业的特殊性使这些

企业在融资的环节上遭遇难题,难以与资本进行有效对接,融资瓶颈已成为文化企业的主要制约因素。

　　文化企业尤其是中小型文化企业的一般实物资产很少,其核心财富资源是其拥有的大量著作权等无形资产。然而这些资产目前很难用已有的会计制度进行准确地计量,出于风险的不易量化,银行自然地选择远离文化资产这个"烫手的山芋"。对文化企业拥有的无形资产价值的评估,就成为专业化的资产评估机构责无旁贷的使命。中国资产评估机构参与推动的知识产权质押贷款,采取了由政府支持推广,专业化评估机构出具权威的资产评估报告,企业直接用知识产权进行质押担保,商业银行放贷,各方承担各自相应风险的模式,为文化企业的融资开辟了新的通道。国内最大民营影视制作公司——海润影视制作有限公司,在发展的关键时期,通过资产评估对其所拥有的著作权进行资产评估,获得银行的质押贷款,进而获得私募的青睐,为上市融资铺平了道路。海润影视制作有限公司成立于2001年4月,2003年成为国内第一批获得国家广播电影电视总局批准认证的甲种"电视剧制作许可证"的民营影视制作机构,多年来,以其高品质的艺术水准,为大众奉献了一大批经得起时间与历史考验的优秀影视作品。众多耳熟能详的优秀作品有《亮剑》、《永不瞑目》、《玉观音》、《一双绣花鞋》、《一米阳光》、《重案六组2》等均出自该公司。由于电视剧产业周期长,拍摄成本高,而且需要预先投入大量的资金等等原因,在一定程度上限制了影视公司的发展,甚至成为影视公司上规模的瓶颈。2009年,海润影视通过某资产评估机构对其创作的电视剧著作权进行了价值评估,使其一直处于"盲区"的著作权资产价值获得了确认并得到银行的认可,一次获得了工商银行5000万元的贷款。经过几年跨越式的发展,现在的海润影视以其雄厚的资金实力和人才优势,成为中国产量最大的影视制作公司,年产电视剧达到了600部(集)左右,近300多部(集)远销东南亚、欧美等国家和地区。海润影视快速发展，引入资产评估机构对其所拥有的著作权价值进行评估，是能够从银行获得质押贷款的先决条件，而银行的大笔贷款使私募基金认识到文化企业的内在价值，确立了对其投资的信心。可以说，是评估机构的介入，为企业跨越式发展插上了腾飞的翅膀。

三、文化建设领域中资产评估展望

党的十七届五中全会审议通过的《中共中央关于制定国民经济和社会发展第十二个五年规划的建议》提出"深化文化体制改革，创新文化生产和传播方式，解放和发展生产力，增强文化发展活力"，"推动文化产业成为国民经济支柱性产业"。十一届全国人大四次会议通过的《中华人民共和国国民经济和社会发展第十二个五年规划纲要》提出，要从加快推进公益性文化事业单位改革、深入推进经营性文化单位转企改制、完善现代文化市场体系、加快推进文化管理体制改革、建立健全国有文化资产管理体制和运行机制、加快完善版权法律政策体系等方面对下一阶段文化体制改革作了全面部署。2011年10月，党的十七届六中全会通过的《中共中央关于深化文化体制改革、推动社会主义文化大发展大繁荣若干重大问题的决定》，提出鼓励有实力的文化企业跨地区、跨行业、跨所有制兼并重组，培育文化产业领域战略投资者，推动文化大发展大繁荣，提升国家文化软实力，文化产业已经成为推动经济发展的先进生产力，成为国家战略规划的重要方面。这一重大决策，将为资产评估提供新的广阔的实践空间。

第三节 生态环境建设领域的资产评估

党的十七大报告提出"建设生态文明，基本形成节约能源资源和保护生态环境的产业结构、增长方式、消费模式。循环经济形成较大规模,可再生能源比重显著上升。主要污染物排放得到有效控制,生态环境质量明显改善。"生态文明观念在全社会牢固树立。《中共中央关于制定国民经济和社会发展第十二个五年规划的建议》进一步提出"加快建设资源节约型、环境友好型社会,提高生态文明水平"。这充分体现了生态文明对中华民族生存发展的重要意义。近年来,我国资产评估行业对此投入了极大关注,努力探索和推动生态环境价值评估实践的开展,以期在我国的生态文明建设中发挥更大的作用。

一、社会发展对生态环境价值评估的客观需求

建设生态文明,不仅仅是污染控制和生态恢复,更重要的是要克服工业文明弊端,探索资源节约型、环境友好型发展道路的过程,这其中,首先需要改变原有价值观的束缚,恢复生态环境价值的本来面目。联合国《千年生态系统评估(MA)》报告强调,对生态系统及其服务的使用作出任何决定,都必须承认其价值的多重性,应与保护同时进行。改变环境资源无价论,不仅要从观念上明确生态环境有价,而且要对生态环境的价值进行全面的量化和评估。只有这样,才能不断提高人们的生态环境保护意识,将生态环境问题纳入到经济规划中进行综合决策、指导和规范社会行为,进而有效地解决生态环境问题,实现社会经济的可持续发展。作为资产化管理的重要环节,社会各界对于生态环境的价值评估呈现出了旺盛的需求。这大致可以分为市场化和决策管理两个层面的需求。

市场化需求是采用经济手段调整与生态环境有关的行为而产生的评估需求。主要体现在:一是生态环境损害事件的法律诉讼、经济补偿。近年来恶性生态事件时有发生并在社会上引起了很大反响。这类事件之所以引起的人们极大关注,不仅仅是因为其对当地

群众生命财产造成的损失,更为重要的是对其生存、发展环境带来的长期、不可逆转的影响。产生损害不可避免地要涉及到损害补偿的问题,对生命和财产损失的补偿无可置疑,对生态损害补偿,已经引起社会各界的高度关注。生态损害补偿的依据、补偿的额度,是解决生态补偿的关键问题,进行生态价值评估是解决这一问题的有效途径。二是拆迁征占。建设项目中的拆迁征占项目,往往涉及对生态环境的破坏,我国现行有关政策对因此带来的生态环境价值补偿问题暂没有明确规定,即使在经济活动中有所实践,但也难以完全弥补对生态环境造成的损害,并常常成为群体事件的导火索。例如:2008年7月,在广东省汕头市南澳县,为建设青澳湾广场,砍伐了当地村民种植的防风林。这片防风林对于改善老百姓的生存、生产条件发挥至关重要的作用,但有关单位完全未考虑其生态价值,只是对林下经济作物给予了每亩4500元的青苗补偿,引发了当地群众的极大不满。通过对生态环境价值评估,一方面可以为生态环境损害补偿提供客观依据,另一方面还可以加大林地征占成本,促使开发商提高土地使用效率,减少征占面积,有效保护生态环境。

决策管理需求是出于建设项目审批、政策选择、制度设计等公共事务决策的目的而产生的对生态环境价值进行评估的需求。目前,主要集中在项目审批管理层面。《环境影响评价法》(中华人民共和国主席令第77号)规定,建设项目在建设活动之前,对建设项目的选址、设计和建成投产使用后可能对周围环境产生的不良影响进行调查、预测和评定,提出防治措施,并按照法定程序进行报批。这种定性评价的方式,对建设项目重视生态环境的保护,起到了重要的作用。

二、生态环境建设领域中的资产评估实践

近年来,国家有关部门积极推动生态环境价值评估方面的工

作。中国资产评估协会对此项工作投入了极大关注，努力探索和推动生态环境价值评估实务工作的开展，并于 2011 年启动了《基于市场需求及政府决策管理需要的生态价值评估研究》项目，为推动生态环境价值评估实践迈出了坚实的一步。有关评估机构在生态环境价值评估方面进行了许多有益的实践探索。

2007 年，中国资产评估机构完成的"日本遗弃在华化学武器（日遗化武）销毁工程征占用林地补偿价值评估"项目，是我国第一个涉外森林生态价值补偿评估实践项目，也是外交部第一次委托资产评估机构完成生态价值评估案例。二战期间，日本军国主义大量开发和研制化学武器，并用于侵华战争。战争结束前为了掩盖罪行，将大量化学武器就近掩埋或遗弃。解放后，我国许多地方陆续发现侵华日军遗弃的化学武器，伤人事件时有发生，其中以东北地区最为集中。这些化学武器现已到了报废期，按照国际《禁止化学武器公约》的规定，应由日方承担责任，并尽快销毁日本遗弃在华的化学武器。经两国政府商定，各方专家论证，最后决定在埋有大量化学武器的东北某林场建设销毁场。中日双方就拟占用林地的有关补偿款项进行谈判。谈判双方争论的焦点有两个：一个是征占用林地补偿资金应采用什么方法计算；另一个是日遗化武销毁工程征占用林地补偿价值评估应由什么机构来承担。关于征占用林地补偿资金的计算方法问题，日方坚持按我国国内建设项目征占用林地的相关规定进行补偿；而我方根据相关法律规定坚持要求按市场评估的公允价值进行赔偿。以上两者方法相差的就是林地被征占用后生态环境损失的价值，经初步测算，两种方法计算结果相差上亿元人民币。关于由什么机构评估的问题，当时日方反复强调评估的独立性，提出赔偿的数值应该是由完全独立的第三方评估的公允价值，并要求就评估结果接受专家对专家、机构对机构的答疑和咨询，以应对国会的质询。最后，经两国政府商定，最后确定由中国资产评估机构承担日遗化武销毁工程征占用林地补偿价值的评估工作。评估师参照国内外,包括日本国在内生态补偿方面的理论研究成果和案例,探索性的从森林具有的涵养水源、固定CO_2、释放氧气、净化大气、固土减淤、保肥、保护生物多样性价值、森林储碳、森林景观游憩价值等多方面进行价值评估,最终日方全盘接受了评估结果,并作出了相应补偿,此次的评估,维护了我国的国家主权和权益,保护了我国人民群众的利益,减少了对我国生态环境的损害,充分展示了资产评估发现价值的基本功能,也为国际间解决类似事件提供了具有价值的思路。这一评估案例是生态环境价值评估从理论研究走向评估实践的一个飞跃,对生态环境价值评估发展具有划时代的意义。

中国资产评估机构完成的莱西市院上镇南辛庄村被毁松林损失价值评估项目,是国内第一起由司法机关委托完成的生态价值评估报告,并成为量刑的主要依据。小沽河是莱西市的一条重要防洪、排涝河道,莱西市院上镇南辛庄村位于小沽河东岸。2005年1月,犯罪嫌疑人一次性毁坏种植在小沽河河滩上的防护林1950株,面积42.5亩。被毁松林是1976年开始栽植的黑松,经过近30年的反复补植而形成的防护林带,具有重要的防风固沙、水源涵养、保持水土、护岸护堤的作用。如果以被毁林木材的材积或木材的市场销售价值来进行正常起诉,难以体现防护林带的价值,犯罪嫌疑人可能因此逃脱应有的法律制裁。因此,莱西市公安局委托资产评估机构对被毁松林进行林木价值和生态价值进行了评估。评估师对被毁黑松林在森林生态服务中所体现出来的拦蓄降水、净化水质、防风固沙、减少泥沙淤积、固碳释氧的价值,进行了系统的估算。司法机关最终参考评估结果,对被告人作出公正判决。该评估项目,为司法机关惩治犯罪分子提供了可靠依据,也提高了当地群众对生态环境价值的认识,是司法实践和生态价值评估的一次有益探索。

陕西省是全国生态脆弱、水土流失最为严重的省份之一,生态环境建设任务十分艰巨。传统的森林资源统计数据不能全面反映森林生态服务对社会的贡献，难以为科学决策提供科学依据，难以满足公共财政管理科学化、精细化的要求，也很难使社会公众对林业有更加准确的认识。2009年11月，陕西省林业厅委托资产评估机构对陕西省全省森林资源价值进行评估。历时两年多，评估机构运用现代技术手段进行生态服务实物量数据获取，严格区分资产、物质产品和生态服务（存量和流量的关系）分别评估；对资产类中的亚类资产、物质产品与生态服务类中的亚类产品与服务，给予了完整分类；从时间和空间两个维度估算了陕西省森林资产、物质产品与生态服务的价值。并对生态环境建设中存在问题进行了深入的分析，并提出了专业建议。陕西省森林生态价值评估项目，是国内省级政府委托评估机构对辖区内森林生态系统价值进行评估的第一个案例，充分反映了政府对资产评估机构进行生态环境价值评估的客观需求。

三、生态环境建设中的资产评估展望

生态环境价值评估蕴藏着丰富的市场需求和发展前景。生态环境价值评估是资源资产化管理的重要环节，是生态环境保护的必要专业工具，是决策管理的辅助手段，是应对国际压力维护国家和民族利益的有效方式。资产评估具有的公正、权威、科学以及合法的专业服务特征，易于得到相关各方的认可，在国际事务中也容易获得法理上的认同。

（一）生态服务市场化

生态环境所能提供的各类服务具有稀缺性，但生态环境服务的提供和享用往往在时空上具有差异性，生态环境服务的享用者只有对提供者给予一定的补偿，其才能有资金、有动力维持乃至改善生态系统。例如河流的上下游，下游地区为获得洁净的水源，有必要为上游地区提供必要的补偿。通过资产评估可以提高人们对生态环境价值的认识，为补偿提供依据，丰富生态环境建设的资金来源。

（二）气候变化——碳交易评估

气候变化问题是制约人类发展的三大关键问题之一，随着全球气候变暖，二氧化碳的排放量必须减少，从而缓解人类的气候危机。虽然目前温室气体减排有着强制减排市场和自由减排市场的区分，但都是通过对碳信用的交易，实现资源的有效配置，这就对其价值评估提出了旺盛的需求，也为资产评估实践提供了广阔的市场前景。在气候变化问题上，我国主动承诺大幅减排，但西方国家针对我国的减排承诺提出"可测量、可报告、可核实"的要求。可以预测，未来通过资产评估专业服务体系，测量排放、计量排放，将有力推动碳交易市场的建设。

（三）旅游开发中的景观价值评估

旅游业资源消耗低，带动系数大，就业机会多，综合效益好，是我国经济发展的重要增长点，被国务院确定为国民经济的战略性支柱产业。但在旅游资源开发中，部分地方政府为吸引投资，低价甚至无偿转让旅游资源，造成国有资产流失，对旅游资源造成了难以弥补的损害。景观价值的评估，对于维护国家、集体等旅游资源资产占有方的利益，推动旅游资源整合和合理开发利用都具有非常重要的战略意义。

（四）建设项目全程生态价值评估

这类需求贯穿于建设项目的审批、实施以及绩效评价的整个过程。为政府部门和企业的科学决策提供更加丰富全面的视角和决策手段。在建设项目建设活动全程，介入生态环境价值评估，量化建设项目对生态环境的影响，将进一步加强建设方对生态环境的保护意识。

(五) 国民经济管理层面评估需求

多年以来，简单地把经济发展等同于 GDP 增长，一些地方为追求一时的经济增长速度，以牺牲生态环境为代价获得经济数据的增长。按照可持续发展的观点，应该将所发生的任何生态环境损害都进行价值评估并从 GDP 中扣除，这就是所谓的绿色国民核算、绿色 GDP——一个国家或地区在考虑了自然资源与环境因素影响之后经济活动的最终成果，即将经济活动中所付出的资源耗减成本和环境降级成本从 GDP 中予以扣除。这个指标，实质上代表了国民经济增长的净正效应。绿色 GDP 占 GDP 的比重越高，表明国民经济增长的正面效应越高，负面效应越低，反之亦然。生态环境价值评估是绿色 GDP 的核算的必要前提。绿色国民核算，是一项庞大的系统工程，目前全世界对绿色国民核算的整体研究成果还非常有限，但生态环境价值评估作为其重要的支撑条件，得到了社会各界的广泛关注，众多部门和地方开始积极开展了各种规模和级别的案例研究。

生态环境价值评估的需求不仅仅局限于以上描述的这些方面，随着人们对生态环境认识的不断深入和评估手段的不断提高，生态环境价值评估必将深入到生产和生活的方方面面。

第四节 财政资金绩效评价领域的资产评估

加强预算绩效管理，已成为当前和今后我国财政预算管理工作的重要内容。近年来，在财政部和中国资产评估协会的积极推动下，资产评估为财政资金绩效评价提供专业服务的实践逐步开展起来。

一、财政资金绩效评价对资产评估的需求

20 世纪 20—70 年代，西方国家开始把财政管理的注意力从单

纯的合法性、合规性的审计监督转向了合理性的绩效评价。在企业管理体系中发挥过重要作用的绩效管理和绩效评价开始作为一种评价和改进政府绩效管理的实用工具，逐渐在政府机构、公共组织和非盈利组织管理的实践中得到广泛应用。在此背景下，加强政府支出管理，提高财政支出的效益，成为西方国家行政改革的重要内容。目前，财政资金绩效评价已在市场经济发达国家得到广泛运用，在许多国家的财政管理活动中，财政资金绩效评价已成为财政计划、决策和控制的重要工具。

预算绩效管理，是政府绩效管理的重要组成部分。党中央、国务院多次提出要完善预算制度，推进预算绩效管理，提高财政资金使用效益和政府工作效率。党的十六届三中全会提出"建立预算绩效评价体系"，党的十七届二中、五中全会提出"推行政府绩效管理和行政问责制度"，"完善政府绩效评估制度"。2012年3月10日，国务院批准成立由监察部牵头的政府绩效管理工作部际联席会议，负责指导和推动政府绩效管理工作。

近年来，随着财政收入规模的逐步扩大和公共财政框架的建立，我国财政管理已进入以支出管理为重点的新阶段。财政支出管理的重要任务是解决支出的效率问题。由于财政支出范围广泛，且支出绩效呈多样性，既有可以用货币衡量的经济效益，更多则是无法用货币衡量的社会效益，而且不同财政项目的长短期效益、直接效益、间接效益各异。2001年开始，我国先后在湖北、湖南、河北、福建等地进行支出绩效评价工作小规模试点，取得一定成效。此后，全国多个地方政府纷纷着手进行财政资金绩效评价问题的研究和尝试，其中尤以广东、上海、浙江、山西等地较为突出。

财政资金绩效评价过程和结果的科学性和客观性，决定了评价目标的实现程度，其复杂性、多样性的特点又决定了必须有强有力的专业支撑，需要开展大量探索性和开拓性工作。因此，无论从绩效评价工作本身还是评价主管部门的需求来看，都离不开专家和社会中介机构的积极参与。作为专业特征十分明显的中介服务机构，资产评估机构参与财政资金绩效评价的优势十分明显。鉴于财政管理对中介机构参与财政绩效评价的切实需求，2009年财政部颁发的《财政资金绩效评价管理暂行办法》（财预［2009］76号）和2011年颁布的《财政资金绩效评价管理暂行办法》（财预［2011］285号）都规定，绩效评价可聘请中介机构进行。2012年9月21日，财政部关于印发《预算绩效管理工作规划（2012—2015年）》的通知（财预［2012］396号）中，对未来预算绩效管理工作作出了全面部署，提出健全三个智库，即专家学者库、中介机构库和监督指导库，建立中央、省、市三级符合预算绩效管理工作需要的社会中介机构库，加强对包括会计师事务所、资产评估、行业咨询等机构在内的社会中介力量的引导和培训，强化管理和规范，并制定了部门支出管理绩效综合评价方案和综合评价指标体系，县级财政支出综合评价方案和评估内容。

各级地方财政部门根据办法制订了中介机构参与财政绩效评价的规范，截至2013年4月，财政部和全国各级地方财政部门，颁布实施了110多项相关政策文件，规范财政资金绩效评价工作。其中，中介机构参与财政资金绩效评价，是其中的重要内容，对工作程序、评价指标和标准、组织方式与评价方法等作出相关规定，为资产评估机构及其人员参与绩效评价提供了依据，同时也为评估机构开拓了一个广阔的发展空间。

二、资产评估服务财政资金绩效评价的实践探索

近年来，资产评估机构积极地参与财政资金项目的绩效评价工作，进行了大量的实践探索。资产评估服务财政管理的作用不断增强。

中国资产评估协会积极把握政策动向，捕捉服务机会，以理论

研究为先导，培养队伍为基础，积极实践为导向，推动资产评估服务于财政支出项目的绩效评价工作。2010年设立研究项目《财政资金绩效评估研究》，通过招标方式确定项目承担单位。2010年至2012年连续三年，举办专题培训班，帮助引导评估师了解和掌握预算绩效管理的相关政策、具体方法、工作流程、重点环节等，力图尽快培养一支彰显评估价值优势、适应预算绩效管理需要的高层次专业队伍。

各级财政部门制定了聘请专业评估机构或专家参与项目绩效评价的文件或条款，如广东、浙江等中介机构参与绩效评价；上海、深圳等市发布公告，公开招聘参与绩效评价的中介机构；云南、广西等对中介机构进行专题培训；山西评协组织评估机构参与绩效评价，并取得积极的成果。这表明，资产评估与财政收支有着紧密联系，资产评估工作是财政工作的延伸。

鉴于财政绩效评价业务实施的现实问题，部分地方评估协会也积极推进评估实践，为资产评估机构参与财政绩效评价工作提供必要的指导和支持。

随着对绩效评价业务的实践探索逐渐深入，资产评估参与绩效评价的机构数量、项目数量、业务规模等都不断扩大，目前，已经涉及领域包括科技、高校教育、农业、政法、医药、知识产权、环保、水利、林业等。如：2008年5月5日至12月20日，山西省财产评估管理中心受山西省农业综合开发办公室的委托，对山西省晋中市祁县、朔州市应县、临汾市汾西县、运城市盐湖区、长治市屯留县等5个县的15个农业综合开发土地治理项目（2005至2007年度）进行了绩效评价。根据《山西省农业综合开发项目绩效考评管理暂行办法（试行）》（晋农发［2007］13号），采用调查问卷、制定考评方案、听取汇报、实地考察、查阅档案以及对相关管理、技术、财务人员的当面质询等方式，对项目实施绩效、功能绩效、资金绩效、效益绩效等指标进行了核实与评价。最后，根据评价指标及相关评分标准,得出了相应的绩效评价的总分和等级。此外,各级地方财政部门与资产评估紧密结合,开展了大量的绩效评价实践工作。

三、资产评估服务财政资金绩效评价的实践展望

(一) 形势

财政部已经出台了一整套统一指导全国财政资金绩效评价的文件。在《加强企业取得和使用财政资金管理的暂行规定》(财办企〔2011〕57号) 中明确引入资产评估服务财政资金绩效评价。同时,开展了财政资金绩效评价试点工作。2010年试点面已扩大到所有市级和一半的县级。财政部提出,要扩大绩效评价试点范围。各部门开展绩效评价的资金总量占本部门公共财政支出的比例力争达到10%,各地开展绩效评价的资金总量占本级公共财政支出的比例力争达到20%。2012年,中央本级财政支出18764.8亿元,地方财政支出总量为108960.8亿元[①]。支出总量127909.75亿元,按此推算,各部门开展绩效评价的资金总量占本部门公共财政支出的资金总量达1800多亿元,各地开展绩效评价的资金总量占本级公共财政支出的资金总量达2.2万亿元。财政部提出,逐年扩大绩效目标管理范围,到2015年,编报部门整体支出绩效目标的一级预算单位占本级所有一级预算单位的比例力争达到30%。编报绩效目标的转移支付资金占本级对下转移支付规模的比例力争达到40%。编报绩效目标的项目预算资金占本部门项目预算资金的比例力争达到50%,将绩效目标管理范围逐步覆盖到绝大部分预算资金。要逐步将涉及"三农"、教育、医疗卫生、社会保障和就业、节能环保、保障性安

---

① 2013年3月5日第十二届全国人民代表大会第一次会议上《关于2012年中央和地方预算执行情况与2013年中央和地方预算草案的报告》。

居工程等重大支出项目，尤其是上级对下级转移支付项目纳入重点评价范围。据不完全统计，2010年全国省级部门纳入绩效评价的资金总量约1600亿元。中央部门支出绩效评价试点不断有新突破，2011年确定绩效评价试点项目242个，涉及149个部门，比2010年增加42个项目、34个部门，绝大多数中央一级部门已纳入了绩效评价试点范围，涉及资金近70亿元。全国财政部门都建立了专门的预算绩效管理部门，2010年5月财政部预算司成立了绩效管理处，全国已有河北、湖北、云南、浙江等14个地区成立了单独的预算绩效管理机构，未单独设立预算绩效管理机构的地区也主要由预算处等履行绩效管理职能，预算绩效管理体系逐步完善。各级财政部门不断进行绩效评价结果的应用探索，加强预算绩效管理基础工作，建立和完善评价指标和标准体系，构建信息系统，组建绩效评价工作专家库。逐步将评价结果与预算编制、资金安排和改进预算管理相结合。将评价结果用于促进预算管理和加强监督，将评价结果作为预算安排的主要依据，将评价结果应用于问责等。

（二）展望

预算绩效的"3E"标准为：经济性（Economy）、效率性（Efficiency）和有效性（Effectiveness）。预算绩效管理是以结果为导向并贯彻预算管理的全过程，它基于公共委托代理和财政信息公开两个假定，是服务型政府的核心制度之一。资产评估作为价值发现、价值管理和价值咨询的专业服务，具有独立、客观、公正的属性，可以从价值角度衡量具体财政支出的经济价值、社会价值、政治价值、生态价值和文化价值等，能够在财政预算全过程中提供专业价值服务。首先，财政预算绩效管理为资产评估提供了广阔的业务领域。廖晓军副部长在全国预算绩效管理工作会议上指出：全面推进预算绩效管理要逐步建立以绩效目标的实现为导向，以绩效评价为手段，以结果应用为保障，以改进预算管理、优化资源配置、控制节约成本、提高公共产品质量和公共服务水平为目的，覆盖所有财政性资金，贯穿预算编制、执行、监督全过程的具有中国特色的预算绩效管理体系。从预算编制时的可行性论证（经济、社会效益评价），到支出效果的社会效益、经济效益后评价全过程，都为资产评估机构参与实施预算绩效管理提供了广阔的空间。其次，资产评估的专业优势决定其能更好服务预算绩效管理。资产评估和财政资金绩效评价的方法具有共性，而且资产评估所具有的知识结构、专业特点和相关性，使其更适合财政资金绩效评价工作。绩效评价采用的目标比较法、成本效益法、历史比较法、横向比较法、专家评议法、问卷调查法等绩效评价的基本方法，都是资产评估最熟悉、最擅长的专业方法，资产评估可以通过价值评估技术，分析预算资金评价项目所产生的效益与投入的成本，对项目资金投资成本与未来可能产生的经济效益、效率、效果，生态、社会、政治影响等发表专家意见，帮助预算绩效管理判断更有价值的项目提供专业支持，提高绩效评价效率，减少和避免绩效评价项目的投入风险。

随着财政绩效评价实践的积累，资产评估定能更好地服务于财政资金绩效评价工作，为我国财政管理贡献专业力量。

第五节　税收领域的资产评估

在美国，因许多税种的课税基数都与资产、企业价值有关，为合理避税或满足有关税法的规定，企业或公共部门通常都通过聘请专业评估师对资产、企业价值进行评估。美国的税收政策极大的促进了资产评估的发展，使以税收为目的的评估成为评估行业稳定的收入来源之一[①]。我国在推进税制改革的进程中，由资产评估机构

---

①　中国资产评估协会：《借鉴与参考——国外资产评估行业考察研究报告》第84页，中国财政经济出版社2007年版。

为税收征纳提供价值尺度,已经成为资产评估实践领域的重要方面。

一、税收领域中资产评估需求

近年来,在核定税基、确定计税价格、关联交易转让定价等税收领域,都产生了对资产评估的需求。

(一) 核定税基时对资产评估的需求

税基是课税基础,是税收的核心要素之一。税基是课税依据质与量的统一。一个国家的税收制度,首要的是要恰当地选择税基。可供选择的税基的范围比较广泛。商品流转额、企业利润、个人所得、投资消费支出,以至财产转移,都可以作为税基。在征税过程中,对计税基础的判断和核定,从广泛意义上来说是一次评估的过程。

比较典型的是房产税税基确定的评估。从发达国家的经验来看,无论从完善税制的角度,还是促进房地产价格稳定的角度,开征房产税都是大势所趋。开征房产税,是我国深入推进经济体制改革的重要方面。2010年5月中央明确提出"逐步推进房产税改革",2011年1月28日,上海和重庆率先开始试点,将房产税征税对象扩展至个人自有住房;2013年国务院批转国家发展和改革委员会《关于2013年深化经济体制改革重点工作的意见》(国发 [2013] 20号) 提出2013年改革重点涉及七大领域中,包括财税体制改革。其中扩大房产税试点范围是最重要的方面。房产税扩大征收试点范围,已进入实质性操作阶段。房产税开征的核心问题之一就是税基的确定。在许多发达国家和地区,房地产税都以房屋的评估价值即现值作为计税依据。参照国际惯例,逐步以房屋的评估价值作为计税依据,从而平衡纳税人的纳税能力,充分体现房地产的财产税特征,是社会普遍的认识。中国各地在研究房产税税基确定手段时,多数认为由原来的房产原值改为市场评估价,税基更贴合实际情况。

(二) 确定计税价格时对资产评估的需求

我国税制的主体税种是流转税,流转税以商品生产、流通环节的流转额或者数量以及非商品交易的营业额等为征税对象,以商品、劳务的销售额和营业收入作为计税依据,企业收入的高低关系到流转税的多少。制定组成计税价格成为衡量企业计税基础、保证税源的一种方式。目前,我国组成计税价格的确定是通过成本加成的方式。通过对企业的现场勘查和同行业的比较,估算企业价值和资产价值,在价值形成过程中就产生对企业利润率和报酬率的判断。随着市场经济的发展,企业的经营越来越灵活,借助于专业评估手段正确判定组成计税价格是税收征管的内在需求。

(三) 关联交易转让定价对资产评估的需求

关联方转让定价是目前税收领域的热点问题。如何阐明交易双方定价安排的经济合理性以及如何让交易双方的税务主管机关(通常涉及不同国家或不同区域的税务主管机关)接受是关键。伴随全球经济一体化进程的加快,企业需要在全球范围内配置资源,以期获得更高的回报率。跨国公司或集团公司内部的交易对于企业的整体运营发挥的作用日益重要,在这些交易中,从风险与收益进行评估能够把握交易的实质,判断交易的价值。

二、资产评估在我国税收管理中的实践

(一) 与企业重组和企业价值相关的税收评估业务实践

企业重组过程中所得税处理包括涉税业务资产评估以及涉及到

企业重组所得税的涉税评估问题。2010年,国家税务总局发布的《企业重组业务企业所得税管理办法》(公告第4号)明确规定,在企业发生清算、分立、股权转让和资产转让过程中,应当由评估机构对计税基础和所涉及资产或股权的公允价值出具评估报告。2011年3月,一家英属维尔京群岛(BVI)公司将其持有的某(香港)有限公司股权转让给在香港注册的某煤业控股公司,该公司的核心资产是其持有的山西能源公司56%股权。该笔交易的转让价是6.69亿美元,这是经过评估的市场价值,正是有了这个价值作为支撑,山西晋城国家税务局征收了4.03亿元的所得税,成为我国目前最大单笔非居民企业间接股权转让所得税的案例。彰显了资产评估机构在企业重组涉税业务中的专业作用。

(二)与税基相关的评估业务实践

中国资产评估协会一直积极推动税基评估实践的前期准备工作,从组织、理论研究等各个方面前瞻性开始了资产评估实践的准备工作。2006年成立中国资产评估协会税基评估专业委员会,大力推动税基评估相关研究工作。该委员会代表评估行业与税政部门进行沟通;针对物业税管理体制设计从评估行业角度提供政策建议;针对税基评估业务的开拓进行评估操作技术准备;针对相关理论和实务等方面内容以课题形式进行系统研究;进行税基评估准则的前期研究等。近年来,深入开展税基评估领域的国际交流与合作,通过组团参会、会际互访、派员学习等形式,深化与国际财产税学会等相关国际组织的交流与合作;翻译出版税基评估专业书籍,推动国际税基评估专业交流。与国际财产税学会、加拿大安大略市政评估公司等国际组织和机构建立了长期的合作关系。此外,还于2008年派员参加了马来西亚政府组织的马来西亚技术合作项目(MTCP)下设的财产税税基评估培训项目。

中国资产评估协会税基评估专业委员会还先后形成了物业税税

基评估研究报告（约 10 万字）和韩国物业税税基评估研究报告（2万余字）两份高质量的研究报告。同时，还组织翻译了大量美国、加拿大等国税基评估操作和管理方面的研究资料，为我国物业税税基评估研究工作提供了有益参考。

三、资产评估在税收管理中的实践展望

随着税收制度的优化、税收管理的精细化和征管措施的逐步完善，运用评估技术提高税收征管效率已成为必然，资产评估服务于税收的作用越来越大，地位也越来越重要。在我国，不论是房产税制改革需要的税基评估（试点）和契税征收等的税基评估，还是二手房转让的营业税征管、土地增值税征管，以及企业重组业务、企业清算业务企业所得税的处理，企业所得税的特别税收调整、其他反避税措施和对高收入者税收监管措施中的股权转让等税收管理中，都已出现不少涉税业务资产评估的需求。特别是企业重组业务、清算业务企业所得税的处理，企业所得税的特别税收调整和高收入者的税收监管措施中的股权转让等涉及的企业资产、企业价值、股权等的价值评估，将是资产评估重要的实践领域。

第六节　森林资源资产评估

森林资源是国家宝贵的自然资源和战略资源，是国民经济和社会发展重要的物质基础。森林资源资产是一项特殊的生物性资产，具有可再生性，生长周期长，受自然因素影响大，地域差异大，并处于不断的生长过程中。与其他资产评估相比，森林资源资产评估面临着更多的不确定性。随着森林资源资产化管理，集体林权制度改革的深入，林权交易市场的建立，以及国有林业企业改革的启动

等，森林资源资产评估服务领域越来越广。

一、我国林业产业发展对资产评估的需求

（一）林业资源资产化管理对资产评估的需求

计划经济体制下的林产品，林业资源资产仅作为一项资源进行流转分配，国有林业企业虽然占有和使用大量的森林资源，但未纳入财务管理体系和国资监管体系。随着我国林权制度改革向纵深推进，要求林业企业乃至整个林业行业，实现林业资源资产化管理，以提高资源利用效率。森林资源资产评估是森林资源资产化管理的基础，是加强资源核算、提高资源管理效能的必要环节。

（二）林业要素市场发展对资产评估的需求

随着社会主义市场经济体制逐步完善，以林木、林地使用权为主体的林业生产要素开始进入市场。为维护各方的合法权益，引入森林资源资产评估制度，建立全国性的林业要素交易平台，实现林业产品信息公开、透明，是林业行业健康发展的客观要求。

（三）林权制度改革对资产评估的需求

我国初步完成的集体林权制度改革，通过对集体森林资源资产的"明晰产权"、"勘界发证"，使得原来产权不清甚至产权存在纠纷的森林资源资产，完成了法定的产权界定工作。在此基础上，鼓励林木、林地使用权和所有权的合理流转，盘活林地、林木资产，保障收益权，落实处置权，由此催生了森林资源资产的拍卖、流转、合资、合作，以及森林保险、抵押贷款等业务，对森林资源资产评估是这些业务的内在需求。即将全面展开的国有林权制度改革，其核心是国有林场经营体制的改革，国有林场改制过程中，合

理确定林场占有的林业产权价值,是保障国有权益的基础手段。

二、我国森林资源资产评估的实践

我国森林资源资产评估,起源于20世纪90年代。1991年原国有资产管理局在北京召开了"自然资源产业化和资产管理问题"理论研讨会,与会专家一致认为自然资源产业化和实行产权管理、有偿使用是中国摆脱资源困境的根本出路。1996年和1997年由原林业部和原国家国有资产管理局联合颁布的《森林资源资产产权变动有关问题的规范意见(试行)》(林财字[1995]67号)、《加强森林资源资产评估管理工作若干问题的通知》(国资办发[1997]16号)和《森林资源资产评估技术规范》(国资办发[1996]59号)等三个文件,对森林资源资产产权变动和森林资源资产评估作出了系统规定,为我国开展森林资源资产评估工作提供了政策依据和理论指导,客观上推动了我国森林资源资产评估工作的规范发展,标志着我国森林资源资产评估体系的初步建立。

在以后的十多年时间里,随着集体林权制度改革的全面铺开、国有林权流转试点的开展,森林资源资产评估进入了一个快速发展时期。2006年财政部和国家林业局联合下发的《森林资源资产评估管理暂行规定》(财企[2006]529号),对评估范围、评估资质、评估项目管理等作出了明确规定,使得森林资源资产评估工作进入了规范化发展时期。2007年开始,为加强森林资源资产评估专业队伍的建设,中国资产评估协会多次与国家林业局共同主办森林资源资产评估培训班,并于2010年举办了以"森林资源资产评估"为主题的评估专业论坛,吸引了来自政府部门、科研院所、国内外评估机构的专家学者参加,就资产评估行业在林业企业改制、林权抵押、森林生态评估等方面如何发挥作用等问题进行了广泛而深入的探讨,极大地推动了森林资源资产评估的实践进程。2012年12月

28日，中国资产评估协会发布实施《资产评估准则——森林资源资产》（中评协［2012］245号），将森林资源资产评估正式推上规范发展的轨道。

森林资源资产评估实践，一直处于不断探索的过程中，实践中积累科学、合理的做法，在满足评估目的需要的同时，客观上也推动了森林资源资产评估的完善。如，2006年，云南某市政府决定，在全市九县一区范围内开展国有林资源资产流转试点，流转面积约为68万亩国有商品用材林。为保证流转工作的顺利进行，在市林业局下成立国有林管理局主要负责国有林工作，并引进评估、拍卖等中介机构，对拟流转森林资源资产进行评估后，以评估结果作为参考底价进行公开拍卖。当时，评估面临的最大问题是当地国有林区基本上未发生过类似经济行为，本次流转属该区域内首例，缺乏参考案例。评估工作面临的最大技术难题就是一方面要保证国有林流转工作的顺利推进，另一方面又要防止国有森林资源资产流失，最大限度的保护国家利益。通过评估的一系列创新、探索，圆满完成了该项目。在资源数据量的确认核实方面，虽然项目区内森林资源于2005年年底完成林业系统的森林资源资源"二类"调查工作，委托方提供的委托评估资产清单也是以此调查结果为基础编制的，但考虑到本次评估项目的重要性，评估公司聘请国内林业调查系统的两个甲A级专业调查机构，进行本次森林资源资产核查工作，并委托其出具正式的森林资源核查报告。在评估市场数据的选取方面，由于当地林业要素市场发育不完善，评估人员在获取市场数据过程中，对九县一区的木材交易市场，木材加工商，林业站、局的工作人员进行访谈，并先后召开多次座谈会，从买方和卖方等不同的角度，对当地行业的经营现状，木材价格，经营方式，成本投入等多个方面进行一个全面、客观的了解，为后期的评估计算工作积累数据。对评估范围内部分存在已采伐区、"插花地"（被占地）、珍贵树种（古茶树），认真核对，确保界限清晰。由于林业行业长期以来，林木采伐均需遵守采伐申报审批制度，故对林木资产在公开市场环境下价值的实现产生制约，加大了评定估算工作的难度。评估人员一方面在委托方的协助下，调取项目区近五年的采伐限额和本次流转制度，合理估算本次评估资产可能获得的采伐限额，另一方面，通过在报告中对评估假设和特别事项的披露，有效的提示报告使用方评估值实现存在的风险。评估范围包括的50年林地使用资产，由于项目区长期以来国有林地使用权从未发生过流转行为，国有林地地租在当地基本不存在市场，如何合理地确定本次评估中林地使用权的租金，成为一个重要技术难题。评估公司通过对我国南方多省市的技术调研，以及前期评估项目的技术积累，建立起了评估林地收益数据库模型，通过多次的技术模拟，结合我国南方多地林区的市场数据，最终确定了本次评估中林地使用权基准地租。本次评估工作结束，该市国有林管理局开始了为期一年的国有森林资源资产流转工作，依据后期拍卖结果统计，所有的成交金额均在评估结果±10%的范围内，评估工作取得了成功，并为规范化的国有森林资源资产流转和评估工作流程制定，以及为该地区后期国有林权制度改革积累了经验。通过对大面积（68万亩）国有商品林评估和流转，使得该区域内林业要素市场逐步发展起来，在区域内形成相对公开、透明的市场体系，使集体林权制度改革完成后林农处置权实现有了市场保障。

再如，2003年，在广西开始的中外合作建立林浆纸一体化项目中，国有森林资源资产构成中方合作的资产主体，其中林地使用权资产租赁期限长达20年。而当时我国林业行业正处于计划经济向市场经济的转型期，林业要素市场发育不完全，现有的市场个体交易案例无法反映市场全貌，同时，市场的交易价格中隐性成本项众多，无法反映资产的实际市场价值，如果简单的以现有的市场价格作出估值，则很有可能会造成国有资产的低估和流失。评估机构在综合考虑以上因素的基础上，通过建立林地资产投资模型和不同林地收益比较模型，设计了估值体系，并为合作各方所接受，最大限度的维护了国有资产及国有投资者的合法利益。

三、森林资源资产评估的展望

森林资源资产评估，是适应我国森林资源资产化管理的实践需要产生和发展起来的，随着森林资源市场化改革的推进，评估服务领域越来越广。首先，森林生态系统涵养水源、固土保肥、改良土壤、固碳释氧、净化环境和保护生物多样性等方面价值的评估，都有不同程度的需求。其次，森林景观资源资产评估的需求实践。随着我国旅游业蓬勃发展，作为旅游业支柱之一的森林公园和其他以森林景观为特色的旅游景区，得到了飞速的发展，全社会对森林景观资源的游憩需求空前提高，使森林景观资源资产的投资价值也随之不断提升，与之相关的合资合作、投资入股、融资、旅游资源整合等经济行为的兴起，使得相关方对森林景观资源资产的价值评估产生了日益高涨的需求。第三，涉林资产司法评估实践。随着我国集体林权制度改革的完成，森林资源资产相关的转包、出租、转让、入股、抵押等经济行为开始增多。国家投资建设，城市化进程的加快，拆迁征占林地行为频繁发生，相关涉林资产的司法纠纷也随之增多。众多涉林资产的法律纠纷中，森林资源资产评估机构作为专业的价值鉴定机构，秉承独立、公开、公正的原则，为各当事方提供专业估值意见，在合理、合法解决相关经济纠纷中，都能发挥不可替代的作用。

第七节 珠宝首饰艺术品资产评估

在美国等市场经济发达国家，珠宝首饰评估业的发展已有三十多年的历史。在我国,珠宝首饰和艺术品评估只有十多年实践历程,是一个相对年轻的评估实践领域,也是一项极具挑战性的评估实践领域。我国的珠宝首饰评估是在珠宝产业快速发展,资产评估行业逐步规范、延伸和开拓的过程中应运而生的。珠宝首饰艺术品作为流通品,不但涉及到生产企业、销售企业和消费者,而且与金融、拍卖、典当、保险、收藏等行业和领域有着密切的联系。在财政部、国土资源部、中国资产评估协会、国土资源部珠宝玉石首饰管理中心等各级领导的关心支持下,经过十多年的探索,逐步建立了既适合珠宝评估专业特性,又满足资产评估行业管理要求的体系,评估实践得到了社会的认知和认可,珠宝首饰艺术品评估在维护珠宝交易市场秩序、保护公众和交易各方利益等方面发挥着不可或缺的作用。

一、社会经济发展对珠宝首饰艺术品评估的内在需求

珠宝首饰是装点人类生活最美丽的艺术品。随着社会和经济的发展,人们越来越注重个性展示和自我美化,珠宝首饰艺术品的流行反映了人们对生活的热爱,生活质量的提高。"旧时王谢堂前燕,飞入寻常百姓家",珠宝首饰艺术品给人们的生活带来了美的享受,伴随着人们情感的寄托、自我价值的实现、个性魅力的表达、财富拥有和人格品味的体现,这种美已经不仅仅局限于外在的享受,更多的是人们内心对美的满足。改革开放以来,随着我国经济的迅猛发展,人们生活水平大幅提升,国内外珠宝首饰艺术品正在越来越多地走近中国广大消费者,增长速度和总量都居于世界前列。

中国经济持续快速发展的大背景下,中国珠宝行业成长迅速、快速发展。据中国珠宝玉石首饰行业协会统计,2012年,中国内地珠宝玉石市场销售总额超过3000亿元,成为全球最重要、最具吸引力的珠宝玉石市场之一。黄金、钻石、玉石等重要产品的消费均居

世界前列，而且增长率继续领先欧美日等其他主要市场。我国已经成为世界上举足轻重的珠宝消费大国和珠宝加工大国，并成为世界珠宝产业发展最重要的推动力之一。资本运营是珠宝企业发展的核心和助推器。目前，国家鼓励大力发展资本市场，珠宝企业，尤其是具备一定条件的中小型、成长型、科技创新型珠宝企业，若能抓住机遇，通过资本运作，实现企业裂变扩张，将有力地提升企业的综合竞争力，促进企业的跨越和持续发展。因此一些有影响力和实力的珠宝企业开启了资本运作、融资上市之路。珠宝企业有良好的盈利能力，积淀有大量的优质资产。越来越多的金融机构逐渐认识到了这一点，所以对珠宝企业的融资需求也越来越重视。在传统的珠宝市场和资本市场的融合过程中，珠宝首饰艺术品的鉴定评估发挥着不可或缺、至关重要的作用。随着市场经济的发展，珠宝首饰艺术品评估的范围已不再局限于狭义的实体部分，而是向无形资产扩展延深。如对珠宝首饰的品牌拥有权和使用权的评估，对特许经营权和连锁店品牌使用权的评估等等，都可以纳入珠宝首饰艺术品评估的范畴。零售市场、高端珠宝的消费者、经营者对专业服务也提出了更高的要求，在真伪鉴定的基础上，需要对高端的珠宝首饰艺术品价值进行评估。

二、珠宝首饰艺术品评估实践

（一）珠宝首饰艺术品评估实践发展状况

尽管世界资产评估行业的发展已有100多年的历史，但珠宝首饰评估业的发展主要是近30多年的事。在美国的20世纪70年代，随着投资、纳税、捐赠、易货交易的数量和规模不断增加，社会对珠宝首饰艺术品评估的需求迅速扩大，使得珠宝评估师的地位得到了大幅度提高，促进了珠宝首饰艺术品评估实践的发展。在美国评估师协会（ASA），珠宝首饰评估是与企业价值评估、机器设备评估、动产评估、不动产评估和评估复核并列的六个评估专业系列之一。目前，美国的专业珠宝评估师在保险、遗产纳税、遗产分配、捐赠、抵押担保、海关、（涉及离婚、破产及其他法律原因）法庭作证、出售或购买建议等很多领域，都有评估实践。我国珠宝首饰艺术品评估机构在珠宝企业的注册、增资、上市、重组，珠宝资产的处置、变现、入账、重估，拍卖、捐赠，协助海关认定报关价格，协助司法部门解决经济纠纷和量刑定罪等领域，进行了大量的实践。同时，在协助消费者对珠宝艺术品价值的了解、协助评估机构和价格鉴证机构开展业务等方面，进行了积极探索。

改革开放以来，我国珠宝产业得到了持续和快速的增长，市场空前繁荣。近年来，为推动珠宝首饰价值评估实践工作，财政部和中国资产评估协会，在规范建设、队伍建设等方面，进行了大量的开创性工作。从1999年开始，中国资产评估协会与美国评估师协会（ASA）合作，在我国首次引进了美国先进的珠宝首饰评估理论和成熟的评估技术，培养了一批与国际接轨的珠宝首饰评估专业人员。在学习与借鉴国际先进珠宝评估理论和实践的过程中，借鉴国外珠宝评估管理经验，并结合我国珠宝行业和资产评估行业的具体情况，逐步构建我国珠宝评估管理体系。2001年国土资源部珠宝玉石首饰管理中心和中国资产评估协会共同组建了中国资产评估协会珠宝首饰艺术品评估专业委员会，创新性地构建了珠宝评估的组织管理体系。2002年经财政部批准、在工商行政管理部门注册、首家专门从事珠宝首饰艺术品评估业务的中恒誉资产评估有限公司正式成立。2003年原人事部和财政部建立了我国的注册资产评估师（珠宝）执业资格制度，并于2004年开始举行全国统一考试。中国资产评估协会于2003年颁布实施的《珠宝首饰评估指导意见》（中评协［2003］1号）和2009年颁布实施的《资产评估准则——珠宝首饰》（中评协［2009］211号），有力规范了珠宝首饰评估行为。

2007年财政部颁发的《财政部关于规范珠宝首饰艺术品评估管理有关问题的通知》（财企［2007］141号），确立了珠宝首饰艺术品评估管理制度，使珠宝首饰评估走向了规范化轨道。珠宝首饰艺术品评估积累了丰富的实践经验，丰富了资产评估的业务领域，在社会上产生了较为广泛的影响，得到了社会的认可，对服务于珠宝相关各类经济行为，服务于市场经济和人们的文化生活发挥了重要作用。

（二）珠宝首饰艺术品评估实践探索

中国的珠宝首饰艺术品评估实践领域，具有多样性特点，特别是金融不良资产处置、保险赔偿、企业经济行为等，而且大多数情况，并不限定于珠宝本身，与珠宝相关的重大经济行为也是珠宝评估所涉及的范畴。多年来，在企业产权转让、经营活动、法律事务、财产保险等各个方面都曾有合理确定珠宝价值，维护各方合法权益的珠宝首饰评估实践。先后开展了以质押、保险、典当、涉讼为目的的珠宝评估业务，涉及国有珠宝资产的鉴定评估、海关报关及罚没珠宝资产评估、司法实践领域涉及的珠宝评估。其典型的评估实践有以下几个方面：

1. 金融不良资产处置中的珠宝首饰评估实践

20世纪90年代，一些企业将珠宝首饰作为抵押物进行银行贷款，四大资产管理公司成立后，珠宝首饰质押品被冠以"不良资产"而列入资产管理公司处置变现范畴。与其他资产的处置一样，需要对这类珠宝资产的变现价值进行评估。如中国东方资产管理公司、中国华融资产管理公司、中国银行总行、建行北京支行等金融机构的不良资产处置中，都曾进行过大量的珠宝首饰的评估。

2. 上市公司资产重组中珠宝首饰评估实践

近几年，珠宝首饰企业从家族化、小型化向现代化、规模化加速转变，并相继酝酿进行企业改制、资产重组，甚至成功首次公开发行股票上市（IPO）。如香港恒丰金业（00870，HK）、新湖中宝（600208）、东方金钰（600086）、老凤祥（600612）等上市公司都进行过珠宝评估。某上市公司计划向控股股东某市国资委发行不超过8000万股，收购其所拥有的公司30%的股权，并对上市公司进行更名，本次交易构成重大资产重组和关联交易。该评估项目，是珠宝首饰评估实践的集大成者，首先，在国内，首次由具证券资质的资产评估机构和专业珠宝评估公司合作，进行了企业价值评估，开创了既综合又专业的分工合作实践模式。其次，充分体现珠宝评估"精细化"思路，即对拟进行资产置换的资产，包括珠宝玉石珍品和精品进行逐项评估。许多作品制作并完工于20世纪五六十年代，没有完整可追溯的账面数据，甚至一些组成材料的基础数据都无从考证，再加上当时的制作工艺十分严谨，设计题材极富时代特点，因此逐件进行了材质鉴定、品质分级、工艺判断、艺术性分析和市场分析等；第三，评估作价中，创造性使用了评估假设销售后所产生的相关税费扣除后，将预计产生的利润部分根据重组后的权益结构进行估算；第四，科学分类，分别作价。由于珠宝镶嵌类作品材质组成种类较多，玉雕、牙雕、晶石雕等艺术品材质单一，以此通过现场鉴定分析，将评估对象分为两大类，采用不同的评估模型。一类是贵金属镶嵌宝石制品：包括天然翡翠、钻石、红宝石、象牙、珍珠、碧玺等。第二类是玉石饰品：包括翡翠、白玉、密玉、水晶、珊瑚等。该评估实践，不但得到了投资者的广泛认同，而且对于珠宝评估实践，起到了很好的示范效应。

3. 上市公司珠宝清盘评估实践

2008年珠宝行业一件影响颇大的事件，发生在美国"两房"次贷危机发生之初。香港上市公司金至尊（00870，HK）（前称恒丰金业）因严重的债务危机和资金困难，其股票一路狂跌，不得不停牌，面临清盘。恒丰珠宝有限公司需要对下属金至尊实业发展（深圳）有限公司分布于深圳中央仓库及大陆39市的120间自营店铺资产，共计数十万件珠宝饰品进行清查评估，以为临时清盘提供最新最合理的价值结论。2008年10月17日，香港高院委托德勤会计师事务所担任临时清盘人，由于珠宝首饰的专业特性，为了得到公正准确的评估结论，潜在投资方提出必须由珠宝评估专业人员参与意见。根据香港证监会的金至尊资产清盘和重组程序时间表，专业珠宝评估机构要在12月20日前完成100多个店和中央仓库的资产核查和评估报告。由于评估对象资产数量巨大，种类繁多，临时清盘人还要求评估报告必须充分披露价值因素、计算公式、取值依据、计算过程等细节，并解释与账面值不同的原因，确保潜在投资方对珠宝评估价值予以认可。专业珠宝评估机构针对不同款式的贵金属饰品、镶嵌饰品、宝石饰品的价值构成特点，建立评估模型，得出客观的评估结论，保证了这一上市企业并购案的顺利进行，在香港与内地的珠宝市场产生了很大的反响。

4. 海关报关及罚没珠宝资产评估实践

我国是珠宝首饰的重要加工国和消费国。云南省毗邻翡翠出产国缅甸，翡翠原料等珠宝资产在报关时需要核定关税。作为我国最重要、最集中的珠宝首饰加工基地，深圳海关经常需要对各种类型的珠宝首饰艺术品核定关税。另外，珠宝首饰由于体积小、价值高，经常被作为走私的对象，海关需要对走私罚没的珠宝进行价值评估。专业珠宝评估机构对海关报关和罚没的珠宝类物品评估实践，成为保障外贸正常有序进行的有力专业手段。

5. 其他评估实践

在奥运会、残奥会奖牌的制作和议定的过程中，北京奥组委委托了专业珠宝评估公司对金、银、铜牌用玉进行价值评估。以北京菜市口百货股份有限公司为代表的知名品牌企业，为增强消费者信心，提高品牌信誉度，对高档珠宝首饰采取"鉴定评估证书"带证销售。

众多评估项目的完成，卓有成效地为委托方提供了切实的决策帮助和品牌支撑。合法的专业珠宝评估服务，使珠宝行业更易冲破行业壁垒，与社会上的各种货币融通机构切实合作，减少珠宝流通过程中的各种经济行为的盲目性，降低交易成本，并为经济行为提供依据。

三、珠宝首饰艺术品评估实践展望

随着我国市场经济的发展，珠宝市场也得到了长足的发展，珠宝首饰艺术品评估的需求将不断增加。在我国，与保险有关的珠宝评估业务主要涉及保险理赔时的纠纷处理。随着外资保险公司进入我国，以及我国保险制度的逐步完善，珠宝首饰艺术品保险评估将是一个十分广阔的实践领域。在国外，中小企业经常通过以珠宝首饰艺术品向银行抵押获得贷款，国内银行珠宝抵押贷款前途光明。在经营性文化单位改革发展的新形势下，珠宝首饰艺术品评估有助于解决珠宝企业融资难题。随着珠宝企业规模化发展，上市融资、股权交易等行为的日益增多，将会为珠宝首饰艺术品评估带来新的领域。拍卖公司、典当行对珠宝首饰艺术品的评估，往往需要借助专业的珠宝评估师和评估机构提供服务。随着我国遗产税等税种的开征，纳税评估也将成为珠宝首饰艺术品评估的市场需求。

第八节　资产评估与各专业对接的创新实践模式

经过二十多年的探索，在国有企业公司制改建、上市公司并购重组、金融不良资产处置等领域的资产评估，形成了极具中国特色的评估实践模式。其中，与财务顾问、注册会计师、律师等形成的专业对接实践模式，很好地满足了市场的需要，同时丰富了资产评估实践内容。

根据《中华人民共和国公司法》（中华人民共和国主席令第42号）、《中华人民共和国证券法》（中华人民共和国主席令第43号）等法律法规的相关规定，企业在公开发行股票并上市，在上市公司并购重组过程中，必须选择证券公司（又称保荐机构或券商）、会计师事务所、律师事务所及资产评估机构开展各自法定的专业服务，出具相关专业意见，并形成发行上市申报材料。资产评估实践中，特别是国有企业改制设立公司、上市公司并购重组中的资产评估实践中，通常涉及上述承担着不同角色、受托完成不同专业任务的中介机构，他们共同为委托人就各自的专业范围提供专业服务，并且在服务中各专业有效衔接，协助委托方成功实现有关经济行为。

一、资产评估与财务顾问

从工作模式上看，资产评估是为企业改制设立股份公司、上市公司并购重组涉及的标的资产提供价值参考依据，这在一定程度上与财务顾问的专业服务相互衔接，如资产评估提供估值意见，财务顾问提供定价建议，两者形成完整的协调模式。另一方面，因资产评估师全面、深入掌握着企业改制设立股份公司、上市公司并购重组中涉及的标的资产的具体情况，为财务顾问制定改制方案、并购重组方案，提供了详实的基础数据和专业建议。

从专业内容上看，我国资本市场上常见的企业估值服务主要由资产评估机构或券商等财务顾问机构提供，即资产评估和财务估值。两者在资本市场的价值发现过程中有不同的视角，各有特点，如财务估值重于行业面的分析和企业财务数据的分析，评价股票内在价值的偏离度，挖掘价值潜力，着重投资价值的评估；而资产评估是基于不同的价值类型基础，为并购重组涉及的标的资产提供独立、客观的价值参考，或专业价值意见，促进并购价值合理交易，实现企业价值的最大化。两者在资本市场都发挥着重要作用。价值评估是并购交易双方拟定最终交易价格的最核心基础，为并购交易定价服务也是企业价值评估最基本的功能。

二、资产评估与审计

评估与会计和审计都是市场经济赖以正常运行的专业服务行业。它们面对同一市场提供各有侧重、互为补充的专业服务。会计对已发生事项进行判断，审计对会计判断进行审核，评估具有对未发生事项进行判断的功能。三者的专业领域区别是明显的，服务范围不同，提供的服务内涵不同，关注的信息范围不同，分析的角度不同。但三者之间存在一定的相互联系，会计和审计有法定的依附关系，二者的关系在国际和国内都已经相对成熟，制度也比较完善。会计与评估，一方面，会计计价利用评估的价值结论；另一方面，会计数据也是评估结论的重要基础。而评估与审计，一方面两者都体现专业服务的独立性，不受会计影响；另一方面，两者都可以利用对方的工作作为专家工作。

在我国资产评估实践中，充分体现出上述关系。例如，资产的会计计价和财务报告的编制需要利用资产评估专业服务提供相关公允价值结论；在采用资产基础法对企业价值评估时，借用审计的专业结论，参考会计数据资料；审计也采纳以财务报告为目的单项资产公允价值评估结果。

在我国资产评估实践中，也形成有效的审计执业和评估执业的衔接关系。一是，资产负债表日与评估基准日的一致性及预测期间的可比性协调；二是，对共同关注的资料进行及时交流和实时沟通，以共同掌握更全面的情况，提高工作效率。审计和评估都有运用检查、函证、监盘、抽样、分析性复核等程序，可以配合工作。

对资产和负债的账面核实以及对实物类资产的核实工作,双方可以共同参与进行。对财务数据以外的资料,双方也可互为补充,避免差异对资产估值等情况的影响;三是,审计人员和评估人员在一定程度上都学习、了解和掌握会计准则、审计准则和评估准则的相关内容,相互熟悉对方的专业思路,这是及时解决专业服务分歧的重要手段。

三、资产评估与律师

资产评估师与律师,主要在资产权属、重大法律问题的协调方面等领域形成了有效的合作服务模式。在企业改制、上市公司并购重组中,律师对标的资产法律权属发表专业意见,为资产评估提供基础;在金融不良贷款处置评估中,律师对债权信息资料,特别是偿还线索方面的信息以及债务人法律经营状态的判断,往往是金融不良资产评估的重要基础,而评估师通过对债务人及相关方账务资料的整理和分析,为律师的法律尽职调查提供调查方向和线索。实践证明,在金融不良贷款批量处置交易中的资产评估,法律尽职调查与资产评估的衔接和配合,极大地提高了金融不良贷款处置工作的效率。

第九节 中国资产评估实践将生生不息

资产评估实践的生命力,源于社会经济发展对资产评估的持续的、内在的需求。本书回顾展示的评估实践,仅仅是二十多年评估实践的"点滴归纳",仅仅是中国资产评估发展历史长河的"片段"。社会在前进,经济在发展,作为市场经济不可或缺的重要有机组成部分,资产评估的实践仍将持续不断的发展。

一、资产评估实践的广度和深度将不断扩大和延深,并呈现出强大的生命力,不断走向更为广阔的领域

中国资产评估二十年的实践历史,是一个专业服务领域不断扩大和延深的过程。二十多年前,举办中外合资企业,对中方出资资产进行评估,提供出资资产市场价值,以确定各方出资比例,催生了资产评估行业;之后的近三十年的经济体制改革,特别是国有企业的改革与发展,搞活国有企业的破产试点、公司制改建、上市公司并购重组等重大经济活动,推动了资产评估的迅猛发展。近十年来,各种所有制企业的合资合作、股权转让、资产买卖、担保融资、破产清算等经济行为日益增多,又促使了资产评估实践领域的迅速扩大。

首先,在经济建设领域中的资产评估实践,近年来呈现向"深度"发展的趋势,新资产类型、新经济行为等的出现,拓宽了资产评估专业服务空间。如,碳排放交易权、无居民海岛使用权、海域使用权、字画等资产类型,如为企业战略管理、风险管理、内部控制、资本运营等提供价值咨询,为企业境外投资和企业并购提供前期尽职调查和投资并购后评价等提供包括价值评估服务和非价值评估咨询服务等在内的全程服务特点,体现出资产评估为企业管理、资本运营和发展提供全方位专业服务的基本功能。

其次,在政治建设、文化建设、社会建设、生态文明建设等领域,呈现向"广度"发展的趋势。党的十八大报告明确提出全面建成小康社会和全面深化改革开放的宏伟目标,提出全面落实经济建设、政治建设、文化建设、社会建设、生态文明建设五位一体总体布局。这一重大战略将对资产评估不断提出新的、更高的需求,将资产评估服务领域扩展到社会经济的每一个领域,继续丰富资产评估实践内容。我国"十二五"规划以经济结构调整为主线,更加注

重以人为本、协调发展、可持续发展以及保障和改善民生，为评估行业更广泛深入地服务财税改革、经济建设和社会管理的各个领域带来了巨大的发展机遇。资产评估在发挥资产估值优势的同时，服务于各种评审、评价等非价值估算业务的空间广阔，将在更为广泛的社会管理领域发挥更加积极的作用。

二、丰富多彩的资产评估实践，为评估理论建设提供了源动力，为评估规范建设提供了生动的素材，为世界评估行业的发展作出了贡献

与其他领域相似，评估实践中专业问题的解决，需要评估理论的支持。我国资产评估实践，无论从资产规模、行业差异、资产类别，还是每一个评估项目需要解决处理的专业技术问题，都是国际评估界不曾有过的，这为理论建设提出了内在要求，也为评估理论的完善，提供了珍贵的素材。紧密切合评估实践的理论研究成果，又直接导入实践，指导实践，进而不断丰富资产评估专业体系。如，由中国资产评估协会和中国证监会联合开展的《上市公司并购重组市场法研究》和《上市公司并购重组企业估值和定价研究》课题，由中国资产评估协会牵头，财政部、国务院三峡办、国务院国资委、三峡总公司等相关部门的领导和专家共同组成专题组，联合开展的《三峡工程发电机组评估相关问题研究》就是诸多经典例证之一。

我国资产评估实践综合性的特点，决定了评估准则体系框架，形成了满足实践需要的、创新的评估准则内容，丰富了世界评估准则的内涵。如，根据业务拓展对执业准则的需求，中国资产评估协会创新地构建了资产评估执业准则体系，在评估准则体系之外，规划了操作指引体系。其中，评估准则体系仍然对价值估算类评估业务进行指导与规范，操作指引体系将对非价值估算类的业务进行指导与规范。再如,在评估准则体系的《金融不良资产评估指导意见》(中评协 [2005] 37 号文)、"1+3"[①] 的无形资产评估准则体系等,都是适应中国资产评估实践需要的独创。

中国经济发展催生了评估实践,评估行业从引进消化、学习借鉴,到运用总结、专业抽象,再到逐步提升,在满足中国经济改革发展需求的同时,为世界评估行业的理论研究、准则规范等方面,提供了详实的极具价值的实践素材。

[①] 1+3,是指一个无形资产评估准则和三个无形资产指导意见,即专利、商标、著作权评估指导意见。

第五章　中国资产评估行业建设

第一节　综　　述

中国资产评估行业建设包括协会组织建设、行业制度建设、行业市场建设、评估机构建设、人才队伍建设、行业信息化建设、行业文化建设和国际交流与合作等方面。二十年来，在财政部党组的正确领导和行业同仁的不懈努力下，中国资产评估行业建设几经风雨，锐意创新，初步建成了基本适应社会主义市场经济发展要求的资产评估行业管理体制和行业服务体系，取得了世界瞩目的成绩。

一、中国资产评估行业建设的战略目标演进

在二十年的行业发展进程中，中国资产评估行业建设的战略、目标、措施和任务经历了不断探索、不断演进的过程。

1993年，中国资产评估协会第一次全国会员代表大会提出的行业建设主要任务是：协助政府管理部门建立一支稳定的具有丰富经验的评估师队伍；开展业务交流，创办协会刊物，提高评估水平；开展国际交流，与国际评估组织建立联系；开展评估方法、准则和标准的研究；制定本行业自律性管理规范，建立内部约束机制等。

这一时期的行业建设，主要围绕培育行业适应改革能力、打开工作局面而展开。

1996年，中国资产评估协会第二次全国会员代表大会提出：今后15年，要逐步形成一个法制体系健全、监管体制完善、队伍机制合理、职业行为规范和操作技术科学的资产评估行业体系，使其成为真正履行独立、客观、公正原则和社会中介职能的、适应社会主义市场经济体制发展要求的中介服务行业。这一时期的行业建设，主要围绕提升行业自身市场化展开。

2005年，中国资产评估协会第三次全国会员代表大会审议通过《中国资产评估行业（2006—2010）发展规划》，规划中提出，要通过五年的努力，促进资产评估法律法规和制度体系建设取得重大进展，完善资产评估管理体制和管理机制，在健全资产评估准则和规范体系方面迈出实质性步伐，培养一批适应市场经济和行业发展要求、具有市场竞争力的资产评估机构和一支具有良好职业素质的注册资产评估师队伍，提升行业的社会公信力，建立可持续发展的行业功能体系和市场体系，更好地为构建和谐社会和社会主义市场经济服务。这一时期的行业建设，围绕全面提升行业规范化水平和可持续发展能力展开。

2010年，中国资产评估协会第四次全国会员代表大会提出了今后一个时期中国资产评估行业发展的战略目标，即：始终高举中国特色社会主义伟大旗帜，坚持中国特色社会主义道路和理论指导，全面推进行业各项建设，推进行业全面、协调、可持续发展；充分发挥政府宏观调控作用和市场在资源配置中的基础性作用，促进评估行业科学发展；坚持稳定传承、持续发展、科学创新，巩固和挖掘传统市场、积极开拓新兴市场、努力培育潜在市场，开拓评估行业发展的战略空间；全面推进行业优质发展、协会优质管理、机构优质服务、评估师优质执业，切实提升评估行业社会公信力；切实加强法制准则建设、管理体制建设、人才队伍建设、诚信道德建设、行业文化建设，提升行业软实力，全面增强行业核心竞争力。从中国资产评估协会第四次全国会员代表大会开始，行业建设进入全面建设、纵深建设、开拓建设的新阶段。

2012年，为适应新时期经济社会发展要求，促进我国资产评估行业加快发展，财政部制定了《中国资产评估行业发展规划》，明确了资产评估行业发展目标及相关要求。规划要求，力争用五年左右时间，实现以下主要发展目标：法律制度基本健全、有效实施；执业范围和服务领域不断拓展；资产评估机构规模优化、布局合理；资产评估机构管理科学、核心竞争力增强；从业人员队伍壮大、素质过硬；执业环境切实改善、规范有序。这一目标体现了行业全面服务、加快发展的建设要求。

以会员代表大会的召开和行业发展规划的发布为重要标志，历次行业建设战略目标的提出，体现了中国资产评估行业工作基础建设、市场化建设、服务能力建设、优质服务建设和全面服务建设的演进过程。

二、中国资产评估行业建设的主要成就

（一）资产评估协会组织建设日趋完善

经过二十年的变革发展和不懈努力，我国资产评估行业终于以中国资产评估协会和地方协会的建立与完善为标志，形成了层次分明贯通、职能健全合理、管理覆盖全国的行业协会组织体系。中评协组织建设主要表现在会员代表大会、理事会、常务理事会、各专门委员会、专业委员会等专业工作机构陆续设立，并在行业自律管理、专业建设、准则建设、学术研究、市场开发、人才培养等方面发挥了重要作用，为行业协会高效、有序运行和行业建设科学发展奠定了坚实的组织基础。

(二)资产评估行业制度建设取得重大进展

中国资产评估行业重视资产评估立法及配套制度建设,为资产评估行业发展创造良好的法律环境;注重加强内部治理制度建设,从行业自律管理层面、机构有效运行层面、提升执业质量和完善专业服务水平层面进行规范,为资产评估规范有序操作提供必要的制度保障。时至今日,一个包括职能定位制度、规范运行制度、服务能力制度和会员管理制度等在内的结构合理、体系完备、科学严密的资产评估制度体系已基本建成。

(三)资产评估行业市场建设稳步推进

在总结多年市场建设经验的基础上,评估行业稳定传承、持续发展、科学创新,巩固和挖掘传统市场、积极开拓新兴市场、努力培育潜在市场。通过市场建设,行业形成了行之有效的市场开拓路径和日益清晰、稳固的市场经济服务格局,将资产评估渗透到经济生活的方方面面,引起了政府部门和监管部门对资产评估的专业作用的重视,使资产评估成为政府社会管理创新的重要参与者。

(四)资产评估机构建设成效显著

随着我国经济体制改革的不断深入,我国资产评估机构经历了一个不断市场化、专业化的发展过程。资产评估机构建设从规范机构资格审批开始,通过完善市场准入和退出机制,有效地保证了资产评估执业规范起步。通过积极鼓励、引导评估机构创新组织形式、加强内部管理、严格执业质量控制等建设措施,提升评估机构职业素质和专业服务能力,有效地促进评估机构做优做大做强。截至2012年,全国共有资产评估机构近3000家,有6家评估机构通过在海外设立分支机构、发展会员所或承接海外评估项目等多种形式拓展了海外资产评估业务。

(五）资产评估人才队伍建设硕果累累

长期以来，中国资产评估协会坚持把人才建设作为行业发展的根本保障，明确了行业人才建设的指导思想和总体思路。逐步形成了人才建设的"学历教育、准入教育、继续教育"三个阶段，形成了从国民教育到职业培训多环节的人才培养链条，从业人员专业胜任能力不断增强，队伍素质逐步提升，资产评估行业的内在品质得到全面完善，行业实力稳步增强。

(六）资产评估行业信息化建设初具规模

行业的信息化系统建设在"同一平台、同一数据、同一管理"的原则下，完成了"行业信息平台、评估服务平台以及行业宣传平台"建设，初步形成了"行业管理、执业服务、行业宣传"三大体系。资产评估行业信息化建设在行业管理和行业宣传方面发挥了重要作用，推动了资产评估行业发展转型的历史进程。

(七）资产评估行业文化建设扎实展开

二十年来，中国资产评估协会坚持正确的政治方向，坚定不移地把加强行业文化建设作为展现行业核心价值观和增强行业凝聚力的基石，切实履行政治责任，充分担当专业责任，积极彰显社会责任，逐渐形成了政治坚定、诚信为本、勇于担当的行业文化内涵，极大地提升了行业的整体形象。

(八）资产评估行业国际交流与合作日益深化

以服务行业发展、提升行业服务能力为目标，我国评估行业的国际交流和合作范围不断扩大，国际交流和合作程度日益加深。通过形式多样的国际交流，不断拓展国际交流与合作的领域，提升交流合作层次，在行业管理、准则借鉴、专业建设和国际化人才培养等领域取得了令人瞩目的成绩，国际经验和先进理念的学习、借鉴和成果转化日益凸显，国际地位和国际影响力不断提升，为推进行业国际化发展战略提供了有力支持和重要保障。

三、中国资产评估行业建设的主要特点

（一）始终坚持以正确的战略目标为行业建设的出发点

行业发展的目标、战略、措施和任务是行业建设的基本工作内容、工作方向和工作指南。二十年来，中国资产评估行业建设，始终坚持符合中国国情、具有中国特色的行业发展目标、方向，及时谋划事关行业发展全局的重大战略问题，并将其转化为各项行业建设的具体工作目标。在行业建设的工作中注意把握三个基本原则，即：立足当前，兼顾长远；立足发展，科学实践；立足会员，坚守使命。这是中国资产评估行业建设能够取得成效的关键。

（二）始终坚持以改革创新为行业建设的着力点

改革创新是事业不断发展前进的不竭动力。中国资产评估行业建设的一个可贵特点就是不墨守陈规，勇于探索，创新管理体制，创新运行机制，创新内部治理方式，创新会员服务模式，创新人才培养机制。这是中国资产评估行业建设能够不断前进，取得新的建设成果的重要原因。

（三）始终坚持以"三大"格局构建为行业建设工作的落脚点

多年来，中评协求真务实，创新进取，努力以构建市场经济服务格局、行业发展战略格局和自律管理格局等三大格局作为行业建设的落脚点，行业自我发展的能力和水平逐步提高，为今后的健康、规范、可持续发展打下了良好的基础。

1. 构建日益清晰、稳固的市场经济服务格局。通过关注并参与多种经济成分共同发展和经济增长方式转变等国家重大战略的实施，有针对性地加强行业建设，使资产评估服务于市场经济的布局更加清晰、更加完善，实现了业务类型从以单项资产为主到以企业价值为主，评估对象从单纯为国有资产提供资产评估专业服务到为国有与非国有资产提供价值发现专业服务，评估领域从服务于国有企业改制到服务于资本市场的三个转变。

2. 构建完善科学的行业发展战略格局。经过多年的努力，包括国家的旗舰型发展战略、区域发展的特色战略、以人才为第一资源的人才战略、基础环节建设战略、以开发评估专业资源为特征的优势战略在内，促进中国资产评估行业健康、规范、可持续发展的基本战略格局已经形成。

3. 构建行业自我约束的自律管理格局。在行业建设过程中，行业协会服务于会员的意识和能力不断增强，执业机构服务于市场经济的能力和水平稳步提高，注册资产评估师的执业能力和职业道德日益提升，初步形成了行业上下积极主动、齐心协力、共求发展的良好局面。各级协会、评估机构和广大注册资产评估师主动拓展市场的意识增强，自律自重主动性提高，评估机构良性竞争加强。

第二节 中国资产评估行业协会组织建设

行业协会是市场经济体制的重要内容。党中央、国务院历来重视行业协会的改革发展，党的十七大提出要规范发展行业协会和市场中介组织，国务院办公厅在2007年以国办发〔2007〕36号文发布《关于加快推进行业协会商会改革和发展的若干意见》，对行业协会的建设提出了要求，指明了方向。资产评估作为市场经济中不可或缺的一个重要组成部分，其行业协会组织建设对保障行业健康发展、维护经济秩序、实现社会稳定具有重要意义。

一、中国资产评估行业协会组织的成立

(一) 行业协会组织的成立

1. 中国资产评估协会的成立

1988年，原国家国有资产管理局"三定"方案，首次规定了资产评估管理职责。1989年10月26日，原国家国有资产管理局资产评估中心正式成立，资产评估有了专门的政府机构实施管理。随着改革开放的发展，资产评估作为一个为市场经济服务的行业逐渐形成，专业研究、执业规范、会员服务等行业自律管理的要求越来越迫切，成立行业自律组织的问题被提上日程。1992年11月，原国家国有资产管理局正式向民政部提出申请，中国资产评估协会筹备工作开始启动。

1993年9月28日，民政部正式批准中国资产评估协会注册。1993年12月，中国资产评估协会第一届会员代表大会在北京举行，中国资产评估协会正式成立。大会选举了第一届领导班子和理事会，原则通过了《中国资产评估协会章程》，明确了中评协的性质、宗旨、职责。围绕"组好中评协秘书处班子，搭好中评协秘书处架子"这一目标，中评协逐步形成了财务部、综合部、会员管理部、考试培训部、仲裁部、方法标准研究部和立项确认处"六部一处"的工作机制。

2. 地方评估协会的组建

地方评估协会是资产评估行业的地方组织。中评协成立不久，辽宁省资产评估协会于1993年10月成立，成为第一家地方协会。此后，在中评协指导下，部分省、自治区、直辖市相继成立了评估协会，一些计划单列市也成立了评估协会。地方协会组建后，按照

协会章程，明确协会职能，健全协会部室架构及其工作机制，积极推进与规范地方资产评估行业建设。

中国资产评估协会的成立和地方协会的逐步建立，标志着资产评估行业协会组织初步形成，开展行业建设有了组织保障。

（二）行业协会组织职能的调整

1. 最初兼有行政管理与行业自律管理职能

中评协建立之初，为充实和加强中评协工作机构和职能，原国家国有资产管理局于1994年将资产评估中心并入中评协，我国资产评估行业管理体制也开始走向政府行政管理与行业自律管理相结合的道路。

2. 注重强化自律管理职能

1997年11月，中评协二届二次理事会提出：建立组织健全、充分发挥服务、监督、管理和协调职责的中国资产评估行业协会。行业组织建设主要任务为：强化中国资产评估协会的行业自律管理职能，使之成为统一我国资产评估行业管理的主体，实现社会中介服务行业由政府直接管理向政府监管、指导下的行业自律管理过渡。

3. 行业协会组织与政府监管部门关系逐步理顺

1998年，国家实施新一轮政府机构改革，原国家国有资产管理局撤销，财政部成立财产评估司，负责国有资产评估项目管理及对资产评估行业的政府监管。中评协不再按授权行使行政职能，仅行使自律管理职能。同年，财政部决定开展全国资产评估行业清理整顿工作。通过一年多的清理整顿，资产评估机构全面实现了脱钩改制，真正成为了独立执行资产评估业务的市场主体，成为行业组织建设的"群众基础"。在清理整顿和脱钩改制工作基础上，中评协开展了行业自律管理探索，积累了丰富经验。这标志着资产评估行业政府行政管理与行业协会组织自律管理关系的明确与理顺，协会组织建设就此真正开启并推进。

二、中国资产评估行业协会组织建设的全面推进

2005年7月,中评协召开了第三次全国会员代表大会,当时的国务院副总理黄菊亲自到会并作重要讲话,表明了党中央、国务院对评估行业的支持与关心,为行业振兴发展指明了方向。第三次全国会员代表大会选举产生新一届领导班子和理事会,通过了修订后的章程等一系列重要文件,确立了行业发展五年规划。第三次全国会员代表大会的成功召开为资产评估行业的组织建设指明了方向,组织建设开始全面推进。2010年第四次全国会员代表大会的召开,进一步健全完善了会员代表大会、理事会、专门专业委员会、协会秘书处和地方协会的行业自律管理组织体系,行业协会组织建设取得了可喜成绩。

(一)修订章程,促进组织建设规范开展

第三次全国会员代表大会通过了新的协会章程,建立健全了协会组织体系,为评估行业的健康持续发展提供了组织保障。《中国资产评估协会章程》是由全国会员代表大会表决通过的,报经行业主管部门(财政部)和国家登记管理部门(民政部)认可的协会"基本法"。其规定的主要内容包括:协会的性质、协会的宗旨、协会的职责、协会会员的构成及其权利和义务、全国会员代表大会的职权、理事会与常务理事会的职权、常设办事机构负责人的职责、专门委员会与专业委员会的设置、地方协会的设置、奖励与惩戒、经费及资产管理等。

(二)明确目标,制定组织建设相关制度

2005年第三次全国会员代表大会提出的组织建设目标为:以服

务和监管作为资产评估行业自律管理的基本手段，本着服务于会员、服务于行业、服务于市场经济的宗旨，健全行业自律组织体系。2010年9月，第四次全国会员代表大会提出，行业组织建设主要任务为：以科学发展观为指引，不断加强自身建设，强化内部管理，增强服务意识和创新意识，探索建立与我国市场经济相适应的行业自律管理组织体系。为此，中评协建立健全了全国会员代表大会工作制度、理事会与常务理事会工作制度、会长会与会长办公会工作制度、专门委员会与专业委员会工作制度、秘书长会与秘书长办公会工作制度、秘书处内部相关工作制度。

（三）不断创新，建立健全组织人员构成体系

在协会权力机构、执行机构、常设办事机构构建方面，注重充分凝聚并发挥政府主管部门、行业相关管理部门、专家学者、地方协会、执业会员等方面的影响和作用，营造良好的决策氛围，将常务理事体系创新设计为一般常务理事和特邀常务理事，会长班子也由多方代表人士构成。

（四）凝聚智慧，成立专门专业委员会

在行业管理和专业研究运行工作机构构建方面，强调积极依靠业内、业外的集体智慧和力量，突出反映履行职责的合理性和规范性，以及处理行业发展中专业管理和专业技术问题的科学性和专业性，营造良好的工作环境，将理事会工作体系创新设计为若干专门委员会和专业委员会。专门委员会是理事会履行职责的专门工作机构，专业委员会是理事会负责处理行业发展中专业管理和专业技术问题的专业工作机构。2001年10月，经中国资产评估协会二届三次理事会批准，中国资产评估协会珠宝首饰艺术品评估专业委员会成立。第三次全国会员代表大会后又相继成立了维权等8个专门委员会及金融评估等7个专业委员会。2012年，为集中优秀专业力

量,形成可持续发展机制,中评协对专业委员会设置进行改革,设置单一的专业委员会,提高委员资格条件,完善工作机制,并创造性地建立专责小组机制和观察员机制。

(五) 适时调整,优化秘书处内部部门设置

秘书处为资产评估协会的常设办事机构,实行秘书长负责制。秘书处负责落实全国会员代表大会、理事会、常务理事会、会长办公会的各项决议、决定,承担协会的日常工作。秘书处根据行业不同发展阶段的特点,明确工作重点,适时调整内部职能部门。2009年,秘书处将分散在各个部门的行业研究职能集中整合,成立了行业发展研究部,深入开展资产评估理论研究工作,搭建行业发展研究平台,为行业科学发展提供理论支撑。2011年,为进一步提高行业影响力和公信力,秘书处整合了分散在各部门的宣传渠道,成立对外宣传部,通过建立和发挥各种宣传阵地和宣传方式,及时有效宣传行业动态和展示行业风貌。2012年,为促进行业人才建设,秘书处成立考培中心,统一组织行业考试和培训工作。

(六) 因地制宜,促进地方协会建设

中评协2004年继续单独设立后,地方协会建设也有很大推进。由于各地评估行业发展水平不一致,中评协以实事求是、确保各项管理工作有效实施为原则,不限定地方协会的名称,不限定其内部组织形式和人员构成,鼓励有条件的地区实行地方协会单设,有效地促进了行业地方协会在全国各省、自治区、直辖市的全面覆盖。

在中评协的指导下,地方资产评估协会建设呈现以下几个方面的主要特点:一是结合当地实际,积极组织、贯彻落实评估行业发展目标和规划、资产评估执业准则、规范和行业自律管理规范,确保中评协顶层设计制定的规划、制度、准则规范等在基层落到实处,见到实效。二是具体组织实施地方范围内的注册资产评估师及

分专业全国统一考试的报名、审核等考试考务工作；负责注册资产评估师注册和会员登记管理；负责对会员执业资格、执业情况进行检查、监督，对会员执业责任进行鉴定，实施自律性惩戒，规范执业秩序；负责资产评估行业教育培训的组织实施工作等，确保中评协的各项重要工作覆盖全国各地。三是直接管理的对象是非证券资格的地方评估机构，这些机构具有量大点多分布广，做精做优任务重等特点，是中国资产评估行业值得重视与支持的重要组成部分。四是作为地方资产评估行业自律性管理主体，地方评协在当地财政部门领导下，履行职能开展工作，反映中小评估机构及评估师利益诉求，促进地方资产评估行业发展；开展当地行业文化建设，推动行业党建工作；办理法律、法规规定和当地财政机关授权或委托的有关事项；完成其他应由地方协会办理的任务等，从而使全国地方评估行业发展出现了各具特色的发展格局和态势。

三、中国资产评估行业协会组织建设的成就

中评协是资产评估行业的自律性管理组织，充满活力、富有效率的行业协会是评估事业兴旺发达的组织保障。经过二十年的不懈努力，中国资产评估行业组织建设取得了一系列成就。

（一）基本形成了系统完整、运作高效的行业自律管理组织体系

中评协现已初步构成了由会员代表大会、理事会、专门专业委员会、协会秘书处组成的、适应行业发展要求的行业自律管理组织体系，在行业管理、专业建设、学术研究、市场开发、人才培养等方面发挥了重要作用，为协会高效有序运行奠定了坚实的组织基础。

（二）基本形成了层次清晰、职责明确的行业自律组织制度

中评协始终将行业治理与决策机制的规范和有效运行放在重要位置，重点从理事会运行层面、行业自律管理层面、协会秘书处管理层面进行规范，完善了制度措施，并按照财政部的有关要求，制定了《财政部中评协工作运行规程》，建立并完善了协会秘书处治理及决策机制，为协会规范运行提供了良好的组织制度保障。

（三）基本形成了管理到位、全面覆盖的行业自律地方组织

全国各省、自治区、直辖市都设立了资产评估协会，大连、宁波、厦门、深圳四个计划单列市也设立了资产评估协会，初步形成了中评协与地方协会上下联动、系统完整的行业自律管理体系。

（四）协会组织建设获得社会高度认可

2011年2月10日，民政部开展全国性行业协会商会等级评估，在全国参评的110家行业协会中，共有7家行业协会获得5A等级，中评协获此最高殊荣，这标志着资产评估行业构建了基本适应行业发展要求的行业自律管理组织体系，为协会高效有序运行奠定了坚实的组织基础。

第三节　中国资产评估行业制度建设

制度建设对于行业规范运行、持续发展、切实发挥服务经济社会功能具有重要意义。评估行业行政管理部门和行业协会始终把行业制度建设摆在重要位置，切实履行职责，推进各项工作，夯实行业基础，有力提升了行业社会公信力。

一、中国资产评估行业制度建设的目标

伴随着国有企业改革,为防止国有资产流失,作为国有资产管理的必备程序和保护国有资产权益的专业手段,资产评估应运而生,承担了国有资产价值尺度功能。随着经济体制改革的不断深入和市场经济的不断完善,资产评估的服务领域和内容实现了较大转变,成为利益相关方实现公平交易、合理保障利益的公认手段,资产评估的市场化价值尺度功能得到越来越充分的体现。

围绕行业服务功能的发挥,行业制度建设的目标是:确立行业的专业定位,促进行业的规范运转,保证行业的服务能力,增强行业的凝聚力。在这一目标指引下,行业制度建设从提供基本服务功能入手,逐步扩展;以建立制度为要务,逐步完善。

二、中国资产评估行业制度建设的主要内容

(一)围绕确立行业专业定位开展制度建设

明确资产评估行业的专业定位,理顺资产评估行业与相关部门、相关组织、企业的关系,是资产评估行业发展的基础。

1991年,为了适应国有企业改革的需要,国务院发布《国有资产评估管理办法》(国务院令第91号)。为贯彻执行91号令,原国家国有资产管理局制定了《国有资产评估管理办法施行细则》(国资办发[1992]36号)。91号令及其施行细则规定并解释了应当进行评估和可以进行评估的情形,首次将资产评估确定为国有资产经营管理中的重要程序,为全国资产评估活动的有序开展和逐步形成全国统一的资产评估行业体系奠定了初步的法规基础。

除91号令外,中评协在财政部指导下,积极参与了公司法、证

券法、公路法等相关法律法规的制定、修订工作，就其中有关资产评估的条款进行了认真而又充分的研究，提出了系统、有针对性的修改意见和建议，在公司注册、特许经营、资产担保、投资入股等领域确立了资产评估的作用。

此外，为促进资产评估在特定资产的产权交易或特定经济行为中发挥作用，中评协在原国家国有资产管理局和财政部支持下，积极与相关资产管理部门协调，促成了相关部门以行政规范性文件形式对知识产权、森林资源资产等特定资产的评估或金融不良资产处置等特定经济行为中的资产评估事项作出规定，逐步巩固了资产评估的服务市场，保证了资产评估功能的发挥。

随着我国社会主义市场经济逐步完善，以及资产评估行业的进一步发展，评估市场"多头管理"等问题日益突出，迫切需要从法律层面确立资产评估的法律地位、统一评估市场。财政部和中评协深入开展相关研究，努力推动评估立法。十届全国人大常委会把资产评估法确定为立法规划项目。2012年2月27日，十一届全国人大常委会第二十五次会议初次审议了《资产评估法（草案）》。资产评估法的制定，将进一步巩固资产评估行业的法律地位，促进资产评估行业健康发展。

（二）围绕保障行业规范运行开展制度建设

保证行业规范运行的制度主要包括维持协会有效运转的制度，维持行业执业人员规范执业的执业标准体系和执业监管制度。

1. 协会运转制度

行业行政管理部门和中评协在细心呵护新生的资产评估行业的同时，着力加强协会运转制度建设，培育资产评估行业自律能力。1996年8月，中国资产评估协会第二次全国会员代表大会通过《中国资产评估协会章程》（中评协〔2005〕185号），明确了协会的职能、定位和管理方式等内容，开启政府监督指导下的行业自律管理。为保证协会有效运用,在行业行政管理部门的正确领导和支持下,协会认真摸索并总结行业发展的内在规律和要求,积极探索社会主义市场经济条件下行业自律的实现途径,加快行业协会运行类制度建设的步伐,制定了《中国资产评估协会理事会工作规则》等协会各组织机构工作规则,以及《中国资产评估协会会议管理制度》等运行制度,为协会的规范运作打下了良好的基础。

2. 执业标准体系

资产评估执业标准是指导和规范评估师执业的重要依据,对于行业价值尺度功能的发挥、促进行业规范运行起到了基础作用。国家相关部门发布的指导资产评估行业执业的行政规范、部门规章、规范性文件,以及行业自律组织发布的评估准则,构成了资产评估行业的执业标准。

91号令及其施行细则规定了资产评估的基本方法和操作程序,是指导评估业务的基本要求。行业行政管理部门和行业协会多年来在此基础上,发布了一系列指导评估操作的制度。

行业发展初期,原国家国有资产管理局、财政部和相关资产管理部门主导了执业标准的制定,以发布行政文件方式,指导评估实践。中评协作为行业自律组织,在执业标准制定上也逐步发挥重要作用。其中,中国资产评估协会制定、原国家国有资产管理局以国资办发〔1996〕23号发布的《资产评估操作规范意见(试行)》,和财政部以财评字〔1999〕91号文发布的《资产评估报告基本内容与格式的暂行规定》,对资产评估基本原则和基本方法、资产评估操作程序、资产评估报告基本内容与格式进行了具体规定,具有较强的指导性和规范性。两个文件的发布,完善了资产评估工作程序,规范了资产评估行为。这两个文件在此后十多年中一直发挥着基础性执业标准作用,对这一时期评估行业执业理念的形成和规范发展产生了深远的影响。

以准则形式规范行业执业行为,是专业服务领域通行的做法。

1998年，中评协开始在评估准则制定方面进行探索和准备。在财政部的领导下，中评协充分协调行业主管部门、监管部门、委托方、评估报告使用者、科研单位和行业自身力量，积极推进并加快评估准则的制定工作，本着国家标准、国际视野，遵循"搭建体系和服务市场并重"的原则，准则建设取得了丰硕成果。2001年，第一项资产评估准则《资产评估准则——无形资产》（财会［2001］1051号）由财政部发布，开启了我国资产评估行业以评估准则形式规范执业行为的时代。2004年，财政部发布《资产评估准则——基本准则》和《资产评估职业道德准则——基本准则》（财企［2004］20号），标志着评估准则体系初步建立。此后，以两个基本准则为依据，评估行业根据执业需求和市场需要，制定、修订了多项准则。截至2012年年底，资产评估准则共有26项。这些准则的制定和实施，对于规范执业行为、加强行业监管、促进行业规范运转具有重要作用。

3. 执业监管制度

资产评估执业监管工作是促进执业标准有效实施的重要手段，是维护资产评估行业健康运行的保障。

1995年开始，原国家国有资产管理局、财政部和中评协陆续发布了《资产评估执业人员自律守则》（国资评协发［1995］3号）、《国有资产评估违法行为处罚办法》（财政部令［2000］第15号）、《资产评估执业行为自律惩戒办法（试行）》（中评协［2005］183号）、《中国资产评估协会会员诚信档案管理暂行办法》（中评协［2006］96号）、《资产评估行业谈话提醒办法》（中评协［2006］97号）、《资产评估执业质量自律检查办法》（中评协［2006］98号）等一系列监管规范，明确了执业人员职责，逐步建立了问题处理机制、监管行为记录机制、行政处罚机制和自律检查工作机制。

（三）围绕增强行业服务能力开展制度建设

行业服务能力来自合格的评估机构和胜任的评估师。在相关制度建设中,通过建立评估师的考试、注册制度以及评估机构准入制度,保证评估行业的基本服务能力;通过建设继续教育制度,保证评估行业具有持续的胜任能力。

1. 评估师准入制度

我国资产评估行业产生初期,行业准入管理中只针对评估机构进行资格审批,执业人员则无从考核,这是行业准入制度的重大不足。1995年,为提高执业人员素质,建立一支符合市场需求的专业队伍,按照行业管理的基本要求,建立了考试选拔和资格注册相互衔接配套的注册资产评估师准入制度。

评估师准入制度包括注册资产评估师执业资格考试制度和注册资产评估师执业资格注册登记制度。中国注册资产评估师执业资格考试制度由原人事部和原国家国有资产管理局于1995年联合建立,原人事部和财政部分别于1999年和2002年进行两次调整,对报名条件、免试科目等作出新的规定,增加了考试科目,拓宽了考试内容,加大了考试难度,适当调整了报名条件,延长了考试成绩的有效期限。注册资产评估师执业资格注册登记制度由原国家人事部和原国家国有资产管理局于1995年建立。2004年,国务院以国发〔2004〕16号文发布了《国务院关于第三批取消和调整行政审批项目的决定》,改变注册资产评估师注册管理方式,不再作为行政审批,实行自律管理。为适应这一改变,2005年7月,中评协发布了《注册资产评估师注册管理办法》(中评协〔2005〕90号)等一系列办法,对注册条件、程序、日常管理、转所、惩戒、年检、证书管理等内容作出了规定,完善注册管理工作体系。

2. 评估机构准入制度

为了保证评估机构执业能力,行业行政管理部门和行业协会建立完善了资产评估机构管理制度。原国家国有资产管理局1990年发布、1993年修订的《资产评估机构管理暂行办法》,以建立基本服务能力为目的,明确了挂靠制下评估机构的准入条件。评估机构脱钩改制后，财政部先后发布了《资产评估机构管理暂行办法》（1999年）、《资产评估机构审批管理办法》（2005年）和《资产评估机构审批和监督管理办法》（2011年），针对已经成为独立运营的市场主体的评估机构的管理特点，以维持并发展不同层次服务能力为目标，对不同组织形式的评估机构分别规定了具体的准入条件。这些制度为保证评估机构风险承受能力和服务能力，促进评估机构规范发展，发挥了重要作用。

3. 继续教育制度

市场经济的不断完善对行业提出了更高的要求，行业服务领域的不断拓展也对执业人员的胜任能力带来挑战，继续教育制度是保证行业适应这些变化的重要措施。

1998年，财政部发布了由中评协起草的《注册资产评估师后续培训制度（试行）》（财评协字[1998]2号），对注册资产评估师后续培训的内容、课时及组织管理等作出明确规定，建立了注册资产评估师的继续教育制度。此后中评协分别于2005年和2008年发布《中国注册资产评估师后续教育培训大纲》（中评协[2005]34号）和《中国注册资产评估师继续教育制度》（中评协[2008]156号），对继续教育内容、考核、形式、学时等内容作出进一步规定，继续教育制度不断完善。

继续教育制度的建设，为行业人才培养工作正规化、制度化，促进行业服务能力提升起到了重要作用。

（四）围绕增强行业凝聚力开展制度建设

会员是协会的主体，是协会存在和发展的基础。资产评估行业会员很多是跨行业、跨专业的复合型人才。开展有效的、人性化的管理和服务，可以增强行业凝聚力，吸引更多人才专职从事资产评估事业，促进行业可持续发展。围绕增强行业凝聚力，行业行政管理部门大力支持行业协会积极探索为会员管理和会员服务的思路、途径、方法。

1. 会员制度的建立

行业建设初期，行业会员以团体会员和执业会员为主。原国家国有资产管理局于1995年发布《中国资产评估协会会员管理办法》（国资评协〔1995〕2号），为会员管理和服务提供了制度依据。

随着行业的发展、社会影响力的提升和考试制度的建立，一些通过考试或合法认定取得注册资产评估师资格但不在评估机构执业的人员，以及从事资产评估研究、管理、教学的人员等，也成为资产评估行业建设的重要力量。吸引并留住这些专业力量，做好管理和服务，也成为行业管理工作的重要内容。1999年，中评协发布《中国资产评估协会非执业会员登记管理暂行办法》（评协字〔1999〕29号），建立了非执业会员的管理服务制度。

上述两项制度，确立了覆盖团体会员和个人会员、执业会员和非执业会员的会员管理服务制度。

2. 会员制度的创新

为适应行业发展对会员管理和服务的需要，中评协于2006年对《中国资产评估协会会员管理办法》进行了修订，提出了会员服务新模式。主要体现在：一是为会员规范执业提供服务，增加归属感；二是为会员改善执业环境提供服务，增进忠诚度；三是为会员树立执业形象提供服务，增进荣誉感；四是为会员提高执业地位提供服务，增进价值感。中评协还在会员管理、会员申诉、会员诚信档案管理等方面制定制度。同时，中评协积极采取措施扩大行业的社会影响，丰富会员生活，增强行业凝聚力。2012年，中评协再次修订了《中国资产评估协会会员管理办法》，扩大了见习会员、联系团体会员和联系个人会员范围，对执业会员范围、当然团体会员条件和程序、会员的会籍管理、入会程序、退会程序进行了完善。

会员管理和服务制度的完善，实现了从管理为主到管理与服务并重、从团体会员为主到团体与个人会员并重、从执业会员为主到执业与非执业会员并重、从行业从业人员为主到行业内外专业人员并重的转变，体现了全面服务和吸引专业人才的精神，有助于增强行业凝聚力和影响力。

三、中国资产评估行业制度建设的成果

在行业行政管理部门、行业协会和行业全体执业人员的共同努力下，在社会各界大力支持下，行业制度建设取得了丰硕成果。

（一）行业执业领域更加广泛

制度建设为行业巩固了传统市场，拓展了新兴市场，促进了行业稳步发展。评估立法工作取得重大进展，已经进入立法审议程序，将为行业规范发展提供保障。

（二）协会运行制度逐步健全

已建成完备的协会管理框架运行制度和协会内部管理制度，支撑了行业规范管理和运行。

（三）执业准则体系已经建立

已建成较为完善的评估准则体系。至2012年，我国资产评估行业共有评估准则26项，包括2项基本准则、12项具体准则、4项评估指南、8项指导意见，覆盖了主要的执业领域和执业流程，形成了符合我国国情、与国际趋同、兼容性强的较为完整的评估准则体系。这些准则规范了评估执业行为，保障和提升了行业社会公信力，增强了行业可持续发展能力。

（四）业务监管制度逐步配套

已建成涉及监管依据、业务检查、问题处理和行为记录全过

程，比较完善的执业监管制度，对于加强资产评估行业管理、提高评估机构、注册资产评估师职业素质和执业质量、防范执业风险、规范对会员违规行为的惩戒、促进行业规范运转起到了重要作用。

（五）能力提升制度科学有效

建成了严格的行业准入制度和继续教育制度，保证了行业服务能力的高起点和后续维持。

（六）会员管理制度基本完善

建成了创新、务实、包容的会员管理制度，体现人性服务理念，有助于提升会员的荣誉感和责任感，增强行业凝聚力。

第四节 中国资产评估行业市场建设

中国资产评估行业发端于中国经济体制改革的需要，经过二十多年的市场建设，其市场定位从仅仅服务于国有企业改制、维护国有资产的合法权益，逐步过渡到为市场经济的各类主体发挥价值发现专业服务功能，成为市场经济不可或缺的重要组成部分，资产评估行业自身也完成了从被动依赖政府给市场，到主动出击找市场的角色蜕变。

一、中国资产评估行业市场建设主要内容

在总结多年市场建设经验的基础上，评估行业按照稳定传承、持续发展、科学创新的思路，巩固和挖掘传统市场、积极开拓新兴市场、努力培育潜在市场。

(一) 延续和深化传统市场

评估的传统市场主要是企业改制、中外合资合作经营、企业并购重组、产权交易等与产权变动和资产出资相关联的价值评估。传统的评估对象主要是机器设备、不动产、无形资产、企业价值、非货币资产出资中的资产。评估行业注重巩固和挖掘传统的评估业务，提升评估服务质量，维护资产所有者、债权人及相关利益方的合法权益，推动资产合理定价和流转配置。同时，经济发展方式转变和产业结构调整为资产评估提供了更加广阔的发展空间。一是国有企业公司制股份制改革进一步深化，国有经济布局和结构优化加快进行，民营资本正在向国民经济众多行业发展。二是企业产权转让、并购重组等出现新的变化，不仅国有企业之间的产权转让和并购重组活动日益频繁，国有企业与非国有企业之间的并购重组活动也不断增加。三是企业做大做强稳步推进，一批具有较大规模、较高管理水平、较强自主创新能力和国际竞争力的大型企业正在崛起。四是企业战略发展与资本市场的结合更加紧密，企业整体上市逐步成为主流。这使得传统评估市场的需求日益增多并向纵深拓展，传统的客户出现很多新的评估需求。根据这一发展情况，评估行业不断适应经济发展的新形势，不断巩固和深入挖掘传统市场的新需求，把评估业务做精做细。

(二) 开拓新兴市场

随着我国改革开放和现代化建设进入一个新的发展阶段，资产评估行业也面临着难得的历史发展机遇。资产评估行业适应新形势、新变化，抓住机遇，迎接挑战，不断拓展服务领域，提升执业能力，加快发展步伐。在做好传统业务的同时，认真研究国家各项改革政策，了解政府及市场需求，寻求并培养新的评估业务增长点；研究经济走出危机后的全新评估市场趋势，根据自身专业特长，注重开辟新兴市场，努力构建适应经济发展需求的资产评估市场体系。一是我国实施"走出去"发展战略迈出坚实步伐，开放型经济进入新阶段，越来越多的企业到境外投资办厂，参与全球资源配置。跨国并购需要评估咨询发挥重要专业服务作用。二是体制改革产生了新的评估服务需求。如财税改革、文化产业大繁荣大发展、创新型国家战略实施等都需要评估发挥积极作用。三是新的经济和社会管理方式要求评估行业在生态文明建设、金融风险防范、以财务报告为目的的评估、投资性房地产评估、涉税扣除、财产损失评估、不良资产的动态评估、信息咨询、司法诉讼、反腐倡廉等方面发挥作用。四是新兴市场领域产生了新的评估需求。如知识产权质押融资评估、无居民海岛开发、技术产权转让评估、林权评估、碳排放交易评估、灾害补偿评估、创业投资评估、私募股权投资评估等。评估行业紧跟改革步伐，大力开拓新兴的评估服务领域，延伸服务范围，提供更加优质、高效的专业服务。五是科学技术的发展以及国际社会出现新的关注点，对资产评估产生了新的需求。

（三）培育潜在市场

促进经济结构调整，加快经济发展方式转变，深化改革，扩大开放，完善市场体系，孕育着巨大的评估需求。为培育潜在市场，行业积极探索服务于公共财政项目管理和绩效评价的评估；研究与资产价值评定相关的税基评估；开拓与企业资产财务状况评价相关的资信评估；与资本市场创新和规范相关的证券资产评估等，为评估行业创造了广阔的潜在业务领域。评估行业积极研究，认真对待，把握机会，寻找评估的切入点，找准定位，充分发挥价值服务的专业作用。

二、中国资产评估行业市场建设的方式

（一）充分挖掘法定市场

行业发展初期，对评估行业的管理以政府为主导，政府部门根据经济体制改革和社会发展管理的需要，充分信任、支持、运用资产评估行业，在相关的法律、行政法规和规章中做了一系列的制度安排，发挥资产评估的专业优势与功能，使得资产评估法定的业务领域不断拓展。

1989年，原国家国有资产管理局单独或会同国家体改委、国家计委、财政部等部门发布文件，规定了必须进行资产评估的经济行为，包括租赁、联营、股份经营、兼并和出售国有企业、破产清理、企业结业清理、中外合资、合作经营等。1991年《国有资产评估管理办法》（国务院令第91号）进一步扩大了资产评估范围，要求凡是涉及国有资产产权或经营主体发生变动的经济行为都要进行资产评估。2008年，《企业国有资产法》发布，从法律层面规定了国有资产评估的范围。

随着《公司法》、《拍卖法》、《公路法》等一系列法律和一些部门规章、司法解释相继出台，资产评估范围进一步扩展到公司注册、资产拍卖、特许经营、司法赔偿等领域。这一系列重要法规的出台，使资产评估的法定业务领域不断拓展，为资产评估行业发展奠定了良好的制度基础。

（二）通过协调拓展市场

中评协作为行业自律组织，始终重视市场建设工作，尤其在2004年分设之后，首次明确了市场建设在行业中的引领地位，把行业市场建设的理念树立为行业指导方针。

中评协积极与财政部、国资委、证监会等政府监管部门加强协调，通过协调沟通，对在市场建设中与现有政策法规中不协调的内容进行补充完善，对现有政策法规中不适应评估行业市场建设的内容提出合理的意见和建议。借鉴吸收监管方的监管经验，通过协调平衡行业市场建设与监管要求，最终促进评估行业科学健康发展。

中评协认真研究国家各项改革政策，了解政府及市场需求，寻求并培养新的评估业务增长点。研究市场趋势，根据自身专业特长，注重开辟高端业务、前沿业务、潜在业务领域，找准评估市场定位，体现评估服务价值，努力构建适应经济发展需求的资产评估市场体系。

为了鼓励资产评估机构积极进行市场拓展，中评协发布《关于开展资产评估新业务报备工作的通知》，建立资产评估新业务报备制度。在业务报备基础上，积极开展政策指导和技术支持，通过鼓励创新、支持创新，促进评估机构自发拓展市场。

（三）通过服务延伸市场

资产评估机构在做好法定业务的同时，依靠行业公信力与专业优势，努力满足社会改革和经济发展中出现的需求，并将业务范围向评估业务上下游延伸：一是在做好传统业务评估前，积极为客户提供预估咨询、方案制定等咨询服务，将服务链向上延伸；二是在做好传统业务评估后，协助资产交接、资产处置、企业托管以及代理企业注销等咨询服务，将产业链向下延伸；三是在工作中注意挖掘新业务，积极开拓投资咨询等咨询业务。

三、中国资产评估行业市场建设主要成就

（一）形成了一套行之有效的市场开拓路径

市场是行业发展的基石。通过多年的探索实践，资产评估行业

建立了一套市场开拓的有效路径,即按照"发现市场——研究市场——固化市场——发展市场"的路径不断拓宽服务领域,延长评估服务链条,扩大服务辐射面,拓展评估市场。中国资产评估协会以拓展服务领域为目标,以加强理论研究为基础,以规范业务和服务市场并重为原则,积极推广最佳执业实践,帮助和引导评估机构拓展评估领域。

(二)资产评估渗透到经济领域的方方面面

目前,评估服务范围从国有经济扩大到各种所有制形式,从实体资产扩大到虚拟资产。评估服务的经济行为涉及资产交易、企业重组、抵押担保、公允价值计量、法律诉讼等诸多方面。

(三)资产评估成为经济和社会管理的重要参与者

多年的市场开拓使监管部门高度重视资产评估的专业力量,强调利用资产评估工作强化监管,将资产评估专业服务规定为经济行为必备要件。财政部、国务院国有资产监督管理委员会将资产评估作为维护国有资本权益、提升国有资产管理质量的重要环节;中国证监会把资产评估作为上市公司重大资产重组定价的核心环节;质检总局、银监会、知识产权局、林业局、版权局等也高度重视发挥评估的积极作用,在品牌发展战略、金融风险防范、知识产权战略实施、林权制度改革、文化产业改革等重大改革推进和政策出台之时,都重视资产评估的专业价值服务作用。

政府部门逐渐重视资产评估行业所提供的非价值估算类服务方面的作用,把资产评估作为社会管理的基础性工作。国家"十二五"规划纲要指出,发挥各类社会组织的协同作用,推进社会管理的规范化、专业化、社会化和法治化,这就明确了专业组织在新时期的新角色。多年的行业市场建设使资产评估行业成为社会管理的重要参与者、社会管理创新的自觉实践者和重要推动者,在提升社会管理科学化水平方面发挥了重要作用,成为社会管理服务的重要角色。其重要性主要表现在:一是提供政府需要的专业服务,服务政府职能改革,发挥熟悉经济环境、企业情况、市场信息等优势,为政府提供独立、客观的专业意见,帮助政府提升行政管理效率和水平;二是政府各部门充分认识到资产评估行业能够提供独立、客观、公正的评估专业报告,为政府反腐倡廉、判断国家的利益损失提供价值参考,履行专业监督职能,帮助有关各方协调利益、化解矛盾,维护社会公平正义,促进社会和谐稳定。

第五节 中国资产评估行业执业机构建设

随着我国经济体制改革的不断深入和市场经济的逐步完善,我国评估机构从无到有,由小到大,经历了一个不断市场化的发展过程。

一、评估机构管理体制逐步理顺

结合社会经济环境,不同时期的评估机构管理体制几经变更,不断完善,行政管理和行业自律管理有机结合,有力促进了评估机构建设。

(一)挂靠制实现了评估机构的快速发展

早期的资产评估机构,大多挂靠于党政机关、政法机关、社会团体、事业单位或者企业,其组织人事、财务管理、业务承揽都受挂靠单位管理。挂靠制在评估机构建设过程中,发挥了保障信誉、资金支持、合理布局等积极作用,是当时的经济环境下一条低成本的发展路径,促进了评估行业的较快发展。在挂靠单位支持下,评估机构为服务社会主义经济建设,维护正常的经济秩序发挥了重要作用。

但是,挂靠制也产生了干扰评估机构决策、分享评估机构财务成果、损害评估机构独立性、分割评估业务市场、导致不公平竞争等问题。随着经济体制改革的不断推进,这些问题严重制约了评估行业服务经济社会的能力。

(二)脱钩改制使评估机构走向市场

根据建设社会主义市场经济的需要和政府职能转变的要求,为推进资产评估行业的健康发展,保证评估机构独立、客观、公正执业,逐步建立起一支与社会主义市场经济发展相适应的资产评估队伍,根据党中央、国务院《关于中央党政机关与所办经济实体和管理的直属企业脱钩有关问题的通知》(中办发[1998]27号)精神,财政部发布《关于资产评估机构脱钩改制的通知》(财评字[1999]119号),要求评估机构脱钩改制,从人员、财务、业务、名称等方面与挂靠单位脱离关系。

脱钩改制工作于1999年底基本完成。评估行业形成了以注册资产评估师为投资主体、独立承担法律责任的运行机制,评估机构成为自主经营、自担风险、自我约束、自我发展的社会专业服务机构。

(三)自律管理实现与行政管理的有效配合

在评估机构发展的不同时期,行业协会一直是评估机构行政管理的有效补充力量。

挂靠制时期,原国家国有资产管理局作为行业行政管理部门负责评估机构的审批与管理。中国资产评估协会于1993年成立后,开始作为行政管理的重要补充机制发挥作用,与原国家国有资产管理局评估中心共同负责组织、管理、指导和监督全国资产评估机构的工作，并直接审批、管理中央级的资产评估机构。已经成立的地方协会参与管理地方审批的资产评估机构。

1998年政府机构改革后，资产评估机构的管理职能由财政部承担。中评协和地方协会继续协助财政部门开展相关工作。

2000年，中评协与中国注册会计师协会合并。受财政部委托，合并后的中国注册会计师协会行使资产评估行业管理有关的行政职能。

2004年，《国务院关于第三批取消和调整行政审批项目的决定》（国发〔2004〕16号）将资产评估机构的设立许可权下放，由各省、自治区、直辖市财政部门行使。财政部收回资产评估行业行政职能。配合这些变化，财政部2005年出台了《资产评估机构审批管理办法》（财政部令第22号），2011年对22号令修订完善后发布《资产评估机构审批和监督管理办法》（财政部令第64号）。行业协会根据财政部要求和相关规定，协助财政部门开展相关工作。

二、评估机构准入制度逐步完善

适应不同发展阶段评估机构管理的需要，我国评估机构准入制度多年来几经修订，逐步完善。准入制度的变化，体现了行业管理制度随经济环境变化和管理经验积累而不断创新发展的过程。

（一）以保证基本执业能力为目标建立准入机制

自资产评估工作诞生开始，资产评估公司、会计师事务所、财务咨询公司、审计事务所等诸多机构都可以从事资产评估工作，为了加强资产评估机构管理，搞好国有资产评估工作，维护资产所有者和经营者的权益，原国家国有资产管理局于1990年5月31日发布《资产评估机构管理暂行办法》（国资办发〔1993〕58号）和《关于从严审批资产评估机构评估资格的通知》（国资办发〔1990

46号),首次提出从事资产评估业务的机构必须具备资产评估资格证书,并对审批评估资格提出了具体的要求。这两个规定构建了评估机构最初的准入机制。

随着市场经济的发展,为适应《国有资产评估管理办法》(国资办发〔1992〕6号)和《国有资产评估管理办法施行细则》(国资办发〔1992〕36号)的政策环境,结合1990年以来评估机构管理实践,原国家国有资产管理局于1993年10月27日修订并重新发布了《资产评估机构管理暂行办法》(国资办发〔1993〕58号),首次明确了具体准入条件和评估资格要求。在专业人员方面,会计经济人员、工程技术人员共不少于10人,其中土地建筑、机电设备、会计、经济人员分别不少于2人;具有中级以上专业技术资格的应占50%以上;专职的职龄人员不得少于40%,最低不得少于8人;会计师事务所、审计事务所、财务咨询公司等机构从事资产评估业务,应设立专职的资产评估部门,配备专职评估人员。

(二)以建立法人机制为目标调整准入条件

1998年政府机构改革后,资产评估机构的管理职能由财政部评估司承担。与此同时,全国范围内开始了中介行业的清理整顿、脱钩改制,1999年,评估机构经历了脱钩改制和清理整顿后,成为自主经营、相对独立的市场主体,评估机构性质发生了变化,确立了真正的法人机制,对资产评估机构提出了更新、更高的要求,原有的资产评估机构管理办法已不适应新形势的需要。因此,财政部修订并印发了《资产评估机构管理暂行办法》(财评字〔1999〕118号,以下简称118号文),暂行办法中以法人机制为基础,对不同组织形式的评估机构设置了不同的准入条件。合伙制评估机构应当有2名以上合伙人,3名以上注册资产评估师,8名以上专业职龄人员,合伙人实际出资总额在人民币10万元以上。有限责任公司制评估机构应当有2名以上出资人,8名以上注册资产评估师,12名以上专业职龄人员，注册资本在人民币 30 万元以上。会计师事务所、审计事务所、财务咨询公司从事资产评估业务的，机构的合伙人或发起人中须有一名以上注册资产评估师，且专门从事资产评估业务，设立专职的资产评估部门，配备 3 名以上注册资产评估师，财务独立核算。118 号文还针对评估业务管理需要，提出了资产评估机构等级管理制度，这些新规定是加强评估机构管理的重要措施，是评估机构管理体制中的重要改进。随后又出台了《关于中介组织出资设立资产评估机构和资产评估机构设立分支机构的暂行规定的通知》（财评字［1999］564 号），对 118 号文进行了一个必要补充。

准入条件的调整，实现了资产评估机构市场化的大转变，推动评估机构成为独立的市场主体。

（三）以专业化为目标完善准入机制

2005 年，按照《国务院办公厅转发财政部关于加强和规范评估行业管理意见的通知》（国办发［2003］101 号）的要求，财政部针对评估机构数量增长速度高于评估收入增长速度、专兼营机构准入条件不平等、执业资质管理不到位、分支机构管理不规范等问题，同时为配合 2004 年国务院以国发［2004］16 号文发布关于第三批取消和调整行政审批项目的决定，将资产评估机构的设立许可下放由各省、自治区、直辖市财政部门行使的变化，于 5 月 11 日发布了《资产评估机构审批管理办法》（财政部令第 22 号），提高了资产评估机构准入条件，将合伙制评估机构的注册资产评估师数量由 3 名提高为 5 名；取消法人出资，规定评估机构全部由自然人设立；取消了兼营机构的准入规定；放宽了少数民族地区和经济欠发达地区准入条件等。

2011 年，针对财政部门对资产评估机构的后续管理缺乏依据且没有相应的监管手段、对资产评估机构的变更行为规定不完善、对资产评估机构的合并分立和跨省迁移以及组织形式转换等缺乏明确规定等情况,财政部于8月颁布了《资产评估机构审批和监督管理办法》(财政部令第64号),进一步丰富和完善了资产评估机构审批规定,将特殊的普通合伙形式的资产评估机构合伙人实际缴付的出资总额由原规定的10万元提高为30万元,并对分支机构管理模式、监督管理、法律责任等提出了新的规定,这也对评估机构准入机制的有效运转提供了强有力的保障。

22号令和64号令的发布,推动并实现了资产评估行业向专业化方向发展,也标志着资产评估行业至此进入了规范管理的阶段。

三、评估机构组织形式不断演进

评估机构组织形式受风险承担方式、业务发展水平、评估机构规模等因素影响。我国评估机构组织形式的演变,既是执业理念在组织形式上的反映,也是我国评估行业执业环境改善的表现,更是我国评估行业走向国际的客观需求。

在发展初期,评估机构属于挂靠单位的附属机构,资产归国家所有,法律责任也由国家承担。这一阶段,评估机构组织形式没有统一规定。

1998年评估机构脱钩改制后,评估机构和评估师成为执业责任的承担主体,不同组织形式下执业责任的承担方式不同,组织形式的选择成为评估机构走向市场不可回避的问题。为此,《资产评估机构管理暂行办法》(财评字[1999]118号)规定,资产评估机构主要形式为合伙制,具备条件的也可以采取有限责任公司形式。22号令规定评估机构组织形式为合伙制和有限责任公司制,评估机构可以根据自身情况自主选择组织形式。

2006年,《合伙企业法》修订,增加了"特殊的普通合伙制",合伙人在执业活动中因故意或者重大过失造成合伙企业债务的,应当承担无限责任或者无限连带责任,其他合伙人以其在合伙企业中的财产份额为限承担责任;合伙人在执业活动中非因故意或者重大过失造成的合伙企业债务以及合伙企业的其他债务,由全体合伙人承担无限连带责任。"特殊的普通合伙制"最大限度地保留了合伙文化的精髓,同时保护了无过错方的合法权益,适合评估行业等专业服务行业。64号令根据合伙企业法的最新规定,在评估机构组织形式中引入了特殊普通合伙。

随着我国市场经济不断发展完善,以及各项改革开放的纵深推进,迫切需要一批具有较大规模、较强实力、较高执业水平,能满足国内经济发展需求,并能参与国际竞争的评估机构。2009年,财政部发布《关于推动评估机构做大做优做强的指导意见》(财企〔2009〕453号)。结合指导意见的要求,为发挥优质评估机构的技术、管理优势,实现规模化、品牌化、跨区域发展,提高综合服务能力,财政部又于2010年发布《关于评估机构母子公司试点有关问题的通知》(财企〔2010〕347号),决定在资产评估行业开展母子公司试点工作,发挥优质评估机构的技术、管理优势,实现规模化、品牌化、跨区域发展,提高综合服务能力。母子公司试点是我国专业服务机构发展方式的创新,对我国评估机构做大做优做强,促进评估行业走向国际具有重要意义。2012年,财政部发布《中国资产评估行业发展规划》(财企〔2012〕330号),要求五年内实现资产评估机构规模优化、布局合理。加快形成特大型、大型和中小资产评估机构协调发展、有序竞争的合理布局。母子公司试点工作是落实行业发展规划的重要保障之一。

四、评估机构内部运作逐步规范

评估机构内部运作机制的完善对于合理有效配置各类资源,提高执业质量,促进人才和机构成长,提升行业水平和公信力具有重要意义。在推进评估机构管理体制、机构准入、组织形式建设的同时,行业行政管理部门和行业协会从完善评估机构内部管理机制、规范业务质量控制措施入手,积极推动评估机构规范运作,取得了丰硕成果。

(一)指导评估机构加强内部治理

2009年,财政部发布了《资产评估机构职业风险基金管理办法》(财企〔2009〕26号)。中国资产评估协会以中评协〔2010〕121号文,发布了《评估机构内部治理指引》等多项评估机构内部治理相关规范。这些制度的建立,有助于规范资产评估机构内部治理,完善评估机构内部决策管理机制,提高评估机构执业水平和社会公信力。

(二)促进评估机构加强业务质量控制

2010年12月,中评协发布了《评估机构业务质量控制指南》(中评协〔2010〕214号),明确了评估机构及其人员的质量控制责任,规范了各业务环节的质量控制措施,有助于提升评估机构的业务质量控制水平。

五、提升评估机构综合能力

为使资产评估机构全面健康发展,引导资产评估机构有序竞争,树立资产评估机构以质量求生存、以信誉求发展的理念,中国资产评估协会于2007年研究制定了《资产评估机构综合评价办法(试行)》(中评协〔2007〕109号)。该办法通过构建一套以质量评价为主线的评估机构综合评价体系,向社会公开披露有关排名信息,方便监管方、委托方、评估报告使用者和社会公众了解评估机构情况。该《办法》采用了评估机构综合评级和单项指标排名两种方法相互配合的信息披露方式。综合评级全面客观反映评估机构以质量为主线的总体执业状况和执业能力,单项指标排名反映评估机构的某项指标的客观情况及在行业中的位置。

六、评估机构建设的成果

在行业行政管理部门、行业协会和行业全体执业人员共同努力下,评估机构建设取得很大进展。

评估机构数量取得较大增长。截至2012年年底,全国共有资产评估机构2901家。评估机构的品牌影响得到增强,品牌效应逐步显现,带动了行业影响力的提升;评估机构执业水平提升,带动了行业服务能力的提升;评估机构诚信水平不断提高,带动了行业正面形象的提升;评估机构综合实力提升,带动了整个行业核心竞争力不断提升。

第六节 中国资产评估行业人才队伍建设

资产评估人才是我国人才队伍的重要组成部分,是维护市场经济秩序、推动经济科学发展、促进社会和谐的重要力量。人才关系到行业的可持续发展,更关系到资产评估促进经济社会发展的职能作用得到有效发挥。多年来,中评协坚持"人才是第一生产力"的理念,围绕"打造一支适应市场经济要求、具有市场竞争力的评估机构和一支具有良好职业素质、较强专业能力的评估师队伍"目标,结合资产评估专业特殊、知识结构多元、新业务日益增多等特点,全方位推进人才培养。

一、建立完备的人才队伍教育培训体系

人才队伍建设是一个系统性工程,相关制度的建立健全和体系的构建是推进人才队伍建设的基础和保障。

(一)建立完善注册资产评估师考试制度,为行业选拔合格人才

1. 注册资产评估师考试制度的建立

1992年,原国家国有资产管理局提出"发展专职评估师队伍,在条件成熟时尽早建立评估师职称制度","尽早推行注册资产评估师考核制度"的建议。1993年,中评协明确提出了要建立注册资产评估师制度。1995年,原国家国有资产管理局资产评估中心决定编写相关科目考试大纲,建立相应的教材体系。

1995年,原国家人事部和原国家国有资产管理局联合发布了《注册资产评估师执业资格制度暂行规定》和《注册资产评估师执业资格考试实施办法》(人职发〔1995〕54号),建立了注册资产评估师执业资格制度。此后,执行资产评估业务必须通过考试或者考核取得注册资产评估师资格并注册,标志着我国注册资产评估师考试基本制度、组织管理制度的正式确立,行业准入制度开始走向规范化的轨道。注册资产评估师制度的建立,解决了资产评估行业的人才选拔短板。

2. 注册资产评估师考试制度的完善

1999年原人事部和财政部联合发布了《关于调整注册资产评估师执业资格考试有关规定的通知》(人发〔1999〕23号),对注册资产评估师考试制度进行了较大调整,考试科目由四科调整为五科:将原来的《工程技术基础》考试科目细分为《机电设备评估基础》和《建筑工程评估基础》两个考试科目,使评估师考试科目确

定为五个科目，即《资产评估学》、《经济法》、《财务会计学》、《机电设备评估基础》、《建筑工程评估基础》。2002年，顺应行业发展对人才的需求，原人事部和财政部又发布了《关于调整注册资产评估师执业资格考试有关政策的通知》（人发字［2002］20号），将原《资产评估学》、《财务会计学》科目，改为《资产评估》、《财务会计》，其他科目名称不变，同时对报名条件及有关政策进行了调整，扩大了考生报考规模，让更多、更优秀的专业人士进入行业，为推动行业的快速发展产生了积极影响。从2004年开始，注册资产评估师考试主观题和客观题的比例进行了适当调整，增大了主观题比例，更有利于测试考生的综合运用能力和分析问题能力。2008年开始实施网上阅卷，进一步提高了管理效率，评卷质量显著提升，评卷结果更加客观、公正。每次考试政策和考务管理的改革，都是为适应我国资产评估行业的快速发展，积极拓展思路的结果。通过改革，更加优化考试管理流程，更加关注考生执业能力培养，更加有利于选择优秀人才。

经过十多年的发展，行业建立了相对稳定的注册资产评估师考试制度，基本适应了行业发展的阶段性要求，基本满足了行业发展选拔人才的需要，保证了进入行业的专业人才质量，保证了行业的执业水平，提升了行业的专业形象，更好地发挥了资产评估在市场经济中的专业服务作用，有力地推动了行业的发展。

（二）建立完善教育培训制度，保障资产评估师知识更新

1. 教育培训制度的建立

1992年，原国家国有资产管理局印发《关于加强资产评估培训工作的通知》（国资办发［1992］23号）。文件从培训组织、培训效果和质量以及培训方式、方法等方面对加强资产评估培训工作提出了要求。合作培训班的举办、统一教材的发行与规范培训工作的文件为资产评估行业初期人才队伍建设奠定了基础。

1998年12月,财政部印发了中评协起草的《注册资产评估师后续培训制度(试行)》(财评协字[1998]2号),文件对注册资产评估师应接受后续培训的内容、课时及组织管理等作出明确规定,开始将注册资产评估师的后续教育纳入制度化管理。此后,1999年7月,财政部以财评协字[1999]6号文,发布中国注册资产评估师后续教育规范,进一步规范了注册资产评估师的后续教育。

2. 教育培训制度的完善

1999年和2008年,中评协两次修订了《中国资产评估师后续教育规范》,最终形成了《中国注册资产评估师继续教育制度》(中评协[2008]156号)。通过修订制度,中评协完善了后续教育培训的内容,并建立了相关工作体系,更加适合行业发展需要。例如,完善了教育培训的考核机制;建立了注册资产评估师后续教育信息档案;建立机构台账、地方协会审核汇总、中评协备案的三级管理制度;建立了教育培训评价分析制度。

(三)建立资产评估师注册制度,通过专业资质加强人员管理

为规范人才队伍建设,《注册资产评估师执业资格制度暂行规定》(人职发[1995]54号)、《注册资产评估师注册管理办法(试行)》(中评协[2005]90号)、《注册资产评估师年检办法》(中评协[2005]187号)、《注册资产评估师证书与印鉴管理办法》(中评协[2006]95号)等文件相继发布,确立了注册资产评估师注册制度。这些制度通过赋予执业人员明确的专业身份和专业资质,加强管理,促进行业人才成长。

(四)构建后备人才培养基础教育体系

在协会的积极推动下,资产评估学历教育体系不断完备,国民教育地位日益稳固,已形成资产评估本科院校、硕士专业院校和学

科建设院校的后备人才培养基础教育体系，充分利用不同培养院校学科的资源优势，促使高校资产评估专业人才的培养与评估行业的需求相结合，增加优秀高层次人才储备。

2010年，国务院学位委员会第27次会议审议通过了19种硕士专业学位设置方案（学位〔2010〕15号），决定在我国设置资产评估等硕士专业学位。目前全国已有70所院校设立了评估专业硕士学位。2012年，资产评估列入我国普通高校本科专业目录，各高校可自行设立资产评估专业。

中评协积极同有关方面协调，成立了中评协资产评估专业教育学术指导委员会，在资产评估专业硕士培养方面发挥组织、协调和引导作用；成立了资产评估本科院校学科建设协调小组，指导资产评估本科院校主干课程设置，完备后备人才培养的基础建设，并对教材开发工作在经费上予以支持。

（五）明确了各层级的职责

合理确定不同层级的职能，构建中评协、地方协会、评估机构三个层次的教育培训体系。中评协统筹管理全行业的后续教育工作，重点抓好行业高层管理人员、国际化人才及新业务人才的培养。地方协会在中评协的指导下，负责组织本地区执业注册资产评估师和非执业注册资产评估师的后续教育培训，以及取得注册资产评估师执业资格证书注册前的培训。资产评估机构有责任做好机构内部的培训工作。

二、人才队伍建设的主要方式

多年来，行业人才建设方式逐步优化，从广泛培养转为分层次培养，重点对高端人才和高层次管理人才培养；由仅培养传统资产评估人才转为培养国际化、复合型人才；由基本知识型人才培养转为专业化人才培养;由传统培训方式转为信息化、多样化的培训方式。

(一) 高端人才和高层次管理人才培养

从 2007 年开始,中评协充分依托财政部干部教育中心等方面的资源优势,举办了十一期地方协会秘书长、机构高管人员培训班,累计培训行业高管人才 872 人次。

2007 至 2012 年,中评协与清华大学合作举办了六期资产评估高级研修班,累计培训高端人才 362 人,已成为高端人才培养的品牌项目。

(二) 国际化、复合型人才培养

随着资产评估行业走向国际,注册资产评估师考试开放到了港澳居民。2004 年,原人事部、财政部联合印发《关于香港、澳门居民申请参加全国注册资产评估师执业资格考试有关问题的通知》(国人厅发〔2004〕5 号)。香港、澳门居民可参加全国注册资产评估师执业资格考试。

为配合行业走向国际,人才培养的国际化得到大力推进。2007 年,中国资产评估协会在北京举办"企业价值评估国际研修班",系统引进了美国评估师协会企业价值评估收益法(BV202)和市场法(BV203)培训课程,并邀请美国评估师协会的专家进行授课。部分资深会员及大型评估机构业务负责人共 50 余人参加了培训。2008 年和 2010 年 1 月、12 月,中国资产评估协会与国际企业价值评估分析师协会(IACVA)联合举办三期注册价值分析师(Certified Valuation Analyst,CVA)资格认证培训班,共有 80 余名来自内地及港澳台地区机构的项目经理以上人员参加了培训。2009 年,中国资产评估协会在广西桂林举办"不动产评估国际研修班",澳大利亚和新加坡的两位专家授课,82 名评估师参加了培训。2010 年,中国资产评估协会与国际财产税协会在北京举办"税基评估国际研修班",部分资深会员、金牌会员,各省、自治区、直辖市财政厅税政处相关人员和相关院校师资人员79人参加了培训。2010年,中国资产评估协会在北京举办了"无形资产高级研讨班",邀请美国评估师协会无形资产评估培训课程研发专家主讲,80多名评估师参加了培训。

(三)专业化人才培养

为了提升评估师的专业素质,凸显资产评估行业的专业特性,满足社会经济发展对注册资产评估师执业能力日益提高的需求,人才队伍建设在专业性方面投入大量资源,不断提升培训工作的专业化。结合资产评估准则的更新进程,以及行业前沿业务和行业热点难点问题培训,举办了多期"金融不良资产评估培训班"、"无形资产评估培训班"、"森林资源资产评估咨询人员培训班"等。这些专业领域的培训凸显了资产评估行业重视对人才的专业化培训。

(四)多样化培养模式

为适应新形势下人才培养需求,人才培养方式也从单一的授课式扩展到远程视频、学历课堂教育、学科实践等。2005年,中国资产评估协会开通2005年注册资产评估师考试网上考前辅导。2008年开始举办"首期评估准则远程教育培训班"。远程教育培训班是中评协创新培训方式的大胆尝试,培训方式和培训效果得到了地方协会、评估机构和广大评估师的充分肯定。确定了首批"全国资产评估教学实践基地",实现了资产评估领域、理论与实践、学校与企业、学生就业与企业招聘之间的跨越。

三、人才队伍建设的主要成就

随着行业人才队伍建设工作的推进,相关制度不断完善,行业队伍整体素质明显提高，委托方认可度和社会公信力显著提升。

（一）形成了完整的人才培养链条

以国民教育体系、考试制度、后继教育等制度为依托，建立并形成了"学历教育、准入教育、继续教育"人才培养的三个阶段，形成了在校教育、执业考试、岗前培训、执业注册、会员管理、后继教育、高端人才培养等环节的人才培养链条。

（二）人员队伍规模不断扩大

截至2012年年底，已经组织了15次注册资产评估师考试，累计53万余人报考，近3.9万人考试通过。2007年以来，行业准入人数相对稳定，每年考试通过人数约1400人。

（三）人才素质不断提高

形成了一批适应市场经济要求、具有市场竞争力的评估机构，形成了一支具有良好职业素质、较强专业能力的评估师队伍；一批具有国际视野、较强创新能力的高端复合型人才和精通经营管理、擅长市场开发、具有战略思维的管理人才脱颖而出。

第七节 中国资产评估行业信息化建设

信息化的突飞猛进和广泛应用，是推动经济社会发展和提高综合国力的强大动力，是产业优化升级和经济发展方式转变的关键环节。随着我国市场经济的持续增长而发展壮大的资产评估行业，始终重视行业信息化建设，从硬件投入、软件开发、人才培养等诸多方面着手，充分利用现代信息技术，坚持以信息化拓展服务理念，以信息化完善管理功能，以信息化引领舆论潮流，促进行业社会影响力的不断提升，提高评估行业整体的管理和服务效能。

一、中国资产评估行业信息化建设的重要意义

（一）信息化建设是行业提升服务功能的客观需要

全球信息技术的革命，深刻影响着世界经济的布局和各行各业的发展。资产评估作为提供经济鉴证和管理咨询服务的中介服务业，面对飞速增长的经济信息和海量数据，以信息化搭建互动平台，提高信息共享能力，为会员执业提供方便快捷的服务方式，为经济社会提供高质量的信息产品，是评估行业发挥专业优势，提高整体服务水平，创新行业发展模式的客观需要。

（二）信息化建设是行业提高管理水平的有效途径

资产评估行业是自律性的管理组织，加强内部管理、严格质量控制、提升社会公信力是行业的立业之本，发展之源。完善的资产评估行业信息化平台，是实现评估行业管理科学化、规范化和迅捷化的重要手段；是信息共享、监管有力的技术保证；是完善内部治理、优化业务流程和强化风险防控，在规模、质量和效益相结合的基础上实现行业科学发展的有效途径。

（三）信息化建设是行业实现转型发展的必由之路

随着社会经济对评估行业的服务需求呈多元化趋势，评估市场领域不断向纵深拓展，资产评估行业向综合化、专业化和国际化发展的趋势日益明显。信息化建设是资产评估行业配合国家经济发展不同时期的需求，以信息化为引擎不断开拓市场领域，加强管理和服务功能，为经济社会提供全方位、立体化的信息服务，实现行业做优做大做强、实现转型发展的必由之路。

二、中国资产评估行业信息化建设的体系设计

行业信息化建设以"科学的整合行业的各种资源，建立行业信息管理平台和数据服务，为行业自律管理和评估师执业提供有力的支持，为政府有关部门和社会有关方面提供相关的信息服务，从整体上提高行业的服务水平"为总体目标，以"统一平台、统一数据、统一管理"为建设原则，整合资源，利用先进的网络技术、海量存储能力和信息检索查询能力，提出了构建"行业服务、行业管理、行业宣传"三大体系的设计思路。

（一）行业服务平台体系

为了对行业人员执业提供便捷服务和技术支持，为社会公众了解行业信息提供有效途径，为行业管理办公自动化提供技术助力，不断提升行业服务的工作效率和质量，信息化建设中设计了行业服务平台体系。行业服务平台体系是为广大会员和相关各方提供资产评估信息的服务体系。平台面向不同的对象提供不同的服务：对评估机构、会员提供业务辅助系统服务；对会员提供法律法规数据库、机电设备数据库等数据信息服务，远程视频培训服务；对公众提供资产评估机构和注册资产评估师信息等信息查询服务；对行业管理部门提供办公自动化服务、网络安全服务等。

（二）行业管理平台体系

为有效协调行业管理的各项职能，提升管理效率，信息化建设中设计了行业管理平台。行业管理平台体系以行业自律管理规定为基础，面向各级政府主管部门、协会和评估机构。平台包括财务管理系统、考试查询系统、会员管理系统、培训管理系统、注册管理系统。各系统基础数据共享，操作界面统一，为行业管理工作提供

计算机辅助。

(三) 行业宣传平台体系

为扩大行业社会影响力,适应行业转型发展的需要,行业信息化建设中设计了行业宣传平台。行业宣传平台体系以行业信息发布和沟通为导向,由中评协互联网站、手机网站、手机客户端、地方协会网站集群组成。面向行业、政府和社会有关方面,提供各方所需信息,是资产评估行业网络宣传渠道。

三、中国资产评估行业信息化建设的成果

中评协按照行业信息化建设发展规划的总体要求,站在行业发展战略的高度,不断攻坚克难,投入大量的人力、物力和财力,全力推进行业信息化建设。经过多年不断改善硬件设施,优化完善软件功能,培养信息管理队伍,完善信息管理制度,行业的信息化建设已经取得了重要成果,目前基本建成了涵盖中评协、地方协会以及各地资产评估机构的行业网络系统,集服务、自律、协调、监督为一体,是行业高效运行、科学发展的基础设施。

(一) 建立行业服务平台

以相关数据为依托,建立了面向广大会员和相关各方的资产评估信息服务体系 (CAS IBD 平台)。

1. 行业数据库

中评协积极推进行业数据库的建设,为会员执业提供技术支持,提升行业服务水平和质量。各专业数据库的投入使用,为行业从业人员提供了权威、高效的数据获取途径。

(1) 法律法规数据库。利用社会公共资源信息,建立了评估师执业所需的法律法规数据查询系统,为广大从业人员及相关人员提

供从中央到地方的涵盖各个方面的法律法规，具备较高的使用价值。

（2）知识产权评估数据信息系统。中评协配合国家知识产权评估促进工程配套项目——知识产权（专利）数据信息系统的建设，建立了具有评估执业特点、服务于资产评估执业人员的专利信息检索系统。该检索系统于2010年年底试运行。目前，试运行期间选择部分单位使用，验证其效果和功能，与国家知识产权局共同进行修改、完善，做好软件大范围推广应用前的各种准备工作。

（3）机电设备价格数据库。中评协本着行业应用数据的资源共享原则，利用行业内的信息资源，开通了机电设备价格数据信息查询系统，为提供各类数据的单位搭建共享平台，将各机构和相关部门多年积累的实用数据以有偿服务的方式提供给行业使用，既发挥了数据提供单位的积极性，又能充分发挥数据的实践应用功能，提高评估师的执业效率。

（4）土地价格数据库及综合数据应用数据库。土地价格数据库查询系统，是继机电产品价格查询系统之后又一次整合社会资源，为行业人员执业提供的数据支持。其内容主要包括全国各县以上土地管理部门公布的基准地价以及有关房地产价格信息等有关评估的综合数据的信息。

中评协还充分利用社会资源，于2011年4月开通了房地产评估、无形资产评估、宏观指标及宏观政策数据查询系统，为行业人员执业提供有力的数据支持。

2. 视频会议系统

以计算机和网络技术为手段，中评协逐步建立了高效便捷的现代化视频会议、远程培训体系。该系统的运行极大地方便了评估师的后续教育，减少了费用支出，提高了工作效率。

3. 行业视窗

行业视窗（原秘书长终端）子系统的服务对象为：政府主管部

门领导和相关管理人员；行业自律组织领导和相关管理人员。地方协会秘书长可以按照其管理权限了解整个行业的相关情况，并通过系统对各部门下达命令，获取相关信息和资料，实现行业的高效管理。

4. 办公自动化服务和网络安全服务

（1）行业管理系统权限管理系统（IBD）。行业数据信息化权限管理系统，分设了三个层次的信息员授权功能，可以有针对性地发放使用权，保证使用人的权限明晰。针对机构人员和地方协会工作人员岗位流动大、人员更换频繁的特点，中评协建立了及时授权、及时收回权限的机制，保障行业数据的安全、可靠。

（2）IC卡管理系统。为更好地服务于会员管理，中评协开发了会员一卡通管理系统，即IC卡管理系统。IC卡信息管理是一个集IC卡信息的复核、制卡、发卡、报表统计为一体的专门应用系统。系统于2009年8月开始启用后，基本实现了年检、后续教育、会费缴纳信息共享，为进一步提升行业管理与服务功能提供了新的手段。

5. 考前远程辅导系统维护及课件开发

为了规范考前辅导，服务考生，中评协分别在2005年、2006年对注册资产评估师考生进行远程考前辅导，并在2007年制作完成5门课程及每门课程的串讲，通过中评协网站播放，减轻了考生的学习成本，提高学生的考试热情，是评估行业培养后备力量的后勤保证。

（二）建立行业管理平台

行业管理平台是以行业自律管理规定为基础，建立的面向各级政府主管部门、协会和评估机构的行业管理平台，建立了统一的数据中心、服务器和数据库，成功实现了费用节省、效率提高和过程透明，在行业管理中达到了国内先进水平。

1. 注册管理系统

注册管理系统是协会信息环境建设中的重要组成部分，是一个集管理、控制和服务为一体的专用应用系统，主要用于中评协对地方协会、评估机构和执业评估师的注册信息管理。该系统分为两大部分：一部分用于中评协对地方协会的行政审批以及日常管理工作（新建、变更、注销等），地方协会对所属评估机构（新建、变更、转所）、执业会员（评估师的新建、转所、转会、变更、重注、撤销等）日常管理工作；另一部分用于中评协及地方协会的信息查询统计及报表制作、管理等。该系统实现了注册信息的实时动态管理，可以网上实时查询评估师和评估机构情况，解决了行业机构及注册执业人员的基本情况统计的问题，是了解行业全貌、制定行业发展规划的决策依据。

2. 财务管理系统

财务管理系统是一个集财务监管、会费管理和 IT 服务为一体的专用应用系统，主要用于评估行业财务报表汇总管理和服务。通过财务管理系统可以清楚了解行业收入、成本、费用以及利润情况；行业各项费用所占权重情况，分析行业财务状况。在行业内（评估机构及地方协会）发挥重要的管理和决策依据功能。

3. 考试管理系统

考试管理系统是注册资产评估师考试的历史记录，为分析考务工作情况提供便利。同时还可提供对初次申请注册资产评估师的考试成绩的信息核对，是方便评估师的便捷措施。

4. 培训管理系统

为配合注册资产评估师后续教育管理办法的实施，中评协开发了培训管理系统，主要用于中评协、地方协会对执业评估师后续教育的培训管理，是中评协和地方协会随时对注册资产评估师培训情况进行分析、汇总的基础资料，是行业培训工作的重要助手。

5. 会员管理系统

会员管理系统设计三个模块系统：一是建立各类会员的信息管理系统，明确中评协和地方协会的工作范围和职责；二是在建立健全会员信息的基础上逐步推进对会员的服务工作；三是中评协及地方协会的查询统计及报表制作，实现会员诚信档案管理。会员管理系统建立了各类会员完整的数据信息，为行业管理者提供高效、灵活的会员管理平台，为政府主管部门、社会有关方面提供会员的诚信档案信息，为行业的道德诚信建设奠定坚实的基础。

6. 项目报备管理系统

为加强行业监管，配合《资产评估业务信息报备管理办法》的实施，中评协开发了项目报备系统。评估项目报备系统用于中评协对地方协会、评估机构业务信息报备管理。该系统分为两大部分，一部分用于评估机构根据不同的评估业务填写相应的评估业务信息报备表；另一部分用于中评协及地方协会的查询统计及管理。

目前的功能只是项目报备系统的部分内容，待项目评估系统交付使用后，系统将会自动形成动态监管，将成为加强行业监管的重要手段。

（三）建立行业宣传平台体系

1. 行业网站功能发挥稳定

以资产评估行业网站为核心，由中评协互联网站、手机网站、手机客户端、地方协会网站集群组成构建了面向行业、政府和社会的全方位、立体化的资产评估行业宣传平台。以"立足评估、面向社会、服务行业、贴近会员"为指导方针，以"客观及时、方便实用、专业严谨、安全可靠"为管理原则，确定了网站服务、管理、宣传、交流等四项基本功能。

中评协根据行业发展需要，不断适时优化完善网络的功能，目前，实现了包括内容采编、内容发布、站点管理、系统管理的四大模块，涵盖栏目管理、内容管理、发布管理、模板管理、用户管理、角色管理、任务管理等七大功能。并通过模块栏目布局调整,增加了行业动态信息条目的数量,加大了行业的宣传力度。

2. 网站运行质量逐步提升

中评协不断利用新技术,改善网络的硬件设施和网络环境,提升网站的运行环境和质量。2011年中评协立项开发移动互联网信息服务项目,无线 WAP 网站正式上线,实现了与中评协互联网站的实时同步、无缝对接,标志着资产评估行业会员服务步入"移动时代",是中评协丰富宣传手段,提升协会服务水平,解决众多评估师外勤作业获取信息需求的重要步骤。

3. 集群化服务方式基本形成

为了推动地方协会信息化进程,完善地方协会的服务手段,及时宣传行业的各项工作,更好地为会员服务,中评协帮助部分地方协会建立了子网站。现在,绝大多数地方协会建立了信息发布平台,形成了网站服务集群,有力支持了地方协会的工作。

第八节 中国资产评估行业文化建设

行业文化是一个行业的精神核心,是指导行业发展的思想基础,是行业可持续发展的驱动力。二十多年来,中国资产评估行业结合行业的实际和专业特性,以诚信为行业的核心价值观,紧跟时代发展,不断拓展和丰富行业文化的内涵,积极探索行业文化建设的途径和方式,组织开展了形式多样的行业文化建设活动,构筑行业凝聚力。

一、中国资产评估行业文化建设的重要意义

资产评估作为价值发现和管理的专业服务行业,秉承独立、客

观、公正的执业原则。通过推动行业文化建设，打造以道德建设为核心、符合行业特色的文化价值体系，使广大评估师明确价值取向、恪守职业道德、践行行业文化，展示诚信、专业的行业形象，增强行业的公信力。

创建资产评估行业文化，以诚信建设为思想基础，以"以人为本"的理念为建设原则，用丰富多彩的活动为载体，形成资产评估行业奋发向上、团结拼搏的行业氛围，增加行业吸引力和凝聚力，激发广大评估从业人员的积极性与创造性，是行业可持续发展的重要保障。

二、中国资产评估行业文化建设的方式

多年来，行业文化建设以树立行业核心价值观为中心，努力做到行业文化建设与党建工作相结合，行业文化建设与职业道德建设相结合，行业文化建设与机构内部文化建设相结合，积极推进文化建设相关管理制度、后勤保障工作、文化专题研究工作和行业舆论宣传工作。

（一）提升地位，保障行业文化建设工作的开展

中评协非常重视行业文化建设，将行业文化建设工作提升到与评估业务工作并重的高度，摒除"重业务，轻文化"的思想，使行业文化建设成为行业管理和建设工作的常态事项。

（二）提倡诚信，塑造行业核心价值观

资产评估行业始终把诚信建设作为行业文化的核心。中国资产评估行业在发展过程中，始终坚持用准则规范执业，以制度约束行为，不断加强诚信建设，塑造行业核心价值观。一是建立完善的职业道德准则。我国资产评估行业建立了以两项基本准则《资产评估

准则—基本准则》和《资产评估职业道德准则—基本准则》（财企[2004] 20号）为主体的完善的资产评估准则体系，对资产评估专业服务涉及的职业道德理念进行了系统阐述，贯穿了"诚信为本、质量第一"的评估执业精神的要求，对规范资产评估师的职业道德，保证执业质量，增强行业公信力发挥了重要作用。二是建立诚信监督体系。中评协积极开展会员诚信档案工作，建设诚信体系。2006年，中评协发布实施《中国资产评估协会会员诚信档案管理暂行办法》（中评协[2006] 96号）；2012年，资产评估诚信档案查询系统成功开通，为我国资产评估行业发挥诚信道德作用、实现信息公开建立了重要的依托平台，使资产评估行业诚信建设迈上了新台阶。

（三）加强培训，增强行业文化建设的执行力

行业文化本质是一个长期的系统工程，是整个行业信仰的塑造过程，其内涵十分丰富，涉及思想、管理、业务、制度、道德、品质以及形象等多个方面，其范畴也很宽广，它不仅有文化的一般性，更具有行业文化的特殊性。为深化行业文化建设，中评协在后续教育培训中，选树一批机构文化建设先进典型，适时召开行业文化建设工作经验交流会；在对机构负责人培训中，增加行业文化建设的内容或开展专题培训，以点带面，增强执行力，推动文化建设工作向纵深发展。

（四）注重宣传，丰富行业文化建设载体

宣传工作是行业协会文化建设的重要载体，是用正确舆论引导评估从业人员的主要阵地，是让社会充分了解评估行业的重要纽带，是引领行业健康发展的前进号角。中评协不断丰富宣传手段，弘扬主旋律，宣传资产评估行业的精神风貌，宣传资产评估行业在我国经济社会发展中的地位和作用，展示行业文化的最新成果，扩

大社会影响。

1. 积极宣传国内评估大事，扩大行业影响力。

协会对行业的重点工作采取高端媒体广泛报道、报纸杂志专版深入报道的形式宣传。围绕资产评估行业准则体系进行宣传，反映资产评估行业规范发展和专业胜任能力提升的进程，展示良好的专业形象和地位。

开展各种类型的宣传活动，引导公众认识评估，了解资产评估在经济社会发展中的重要作用。

2. 对行业优秀事迹、典型案例进行重点广泛宣传。

结合行业深入开展创先争优活动和行业党建工作实际情况，在《中国会计报》、《中国资产评估》等媒体策划专版，深度宣传行业先进事迹和优秀党员，表彰先进，树立典范，用榜样激励评估事业发展。

三、中国资产评估行业文化建设的主要内容

中国资产评估协会成立二十年来始终重视并不断加强文化建设，以人为本，组织开展了形式多样的行业文化建设活动。

（一）以人为本，增强评估行业会员的凝聚力

以人为本是科学发展观的核心理念，对资产评估行业发展具有重要的现实指导意义。重视人才和爱护人才成为评估行业重要的文化理念并加以执行。多年来评估行业始终坚持以人为本，通过组织各种表彰评选和丰富多彩的活动，增强提升会员的荣誉感和向心力，通过抓好职业培训并为会员量身定做职业发展规划，增强团队的凝聚力，努力将诚信文化与企业文化、团队文化完美融合在一起，打造完整深厚的行业文化。

1. 增加会员荣誉感，扩大行业影响

创先争优是增强会员荣誉感、提高行业向心力的重要途径。中评协历年来多次举办形式多样的总结表彰活动,如组织评估行业全国十佳和优秀青年评估师评选表彰活动;开展"金牌会员"评比活动等。在这些评奖活动中,上百名会员获得"金牌会员"或"全国十佳青年评估师"荣誉称号。通过系列的宣传表彰活动,一方面营造蓬勃向上、积极进取的行业文化氛围,增强会员荣誉感,另一方面利用各种时机宣传并树立会员形象,扩大行业影响,提升评估声望。

2. 举办丰富多彩的文娱活动,提高行业的向心力

中评协重视会员精神生活,多次举办丰富多彩的文娱活动,充实会员的精神生活,营造和谐的行业文化氛围,也向社会彰显了评估行业的精神风貌,提高了行业向心力,提高了会员的归属感。

3. 重视增强会员政治成长,提高行业参政议政能力

中评协重视会员和从业人员的个人成长,积极遴选、推荐评估行业的优秀人才参与到社会管理的各个层面:成为中央统战部"新的社会阶层人士统战工作联席会议"首批成员单位并组织多期行业代表人士培训班,提升会员参政议政能力;举办"评估行业人大代表、政协委员提高参政议政能力研讨班",配合中央统战部,开展行业代表人士评价体系课题研究。近三年来,全国资产评估行业的人大代表、政协委员一共提交了200多件关系到国计民生、民主法制建设及评估行业发展的提案议案。截至2013年4月,资产评估行业地市级以上人大代表、政协委员共有156人。

4. 关心妇女工作,营造女评估师良好的工作氛围

中评协非常重视女评估师工作。在2005年就成立了专门的女评估师工作委员会。在发展过程中,结合新时期我国妇女群体的发展状况,与全国妇联、中国妇女杂志社等合作开展了一系列尝试探索工作,旨在以评估高端专业服务促进妇女工作全面发展。妇女工作彰显了评估行业的优秀女性良好的职业素养和过硬的专业素质,集

中体现了女评估师的职业风采。

（二）加强爱国主义教育，树立正确人生观

爱国主义教育是思想政治教育的重要内容。中评协重视爱国主义教育对行业青年的引领作用，多次举办活动宣扬社会主旋律。爱国主义教育的系列活动引导了行业青年树立正确理想、信念、人生观和价值观，是促进行业文化建设的基础思想工作。

（三）热心公益，向社会展示评估行业精神风貌

资产评估行业不仅开展"以人为本"的行业文化建设，同时努力践行"以人为本"的社会责任，多年来，在中评协的组织下，资产评估行业以扶贫、捐助等实际行动回馈社会，体现了资产评估行业的爱心，展现了行业的凝聚力，以实际行动彰显了资产评估行业的精神风貌。

（四）开展"评估精神"提炼和宣传活动

中国资产评估协会于2012年面向全行业开展"评估精神"表述语的征集活动和"我心中的评估精神"征文活动。两个活动对于进一步加强评估行业文化建设，提升行业软实力，归纳和总结评估行业的核心价值观和共同追求，进一步提升全行业的思想道德水平，增强评估行业的凝聚力和向心力具有重要意义。

第九节 中国资产评估行业国际交流与合作

年轻的中国资产评估行业在创建伊始，就注重与国际评估行业的交流与合作，始终坚持服务于行业发展的核心理念，积极开展和组织行业对外交流活动，通过形式多样的国际交流方式，不断拓展

国际交流与合作的领域，提升交流合作层次，在行业管理、准则借鉴、专业建设和国际化人才培养等领域取得了令人瞩目的成绩，国际经验和先进理念的学习、借鉴和成果转化日益凸显，国际地位和国际影响力不断提升，为推进行业国际化发展战略提供了有力支持和重要保障。

一、中国资产评估行业国际交流与合作的重要意义

（一）国际交流是中国资产评估行业起步阶段的必由之路

西方发达国家的资产评估行业是随着市场经济的发展、完善而逐步发展起来的中介服务业，走过了百年历程，其理论基础、管理体制、行业监管、准则体系和人员队伍等行业发展模式已经有较为成熟的经验。而中国资产评估行业是从无到有，在中国经济体制改革的大背景下，依托国家行政法规推行发展起来的行业。因此，中国资产评估行业发展初期，学习国际评估行业先进的专业理论与技术，借鉴成熟的管理经验，探索中国评估行业的发展模式，是中国资产评估行业起步阶段的必由之路，对我国资产评估行业的发展壮大起到了积极的推动作用。

（二）中国资产评估行业是促进国际评估行业发展的重要力量

得益于中国经济的高速成长和政府的鼎力支持，经过二十多年的高速发展，中国资产评估行业的市场规模逐年扩大，管理体制、准则体系日渐成熟完善，并通过积极参与国际评估组织事务，对国际评估准则制定和修订发挥了积极作用，在国际评估组织中的话语权和影响力日益增强，已经成为国际评估舞台上的重要力量。

（三）合作共赢是国际评估行业发展的必然趋势

经济全球化的深入发展，国际公司跨国并购、资本流动的趋势

日益明显。随着我国对外开放的进一步扩大，中国企业也不断加快"走出去"的步伐，积极参与国际分工与合作，参与国际资本并购和全球资源配置。随着全球化的浪潮，资产评估行业延伸服务链条、开展跨境执业是必然的发展趋势。因此，国际评估行业之间加强交流与合作，相互支持配合，共同面对行业综合发展、专业细分以及国际执业的挑战，合作共赢，是国际评估行业发展的必然选择。

二、中国资产评估行业国际交流与合作的发展历程

（一）单向交流——中国资产评估行业国际交流的起步

在20世纪80年代末至90年代初，资产评估在中国还是一个比较陌生的社会经济活动，无论在评估理念，还是在评估技术应用方面都处于摸索阶段。这一时期，中国资产评估行业国际交流的目标和定位在于交流、学习和借鉴国际评估行业的先进经验，是对国际评估理念和技术方法的单向引进。这一时期的国际交流方式较为简单：一是"请进来"，通过多次举办资产评估研讨班的形式，邀请国际评估专家来华指导，为我国评估行业系统了解国际发达评估行业的理论方法与实务操作提供专业交流平台；二是"走出去"，以全面学习和专题考察相结合的形式，实地学习考察国际评估行业的先进经验，引入国际评估理论与技术的先进成果，并通过成果转化初步形成了一支资产评估技术骨干力量，为我国评估行业管理体系的建立提供了经验参考，在中国资产评估行业的初创阶段发挥了重要的启蒙作用。

（二）双向交流——中国资产评估行业国际交流的逐步深入

随着中国资产评估市场规模的不断扩大，至上世纪九十年代末

期,中国资产评估行业得到较快发展,管理体系日臻完善。行业国际交流逐步确立了双向交流机制,交流形式日益丰富,领域逐步拓宽,内容不断深化。国际评估业开始重视高速发展的中国资产评估行业。在这一时期,双向交流内容包括:一是双方相互考察、访问活动日益增多,不再仅仅是中国单方面的学习吸收国际经验,国际评估组织和机构开始关注中国发展状况,不断来访增进对中国的感性认识,并积极商谈合作事宜;二是参加国际性会议。中评协不断派代表团参加国际评估准则委员会举办的年会以及国际评估专业研讨会等,为中国资产评估行业积累了宝贵经验和最新国际资料;三是开始承办国际会议和论坛,1999年中评协当选了国际评估准则委员会常务理事,是我国对国际评估准则委员会战略决策及发展方向具有影响力和话语权的开始,成为中国资产评估行业发展历史上的重要里程碑。

(三) 多元化发展——中国资产评估行业的国际影响力不断增强

中国资产评估协会继续单独设立后,中国与国际评估组织之间的交流呈现互访常态化、形式多样化、合作深入化等特点,交流与合作渗入到行业发展的各个层面,服务于专业建设、市场开拓、国际化人才培养和国际业务合作等各个领域,为增强行业综合实力和国际竞争力提供支持和参考。伴随着中国资产评估协会代表中国于2008年出任国际评估准则理事会管委会成员,2009年出任国际财产税学会常务理事,2012年刘萍秘书长出任世界评估组织联合会副主席、国际企业价值评估分析师协会副主席,为中国积极参与和影响国际评估事务拓展了新的平台和渠道,中国资产评估协会的国际话语权和影响力空前提高。

三、国际交流与合作对中国资产评估行业发展的推进作用

(一) 国际评估准则理念对我国准则建设的指导作用

中评协在建立之初,就通过出访考察、参加国际会议、接待国际来访、举办国际研讨会等国际交流活动为制定我国的资产评估行业准则积累了资料,同时组织翻译了国际评估准则及其他部分国家评估准则,作为准则建设的有益参考。经过多年的研究与探索,我国评估准则在基本原则、理论、方法等方面保持了与《国际评估准则》的一致性,目前已初步建立起比较完整的、适应中国国情、与国际趋同的评估准则体系。

(二) 国际专业交流对我国评估行业专业建设的促进作用

近年来,随着我国国际交流的不断拓展和深化,深层次专业交流成果显著。一是通过举办专业性国际会议和专题考察,有效提升了行业的专业水平。二是国际基础研究工作为行业发展提供有益参考。根据行业建设和发展需求,近几年组织了评估准则的互译工作,积极宣传中国的专业建设成果和学习国际同行的先进经验,不断积累和提升专业建设的知识水平和综合能力。另外,还定期跟踪国际评估准则理事会、世界评估组织联合会及国际财产税学会等国际评估组织的发展动态,作为我国评估行业和自律组织发展的有益参考。三是助推中国资产评估行业的国际化进程。经济全球化趋势为企业引进来、走出去提供了广阔的发展空间,为积极应对和进一步提升国际化服务的水平和能力,中国资产评估行业积极开展国际化问题专题研究,包括人才培养、国际业务合作模式研究等,并开展了央企境外并购资产评估、央企境外财务及资产价值巡查等课题研究,为提升我国评估行业国际竞争力、推进行业国际化进程做了

积极准备。

（三）国际同行经验对我国评估立法的借鉴作用

在中国资产评估立法的过程中，国际经验具有重要的参考借鉴意义。2005年11月，全国人大财经委在北京召开了"评估立法国际研讨会"，来自德国、澳大利亚、美国、香港等国家和地区评估行业专家，财政部等有关部门和评估行业的相关人士参加了会议。与会代表就国外评估立法的经验和教训、评估行业管理体制、评估机构和评估师的管理以及评估的法律责任等方面的问题进行了热烈的讨论，与会专家认为只有有法可依，评估行业才能更好地服务于市场经济，才能使行业健康发展。人大财经委对会议的内容进行认真研究，并提出相关建议。

为配合评估立法工作，2006年中评协在昆明举办的国际评估论坛，特设"评估立法国际研究"专题，来自国内外评估行业及其他相关行业的演讲嘉宾就评估法制建设问题作了精彩演讲。全国人大在进行评估立法调研时，也曾邀请历任国际评估委员会主席建言献策，国际专家以国际通行做法为例，指出评估立法对经济发展和稳定的重要意义和作用，对我国评估立法表示了极大的支持。另外，中评协向全国人大提供了俄罗斯的《俄罗斯联邦评估法》、马来西亚《评估师估价师和不动产代理人法案》、西班牙《评估条例》等法律法规，以及挪威由财政部主导综合评估立法的做法和经验，为评估立法提供国际参考。2012年初，全国人大开始审议《资产评估法（草案）》，标志着中国评估立法工作取得重大实质性进展。国际先进经验的借鉴对于促进我国评估法的出台起到了积极的推动作用，有利于确定行业的法律地位、解决制约行业发展的管理问题、促进行业健康可持续发展。

（四）国际交流合作对中国评估人才培养的优化作用

我国资产评估行业国际交流积极服务于行业高端人才培养战

略,加强国际化人才队伍建设,为评估机构做优做强做大提供高层次人才保障,为我国评估行业走向国际创造有利条件。一是结合我国评估行业国际化需求和人才状况,及时引进了国际企业价值评估师分析师协会(IACVA)的注册企业价值评估分析师(CVA)资格认证课程;二是组织地方协会秘书长、机构负责人、高端人才等赴英、美、德等国参加境外专题培训项目,有效实施分级分类培训,确保了培训质量和效果,提升了行业人员的管理水平和执业技能;三是引进国际专家和国际课程举办境内国际化人才培养相关培训班,大大提升了我国评估师的国际业务专业胜任能力;四是选派协会工作人员参加马来西亚政府培训项目、曼彻斯特大学培训项目、加拿大安大略省财产评估公司交流培训项目,提升行业工作人员的英语水平和专业能力,更好地服务于行业管理和行业发展。

四、中国资产评估行业对国际评估业作出的主要贡献

(一)中国资产评估对国际评估理论的贡献

虽然中国资产评估行业发展历史较短,但中国特色社会主义市场经济的伟大实践,为资产评估行业提供了丰富的实践和理论探索沃土,使中国资产评估行业积累了大量的专业实践经验,其中不乏创造性的做法,也形成了一些具有独创性的理论成果。中评协通过加强对研究课题的支持力度,努力解决资产评估行业亟需解决的理论问题,形成了多个课题研究报告,一些课题的研究成果得到了国际同行的认可。

(二)中国资产评估学科建设的贡献

目前,我国已逐步建立起系统化的资产评估专业教育培训体系。2004年,厦门大学第一个设立了资产评估研究生专业。2005年

开始，部分高校设立了资产评估本科专业。2010年，我国设置资产评估等硕士专业学位。学科体系的建立，为培养高层次专业人才提供了重要渠道。此外，财政部、中国资产评估协会确定清华大学等10所院校作为我国资产评估领域的学科建设基地。一些高等院校成立了评估研究中心。这些都是中国资产评估学科建设的创新成果，为国际资产评估学科建设的发展提供积极有效的示范作用。

（三）中国资产评估对国际评估准则的贡献

目前，中评协在借鉴国际经验和结合中国实际的基础上，建立了一整套受到国内外关注并认可的、能指导中国现有评估实践的准则体系，它从对实体性资产评估要求到职业道德要求，从评估程序要求到对评估方法要求，从原则要求到规则要求，都进行了规范。中国资产评估准则体系的建成，丰富了世界范围内评估准则内容，对于评估准则的国际研究是一个重大贡献。中国资产评估准则走过了一条全面跟行国际准则，到同国际准则逐步并行到部分领行的全过程。中国的《资产评估准则——珠宝首饰》、《专利资产评估指导意见》、《评估机构业务质量控制指南》、《著作权资产评估指导意见》、《实物期权评估指导意见（试行）》、《商标资产评估指导意见》、《资产评估准则——利用专家工作》等准则的制定都已经走在国际评估准则之前，为国际评估准则和相关评估行为提供参考和借鉴。

第六章 中国资产评估行业管理

第一节 综 述

中国资产评估行业管理的发展与中国资产评估行业发展的脉络相似,都是伴随着改革开放的不断深入而蓬勃发展,管理的体制、机制,也随着中国市场经济的各个发展阶段而呈现出不同的特点。在资产评估行业创立之初,行业管理重在行政管理,管理主体单一,即政府是行业管理的唯一主体,管理职能无所不包,既管宏观,又管微观,既管行业政策、发展方向,又管队伍、项目。而随着市场经济的深入发展,政府职能的不断转变,市场机制在资源配置中的基础性作用不断加强,资产评估行业管理已由原来单一的行政管理体制,发展到现在的行政管理与自律管理有机结合;管理主体也由单一的政府发展到现在的政府部门与行业协会;管理职能也细分为行政管理侧重方向性指导以及机构资质管理,自律管理侧重具体运行以及队伍的日常管理;项目管理也由原来的立项确认制发展到现在的核准、备案制。

在评估行业管理的演变过程中,政府、行业协会、评估机构始终是评估行业发展的三大组成部分。如果把整个行业比作一个完整的系统,那么数量众多的机构就是构成系统的微观个体,起基础作用；政府是这个系统的指令机关，指导方向，起导向作用；行业协会是纽带，连接政府与机构，架起行业管理的桥梁，在行业中起枢纽作用。

目前，中国资产评估行业实行行政监管与行业自律监管有机结合的科学管理模式。通过行政监管，规范机构准入和审批，为资产评估机构执业营造良好环境。通过自律监管，充分发挥自律监管的前置程序和日常管理功能，做好基础工作和服务平台建设，可以降低行政风险，节约行政成本，提高管理效率。行业行政管理和自律管理各有优势，缺一不可，二者有机结合，能避免管理脱节，防止管理漏洞，提高行业的公信力，促进行业长远、可持续发展。

宏观指导，资产评估行业行政管理日益完善。近年来，在行业行政主管部门财政部的带领下，行政管理体制更加科学，管理制度不断完善，管理方法更加系统全面，管理机制更加健全，资产评估行业行政管理日益完善。在管理中，注重宏观指导，积极研究制定行业发展规划，大力推进评估法立法进程，规范执业环境，科学制定评估业务收费办法、机构审批管理办法，相继发布了一系列规范性文件，行政管理制度体系不断完善。注重发挥行业协会的自律管理优势，在法规政策制定、资产评估机构审批、证券评估资格审批、资产评估机构年度检查、推动评估机构做优做强做大等工作中，财政部门与评估协会密切配合，共同推进，建立了良好的工作机制，双方相互协调、相互支持，行政管理与自律管理有机结合，有力地促进了评估事业的发展。

具体推进，资产评估行业自律管理日益成熟。近年来，特别是中评协继续单独设立以来，在财政部的正确领导下，中评协不断健全自律管理体制，构建了由会员代表大会、理事会、专门专业委员会、协会秘书处组成，适应行业发展实际的行业自律管理组织体系；不断完善制度体系，注册管理、自律惩戒、自律检查、会员管理、诚信档案、继续教育等一系列自律管理制度逐步建立；不断完备工作机制,做好考试、注册工作,把好准入关,做好监管工作,督促提升执业质量和水平,做好继续教育工作,大力培养人才,做好母子公司试点、综合评价工作,推动机构做优做强做大,做好会员管理工作,提高服务会员水平,做好内部治理相关政策制定工作,引导机构提升内部治理水平。资产评估行业自律管理水平不断提升,管理成效逐步显著,管理机制日益成熟。

有效监督,国有资产评估项目核准、备案日益规范。近年来,国资委、财政部等履行国有资产出资人职责的部门,不断完善国有资产评估项目核准、备案制度,科学设定工作程序,证监会等资本市场监管部门不断完备评估结果公允性审核流程,国有资产评估项目核准、备案,及有关审核管理日益规范。为维护国有资产权益,防止国有资产流失,促进国有资产合理配置,实现国有资产保值增值,促进资本市场健康发展起到了积极的作用。

经过二十多年的蓬勃发展,资产评估行业通过法律规范、政府监管、协会自律、机构自我完善,行政管理和自律管理分工合作,优势互补,有机结合,有力地保障了评估行业规范发展,使得执业质量不断提升,专业胜任能力不断增强,队伍素质不断提高,行业内在品质全面提升。

第二节 中国资产评估行业行政管理

一、行政管理职能

(一)制定行业规章制度,指导协会工作

财政部是资产评估行业的行政主管部门,履行全国资产评估行业的行政管理职能，制定资产评估机构管理制度及行业规范性文件，发布资产评估基本准则，推动行业立法，并指导中国资产评估协会工作，中评协协助财政部对资产评估行业进行管理。各省级财政部门履行本地区资产评估行业的行政管理职能，并指导各地方资产评估协会工作，各地方资产评估协会协助省级财政部门对本地区资产评估行业进行管理。

（二）机构资质审批和监督管理

财政部负责全国资产评估机构的审批和监督管理，中评协协助财政部审批和监督全国资产评估机构。各省级财政部门负责本地区资产评估机构的审批和监督管理，各地方资产评估协会协助省级财政部门审批和监督本地区资产评估机构。

财政部、证监会负责对从事证券、期货相关业务的资产评估机构资格进行审批管理，中评协协助财政部、证监会对从事证券、期货相关业务的资产评估机构资格进行审批管理。

（三）注册资产评估师考试管理

人力资源和社会保障部和财政部共同负责全国注册资产评估师执业资格考试管理工作。教材、命题、考务等具体工作由人力资源和社会保障部人事考试中心、中评协共同组织实施。地方考生的报名、资格审核、考试考务等具体工作则由各地人力资源和社会保障部人事考试中心、地方评协共同组织实施。

二、行政管理内容

（一）建立健全行业管理法律制度

1. 积极推动和配合全国人大开展资产评估立法工作

资产评估法制建设一直是关系行业发展重中之重的大事,《资产评估法》的出台有利于从根本上解决评估行业法律地位、管理体制、机构人员管理和法律责任等方面的问题。财政部高度重视并积极推动评估立法工作,条法司、企业司与中评协共同组成了财政部《资产评估法》起草研究领导小组,研究评估立法中需要解决的重大问题,并积极编写草案,供人大财经委审议。经过几年来的不懈努力,2012年2月28日,十一届全国人大常委会第二十五次会议已经初次审议了《资产评估法(草案)》。目前,全国人大正在广泛征求意见并进一步修改完善草案。

2. 完善资产评估机构管理制度

资产评估机构管理制度是机构资质管理的基础。近年来,财政部陆续制定发布了《资产评估机构审批管理办法》(财政部令第22号),《资产评估机构审批和监督管理办法》(财政部令第64号),联合证监会发布了《关于从事证券期货相关业务的资产评估机构有关管理问题的通知》(财企〔2008〕81号),《关于加强证券评估机构后续管理有关问题的通知》等一系列机构管理制度,进一步加强了资产评估机构管理,保证资产评估机构独立、客观、公正执业。

3. 支持中评协建立健全资产评估准则体系

中国资产评估准则体系的建设,直接关系到资产评估的技术标准和评估师执业行为的规范。财政部高度重视资产评估准则体系的建设工作,专门成立了"财政部资产评估准则委员会",以加强准则建设工作组织领导,推动资产评估准则实施。财政部继2004年发布《资产评估准则——基本准则》和《资产评估职业道德准则——基本准则》以来,支持中评协相继制定了20多项评估具体准则、指南和指导意见,这些准则、指南和指导意见覆盖了评估业务的各主要领域。

(二) 规范改善执业环境,指导开拓服务领域

财政部始终高度重视行业的发展,近年来,财政部单独或者会

同有关主管部门制定印发了多项制度文件,包括《森林资源资产评估管理暂行规定》、《关于规范资产管理公司不良资产处置中资产评估工作的通知》、《关于加强知识产权资产评估管理工作若干问题的通知》、《财政部关于规范珠宝首饰艺术品评估管理有关问题的通知》等,对不良资产、知识产权、森林资源、珠宝首饰艺术品、非货币财产出资等领域的资产评估管理工作进行了规范。与国家发改委共同发布了《资产评估收费管理办法》,解决了资产评估行业长期存在的收费瓶颈问题。上述制度文件,有利于保护资产评估机构和相关当事人的合法权益,有利于保障资产评估机构独立、客观、公正执业,有利于推动资产评估机构服务于市场、服务于经济发展,对改善我国资产评估行业执业环境,促进我国资产评估行业更加健康、稳定发展起到积极作用。

2012年,财政部印发了《中国资产评估行业发展规划》,对我国资产评估行业未来五年的发展进行了全面规划。在市场开拓方面,明确提出要进一步发挥资产评估在服务企业发展和财政改革中的专业优势,支持资产评估行业转型升级、实现跨越式发展,为资产评估拓展服务领域提供了广阔空间和有力支持。

(三) 完善资产评估资质审批管理机制

资产评估机构资质管理建立的政策依据是《国有资产评估管理办法》(1991年11月6日国务院第91号令)、《国有资产评估管理办法施行细则》(国资办发〔1992〕36号)。多年来,随着国家行政体制改革的不断深化,资产评估机构设立条件、审批程序、审批机关也随之不断变化。2004年《国务院关于第三批取消和调整行政审批项目的决定》(国发〔2004〕16号)决定将资产评估机构的设立许可下放由各省、自治区、直辖市财政部门行使,为此,财政部专门制定了关于资产评估机构审批管理的部门规章。目前资产评估资质审批依据的是《资产评估机构审批和监督管理办法》(财政部令第64号)。该办法明确了机构的设立条件、审批程序、日常管理、后续监督和法律责任等。

1. 资产评估机构资质的条件

(1) 设立资产评估机构的基本条件。64号令规定合伙制资产评估机构须拥有2名以上合伙人,5名以上注册资产评估师;有限责任公司制资产评估机构需拥有2名以上股东,8名以上注册资产评估师。同时要求首席合伙人、法定代表人、股东、合伙人必须持有注册资产评估师证书;取得注册资产评估师证书后,近三年连续专职从事资产评估业务;成为合伙人或股东前三年内,未因评估执业行为受到行业自律惩戒或者行政处罚。

(2) 允许非注册资产评估师的自然人担任合伙人或股东。为推动评估机构合法有序开发评估项目和市场,现行制度允许评估机构根据需要增设1名非注册资产评估师担任行政管理合伙人或股东(但不能担任法定代表人或首席合伙人),同时为防止发生新的不规范行为,64号令的配套文件中明确规定非注册资产评估师合伙人或股东的产生条件及股份占比要求,限制了非注册资产评估师合伙人或股东控制评估机构的可能性。非注册资产评估师的自然人担任合伙人或股东的要求是具有大学本科以上学历;从事会计、财务、经济、管理、法律、工程技术等相关专业(以下简称资产评估相关专业)管理工作8年以上,或具有上述专业高级职称;职业道德良好,未在资产评估相关专业工作中受过行政处罚、行业惩戒;经全体合伙人或股东同意;所持资产评估机构出资比例不得高于10%;参加过中国资产评估协会举办的专项培训,并考核合格。

(3) 资产评估机构的组织形式。现行制度规定,机构的组织形式可以是公司制,也可以是合伙制。采用合伙制的,既可以采用普通合伙,也可以采用特殊的普通合伙的组织形式。公司制、普通合伙制、特殊普通合伙制的注册资本分别为30万元、10万元、30万元以上。对于设立分支机构的,现行制度允许资产评估机构可以授权分支机构以分支机构的名义出具证券期货相关评估业务外的资产评估报告。

（4）对少数民族地区和经济欠发达地区适当放宽机构设立条件。注册资产评估师的数量在不同地区分布很不平衡，少数民族地区和经济欠发达地区注册资产评估师数量较少，很难达到64号令规定的机构设立条件，而这些地区也存在资产评估的法定业务，但由于地处偏远地区，发达地区的评估机构到那里执业的成本很高。因此，现行制度规定了如确实难以达到设立资产评估机构条件的，可适当降低设立资产评估机构的条件，可以降低设立条件的具体地区需经财政部审批。

2. 资产评估资质审批程序和机制

现行资产评估资质审批制度妥善构建了政府行政管理与行业自律管理的关系，充分发挥协会在行业管理中的作用，行政监管与自律管理的有机结合，不但强化和规范了政府行政管理，也明晰了政府事权和协会事权两者的关系。

在现行机制下，资产评估机构设立审批事项由省、自治区、直辖市财政部门受理，地方协会出具审核意见。批准设立评估机构的批复文件及相关材料报财政部企业司、中评协备案。财政部企业司会同中评协对省级财政部门报送的批准文件及申请材料进行审查，认为省级财政部门审批不当的，财政部应当责令省级财政部门改正。中评协在注册管理系统中确认机构加入中国资产评估协会，机构入会后，地方财政部门或地方协会打印机构资产评估资格证书。在这个过程中，为了保障各地审批管理工作的统一规范，财政部企业司会同中评协建立了一套备案管理体系，由中评协协助企业司办理地方审批机构的备案工作，对地方财政部门审批管理的结果进行审查，以及时发现审批中存在的问题。总体上财政部门和协会相互配合，在备案审核中较为有效，为保证审批管理的有序进行起到了积极作用。2005年至2012年年底，共办理了新设1988件，变更

1403件。

近年来,在财政部企业司、中评协的监督指导下,各地方财政与地方协会密切配合,严格履行审批管理职责,严把资格准入审核关,不断增强服务意识,提高工作效率,依法依规实施行政许可,资产评估机构审批管理规范化、流程化,确立了一套科学合理、高效的审批管理流程。这套流程既引导、规范了地方财政的审批行为,又理顺了中评协团体会员管理,对于财政部企业司、中评协对全国资产评估机构进行管理起到了积极的促进作用。

(四) 证券评估资格审批管理

证券评估业务资格管理制度建立的依据是1993年原国家国有资产管理局与中国证监会联合发布的《关于从事证券业务的资产评估机构资格确认的规定》(国资办发［1993］12号),该规定决定对证券评估业务实行许可证管理。证券业务资产评估许可证制度实行以来,伴随着我国证券市场的发展壮大,为防止国有资产流失、维护股东权益作出了积极贡献。2005年,《行政许可法》施行后,根据新修订的《证券法》、《国务院对确需保留的行政审批项目设定行政许可的决定》(国务院第412号令),对资产评估机构从事证券业务继续实施行政许可,资格审批工作由财政部和证监会负责。为此,财政部和证监会联合印发了《关于从事证券期货相关业务的资产评估机构有关管理问题的通知》(财企［2008］81号),同时为加强后续监管,又制定了《关于加强证券评估机构后续管理有关问题的通知》(财企［2009］235号)。

1. 证券评估资格的准入条件

评估机构取得证券评估资格的基本条件是资产评估机构依法设立并取得资产评估资格3年以上,发生过吸收合并的,还应当自完成工商变更登记之日起满1年;质量控制制度和其他内部管理制度健全并有效执行,执业质量和职业道德良好;具有不少于30名注册资产评估师，其中最近3年持有注册资产评估师证书且连续执业的不少于20人；净资产不少于200万元；按规定购买职业责任保险或者提取职业风险基金；半数以上合伙人或者持有不少于50%股权的股东最近在本机构连续执业3年以上；最近3年评估业务收入合计不少于2000万元，且每年不少于500万元。

2. 证券评估资格的审批程序

财政部企业司、证监会会计部、中评协成立"证券评估资格审批联合领导小组"和"证券评估资格审批联合工作小组"，分别负责证券评估资格授予的评定和具体审核工作。具体审批机制见图6.1。

财政部和证监会共同负责证券评估资格审批工作，中国资产评估协会作为行业自律组织协助审批。财政部收到资产评估机构的申请资料后，从形式上对材料的齐备性进行审查，并向申请人下发《受理通知书》或者《不予受理通知书》。对决定受理的申请，财政部、证监会、中国资产评估协会在相关报纸或网站上分别进行为期20个工作日的公示，征求社会公众对机构申请证券评估资格的意见。公示期间，财政部、证监会和中国资产评估协会分头审查申请材料，对需要进行实地检查的，协商一致后实施联合检查。对符合申请条件的机构，财政部、证监会联合下达批复文件，并由财政部企业司向申请人送达批复文件和资格证书。对于决定授予证券评估资格证书的机构，财政部、证监会、中国资产评估协会分别在相关报纸或网站上进行公告，并更新证券评估资格机构目录。

为了做好审批工作，联合审批工作小组制定了从受理、审核、现场调查到上会讨论等的审批流程。在审批过程中，认真审查、仔细核对、深入研究、审慎决策，严格规范审批各个环节。对申报材料不清楚的、收到举报的、涉及经济案件的机构，一律进行现场核查，严格按照81号文的规定开展审批工作。截至2012年年底，全国共有证券评估机构70家。

第六章 中国资产评估行业管理

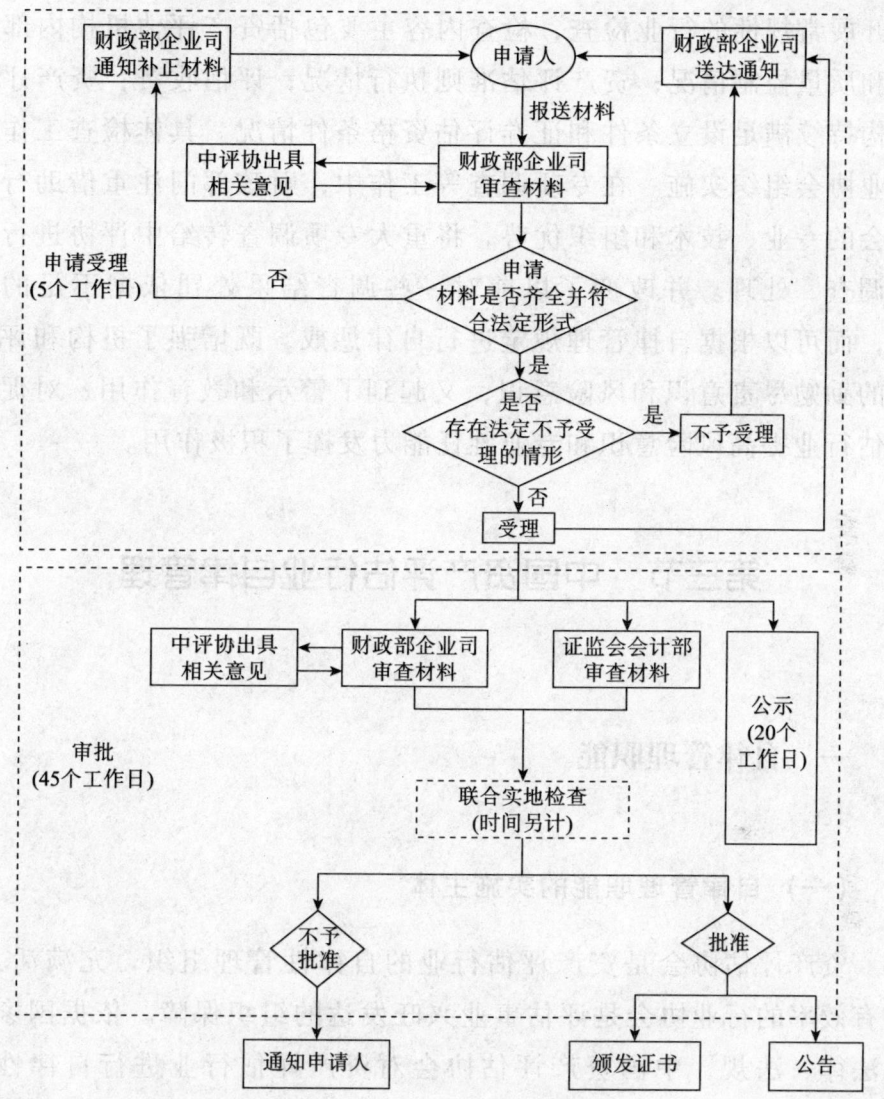

图 6.1 证券评估资格审批流程图

（五）借助自律管理优势，加强机构监管

为了加强对评估机构的监管，财政部门和评估协会发挥各自优势，积极开展检查、专项调查等工作。在检查方面，从 2010 年开始，财政部下发通知在每年的检查中由财政部门与资产评估协会联

合开展常规性的行业检查,检查内容主要包括资产评估机构内部管理和质量控制情况;资产评估准则执行情况;评估收费;资产评估机构持续满足设立条件和证券评估资格条件情况。具体检查工作由行业协会组织实施。在专项调查等工作中,财政部门注重借助行业协会的专业、技术和组织优势,将重大专项调查转给中评协进行具体调查、处理。并改变了以前对一些调查结果处罚依据不足的困境,而可以根据自律管理规定进行自律惩戒,既增强了机构和评估师的勤勉尽责意识和风险意识,又起到了警示和教育作用,对促进评估行业提高风险意识和专业胜任能力发挥了积极作用。

第三节 中国资产评估行业自律管理

一、自律管理职能

(一)自律管理职能的实施主体

资产评估协会是资产评估行业的自律性管理组织,充满活力、富有效率的行业协会是评估事业兴旺发达的组织保障。依据国家有关法律、法规,中国资产评估协会对资产评估行业进行自律性管理。在财政部党组的正确领导下,在民政部的指导下,中评协积极探索行业组织的运行规律,围绕发展和完善以提高行业公信力为中心的行业管理和服务职能,建立健全行业自律管理体系和运行机制,始终坚持将行业治理与决策机制的规范和有效运行放在重要位置,重点从理事会运行层面、行业自律管理层面、协会秘书处管理层面进行规范,与全国各地方协会密切配合、共同努力,建立了上下联动、系统完整的行业自律管理体系。

中国资产评估协会最高权力机构为全国会员代表大会,每五年召开一次,选举产生理事会;理事会是全国会员代表大会的执行机构,对全国会员代表大会负责。常务理事会为理事会的常设机构,在理事会闭会期间,行使理事会职权。

理事会下设若干专门委员会和专业委员会,专门委员会是理事会履行职责的专门工作机构;专业委员会是理事会负责行业发展中专业管理及专业技术问题的专业工作机构。各委员会办事机构设在秘书处相关部门或受委托的有关部门。

秘书处为中国资产评估协会日常办事机构,负责落实全国会员代表大会、理事会、常务理事会、会长办公会的各项决议、决定,承担日常工作。秘书长负责秘书处的日常工作。

地方资产评估协会受当地财政、民政部门领导,在中评协指导下管理当地资产评估行业,是地方自律性管理组织。截至到2012年底,全国共成立了35个地方资产评估协会,也都构建起了会员代表大会、理事会、常务理事会及协会秘书处,绝大多数地方协会组织成立了专门专业委员会,构建起了比较完善的行业自律管理组织体系和工作运行机制。

(二) 自律管理的职能

依据国家有关法律、法规和中国资产评估协会章程的规定,中评协对资产评估行业进行自律性管理的具体职能包括:制定行业发展目标和规划,并负责组织实施;制定资产评估执业准则、规范和行业自律管理规范,并负责组织实施、监督和检查;负责组织注册资产评估师及分专业全国统一考试;负责注册资产评估师注册和会员登记管理;负责对会员执业资格、执业情况进行检查、监督,对会员执业责任进行鉴定,实施自律性惩戒,规范执业秩序;组织开展资产评估理论、方法、政策的研究,负责资产评估行业教育培训工作;编辑出版协会刊物,组织编写、出版与行业发展相关的书籍、资料，对资产评估行业和评估专业进行宣传；负责向政府各界和市场主体反映会员意见、建议及有关需求，维护会员合法权益；为会员提供专业技术支持和信息服务；协调行业内外关系，改善外部执业环境；代表行业开展对外交流、国际交往；参与行业有关的法律、法规、规章和规范性文件的研究、起草工作，对资产评估机构的设立提出审核意见，对外国资产评估机构在我国设立常设机构提出审核意见；推动行业文化建设，组织行业党建工作；指导地方协会工作，领导中评协专业分会及地方派出机构；办理法律、法规规定和国家机关授权或委托的有关工作；承办其他应由中评协办理的事项。

地方评协自律性管理职能与中评协基本相近，但又有以下几点主要区别：一是层次不同。中评协着眼国际、立足全国，顶层设计行业发展目标和规划、资产评估执业准则、规范和行业自律管理规范，并负责组织实施、监督和检查；而地方评协则结合当地实际，做好基层的贯彻落实工作。二是范围不同。中评协负责组织全国范围的注册资产评估师考试、注册和会员登记管理，对会员执业资格、执业情况进行检查、监督，对会员执业责任进行鉴定，实施自律性惩戒，规范执业秩序，组织实施资产评估行业教育培训的工作等等，而地方评协则负责本地区所有这些工作的具体实施和实际操作。三是对象不同。中评协直接管理的对象是证券评估机构，而地方评协则是在中评协授权下对非证券地方中小机构进行直接管理。四是主体不同。作为资产评估行业自律性管理主体，中评协是全国行业的主体，而地方评协则是地方行业的主体，也就是在当地财政部门领导下，对非证券资产评估机构的设立提出审核意见，推动行业文化建设，开展行业党建工作，办理法律、法规规定和当地财政机关授权或委托的有关工作，承办其他应由地方协会办理的事项，等等。

二、自律管理内容

（一）注册资产评估师准入管理

2004年，国务院印发《国务院关于第三批取消和调整行政审批项目的决定》（国发［2004］16号），决定注册资产评估师注册管理不再作为行政审批，而实行自律管理。同期发布的《国务院对确需保留的行政审批项目设定行政许可的决定》（国务院412号令）将包括注册资产评估师资格在内的多种人员资格"列入政府管理范围的专业技术人员职业资格审批"保留为行政许可。至此确立了资产评估行业人员准入实行执业资格考试行政许可结合执业注册自律性管理的管理体制。

1. 注册资产评估师考试管理

注册资产评估师执业资格考试制度建立的依据是1995年5月10日原国家人事部和原国家国有资产管理局联合发布的《关于印发〈注册资产评估师执业资格制度暂行规定〉及〈注册资产评估师执业资格考试实施办法〉的通知》（人职发［1995］54号）。该制度建立以后，几经政策调整。2004年发布的《国务院对确需保留的行政审批项目设定行政许可的决定》（国务院412号令），明确了注册资产评估师考试为行政许可行为。目前注册资产评估师考试由人力资源和社会保障部、财政部共同管理。人社部和财政部委托人社部人事考试中心实施注册资产评估师执业资格考试考务（考试报名、考场安排、试卷印制、押运、成绩公布）工作，委托中国资产评估协会组织考试大纲的拟定、考试辅导教材的编写发行、命题和主观题的全国统一阅卷工作。地方评估协会则受托具体办理当地注册资产评估师执业资格考试报名、资格审核等工作，协助开展资格证书的发放和管理等。

（1）注册资产评估师考试报名条件。凡中华人民共和国公民，遵纪守法并具备下列条件之一者，均可报名参加注册资产评估师执业资格考试：取得经济类、工程类大专学历，工作满5年，其中从事资产评估相关工作满3年。取得经济类、工程类本科学历，工作满3年，其中从事资产评估相关工作满1年。取得经济类、工程类硕士学位或第二学士学位、研究生班毕业，工作满1年。取得经济类、工程类博士学位。非经济类、工程类专业毕业，其相对应的从事资产评估相关工作年限延长2年。不具备上述规定学历，但通过国家统一组织的经济、会计、审计专业初级资格考试，取得相应专业技术资格，并从事资产评估相关工作满5年。

目前，香港、澳门、台湾居民符合有关规定的，也可报考注册资产评估师。

（2）注册资产评估师考试科目。注册资产评估师考试科目共有5门，即《资产评估》、《经济法》、《财务会计》、《机电设备评估基础》、《建筑工程评估基础》。

（3）注册资产评估师考试的报名程序。报名程序一般为：考生到指定报名点，报名时需提交身份证和毕业证原件，近期免冠照片等，申请免试科目的还需当场提供相关高级职称资格证书原件。经审核合格后，领取并填写相关报名表格，同时需按标准缴纳报名费。报名的详细程序应参照当地的有关规定及安排。

从注册资产评估师执业资格全国统一考试制度建立以来，中评协一直坚持与原人事部考试中心密切配合，认真组织开展考试工作，为行业选拔人才把好入门关。近年来，中评协在科学设定考试大纲、完善教材编写、进一步完备命题机制等方面做了大量工作。同时，为进一步优化考试机制，中评协积极研究推行阅卷改革工作，自2008年开始，注册资产评估师考试启用计算机网上阅卷系统。网上阅卷系统涵盖了试卷扫描、网上评卷与复核、成绩合成、评卷质量监控、数据安全加密等各项考务管理工作，使评卷质量显著提升，评卷结果更加客观、公正，同时大大提高了评卷效率，降低了评卷工作强度。截止2012年底，注册资产评估师执业资格全国统一考试已举行16次（1998年停考一年），累计有55万人报名参加考试，通过考试全国已有4万余人取得注册资产评估师执业资格证书。

2. 注册资产评估师注册管理

为贯彻国务院412号令文件精神，中评协制定了一系列注册管理制度，目前执行的有《注册资产评估师注册管理办法（试行）》（中评协［2005］90号）、《注册资产评估师年检办法》（中评协［2005］187号）、《注册资产评估师证书与印鉴管理办法》（中评协［2006］95号）。通过这些制度明确了注册资产评估师的注册条件、程序，规范了注册资产评估师日常管理以及退出机制，进一步理顺了中评协和地方协会的注册管理链条。确立了注册资产评估师的年检制度，对注册资产评估师注册条件、后续教育、履行义务等情况进行定期检查。规范了注册资产评估师的证书、印鉴管理。这些办法的制定，为评估行业建立一个科学合理的注册资产评估师注册管理机制提供了制度保证。

（1）注册资产评估师注册条件。注册申请人应当具备以下条件：注册资产评估师全国统一考试全科成绩合格或者经依法认定；年龄在65周岁以下；专职在资产评估机构从事资产评估业务；初次申请注册之日前5年内在资产评估机构专职从事资产评估工作累计24个月以上，重新申请注册不受此限；已接受中评协或地方协会组织的注册资产评估师岗前培训，并考核合格。

注册申请人有下列情形之一的，不予注册：不具有完全民事行为能力的；因受刑事处罚，刑罚执行期满未逾5年的；被认定为终身禁入资产评估行业的；因在财务、会计、审计、资产评估、企业管理或者其他经济管理工作中受行政处罚，自被行政处罚之日起不满2年的；被吊销注册资产评估师证书的，自吊销注册资产评估师证书之日起不满3年的（不含受刑事处罚情形）；在申报注册过程中有弄虚作假行为未被批准注册或被撤销注册的，自不予批准注册或撤销注册之日起不满3年的；不履行《中国资产评估协会章程》规定的义务的；其他不予注册的情形。

（2）注册资产评估师注册程序。注册申请人提出注册申请后，由所在资产评估机构在规定的受理时间内，向所在地地方协会提交相关申请材料；地方协会对申请材料进行初步审查，对申请人提交复印件的相关材料应当核对原件，并在复印件上加盖注册资产评估师注册专用章。地方协会初步审查后认为申请材料符合要求的，确定受理。申请材料不齐全或不符合要求形式的，应当当场或在5个工作日内通知资产评估机构补充或者修改申请材料；受理申请的地方协会应当自确定受理之日起20个工作日内审核完毕，并将审核意见、注册申请人的申请材料、《注册资产评估师申请注册汇总表》及相应的电子文档以申请注册的请示的形式报送中评协，同时将注册申请人有关信息录入资产评估注册管理系统；中评协自收到材料之日起，将注册申请人有关信息在中评协网站上公示20日。公示期满后10个工作日内，对符合注册条件的注册申请人，批准注册，颁发注册资产评估师证书，并予以公告；对不符合注册条件的注册申请人，不予注册，并书面通知地方协会；地方协会应当按有关规定为批准注册的人员统一制作注册资产评估师印鉴。具体程序见图6.2。

近年来，中评协与地方协会密切协作，注册管理工作规范化和信息化进程不断加快，工作程序不断优化，工作效率不断提高。在注册管理工作中，严格按照相关制度把好准入关口，积极做好日常的注册资产评估师注册、变更、撤消，证券评估机构报备和申请证券评估资格的评估机构评估师情况审核等工作。2005年至2012年间，共办理评估师注册12629人次，撤销注册2355人次，并换发注册资产评估师证书54965本。

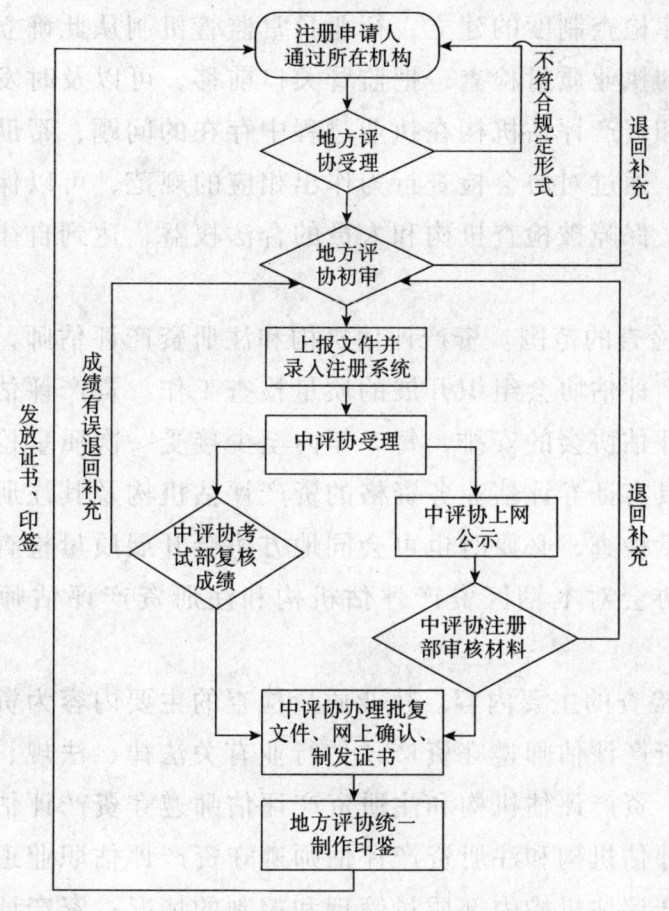

图6.2 注册资产评估师注册流程图

（二）资产评估行业执业监管

中评协长期致力于构建科学合理的执业监管体系，通过加强行业自律监管，监督、指导、规范执业行为，促进资产评估行业职业道德水平和执业质量的全面提高，树立良好的行业形象。

1. 资产评估行业自律检查制度的建立

2006年，中评协制定了《资产评估执业质量自律检查办法》（中评协〔2006〕98号），对检查的相关行为进行了具体规定，覆盖全面。该办法是资产评估行业第一个规范行业自律检查的文件，标志着自律检查制度的建立，行业日常监管机制从此确立。通过开展经常性的执业质量检查，把监管关口前移，可以及时发现注册资产评估师和资产评估机构在执业过程中存在的问题，帮助和指导其规范执业，通过对协会检查行为作出相应的规范，可以保证检查工作的公正，保障被检查机构和人员的合法权益，达到自律监管的目的和效果。

（1）检查的范围。资产评估机构和注册资产评估师，应当接受并配合资产评估协会组织开展的质量检查工作。资产评估机构应当按照资产评估协会的安排，每5年内至少接受一次质量检查。中评协负责对具有证券评估业务资格的资产评估机构及其注册资产评估师进行质量检查，必要时也可会同地方协会开展质量检查。中评协授权地方协会对本辖区资产评估机构和注册资产评估师进行质量检查。

（2）检查的主要内容。执业质量检查的主要内容为资产评估机构和注册资产评估师遵守资产评估行业有关法律、法规、规章和制度的情况；资产评估机构和注册资产评估师遵守资产评估准则的情况；资产评估机构和注册资产评估师遵守资产评估职业道德准则的情况；资产评估机构内部质量管理和控制的情况；资产评估协会认为需要检查的其他内容。

与财政部门联合开展检查后，检查的内容扩大至对资产评估机构内部管理和质量控制情况；资产评估准则执行情况；评估费用收取情况；资产评估机构持续满足设立条件和证券评估资格条件情况进行检查。

（3）检查的程序。检查办法规定，资产评估协会应当提前10个工作日向被检查资产评估机构发出检查通知书，告知其检查的依据、范围、内容、时间、方式和对被检查机构配合检查工作的具体要求，以及对检查意见如有异议，书面反馈意见的时间期限；被检查资产评估机构应当在检查组到达前，完成检查通知书中要求的准备工作；检查组应当在实地检查时出示检查通知书，并佩带检查人员工作证件（由地方协会自制）；检查组应当通过听取被检查资产评估机构汇报、询问相关情况、查阅有关资料等方法，了解被检查资产评估机构的基本情况及其内部管理控制制度的建立和执行情况；检查组应当充分考虑行业自律检查的特点和要求，依据被检查资产评估机构的有关资料，选取重点检查的评估报告；检查组应当通过查阅选取的评估报告及工作底稿，检查资产评估机构和注册资产评估师遵守资产评估行业有关法律、法规、规章、制度的情况和遵守资产评估准则的情况；检查组应当通过查阅被检查资产评估机构内部管理控制制度，并结合业务检查和与质量检查有关的财务检查等，检查资产评估机构和注册资产评估师遵守资产评估职业道德准则的情况和执行内部质量管理控制制度的情况；检查组应当将所检查的内容与事项，形成检查工作底稿。检查工作底稿的主要内容包括：被检查机构的基本情况、抽查报告名称、文号、检查时间、检查发现的主要问题、检查人员的意见及签名、相关证明材料。相关证明材料上应当有提供者的签名或盖章，未取得提供者签名或盖章的，检查人员应当注明原因；检查组填制的检查工作底稿应当做到内容完整、重点突出、条理清晰、用词准确。相关的证明材料应清晰完整；检查组组长应当对检查组填制的工作底稿及取得的相关证明材料进行必要的复核；检查工作底稿应当征求被检查资产评估机构及相关注册资产评估师意见，并由其签字盖章；被检查资产评估机构和相关注册资产评估师对检查意见有异议并在资产评估协会检查通知中规定的时间内提出书面意见的，检查组应当予以进一步核查；在资产评估协会检查通知中规定的时间内没有提出异议的，视为对检查意见无异议；检查组完成实地检查工作后应认真编写质量检查报告，连同质量检查工作底稿一并提交资产评估协会。具体参见图6.3。

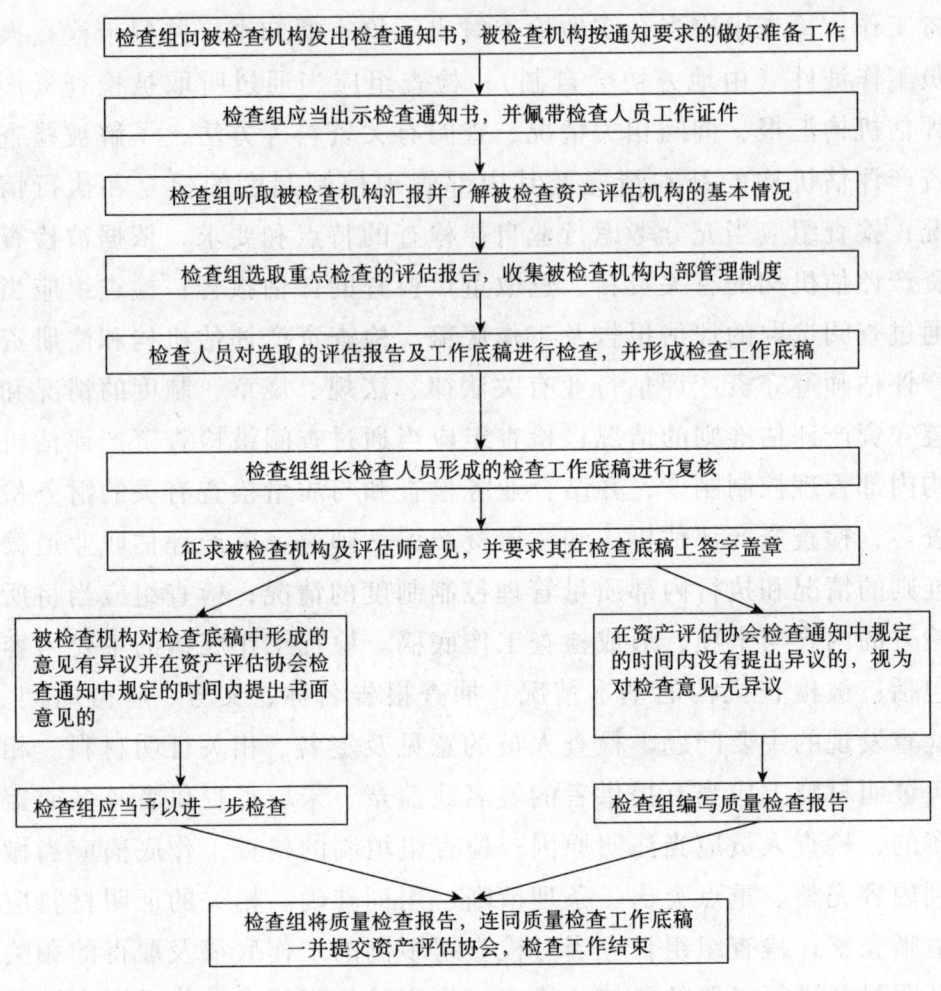

图 6.3 中评协自律检查程序流程图

自 2007 年开始，中评协已经连续 7 年开展了执业质量检查工作，每年检查覆盖面占到评估机构总数 20% 的以上，平均每家资产评估机构（包括分支机构）检查 4 份评估报告。截至 2012 年年底，全国实际检查 2900 多家资产评估机构，30000 多名注册资产评估师，基本达到了全覆盖。几年来的检查实践，使检查依据更加客观合理，检查方法更加优化丰富，检查工作形成了常态化、制度化，从而确立了资产评估行业自律检查的长效机制。近年来，通过行业检查，全国共组织了近1100名评估师参加了执业质量检查工作，已经拥有了一支相对稳定、业务精良、作风过硬、德才兼备、无私奉献的兼职检查人员队伍，为监管检查工作持续性、有效性的开展提供了强有力的基础保障。

2. 建立行业自律惩戒机制

2005年，中评协制定了《资产评估执业行为自律惩戒办法（试行）》（中评协［2005］183号），从资产评估执业质量和职业道德监管的角度，规定了对机构和评估师的违规行为进行惩戒的种类、条件、程序。该办法是资产评估行业第一个自律惩戒文件，填补了行业自律监管的空白，改变了国有资产评估违规行为处罚办法的适用范围不能满足目前资产评估行业在自律监管中对违规问题处理需要的状况，标志着自律惩戒制度的建立，铸牢了行业自律监管的基础，使得行业惩戒从此有法可依，有章可循。

（1）自律惩戒的范围。注册资产评估师、资产评估机构有下列情形之一的，依据自律惩戒办法予以自律惩戒：违反资产评估行业有关法律、法规、规章和规范性文件有关规定；违反资产评估准则和执业规范；违反资产评估职业道德准则和执业纪律；违反中国资产评估协会章程规定，不履行相关义务；其他应予惩戒的违规行为。

（2）自律惩戒的种类和实施。对存在违规行为应予自律惩戒的注册资产评估师，应当根据情节轻重给予以下自律惩戒：警告；行业内通报批评；公开谴责；吊销注册资产评估师证书。

对存在违规行为应予自律惩戒的资产评估机构，应当根据情节轻重给予以下自律惩戒：警告；限期整改；行业内通报批评；公开谴责。

中评协负责对全国范围内的注册资产评估师和资产评估机构的违规行为进行自律惩戒，并指导各省、自治区、直辖市、计划单列市资产评估协会的自律惩戒工作。中评协直接办理注册资产评估师和资产评估机构涉及证券业务评估或具有重大影响的违规行为的自律惩戒。依据本办法的规定，中评协授权地方协会对本辖区注册资产评估师和资产评估机构的违规行为进行自律惩戒。对注册资产评估师予以吊销注册资产评估师证书的自律惩戒，由中评协作出。

（3）自律惩戒的程序。资产评估协会对注册资产评估师或资产评估机构作出自律惩戒决定之前，应当告知当事人自律惩戒决定的事实、理由及依据，并告知当事人自接到自律惩戒告知之日起15个工作日内有要求陈述和申辩的权利；资产评估协会在作出公开谴责、吊销注册资产评估师证书自律惩戒决定之前，应当告知当事人自接到自律惩戒告知之日起15个工作日内有要求举行听证的权利；当事人要求陈述和申辩或举行听证的，资产评估协会应当在听取当事人的陈述和申辩或举行听证后，根据不同情况作出是否予以自律惩戒的决定。作出自律惩戒决定的，资产评估协会应当将《自律惩戒决定书》送达当事人；当事人逾期不作陈述和申辩或不要求举行听证的，资产评估协会应当作出自律惩戒决定，并将《自律惩戒决定书》送达当事人；注册资产评估师或资产评估机构对自律惩戒决定不服的，可以在收到自律惩戒决定书之日起15个工作日内向作出自律惩戒决定的资产评估协会提出书面申诉，对地方协会作出的公开谴责决定不服的，可以向中评协提出书面申诉；当事人提出申诉的，由受理申诉申请的资产评估协会进行复议，资产评估协会应当自申诉申请受理后60个工作日内作出复议决定并以书面形式送达当事人；当事人申诉期间，自律惩戒决定不停止执行。具体参见图6.4。

从自律惩戒制度建立至2012年底，中评协依据惩戒办法对行业自律检查以及专项调查中发现的存在质量问题的10家评估机构、23名评估师给予了自律惩戒，对37家评估机构、256名评估师通过谈话提醒、发关注函等非自律惩戒监管措施提醒其改正违规行为。通过惩戒和教育并重，对违规的评估师、评估机构进行处理，一方面

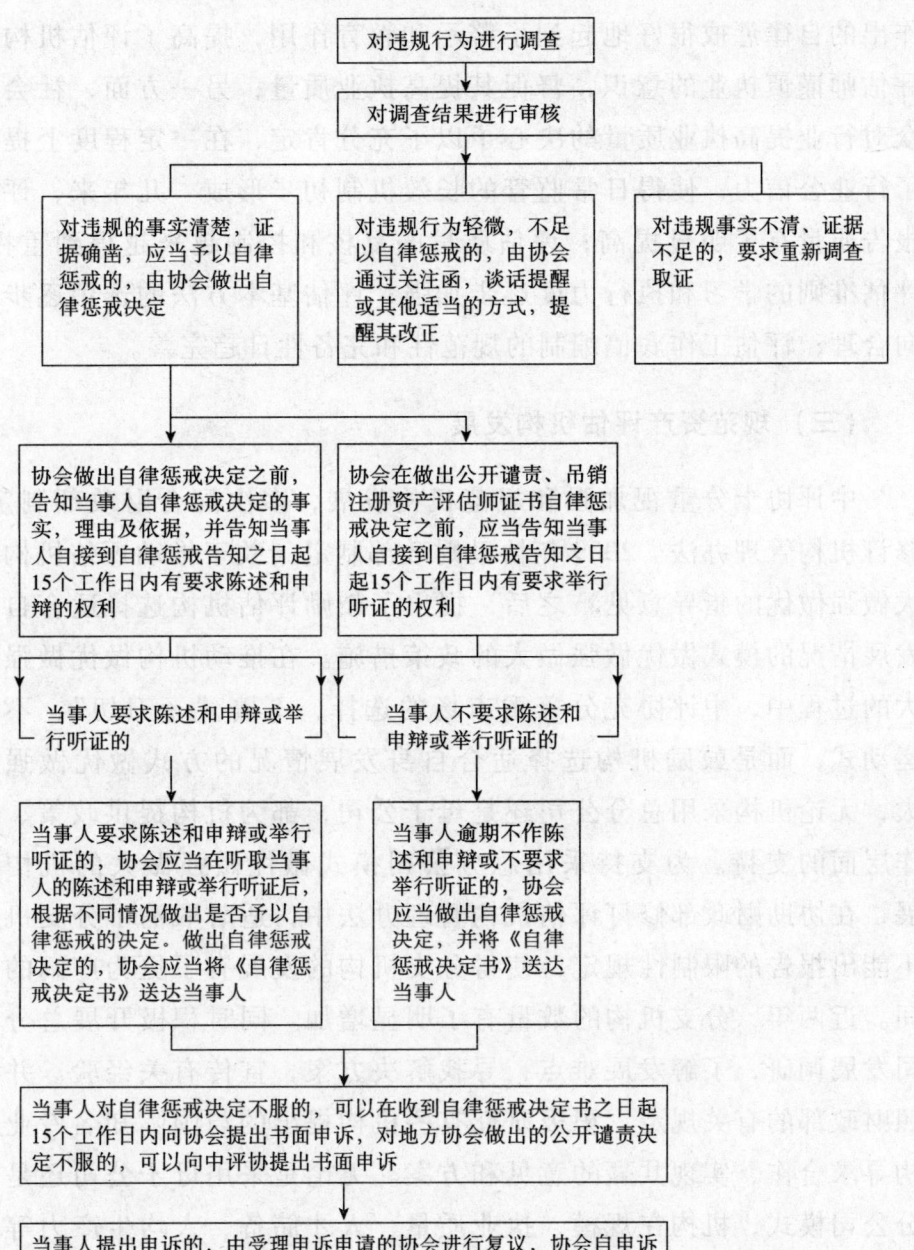

图 6.4 中评协自律惩戒程序流程图

作出的自律惩戒很好地起到了警示和教育作用，提高了评估机构和评估师谨慎执业的意识，督促其提高执业质量；另一方面，社会公众对行业提高执业质量的决心予以了充分肯定，在一定程度上提高了行业公信力，使得日常监管的长效机制初步形成。几年来，评估报告质量有了明显提高；评估质量的复核和控制越来越得到重视；评估准则的学习和执行力度逐步加强；评估基本方法的选用逐步趋向合理；评估工作底稿编制的规范性和完备性日趋完善。

（三）规范资产评估机构发展

中评协十分重视加强和规范机构发展，多次配合财政部制定、修订机构管理办法。2009年协助财政部制定《关于推动评估机构做大做强做优的指导意见》之后，提出了鼓励评估机构选择适合自身发展情况的模式做优做强做大的政策措施。在推动机构做优做强做大的过程中，中评协充分尊重市场的选择，不搞"一刀切"，不搞运动式，而是鼓励机构选择适合自身发展情况的方式做优做强做大，无论机构采用总分公司还是母子公司，都为机构提供政策、工作层面的支持。为支持采用总分公司模式做优做强做大的机构发展，在协助财政部修订评估机构管理办法中，适时取消了分支机构不能出报告的限制性规定，使得分支机构的发展有了更为广阔的空间。近两年，分支机构的数量有了明显增加。同时积极开展总分公司发展调研，了解发展难点，寻找解决方案，宣传有关经验。并按照财政部的有关规定，积极研究有些机构提出的与国际知名专业机构寻求合作、实现共赢的意见和方案。无论是采用母子公司还是总分公司模式，机构在规模、执业质量、人才储备、人均生产力等各方面有了很大提高，形成了一大批具有较大规模、较强专业服务能力和核心竞争力、较高服务质量和执业水平的评估机构，同时有力地带动了整个行业做优做强做大。

中评协还通过开展综合评价、中小机构调研等工作，推动评估机构科学发展。通过近十年的努力,评估行业已形成了一批具有较大规模、较强核心竞争力、较高服务质量和执业水平的大型评估机构,一大批执业质量过硬、能够满足市场经济多元化发展需要的中小评估机构群体,初步形成大中小资产评估机构执业领域各有侧重,大型机构为旗帜、中型机构为骨干、小型机构为基础的科学布局、合理定位、协调发展的格局。

1. 开展母子公司试点

《关于推动评估机构做大做强做优的指导意见》明确提出要创新体制、机制和制度,从转变评估行业发展方式入手,在政策上给予积极推动,力求从机构设立形式等方面解决阻碍评估机构发展的突出问题,走一条创新机构发展之路。为贯彻落实推动机构做优做强做大的文件精神,中评协多次与财政部企业司协调,积极推动母子公司试点工作。2010年,财政部下发了《财政部关于评估机构母子公司试点有关问题的通知》(财企〔2010〕347号),标志着母子公司试点工作正式开展,并明确了在财政部的指导下母子公司试点工作由中评协组织实施。在此基础上,中评协下发了《中评协关于印发〈评估机构母子公司试点管理办法〉的通知》,规范了评估机构母子公司试点工作,明确了申请参加试点工作的母公司和子公司的条件、要求与办理程序,为顺利开展母子公司试点工作奠定了基础。在此基础上,又协助财政部、证监会制定《关于从事证券期货相关业务的资产评估机构参与母子公司试点有关管理问题的通知》(财企〔2011〕275号),解决了母子公司试点中与证券资格条件衔接的问题,突破了"不得从事股权投资","自然人股东"的限制,从制度上加强保障,推动了母子公司试点工作的正常开展。这一系列办法的出台,为推动评估机构做优做强做大、行业科学发展提供了制度基础。

(1)母子公司试点条件。申请作为母公司试点的评估机构,应当满足下列条件:股东会同意申请母公司试点;具备证券评估资格，且取得证券评估资格时间不少于5年（含5年）；评估机构（含分公司）近3年内未受刑事、行政处罚或自律惩戒；上年营业收入（含分公司）不少于5000万元，评估机构发生合并的，合并前取得经营业绩可以合并计算；注册资产评估师（含在分公司的注册资产评估师）不少于50名，其中注册3年以上的注册资产评估师不少于30名；上年末净资产不少于2000万元；履行会员义务，按时足额缴纳会费；具有承担重大项目的能力和经验，近三年内每年完成至少2项重大并购重组或IPO评估项目，并经证监会、国资委或相关监管部门审核通过；具有完善的内部治理结构、较强的管理控制力、质量控制力和市场开拓能力；股东和高级管理人员有较强专业胜任能力，业内外声望较高，政治素质过硬。

作为试点母公司的评估机构（以下简称母公司）应当选择符合下列条件的评估机构作为子公司：股东会同意成为子公司；具有资产评估资格；上年度营业收入（含分公司）一般不少于500万元；注册资产评估师（含分公司的注册资产评估师）不少于15名；近3年内未受刑事、行政处罚；履行会员义务，按时足额缴纳会费。

（2）母子公司试点申请程序。评估机构进行母子公司试点，需向中国资产评估协会提出申请；中评协收到评估机构提交的申请成为试点母公司的材料后，将评估机构的收入、人员、净资产等基本情况予以公示；中评协应当在20日内对评估机构提交材料进行审查，并与提出申请的评估机构（含子公司）进行约谈；对于符合条件的评估机构，中评协向财政部备案。对于不符合条件的评估机构，中评协书面告知其不予通过；母公司应当在子公司办理完成工商变更登记后10日内向中评协备案，并提交子公司营业执照复印件和经工商行政管理部门备案的章程。

在试点过程中，中评协认真做好受理、公示、审查、约谈、批准等环节的各项工作，科学细化审批工作流程，提高审批效能，确保母子公司试点审批顺利进行，为评估机构品牌化、规模化、跨越式发展发挥积极作用。目前已批准包括中联评估集团在内的6家母公司、28家子公司开展试点。通过统一职业标准,统一质量控制机制,统一内部培训体系,统一企业标识,统一信息系统等,品牌效应逐步显现,母子公司试点取得了阶段性成果。母子公司试点工作的推进与开展,在社会各界引起强烈反响,极大地提升了评估行业的社会形象,为评估行业进一步增强实力、提高服务水平和持续健康发展作出了表率,是我国评估行业扩大服务领域,更好服务于市场经济,树立国际影响力等方面的一次重大突破。

2. 引导中小评估机构做优做专做精

中小评估机构分布广、数量大、各具特色,为引导和支持中小机构利用自身优势,突出专业特色,创新服务方式,拓展服务项目,中评协积极研究关于促进中小评估机构科学发展的相应政策,经过广泛调研、讨论和征求意见,提出了中小评估机构科学发展的政策措施建议,并积极向财政部建言献策,在行业发展规划等一系列指导性文件中予以体现。地方评协从当地实际出发,具体指导不同类型中小评估机构做优做专做精,实现因地制宜、特色发展。这些政策措施的制定与实施,指明了中小机构发展的方向,树立了目标,提出了扶持中小机构发展的措施,有力地推动了一大批适应市场经济多元化发展需要的中小评估机构健康发展。

3. 引导机构不断优化内部治理结构

机构内部的管理是以相应管理制度作为基本依据的,为了建立健全内部管理体系,引导评估机构不断优化内部治理结构,中评协建立健全管理制度,通过制度设计为评估机构内部治理提供依据和指导。2010年中评协印发了《评估机构内部治理指引》,该指引要求评估机构按照质量控制准则的要求,制定实施科学、严谨的业务质量控制政策和程序,建立质量控制制度体系。2010年底,中评协又印发了《评估机构业务质量控制指南》,该指南主要从质量控制责任、职业道德、人力资源、业务流程及监控和改进等方面进行了规范，对于完善准则体系、加强评估机构内部治理、推进母子公司试点等一系列行业重要制度的设计与实施，起到积极推动作用。这些制度的发布和实施为评估机构建立健全内部管理体系提供了指引，对促进评估机构做优做强做大、做优做专做精及评估行业可持续发展提供了坚实的规范基础和制度保障。

4. 开展资产评估机构综合评价

为了引导资产评估机构有序竞争，规范执业行为，提升服务水平，中评协在广泛征求财政部、证监会、国资委等政府部门，企业等报告使用方，地方协会、评估机构等行业内意见的基础上，经中评协常务理事会审议通过，发布了《资产评估机构综合评价办法》。通过建立资产评估机构规模、执业能力、执业质量相结合的评价体系，为主管部门、监管部门提供参考，给报告委托方提供参考，给社会公众了解评估行业提供参考。2012年，中评协第一次向社会公告资产评估机构综合评价百强名单，在行业内外引起了积极反响，获得了广泛好评。对于引导社会各界了解评估行业，便于委托方选择机构和政府监管，促进机构做优做强做大、提升水平起到了积极作用。近年来，部分地方评协也依据《资产评估机构综合评价办法》，结合当地评估行业实际开展评价，其结果在当地新闻媒介公布，提高了资产评估机构的知名度与影响力。

（四）行业培训管理

中评协注重不断加强培训工作，完善培训机制，逐步形成了"学历教育、准入教育、继续教育"三个阶段，"高端人才、管理人员、执业人员"三支队伍，以及"中评协、地方协会和评估机构"三个层次的分级分类分层次教育培训体系，在建立继续教育体系、加强人才培养等方面取得了良好成效。一是建立了一套继续教育管理程序。2008年行业培训管理系统投入使用，从培训计划、学员报名、培训项目组织与考核、学员学时确认、师资授课效果评价等方面,对培训工作实行全方位信息化管理,及时掌握了解各地方的培训工作情况和学员对培训内容、培训方式、培训师资及培训教材等方面的反馈与建议;2009年开始使用IC一卡通,提高了培训管理水平。二是完善继续教育培训的监督考核制度。完善教育培训的考核机制,建立培训班结业考试制度;建立注册资产评估师继续教育信息档案,实施IC卡管理。对注册资产评估师继续教育情况实施机构建立台账、地方协会审核汇总、中评协备案的三级管理制度,定期组织对继续教育的考核、监督、检查、补课等,并将继续教育作为注册资产评估师年检合格与否的重要内容。三是形成了一支继续教育师资队伍。依靠高校和行业专家,依托重大项目、重点学科和学科建设基地以及国际学术交流与合作项目,加大师资培养力度,不断提升师资队伍的专业素质和授课水平,推进师资队伍建设。建立和充实资产评估培训师资库,建立师资队伍的考核、激励机制,形成了一支高水平的师资队伍。

(五) 服务会员与行业发展

中评协坚持寓管理于服务之中的理念,在会员管理、专业建设、市场建设、国际交流、信息化建设等方面,转变管理方式、创新服务理念,将自律管理和服务有机结合,有效地服务会员与行业发展。

1. 服务会员管理

会员是协会的主体,是协会存在和发展的基础,会员管理与服务是行业协会自律性管理的核心内容,历经20年的发展变迁,一个服务于行业、服务于市场、服务于会员的高质量的会员管理体系已经基本形成。

中评协继续单独设立以来,不断完善会员管理体系,创新会员管理方式。一是为会员保障执业提供服务,增加归属感。建立了会员管理信息系统,方便会员和公众查询;建立健全了资产评估机构职业责任保险和职业风险基金制度,为会员执业提供风险保障;建立了注册资产评估师和资产评估机构申诉制度等。二是为会员改善执业环境提供服务,增进忠诚度。研究建立了会员诚信体系;推动了资产评估收费制度出台,解决会员执业中的瓶颈问题;积极与全国妇联、全国青联、律协等相关社会团体加强联系,开展多种活动,加强沟通交流。三是为会员树立执业形象提供服务,增进荣誉感。充分利用各种时机宣传并树立会员形象,扩大行业影响,提升评估声望。通过组织开展"全国十佳女注册资产评估师"评选、评估行业首届"全国十佳"和"优秀青年评估师"评选表彰、首届"金牌会员"评比等活动,树立了评估师的良好形象,扩大了评估行业的社会影响。并注重充分发挥资深会员的作用,集中体现行业的社会形象。为进一步服务会员,还将行业会刊《中国资产评估》从双月刊改为单月刊,并创新设计为综合和专业两个版;改版协会网站,使会员形象更加全面地得到展现。四是为会员树立执业形象、增进荣誉感提供服务,不仅从会员的生活方面考虑,更多地注重会员的价值内涵,从对社会认知、执业尊严、评估师地位、行业全面发展等角度出发,彰显服务的说服力和感染力。如:将会员推荐到证监会发审委、重组委、咨询委工作,提升行业服务资本市场中的影响力,推荐到国际评估组织工作,增强与国际组织的交流;将会员推荐到有关部门参加全国优秀中国特色社会主义事业建设者评选;将会员推荐到各级人大、政协担任代表、委员等,扩大行业的社会影响。

2. 服务专业建设

专业建设是以深化理论研究、加强准则建设、促进产学研结合、提高人才专业素养为主线开展,旨在增强行业核心竞争力,加大发展驱动力,产生管理内生力。理论研究是专业建设的重要环节,能够为行业自律提供指导,为管理决策提供科学依据,为行业发展提供智力支撑。中评协一直高度重视理论研究工作,把理论研究作为市场开拓和行业科学发展的强大动力，形成了一批卓有成效的研究成果，在行业内外产生了重要影响；初步建立了结构合理的研究队伍，发挥了专业"智库"的作用；积极推进研究成果转化，促进了专业建设和行业发展。准则建设是专业建设的核心内容，是提升评估服务质量的关键环节。通过评估准则的制定实施，可以规范评估执业行为，提升执业质量，发挥评估的专业影响力，不断提升评估行业的核心竞争力。中评协始终将评估准则建设作为规范行业发展的重要手段。多年来，经过全行业的共同努力，准则建设本着国家标准、国际视野，遵循"搭建体系和服务市场并重"的原则，取得了丰硕成果，已经建成了涵盖主要资产类型和主要经济行为，兼顾业务操作、职业道德和质量管理，适应中国国情并与国际接轨的准则体系，先后发布了26个准则项目，这些准则在服务国有企业改革、金融体制改革、国家知识产权战略实施，以及增强企业财务信息相关性等方面发挥了积极作用，为评估师规范执业提供了准绳，增强了行业的专业指导力。

3. 服务市场建设

中评协长期致力于市场开拓和建设，以适应经济社会发展需求，按照发现市场、规范市场、把握市场的路径，创建了从市场研究到标准制定，再到素质培养的专业建设模式。围绕新时期、新形势下资产评估服务企业改革、财税改革和文化产业发展中的新兴和潜在领域，以及机构品牌建设，搭建市场开拓交流平台；建立了新业务报备制度，在证券评估机构先行试点实施，加大对新业务的支持和保护力度；建立专业新锐人才发现、培养、激励制度和机制，引导和鼓励专业新锐积极参与市场拓展和专业建设工作；组织评估市场路线图研究，为拓展评估市场、实现行业发展目标提供路径指引；加强市场研究和政策协调，积极推进碳资产评估研究与合作，积极推进文化企业资产评估工作，积极规范珠宝评估执业，推进无居民海岛使用权评估工作，参与研究农村妇女小额担保贷款财政贴息政策，积极推进评估服务于财政资金绩效管理，为最高人民法院等部门提供专业咨询意见等。

4. 提升国际话语权

近年来，在财政部党组的关心支持下，在财政部相关司局的协助下，中评协认真履行职责，代表行业积极参与国际评估事务，加强与国际组织的交流与合作，行业的国际地位日益提升，影响力和话语权不断增强，对国际事务的参与度亦日益加深。目前，中评协领导已进入当前主要国际评估组织的决策层担任职务。中评协副会长兼秘书长刘萍博士自1999年担任国际评估准则委员会常务理事以来，又于2008年起担任改组后的国际评估准则理事会管理委员会委员并连任至今；2012年当选世界评估组织联合会副主席；2013年初，国际企业价值评估分析师协会（IACVA）董事会主席致函，邀请刘萍秘书长担任IACVA董事会副主席。中评协于2009年应邀加入国际财产税学会成为常务理事。目前，韩立英副秘书长出任中评协在国际财产税学会的常务理事代表。中评协推荐的行业专家也分别担任国际评估准则理事会专业委员会委员，英国皇家特许测量师学会相关准则制定组咨询委员。中评协领导在以上国际评估组织决策层任职，一方面为中国资产评估行业参与国际评估行业规则制定提供了更多的机会，提升了中国资产评估行业的话语权和影响力。另一方面也把中国市场和行业情况反映到国际评估界，提供、分享了我们的经验和建议，促进了国际评估行业准则、程序、监管的不断完善，为推动国际评估业的共同发展作出了积极贡献。

5. 创新行业信息化建设

中评协重视加强信息化建设和信息化管理，提出了"客观及时、方便实用、专业严谨、安全可靠"的信息化管理原则。建立了四个体系，一支队伍，即以行业网站为核心，面向行业、政府和社会有关方面的资产评估行业宣传体系；以行业自律管理规定为基础，面向各级政府主管部门、协会和评估机构的行业管理信息体系

（平台）；以相关数据库为依托，建立面向广大会员和相关方面的资产评估信息服务体系；以计算机和网络技术为手段，高效便捷的现代化办公及视频会议、远程培训体系；以及以各级协会和机构为主体的一支具有较高素质的信息管理队伍。信息化建设有力促进了行业的各项基础管理工作的顺利开展。

三、行业自律管理的特点

资产评估行业自律管理始终遵循以服务会员、服务行业、服务市场经济为中心，以全面提升行业的执业水平，提升核心竞争力，促进资产评估行业的健康可持续发展为目标，不断发展、完善。它具有以下几个鲜明的特点：

（一）构建了完备的自律管理体制

在财政部党组的正确领导下，中评协积极探索行业组织的运行规律，围绕发展和完善以提高行业公信力为中心的行业管理和服务职能，建立健全行业自律管理体系和运行机制，推进行业管理科学化、精细化，提升行业发展水平。中评协初步构成了由会员代表大会、理事会、专门专业委员会、协会秘书处组成的，适应行业发展要求的行业自律管理组织体系，在行业管理、专业建设、学术研究、市场开拓、人才培养等方面发挥了重要作用，为协会高效有序运行奠定了根本保证。同时，各地方协会组织管理体系也不断健全和完善，初步形成了中评协与地方协会两个层次联动、系统完整的行业自律管理体系。

（二）行政监管与自律管理有机结合形成合力

近年来，在财政部的支持下，资产评估行业形成了政府行政监管、行业协会自律管理、评估机构自我完善，行政管理和自律管理分工合作、优势互补、有机结合的行业管理格局，在评估机构审批管理、开展检查、推动评估机构做优做强做大等工作上有效合作、相互配合，有力地保障了评估行业规范发展。

（三）健全了自律监管体系

长期以来，中评协和地方协会为建立一个准入机制健全、治理结构完善、退出机制合理的完备的资产评估行业自律监管体系做了大量建设性工作，并注重从以下几方面入手：一是根据评估行业特点，逐步完善注册制度，强化日常注册管理，严把准入关口，建立一个完备的准入机制；二是通过加强行业内部治理，发挥协会的服务、监督、管理、协调的职能作用，引导督促评估机构建立健全科学合理的股权结构、组织结构、内部管理和质量控制制度，进而在全行业建立一个监管机制健全、风险管理完善、信息沟通顺畅的治理模式；三是通过加强行业自律监管，监督、指导、规范执业行为，促进资产评估行业职业道德水平和执业质量的全面提高，同时加大惩戒力度，逐步形成优胜劣汰、有进有出的动态管理机制。

（四）形成了自律管理制度体系

自2004年中国资产评估协会分设以后，协会始终把自律管理制度建设作为重要工作抓紧抓实。中评协根据评估行业的特点和执业状况，先后研究建立了一系列行之有效、指导实践的行业自律管理制度，涵盖了考试培训、注册管理、自律监管、会员管理等自律管理的各个方面，这些制度为中评协行使行业自律管理职能提供了保障。地方评协则结合当地实际与具体行情，在行业自律管理制度的执行上下功夫，使制度与职能的作用落到实处。

（五）始终把服务会员作为自律管理的出发点和落脚点

中评协紧紧围绕服务于会员的宗旨，不断创新服务理念，增强服务意识，提升服务能力。始终把帮助会员解决执业中的问题和矛盾作为会员服务工作的出发点、着力点、落脚点，将会员最直接、最关心、最切身的问题解决作为会员服务的最高境界。抓服务、促规范，建立规范的服务会员机制，提升服务会员水平。目前，会员服务项目不断增加，服务途径不断拓宽，服务效率不断提高。

第四节　国有资产评估项目的核准、备案管理

一、国有资产评估项目管理综述

国有资产是国家所有的资产，是国家依法享有占有、使用、收益、处分权利的资产。国有资产的所有人是概括、抽象的国家整体，即全体人民，国家授权国务院或者其他部门代表国家行使所有权。根据资产表现形态的差异，可以将国有资产划分为企业国有资产、行政事业性国有资产以及资源性国有资产。其中企业国有资产是国家对企业各种形式的出资所形成的权益，等同于国家投资于企业的出资所享有的股东权利，包括重大决策权以及选择管理者、获取企业收益等权利。从投资的盈利性目的来看，企业国有资产又称为经营性国有资产；行政事业性国有资产是国家机关和事业单位依法占有、使用和处分的国有资产，是国家机器正常运行的物质基础；此类资产是占有单位履行其社会经济管理职能必不可少的资产，它不以盈利为目的，属于非经营性资产。资源性国有资产是国家依法拥有的自然资源，包括土地、矿藏、水源、林地、草场、水域等，根据现行的法律法规的规定，大多数自然资源属于国家所有。

针对各类国有资产的取得、使用、流转、收益等管理活动，我

国出台了《企业国有资产法》、《物权法》、《土地管理法》、《矿产资源法》等法律；国务院相继颁发了有关国有资产管理的行政法规，比如《企业国有资产监督管理条例》、《国有资产评估管理办法》；实践中，财政部、国务院国有资产监督管理委员会、国土资源部等管理部门就具体国有资产管理工作发布了部门规章；地方政府根据上述法律、法规、规章制定了地方性法规。初步形成了适应建设社会主义市场经济、满足国有资产管理改革发展需要的国有资产管理法律体系。

国有资产评估项目管理是指国有资产代表人或其指定的履行出资人职责的机构，依据相关法律法规，对资产评估项目进行监督管理的活动总称。国有资产评估项目管理是国有资产管理的重要内容之一。国有资产评估项目的管理目的是为了保护国有资产权益，降低代理管理成本，实现国有资产保值增值。目前管理的主要方式为对国有资产评估项目进行核准和备案。

（一）国有资产评估项目管理方式沿革

国有资产评估管理是国有资产管理的重要事项之一，国有资产评估项目管理是履行出资人职责机构、国有企业的一项重要基础性管理工作。根据国有资产管理体制的变革、社会主义市场经济发展的需要，为了完善国有企业改组改制、促进国有资产合理流动、提高资源配置效率、保护国有资产权益、实现国有资产保值增值，国家及国有资产管理部门颁发了一系列规范国有资产评估的法规、规章，建立了适应市场发展需要的国有资产评估管理的体系。

随着社会主义市场经济的建立和不断完善，国有资产管理体制也随之发生较大变革，相应的，国有资产评估项目管理方式也在不断发展完善。从上世纪90年代开始，按照管理模式变化，我国国有资产评估项目管理可以划分为三个阶段。

第一个阶段，1998年之前，实行"立项确认"的资产评估项目管理制度。

20世纪90年代初，我国继续深化改革，开始建立社会主义市场经济体制。在此过程中，国有企业改制、兼并重组、中外合资合作、股改上市成为国企改革、转化经营机制的主要内容，同时国有资产评估，成为保护各方权益、实现国有资产保值增值的重要手段之一。

1991年11月16日，国务院发布了《国有资产评估管理办法》，其后，原国家国有资产管理局陆续发布了一系列规范资产评估和项目管理的部门规章，初步建立了国有资产评估的法律体系，把国有资产评估纳入了法制化管理轨道。针对国有资产评估行为，明确在国有资产产权或经营主体发生变化时，必须进行资产评估，并确立了国有资产管理行政主管部门及受委托的部门进行"评估立项审批、评估结果确认"的资产评估项目管理制度。

国有资产评估项目的"立项确认"制度是为了适应当时的国有资产管理体制、满足国企改革需要而确立的，带有明显的行政管理色彩。在此阶段，社会主义市场经济尚不完善，国有资产评估管理的法规体系尚不完备，资产评估准则和执业规范体系也未建立起来，国有企业受到各级行政管理部门的管理，有关部门对于国有资产评估项目的管理，基本采用了行政管理的模式。

第二个阶段，1998—2001年，财政部门实行"合规性审核"的资产评估项目管理制度。

1998年，国务院进行机构改革，取消原国家国有资产管理局编制。国有资产管理行政主管部门和资产评估行政主管部门为财政部。在此阶段，资产评估行业经历了较快的发展。逐步建立起政府监管与行业自律管理相结合的评估行业管理架构，开始建立起一支评估机构独立执业、内部质量控制完备、评估师责任明确、评估执业水平明显提高的评估队伍。

从1998年开始，财政部相继下发了《财政部关于改进资产评估确认工作的通知》（财评字［1998］136号）、《财政部关于印发〈关于资产评估立项确认工作的暂行规定〉的通知》（财评字［1999］90号）、《财政部关于改进资产评估确认工作的补充通知》（财评字［1999］102号）。1999年，为提高评估行业执业水平，规范资产评估行为，完善资产评估程序和审核标准，财政部下发了《关于印发〈资产评估报告基本内容与格式的暂行规定〉的通知》（财评字［1999］91号），《关于印发〈资产评估报告基本内容与格式的补充规定〉的通知》（财评字［1999］302号）。这些制度的制定，适应社会主义市场经济的要求，促进了资产评估行业与国际惯例接轨，明确了评估委托方、评估机构、注册资产评估师的责任，国有资产评估逐步形成"合规性审核"的资产评估项目管理制度。

实行合规性审查，取消直接对评估结果的审核确认，体现了国有资产评估项目管理方式正在从行政管理向市场管理模式转变。

第三个阶段，2002年之后，实行"核准备案"的资产评估项目管理制度。

随着我国市场经济体制的逐步完善以及中国加入世界贸易组织，带有明显行政审批特征的评估项目"立项确认"、"合规性审核"管理制度，已不能适应社会、经济、法律环境的要求，国有资产评估项目管理制度改革势在必行。一是随着国有企业改革的深化，国有资产占有单位已经逐渐成为自主经营自负盈亏的经济实体，国有资产占有单位拥有更多的自主经营权和决策权，已经成为社会主义市场经济中的独立主体。原有的行政管理模式已经不能适应市场经济的要求；二是随着我国加入世界贸易组织，政府的社会管理职能和国有资产的管理职能需要进一步分开，转变政府职能，减少不必要的行政性审批成为必然趋势；三是从评估行业发展情况来看，评估机构已经成为独立的中介服务机构，评估人员的素质不断提高，评估准则和评估规范已逐步建立起来，评估机构和评估师已经初步具备了独立、客观、公正执业的条件，能够为各个主体提供估值服务。显然通过对国有资产评估结果的确认审核来降低国有资产管理风险已经不能适应市场经济发展和国有资产管理的要求。

2001年12月31日，国务院办公厅转发财政部《关于改革国有资产评估行政管理方式、加强资产评估监督管理工作的意见》的通知（国办发［2001］102号），取消了评估项目的立项确认审批制度，国有资产评估项目管理实行核准制和备案制。从此，国有资产评估的核准备案制度建立起来，对资产评估行业发展、国有资产评估管理制度完善起到了巨大的推动作用。

（二）现行国有资产评估项目管理机制

随着市场经济完善、资本市场成熟、管理体制变革，我国逐步建立了"国家所有、分级代表"、"政企分开、政资分开"、"权利、义务和责任相统一，管资产和管人、管事相结合"的国有资产管理体制。在新的管理体制下，相关部门制定发布了相配套的国有资产评估管理办法。2005年8月，国务院国有资产监督管理委员会发布了《企业国有资产评估管理暂行办法》（国资委令第12号）；2006年5月30日，财政部颁发了《行政单位国有资产管理暂行办法》（财政部令第35号）和《事业单位国有资产管理暂行办法》（财政部令第36号）。2007年10月，财政部颁发《金融企业国有资产评估监督管理暂行办法》（财政部令第47号）。地方国有资产监督管理和地方财政部门也制定了规范地方国有资产评估行为的法规和规章。

现行的国有资产评估项目管理，实行"核准、备案"制度，减少了行政管理的色彩，不仅符合社会主义市场经济的要求，而且能够满足国有资产管理目标的要求。

1. 国有资产评估项目"核准备案"制度概述

国有资产评估项目的核准和备案由国有资产代表人或者其授权机构完成，其中，对于重大经济行为涉及的国有资产评估项目实行核准制度，对于其他项目实行备案制度。

国有资产评估项目核准，是指对于国务院或者省级人民批准实施的重大经济行为涉及的评估事项，以及各级政府认为的其他重要评估事项，履行出资人职责的机构对评估项目进行管理，以保证国有资产的评估项目符合相关的法律、法规规定，并行使出资人权利对评估机构提交的评估报告进行合规性和合理性审核，以保证评估结果的公允性，保证国有资产不流失。

国有资产评估备案，是指国有资产占有单位按有关规定进行资产评估后，在相应经济行为发生前将评估项目的有关情况专题向履行出资人职责的机构、授权进行国有资产管理的企业集团、有关部门报告并由后者受理的行为。备案管理重在事后监管，以保证评估报告的合规性、国有资产评估行为的合法性。评估备案制度体现了国有资产的分级管理制度，也体现了资产占有单位作为独立的法人，应当承担的国有资产经营管理责任。

2. 国有资产评估项目核准备案的管理体制

根据现行国有资产管理框架以及有关法律法规的规定，不同类型的国有资产，其评估项目管理体制存在一定的差异。

（1）企业国有资产评估项目管理体制。企业国有资产管理实行"国家所有，分级代表"的国有资产管理原则，即国务院和地方人民政府依照法律、行政法规的规定，分别代表国家对国家出资企业履行出资人职责，享有出资人权益。国务院及各级人民政府可以设立专门的机构代表其履行出资人职责，或者根据需要可以授权其他部门、机构代表本级人民政府，对国家出资企业履行出资人职责。

2003年3月，国务院设立国有资产监督管理委员会代表其履行出资人职责。按照国务院的规定，省级及地市级人民政府均设立了国有资产监督管理机构，代表本级政府对国家出资企业进行监督管理明确履行出资人职责。目前国务院国资委的监管范围是中央所属企业（不含金融类企业）的国有资产。

根据国务院的规定，中国邮政集团公司、中国烟草总公司以及暂未政企分开的国有资产管理（比如原铁道部），暂由财政部代表国务院履行出资人职责。

国务院规定，财政部及各级财政部门按照规定管理金融企业国有资产。目前财政部对中央级金融机构履行出资人职责。

2010年7月，财政部设立中央文化企业国有资产监督管理领导小组办公室（简称文资办），代表国务院履行中央文化企业国有资产出资人职责。

（2）行政事业单位国有资产评估管理体制。根据《行政单位国有资产管理暂行办法》（财政部令第35号）、《事业单位国有资产管理暂行办法》（财政部令第36号），行政事业单位国有资产管理，实行"国家统一所有，政府分级监管，单位占有、使用"的管理体制。各级财政部门是政府负责行政、事业单位国有资产管理的职能部门，对行政事业单位国有资产的资产配置、资产使用、资产评估等进行管理。

（3）资源类国有资产评估管理体制。根据相关法律法规的规定，各级各类资源行政主管部门对涉及相应国有资源的评估报告进行核准或者备案管理。

国务院土地主管部门是国有土地资源的行政管理机构，各级土地管理部门对企业改制涉及的土地估价报告实行备案制，对土地估价机构完成的其他报告实行业绩清单备案制。

国务院林业主管部门是森林资源的行政管理机构，国务院林业主管部门、省级林业主管部门对森林资源资产评估项目实行核准制和备案制。

国务院矿产资源主管部门是矿产资源的行政管理机构，矿业权评估采用部省两级管理的监督管理制度，矿业权出让评估报告实行备案制度。

二、企业国有资产评估项目核准、备案管理

本部分所述的企业国有资产评估项目管理,是指由国务院国资委履行出资人职责的企业(非金融企业),按照规定需要进行资产评估时,监管机构及其所出资企业需要进行的资产评估项目管理工作。

(一)企业国有资产评估的管理规定

根据《中华人民共和国公司法》、《企业国有资产监督管理暂行条例》和《国有资产评估管理办法》等有关法律法规的规定,2005年8月25日,国务院国资委发布《企业国有资产评估管理暂行办法》(国资委令第12号)(简称暂行办法)。暂行办法对涉及国资委履行出资人职责的企业(出资企业)进行的资产评估监管、资产评估的相关事项、评估项目的核准和备案、资产评估监督管理、罚则等进行了规定,是企业资产评估项目管理的重要依据。

在暂行办法的基础上,国务院国资委颁发了一系列文件,用于规范指导国有资产评估的核准备案工作。2006年12月12日,国务院国资委颁发了《关于加强企业国有资产评估管理工作有关问题的通知》(国资委产权〔2006〕274号),2009年9月11日,颁发《关于企业国有资产评估报告审核工作有关事项的通知》(国资产权〔2009〕941号),2010年5月25日,国务院国资委发布《国资委关于"中央企业资产评估项目核准工作指引"的通知》(国资发产权〔2010〕71号)。上述文件对企业国有资产评估核准备案进行了规定,是企业国有资产评估项目管理的法规依据。

(二)企业国有资产评估报告的核准

评估项目实行核准、备案制。经各级人民政府批准经济行为的

事项涉及的资产评估项目，分别由其国有资产监督管理机构负责核准。

1. 管理事权的规定

经国务院批准的经济行为涉及的资产评估项目，在国务院国有资产监督管理委员会核准，地方人民政府批准经济行为的事项涉及的资产评估项目，由其国有资产监督管理机构负责核准。

有多个国有股东的企业发生资产评估事项，经协商一致可由国有股最大股东依照其产权关系办理核准手续；国有股股东持股比例相等的，经协商一致可由其中一方依照其产权关系办理核准手续。

国务院批准的重大经济事项同时涉及中央和地方的资产评估项目，可由国有股最大股东依照其产权关系，逐级报送国务院国有资产监督管理机构进行核准。

需要对接受的非国有资产进行评估的，如果该经济行为属于各级人民政府批准实施的，接受企业应依照其产权关系按规定程序将评估项目报同级国有资产监督管理机构核准。

2. 事前报告制度

按照规定应当进行核准的资产评估项目，企业在确定评估基准日前，应向国有资产监督管理机构书面报告有关经济行为的批准情况、评估基准日和评估范围的确定情况、评估机构的选聘情况以及资产评估时间安排等事项。

3. 评估过程跟踪规定

在评估项目开展过程中，企业应当及时向国资委报告资产评估项目的工作进展情况，包括评估、审计、土地、矿产资源等相关工作的进展情况，工作中发现问题应当及时沟通。必要时，国资委可对评估项目进行跟踪指导和现场检查。

4. 评估报告核准程序

评估报告的核准按照规定的程序进行，通常包括：（1）送审前的企业自查；（2）提出核准申请并提交审核申报材料；（3）召开核准会议;(4)专家评审和复审;(5)核准批复。

根据相关规定,企业应当自评估基准日起 8 个月内向国资委提出核准申请。国有资产监督管理机构下达的资产评估项目核准文件是企业办理产权登记、股权设置和产权转让等相关手续的必备文件。

(三) 企业国有资产评估报告的备案

1. 管理事权的规定

对不同经济行为涉及的评估项目,国务院国资委对评估备案管理事权进行了规定。通常情况下,经国务院国有资产监督管理机构批准经济行为的事项涉及的资产评估项目,由国务院国有资产监督管理机构负责备案;经国务院国有资产监督管理机构所出资企业(中央企业)及其各级子企业批准经济行为的事项涉及的资产评估项目,由中央企业负责备案。地方国有资产监督管理机构及其所出资企业的资产评估项目备案管理工作的职责分工,由地方国有资产监督管理机构根据各地实际情况自行规定。

对于具体事项,有关部门对评估备案管理事权作出了具体规定,主要包括以下内容:

(1) 经国务院国有资产监督管理机构批准的涉及股份有限公司国有股权设置事项涉及的资产评估项目,由国务院国有资产监督管理机构负责备案。

(2) 经国务院国有资产监督管理机构批准进行主辅分离辅业改制项目中,按限额专项委托中央企业办理相关资产评估项目备案。其中,属于国家授权投资机构的中央企业负责办理资产总额账面值 5000 万元(不含)以下资产评估项目的备案,5000 万元以上的资产评估项目由国务院国有资产监督管理机构办理备案;其他中央企业负责办理资产总额账面值 2000 万元(不含)以下资产评估项目的备案,2000 万元以上的资产评估项目由国务院国有资产监督管理机构办理备案。

（3）有多个国有股东的企业发生资产评估事项，经协商一致可由国有股最大股东依照其产权关系办理备案手续；国有股股东持股比例相等的，经协商一致可由其中一方依照其产权关系办理备案手续。

（4）需要对接受的非国有资产进行评估的，接受企业应依照其产权关系将评估项目报国有资产监督管理机构或其所出资企业备案。

（5）涉及协议转让的特别规定：中央企业的协议转让事项，由国务院国资委批准，其资产评估由国资委备案；地方企业由省级国资监管机构批准，其资产评估由省级国资委备案；由中央企业批准或依法决定的国有产权协议转让事项，资产评估备案由中央企业负责。

（6）涉及境外国有资产的特别规定：中央企业及其各级子企业独资或者控股的境外企业在境外发生转让或者受让产权、以非货币资产出资、非上市公司国有股东股权比例变动、合并分立、解散清算等经济行为时，应当聘请具有相应资质、专业经验和良好信誉的专业机构对标的物进行评估或者估值，评估项目或者估值情况应当由中央企业备案；涉及中央企业重要子企业由国有独资转为绝对控股、绝对控股转为相对控股或者失去控股地位等经济行为的，评估项目或者估值情况应当报国资委备案（或者核准）。

2. 评估报告的备案程序

评估报告的备案程序通常包括：（1）企业提出备案申请并提交申报材料；（2）备案评审；（3）办理备案手续。

根据现行规定，企业收到资产评估机构出具的评估报告后，将备案材料逐级报送给国有资产监督管理机构或其所出资企业，自评估基准日起9个月内提出备案申请。经国有资产监督管理机构或所出资企业备案的资产评估项目备案表是企业办理产权登记、股权设置和产权转让等相关手续的必备文件。

三、金融企业国有资产评估项目核准、备案管理

本部分所述金融企业国有资产评估项目管理，是指在中国境内依法设立并占有国有资产的获得金融业务许可证的企业、金融控股公司、担保公司以及其他金融类企业（以下简称金融企业），按照规定进行资产评估时，监管机构和金融企业需要进行的资产评估项目管理工作。金融企业国有资产的基础管理由财政部负责。

（一）金融企业国有资产评估管理的相关规定

为了加强金融企业国有资产管理，规范金融企业国有资产评估行为，维护国有资产权益，2007年10月12日，财政部制定颁发了《金融企业国有资产评估监督管理暂行办法》（财政部令第47号）。暂行办法对金融企业进行的资产评估监管、资产评估事项、核准和备案、监督检查、罚则等进行了规定。是金融企业资产评估项目管理的重要依据。2011年6月16日，财政部颁发《关于金融企业国有资产评估监督管理有关问题的通知》（财金〔2011〕59号），对金融企业国有资产评估管理过程中的一些具体问题进行了进一步规范。

上述文件对金融企业资产评估涉及的事项进行了规范，是金融企业国有资产评估项目管理的主要法规依据。

（二）金融企业国有资产评估报告的核准

金融企业资产评估项目实行核准制和备案制。金融企业发生以下经济行为涉及的资产评估项目实行核准制：经批准进行改组改制、拟在境内或者境外上市；以非货币性资产与外商合资经营或者合作经营；经县级以上人民政府批准的其他涉及国有资产产权变动

的经济行为。

1. 管理事权的规定

中央金融企业资产评估项目报财政部核准。地方金融企业资产评估项目报本级财政部门核准。涉及多个产权投资主体的，按照金融企业国有股最大股东的财务隶属关系申请核准。国有股东持股比例相等的，经协商可以委托其中一方按照其财务隶属关系申请核准。

2. 事前报告制度

需要进行核准的资产评估项目，金融企业在资产评估前，应向财政部门报告相关经济行为的批准情况、评估基准日选择情况、评估范围的确定、评估机构的选聘、评估进度安排等事项。

3. 评估报告核准程序

评估报告的核准通常包括以下程序：（1）核准申请并提交审核申报材料；（2）核准申请受理和初步审核；（3）评估报告的专家评审；（4）核准批复。

企业应当自评估基准日起8个月内向财政部提出资产评估项目核准申请。财政部门下达的资产评估项目核准文件是企业办理产权登记、股权设置和产权转让等相关手续的必备文件。

（三）金融企业国有资产评估报告的备案

除应当核准的评估项目之外的其他经济行为涉及的评估，资产评估项目实行备案。

1. 管理事权的规定

（1）中央金融企业资产评估备案。中央直接管理的金融企业资产评估项目报财政部备案。中央直接管理的金融企业子公司、省级分公司或分行、金融资产管理公司办事处账面资产总额大于或者等于5000万元人民币的资产评估项目，由中央直接管理的金融企业审核后报财政部备案。中央直接管理的金融企业子公司、省级分公司或分行、金融资产管理公司办事处账面资产总额小于5000万元人民币的资产评估项目，以及下属公司、银行地（市、县）级支行的资产评估项目，报中央直接管理的金融企业备案。因开展信贷、担保等正常经营业务涉及抵（质）押资产、抵债资产、诉讼资产价值确认以及固定资产等非股权类资产收购处置的评估项目，备案工作由中央直接管理的金融企业负责。

（2）地方金融企业资产评估项目备案，由省级财政部门根据本地区实际情况具体确定。

（3）涉及多个产权投资主体的，按照金融企业国有股最大股东的财务隶属关系申请备案。国有股东持股比例相等的，经协商可以委托其中一方按照其财务隶属关系申请备案。

2. 评估报告的备案程序

评估报告备案程序相对简单，通常包括：（1）提出备案申请并提交申报材料；（2）材料审核和备案评审；（3）办理备案手续。

收到资产评估机构出具的评估报告后，金融企业将备案材料逐级上报审核，自评估基准日起9个月内向财政部门或者上级金融企业提出备案申请。经财政部门或者金融企业备案的资产评估项目备案表是企业办理产权登记、股权设置和产权转让等相关手续的必备文件。

四、其他国有资产评估项目的管理

（一）行政、事业单位的国有资产评估项目管理

行政、事业单位占有、使用的国有（公共）财产为非经营性资产，所涉及的国有资产评估项目实行核准制和备案制。

1. 行政单位的国有资产评估项目管理

行政单位占用的国有资产评估管理主要依据《行政单位国有资

产管理暂行办法》（财政部令第35号）中的相关规定进行。各级财政部门是政府负责行政单位国有资产管理的职能部门，对行政单位国有资产实行综合管理。行政单位有下列情形之一的，应当对相关资产进行评估：行政单位取得的没有原始价格凭证的资产；拍卖、有偿转让、置换国有资产；依照国家有关规定需要进行资产评估的其他情形。

行政单位国有资产评估项目实行核准制和备案制。实行核准制和备案制的项目范围、权限由财政部门另行规定。

2. 事业单位的国有资产评估项目管理

事业单位国有资产，是指事业单位占有、使用的，依法确认为国家所有，能以货币计量的各种经济资源的总称，即事业单位的国有（公共）财产，一般为非经营性资产。其占用的国有资产评估管理按照《事业单位国有资产管理暂行办法》（财政部令第36号）相关规定进行。

各级财政部门是政府负责事业单位国有资产管理的职能部门，对使用单位国有资产实施综合管理。事业单位有下列情形之一的，应当对相关国有资产进行评估：整体或者部分改制为企业；以非货币性资产对外投资；合并、分立、清算；资产拍卖、转让、置换；整体或者部分资产租赁给非国有单位；确定涉讼资产价值；法律、行政法规规定的其他需要进行评估的事项。

事业单位国有资产评估项目实行核准制和备案制。核准和备案工作按照国家有关国有资产评估项目核准和备案管理的规定执行。

（二）涉及证券市场的资产评估报告审核

为了规范证券发行和交易行为，保护投资者的合法权益，维护社会经济秩序和社会公共利益，促进社会主义市场经济的发展，国家制定了一系列调整证券发行、交易社会关系，规范证券市场监管的法律、行政法规和部门规章。《公司法》和《证券法》是证券市场法律体系中的基本立法。为了依法对全国证券市场进行统一监督管理，中国证券监督管理委员会针对股票发行、债券发行、证券发行信息披露、证券发行保荐、发审委审核、询价与承销、证券上市、上市公司规范运作与信息披露、上市公司并购重组、证券服务机构管理等行为发布了一系列部门规章，如《首次公开发行股票并上市管理办法》（2006年5月17日证监会令第32号）、《上市公司证券发行管理办法》（2006年5月6日证监会令第30号）、《首次公开发行股票并在创业板上市管理暂行办法》（2009年3月31日证监会令第61号）、《公司债发行试点办法》（2007年8月14日证监会令第49号）、《证券发行上市保荐业务管理办法》（2008年10月17日证监会令第58号）、《证券发行上市保荐业务管理办法》（2008年10月17日证监会令第58号）、《中国证券监督管理委员会发行审核委员会办法》（2006年5月9日证监会令第31号、《证券发行与承销管理办法》（2006年9月17日证监会令第37号）、《上市公司收购管理办法》（2012年2月14日证监会令第77号）、《上市公司重大资产重组管理办法》（2008年4月16日证监会令第53号）等。

资产评估机构作为证券服务机构之一，为股份公司发起设立、股份公司变更设立、上市公司公开或者非公开发行证券募集资金购买资产或对外投资、上市公司重大资产重组、公司债发行上市等行为提供估值服务。证券监督管理机构及其派出机构为了保护上市公司和投资者的合法权益，维护证券市场秩序和社会公共利益，对相关评估报告的合规性、评估结果的公允性进行审核判断。对未履行诚实守信、勤勉尽责义务或者所出具的文件存在虚假记载、误导性陈述或者重大遗漏的情形，依据相关法律法规，进行相应监管和处罚。

中国证监会通过对评估结果公允性的审核，以及对评估机构的资质监管达到管理评估报告、保护上市公司和中小股东权益的目的。

1. 中国证监会强制性要求公开披露评估相关信息。如首次公开发行股票并上市要求申报发行人拟收购资产（或股权）的资产评估报告，发行人设立时和最近三年及一期的资产评估报告。

2. 要求上市公司董事会和独立董事对资产评估结果的公允性发表意见，从而提高评估结果的合理性和可解释性。如《上市公司重大资产重组管理办法》规定，相关资产以资产评估结果作为定价依据的，要求董事会对评估机构的独立性、评估假设前提的合理性、评估方法与评估目的的相关性以及评估定价的公允性发表明确意见。

3. 要求保荐人和财务顾问对评估结果的公允性发表意见。根据《保荐人尽职调查工作准则》，保荐人应当核查股东出资资产（包括房屋、土地、车辆、商标、专利等）的产权过户情况，对以实物、知识产权、土地使用权等非现金资产出资的，应查阅资产评估报告，分析资产评估结果的合理性；通过询问评估师，查阅评估报告和相关的财务资料以及评估机构的资质材料等方法，结合行业发展和物价变动等情况，核查评估机构是否履行了必要的评估程序、评估假设是否合理、评估方法是否恰当、评估依据是否充分、评估结果是否合理、评估值大幅增减变化原因是否合理，关注评估中的特殊说明事项及评估资产的产权是否明确等。

4. 证监会相关部门和证监会发审委或者重组委通过审核证券发行、并购重组的相关资料，对其中评估事项进行关注，对评估报告的合规性、评估结果的合理性进行审查。

5. 证券监督管理机构对评估机构聘请、评估方法的适用性、评估预测的谨慎性提出具体要求，以规范评估行为。

6. 通过对评估事项的持续性监管，规范评估项目运作。根据《上市公司重大资产重组管理办法》，资产评估机构采取收益现值法、假设开发法等基于未来收益预期的估值方法对拟购买资产进行评估并作为定价参考依据的，上市公司应当在重大资产重组实施完毕后3年内的年度报告中单独披露相关资产的实际盈利数与评估报告中利润预测数的差异情况，并由会计师事务所对此出具专项审核意见。重大资产重组实施完毕后，凡不属于上市公司管理层事前无法获知且事后无法控制的原因，购买资产实现的利润未达到资产评估报告预测金额的80%，资产评估机构及其从业人员应当在指定报刊上作出解释，并向投资者公开道歉；实现利润未达到预测金额50%的，可以对相关机构及其责任人员采取监管谈话、出具警示函、责令定期报告等监管措施。

7. 明确法律责任、加强监管措施，对评估项目进行规范。在承办证券相关资产评估业务时，作为证券服务机构和人员，应当遵守法律、行政法规和中国证监会的有关规定，遵循本行业公认的业务标准和道德规范，履行诚实守信、勤勉尽责义务，不得谋取不正当利益，对其制作、出具文件的真实性、准确性和完整性承担责任。评估机构须保证所披露或者提供信息的真实、准确、完整，不得有虚假记载、误导性陈述或者重大遗漏，评估机构和相关人员对所知悉的重大资产重组信息在依法披露前负有保密义务。评估机构对所涉及的资产定价公允，不存在损害上市公司和股东合法权益的情形。对于违反上述规定的情况，证券监督管理机构将按照相关法律、法规实行监管措施或者进行处罚。

（三）森林资源国有资产评估项目管理

森林资源资产，是指森林、林木、林地、森林景观资产以及与森林资源相关的其他资产。森林资源国有资产评估项目管理主要依据财政部和国家林业局联合发布《关于印发〈森林资源资产评估管理暂行规定〉的通知》（财企〔2006〕529号）的相关规定进行。

森林资源资产评估工作，由财政部门和林业主管部门按照各自的职责共同进行管理和监督。森林资源国有资产评估项目，实行核准制和备案制。

1. 管理事权的规定

东北、内蒙古重点国有林区森林资源资产评估项目，实行核准制，由国务院林业主管部门核准或授权核准。其他地区、所有涉及国家重点公益林的国有森林资源资产评估项目，实行核准制，由国务院林业主管部门核准或授权核准。非国有森林资源资产评估项目涉及国家重点公益林的，也实行核准制，由国务院林业主管部门核准或授权核准。

除上述以外的其他国有森林资源资产评估项目，实行核准制或备案制，由省级林业主管部门规定。对其中实行核准制的评估项目，由省级林业主管部门核准或授权核准。

2. 森林资源资产评估项目核准程序

（1）事先报告制度。需要核准的国有森林资源资产评估项目，占有单位在评估前应按照行政隶属关系，经上级林业主管部门审核同意后，向省级林业主管部门或国务院林业主管部门报告评估项目的相关事项。

（2）核准申请并提交审核申报材料。国有森林资源资产占有单位收到资产评估机构出具的资产评估报告后应按照隶属关系，报上级林业主管部门初审，经初审同意后，由审核部门在评估报告有效期届满前3个月向省级林业主管部门或国务院林业主管部门提出核准申请并提交相关申报材料。

（3）核准受理审核。省级林业主管部门或国务院林业主管部门受理资产评估项目核准申请后，相关材料进行审核，符合核准要求的，及时组织有关专家和单位审核，不符合要求的，予以退回。

（4）核准批复。省级林业主管部门或国务院林业主管部门应在受理申请20个工作日内作出是否予以核准的书面决定。

3. 评估项目的备案程序

（1）提出备案申请并提交申报材料。国有森林资源资产占有单位收到评估机构出具的评估报告后,应在评估报告有效期届满前3个月将备案材料报送上级林业主管部门。

(2) 材料审核和备案评审。各级林业主管部门受理资产评估项目备案申请后,应当对相关资料进行审核,在此基础上进行评估报告备案评审。

(3) 办理备案手续。各级林业主管部门受理资产评估项目备案申请后,对满足相关规定的项目,在20个工作日内办理备案手续。核准或备案的资产评估结果是相应的经济行为的作价基础。

第七章 中国资产评估行业发展前景

资产评估行业作为现代服务业的重要组成部分,是我国社会主义市场经济日趋成熟的重要标志,已成为我国市场经济中不可或缺的专业服务力量。资产评估在完善市场经济体制、引导资源合理配置、促进社会经济重大改革、优化公司治理结构、服务政府管理方式创新、规范市场经济秩序、维护公共利益中发挥了重要作用。市场经济越发展,资产评估越重要。资产评估行业在改革中成长,在开放中发展,其发展程度从一个侧面体现了国家的经济社会发展水平,必将在中国特色社会主义事业"五位一体"总布局中取得更大的、长足的发展。

第一节 中国资产评估行业发展面临的形势

未来一个时期,我国发展仍然处于重要战略机遇期。从国际看,世界经济政治格局正在发生深刻复杂变化,和平与发展仍然是时代主题,世界多极化、经济全球化深入发展,文化多样化、社会信息化持续推进,科技革命孕育新突破,全球合作向多层次全方位拓展,总体上有利于我国和平发展;从国内看,我国改革开放和现代化建设将进入一个新的发展阶段,深入推进的工业化、城镇化、信息化和农业现代化将继续释放巨大的发展潜力,各项改革全面展开并向纵深深入,对外开放领域逐步拓展、层次不断提升,市场作用更加显现,政府行为更加规范,党的十八大提出了打造社会经济升级版的目标,中国经济总体向上的格局没有改变,推动中国经济较快增长的主要因素依然存在。这些构成了资产评估行业发展的大环境,为资产评估专业和行业组织提供了发展的空间。

一、国内外形势为资产评估专业提供的发展空间

(一) 国际形势为资产评估专业提供的发展空间

1. 经济全球化发展对资产评估提出新的需求。随着经济全球化和全球资本市场的发展,全球范围内配置资源和拓展市场的生产方式,已成为世界经济的重要特征与趋势,国际资本市场、跨国并购和战略联盟的发展,使资本、劳务等生产要素在全球范围内自由流通更加便捷,国际资本流动、海外投资、企业国际收购兼并、跨国公司经营活动日趋活跃。如何在全球资本流动的形势下,准确把握复杂多样的资本跨境流动和产权流转中的资产价值,是全球评估行业面临的共同课题。国际资本市场对我国资本市场的影响越来越大,联系日益紧密,这也对评估如何在全球化的市场条件下,及时、动态地发现资产或企业的内在价值、服务资本市场建设提出了新的课题。

2. 各国经济转向科技创新赋予资产评估新的使命。当前世界经济正处于大变革、大调整时期,科技进步日新月异,世界经济结构对于科技创新提出了新的、迫切的要求,知识技术密集的绿色、低碳、可持续,已经成为新的发展价值取向,各国不约而同将转变发展方式和调整产业结构的动力聚焦在科技创新上,把绿色发展作为经济转型的主要方向,新一轮产业的变革正在蓬勃兴起。科技、绿色产业的资产将以无形资产为主,如何科学发现和衡量科技、绿色

产业中企业或资产的价值，促进各国经济转型和产业升级，是全球资产评估行业应深入研究的重要课题。资产评估不仅在知识产权创造、流转、管理和保护中具有价值尺度的优势，在促进各国经济转型中也具有重要的资源配置作用。各国把经济发展的主攻方向投向科技、绿色产业，对发挥资产评估在科技创新和绿色低碳产业中的专业优势提出了新的需求，也赋予资产评估在新一轮的产业革命中更多的历史使命。

3. 国际经济合作日益紧密对资产评估提出新的要求。世界各国经济关联度日益加大，为了应对国际金融危机，各主要经济体、国际组织都在广泛地凝聚共识，积极采取措施，有针对性地解决各国经济、区域经济和世界经济中存在的突出问题，国际经济开放与合作是不可逆转的世界潮流。资产评估凭借其熟悉世界经济运行和资本运作情况的专业优势，在促进国际经济合作中有积极作用。自2010年开始，20国集团（G-20）轮值主席国非常重视发挥资产评估在全球经济中的积极作用，邀请国际评估准则理事会为G-20峰会"加强国际金融监管"提供专业咨询及政策建议，发挥资产评估在全球经济发展和稳定中的积极作用。今后，国际社会进一步加强宏观经济政策协调，推进全球治理体系的改革，共同推动世界经济尽快稳定复苏，这对资产评估行业加强国际交流与合作，共同服务全球经济合作提出新要求，也顺应了国际评估行业合作共赢的发展趋势。

（二）国内形势为资产评估专业提供的发展空间

1. 我国市场经济更加重视运用资产评估专业服务。价值规律是市场经济的核心，资产评估在本质上遵循价值规律，运用价值发现和价值鉴证的专业功能，能为各类资产交易和管理提供客观、公平、公正的价值判断。随着市场经济的不断完善，更加需要发挥其在发现和管理资产价值、规范交易秩序、提高配置效率、维护各方权益方面的专业作用。同时，评估专业建设不断扩展完善，评估专业性已得到了社会各界的广泛认可，资产评估逐渐成为衡量一个国家、实体、经济行为实力的价值体现。资产评估是市场经济的新型经济语言，在市场经济条件下，所有用货币表现的价值形态都可以用估价来解决。伴随着我国经济体制改革的逐步深化，国家"十二五"各项重大经济改革的稳步实施，党的十八大后更加重视市场规律，健全完善市场体系，更加需要发挥资产评估的专业作用。

2. 资产评估作为现代服务业日益得到重视。党的十八大要求推动服务业特别是现代服务业发展壮大。资产评估作为生产性的商业服务业，既是我国经济转型的重要内容，也是推进经济转型升级的专业手段。资产评估作为规范交易行为的价值标尺，在经济建设、社会管理中的作用日益加大，能为产业结构调整提供专业助力。文化产业、环境保护产业、科技产业等新兴产业对新技术、新工艺、新能源的需求不断增加，科技与资本对接转化成生产力，都需要资产评估机构等专业中介机构参与，为新兴产业的发展提供与资本对接的平台。资产评估处于并购重组中的核心环节，在中国企业做大做强的过程中，能发挥优化资源配置、维护各方权益的专业优势，促进企业上市和并购重组，实现产业升级，并通过强强联合打造世界级的优秀民族企业。

资产评估行业是财政部20多年来精心培育和努力构建的，为市场经济服务的新型现代专业服务队伍，也是市场经济发展中促进政治稳定、经济和谐的重要力量。应继续发挥其在维护社会公平正义、促进社会和谐与稳定、协调各方利益方面的专业作用。比如在以调整利益分配为中心的财政改革中，对公允价值的评估、资金绩效评价、对规则使用的评估等方面，促进财政宏观调控作用充分发挥。

3. 我国加强文化强国、生态文明建设和城镇化建设对资产评估提出了更高的要求。党的十八大报告提出要深化文化体制改革，解放和发展文化生产力，增强文化整体实力和竞争力。资产评估作为文化企业国有资产监管的重要手段，在发现文化企业资产价值，促进文化企业改制、上市、兼并重组中能发挥专业作用。党的十八大报告把生态文明建设放在突出地位，资产评估在碳资产交易和管理、生态资源有偿使用和补偿机制中具有价值发现和管理的作用，能在建设美丽中国的过程中贡献专业力量。党的十八大报告提出的城镇化建设目标将对我国社会的发展带来持续而深远的影响，城镇化将成为现代经济增长的重要推动力，将有利于实现产业结构转型，推动教育、医疗、社保等公共服务业，商贸、餐饮、旅游等消费型服务业和金融、保险、物流等生产型服务业的发展，对资产评估等专业服务的需求将迅速增长。资产评估能广泛参与到城镇化的各种经济活动中，如企业改制、资本市场、金融监管、房地产市场、珠宝市场、财产征税、司法鉴证等，助力国家的城镇化建设。

二、国内外形势为资产评估行业组织提供的发展空间

（一）国外形势为资产评估行业组织提供的发展空间

国际上重视社团组织为评估行业组织发展提供新的借鉴。在国外，社会中介组织，与政府、市场共同构成了现代社会的三大支柱。知识经济的发展带来了许多新的社会问题和社会需求，政府、企业、传统的社区越来越难以承担复杂的社会责任，发达国家逐步认识到在解决社会问题方面社会中介组织具有政府、市场都难以替代的优势，是对政府、市场职能的一个重要补充。20世纪七、八十年代以来，社会中介组织在发达国家得到蓬勃发展。随着社会管理改革创新，西方国家对社会组织的功能定位愈加明晰，政府和社会组织职能的分离步伐随之加快。同时，随着经济全球化的进一步发展，政府与社会组织的合作范围不断扩大，合作形式不断拓展。西

方国家政府充分利用社会中介组织高效率、低成本、优质量的优势，出台一系列支持社会中介组织发展的政府购买公共服务政策，将公共服务项目通过合同承包、补助、特许经营等形式交给社会中介组织来完成，以弥补公共产品供给不足的矛盾，满足社会多元化需求。这为我国政府扶持资产评估等社会组织的发展提供了有益借鉴。

（二）国内形势为资产评估行业组织提供的发展空间

1. 政府职能的转变为资产评估行业发展提供了改革契机。今后一个时期，我国将推进行政体制改革，加快政府职能转变，切实推动政府职能向创造良好发展环境、提供优质公共服务、维护社会公平正义转变，建设职能科学、结构优化、廉洁高效、人民满意的服务型政府。实行政社分开，将不该由政府管理的职能转移出去，改由社会，尤其是专业组织来参与和承担，形成社会组织提供服务、政府购买服务的格局。资产评估作为维护市场秩序和公共利益的专业服务，其产品具有公共服务的性质，在协助政府提供公共产品中具有专业优势和自律组织优势。我国建立现代政府和加快政府职能的转变，对资产评估行业适应政府职能转变，承担部分公共服务职责提出了新的要求，评估专业将更加强化。

2. 我国加强社会管理创新为评估行业积极作为提供了有利条件。党中央、国务院高度重视培育和发展资产评估等新社会组织和新经济组织发展。我国加强和创新社会管理，建立党委领导、政府负责、社会协同、公众参与、法治保障的社会管理格局，强化事业单位和人民团体在社会管理和服务中的职责。推进社会管理的规范化、专业化、社会化和法制化，有效提高政府优化配置社会资源、促进社会健康和谐发展，实现市场经济下的"大社会、小政府"目标，迫切需要资产评估等社会组织发挥协同作用。资产评估行业作为社会管理的主要参与者、社会管理创新的自觉实践者和重要推动者，不仅能为协调利益、化解矛盾、促进社会公平正义等提供公平、公正的价值尺度，也能为政府决策、民生改善、维护公共利益等提供专业服务，在创新社会管理、提升社会管理科学化水平方面具有重要的参谋助手作用。中国资产评估协会是经政府许可、具有准政府性的、经济鉴证类的、备受社会关注的特殊社团，能合理反映会员诉求、凝聚行业力量，发挥沟通政府与会员、市场与专业、国内与国际的桥梁纽带作用，充分体现社会责任。我国加强和创新社会管理的一系列政策，为资产评估服务社会管理提供了平台，为资产评估协会参与社会创新提供了机遇。

综合研判国际国内形势，我国资产评估行业将迎来一个前所未有的重要战略机遇期。中国资产评估行业的发展和繁荣应放在全球视野，国内重要现代服务业行列中准确定位，适应国际国内形势发展的新要求，紧紧围绕服务经济社会发展大局，科学谋划长远发展。

国际国内发展形势也对资产评估行业发展提出了更为严峻的考验。我国评估行业的地位与资产评估在我国经济社会发展中应有的作用还不相匹配，评估行业的现状与经济社会发展的要求还不相适应。如：行业多头管理、市场分割问题仍很严重；行业管理体制仍不统一，即使资产评估法出台后如何实行"统分结合"的行业管理思路和体制仍存在困难；压价竞争、迎合委托方需求高估或低估、同行互相诋毁等现象依然存在，行业的公信力仍需进一步提升；有些评估机构内部治理和自我约束有待加强；评估师队伍素质与市场要求相比还有一定的差距；评估行业的自律管理、专业理论研究等都需要进一步加强等。

第二节 中国资产评估行业发展趋势

随着中国特色社会主义市场经济体制的不断完善，资产评估专业服务将更加成为经济社会发展的真正的内在需求。伴随着市场经济日益复杂化、精细化和多元化，资产评估服务本质更具专业性，服务领域更具社会性，服务程序更具规范性，服务方式更具多样性，服务对象更具多元性。

一、市场化、专业化是中国资产评估行业发展的客观趋势

市场经济的发展和需求是资产评估行业的立业之基和兴业之本。专业是资产评估行业实现历史使命、更好地服务社会经济发展的基础条件和根本保障。市场有多大，专业空间就有多大。随着市场经济的日益完善，社会化分工的逐步发展，评估服务能力的不断提升，资产评估与市场经济体系建设的关联度越来越大，我国资产评估行业服务市场经济的发展战略定位日益清晰，呈现市场定位、领域拓展、专业细分、功能深化的发展趋势，服务领域不断扩展，服务功能不断深化，服务链条越发延伸，服务层次日益丰富，逐渐向市场化和专业化发展。呈现如下趋势：

（一）由单纯为经济发展服务转为为"五位一体"建设全面服务

随着中国特色社会主义市场经济的不断完善，中国特色社会主义建设不仅局限于经济领域，而是包含了社会、政治、生态、文化、环保等领域的全方位体系。用市场的手段解决社会、生态、文化等领域问题也越来越受到重视并应用。资产评估作为市场经济中规范经济秩序、优化资源配置的专业服务，发端于经济建设领域，已随着市场经济的不断深化而逐步应用到社会、文化、生态和政治等领域，在更广范围和更高层次上服务我国社会经济全面发展。

（二）由单纯为产权交易服务转为产权交易和价值管理并重服务

我国资产评估发端于国有资产管理为交易定价提供价值判断，随着资产管理、企业经营、政府决策和社会管理中对资产评估的需求日益增多，资产评估服务企业管理咨询、财政资金绩效评价、政府科学决策咨询等的价值管理功能得到充分发挥，资产评估由单纯地为产权交易服务逐步转为为产权交易和价值管理并重服务。

（三）由单纯鉴证为主转为鉴证和咨询并重

资产评估的自然属性是咨询，一旦被法律法规和政府所用，就具有了鉴证属性。资产评估作为经济鉴证类的专业服务，在国有资产评估等法定领域发挥了不可或缺的重要作用。随着我国市场经济的发展，新兴市场不断涌现，所需要的评估专业服务越来越多样化、复杂化，资产评估行业服务的触角逐步延伸至咨询领域，逐步从以鉴证为主，咨询为辅，日益转向鉴证与咨询并重的发展格局。

（四）由单纯为国有经济服务转为为多种所有制经济共同服务

随着我国以公有制为主体多种所有制共同发展的多元化格局的逐步形成，发端于国有企业改制的资产评估，已经远远超越了原有的服务领域，广泛服务多种所有制经济发展，在服务民营经济等非公经济，以及小型微型企业健康发展方面发挥积极的作用，由单纯为国有经济服务转变为多种所有制经济共同服务。

（五）由为一般资产服务转向为一般和特殊资产全方位服务

随着资产评估领域的扩大，评估对象也逐步由一般性资产，如机器设备、房地产等扩展到金融资产、文化资产、资源性资产、企业获利能力等新型资产，以及珠宝、玉石、海岛、碳资产等特殊资产。资产评估服务的对象由为一般资产服务转向为一般和特殊资产双结合服务。

二、转型升级是中国资产评估行业发展的必由之路

随着资产评估行业的发展,资产评估介入社会经济活动越来越广泛,政府、市场、公众等社会各方面都将对资产评估行业提出更高的要求和期望;随着客户对评估质量的要求不断提高,评估行业需要更加注重执业质量;随着评估业务的不断发展变化,评估行业需要更加注重专业建设;随着社会公众的关注度提高,评估行业需要更加注重执业公平与公正。这些对我国资产评估行业转型升级提出了迫切要求。

从资产评估行业自身的发展趋势来看,资产行业正处于由分散经营、低水平竞争逐渐走向集中、优强大的演化阶段。资产评估行业要根据经济社会发展的客观要求,不断创新发展理念,丰富服务功能,更加注重转变发展方式,努力从粗放发展转向集约发展,在服务经济社会发展中实现自身的转型升级。

2012年2月27日,第十一届全国人大常委会第二十五次会议第一次审议了《资产评估法(草案)》,2013年8月28日,第十二届全国人大常委会第四次会议第二次审议了《资产评估法(草案)》。资产评估法出台后,将为充分发挥资产评估在市场经济中的积极作用、促进资产评估行业规范科学发展提供坚实的法律保障,也将为资产评估行业实现转型升级提供重要的法律基础。

三、国际化是中国资产评估行业发展的必然选择

纵观各国评估行业发展脉络,不难看出资产评估是经济发展的产物,它起源于以物易物的简单商品交换时期,随着各国市场经济

的不断发展而不断深入。资产评估经过上百年的发展，已经成为市场经济运行的重要环节，是社会公众确定价值的重要尺度。国际上，资产评估在专业化的基础上日益向综合化发展，企业价值评估、无形资产评估、机器设备评估、珠宝评估等都得到长足发展。随着各国资产评估行业之间的互相交流与借鉴，国际评估行业呈现逐渐融合、合作共赢的发展潮流。国际评估行业的新变化、新趋势将有力地带动和影响我国资产评估行业的发展和变化。我国评估行业也必然随着国家"走出去"战略实施逐步实现国际化。

中国资产评估行业遵循国际化发展的道路，开展了广泛深入的国际交流与合作，中国资产评估协会的国际话语权和专业引领影响力日益提升。作为国际评估准则理事会、世界评估组织联合会、国际财产税学会的常务理事和国际企业价值评估分析师协会管理层成员，中国资产评估协会积极参与国际评估组织事务，对国际评估准则等专业问题发表意见，得到国际评估准则委员会和国际同行的专业认可。2012年至今，中评协领导连任或新进入多个国际评估组织的管理层，中评协国际影响力和地位上升到新高度。在做优做强做大战略的政策引导下，中国资产评估协会积极提升大型评估机构的国际化发展能力，国内已有多家资产评估机构通过和境外评估机构合作，设立分支机构、发展成员所或承接境外评估项目等多种形式拓展境外业务，发挥价值评估和管理的专业优势，积累了宝贵的经验。这些都为更好地推动中国资产评估行业的国际化发展提供了良好的环境。

同时，经济全球化推动着经济领域中各种标准、制度的国际化趋同，我国资产评估准则已与国际评估准则实现了实质趋同。资产评估作为市场经济体系的专业价值服务，作为国际通用的商业语言，国际评估准则的借鉴和融合也日趋明朗。资产评估行业要适应经济全球化发展趋势，在加强国际交流与合作的同时，积极参与国际评估准则的制定，为打造具有国际水准的中国资产评估行业提供重要条件。

总之，资产评估作为服务、促进和保障经济运行和社会发展的重要基础，通过参与多种经济成分共同发展、经济增长方式转变、企业走出去、社会管理创新等国家重大战略的实施，资产评估服务于市场经济的布局将更加清晰、更加完善。同时，中国资产评估行业作为国际评估界的重要力量，在全球经济发展和国际评估准则制定中的话语权将更加重要。

第三节 中国资产评估行业发展的指导思想和理念

今后一个时期，是我国资产评估行业转型升级、实现跨越式发展的重要阶段。资产评估行业的科学发展需要正确的指导思想和发展理念引领。

指导思想：以社会主义市场经济理论为指导，按照十八大精神的要求，全面贯彻落实科学发展观，通过必要的扶持政策和有效措施，大力拓展执业范围和服务领域，加强行政监管和行业自律，全面提升行业执业质量和专业服务能力，切实改善执业环境和内部治理，更好地为我国经济社会发展提供优质高效的评估专业服务，实现其经济价值、政治价值、文化价值、社会价值、生态价值，努力把中国评估行业办成适应社会主义市场经济要求、具有职业尊严、深受社会尊重、享有国际声望、无愧于时代的中介服务行业。

在这一指导思想下，资产评估行业坚持如下发展理念：

一、旗帜领航发展

中国特色社会主义伟大旗帜，是当代中国发展进步的旗帜，是全党全国各族人民团结奋斗的旗帜。这是我国改革发展实践经验的科学总结，也是今后改革方向和发展道路的必然选择。中国特色社会主义伟大旗帜是中国资产评估行业发展的方向引领和基本方针。资产评估作为现代经济社会发展的高端服务行业，始终高举这面旗帜，坚持中国特色社会主义道路和理论指导，牢记使命，服务大局，全面推动行业各项建设，着力推进以服务经济社会发展为目标的资产评估体系，为中国特色社会主义市场经济保驾护航。

二、创新驱动发展

创新是中国资产评估行业发展的动力。资产评估是开拓性极强的事业。资产评估行业的发展历史，是不断探索、努力创新的历史。随着经济社会的发展，行业发展状况的不断变化，对行业发展的认识越发深化，对评估行业创新的要求也会更高。新形势下，资产评估行业不断增强创新理念，提升创新能力，推进创新实践，及时发现总结行业发展中的新情况、新问题和新经验，创造性地加以解决，不断推进理论创新、市场创新、管理创新，在理论上不断扩展新视野，在市场上不断丰富新领域，在管理上不断完善新体系，形成解决问题和创新发展的长效机制。

三、优质助力发展

优质是中国资产评估行业永恒的主题。资产评估行业优质发展、协会优质管理、机构优质服务、评估师优质执业是核心竞争力的综合体现，也是评估行业服务市场经济的根本。资产评估行业始终把为市场经济提供优质高效的专业价值服务作为一切工作的出发点和落脚点，使优质的发展理念深入到行业、协会、机构和评估师每一个层面和各个环节，内化为追求卓越质量的实实在在的行动，外化为优质高效的专业服务行为，树立诚信为本、质量第一的行业形象，从整体上提升评估行业的核心竞争力和社会公信力。

四、专业引领发展

专业是中国资产评估行业发展的灵魂，是可持续发展的基石，是提升核心竞争力的根本。资产评估高端的核心和本质在于资产评估的专业性，是其他行业无可替代的。要想在未来抢占现代服务业的发展先机，赢得市场和公众的信任，占领服务经济社会发展的制高点，需持续地推进专业建设，在现有技术标准的基础上创新，推动评估专业逐渐向价值估值、价值运营、价值咨询等领域拓展。发挥资产评估师对资产配置、资金使用、企业运行有深层次了解的专业优势，服务各种评价、评审等非价值估算类业务。如国家中小企业发展基金价值估值、国资预算资金绩效评价、企业财务能力评价等企业管理和财政改革工作，需要资产评估机构贡献专业力量。

五、管理提升发展

管理是整合行业资源、提升发展质效的关键因素。实现资产评估专业、行业、协会多维度、科学化的发展目标，需要发挥管理在提升行业竞争力的优化作用，汇聚专业人才的集智作用。资产评估行业管理的适用性创新和制度化保障是行业发展、协会建设和机构管理的重要支撑。应结合实际，建立健全行业、专业和协会管理的体制、机制和制度。督促管理制度的执行，评价执行效果，为管理决策提供科学依据。利用信息化的手段，完善自律、监管、会员、培训等，向创新和制度要效率。协调与政府、相关行业、地方协会等各方面的关系，营造良好的环境。

第四节 中国资产评估行业发展的市场空间

市场是资产评估行业施展专业才华的舞台,也是评估行业自身健康、科学、可持续发展的核心和关键。党的十八报告提出中国特色社会主义事业"五位一体"总布局,全面深化经济体制改革,实施创新驱动发展战略,推进经济结构战略调整,提高开放型经济水平,推进文化强国建设,加强社会建设,推进生态文明建设等一系列治国方略,都与资产评估这个现代服务业息息相关,为行业实现跨越式发展提供了广阔的市场前景。

一、传统市场的衍生、延伸服务带来的空间

(一)围绕巩固和发展公有制经济进一步服务国企改革的空间

党的十八大报告明确指出:要毫不动摇巩固和发展公有制经济,推行公有制多种实现形式,深化国有企业改革,完善各类国有资产管理体制,不断增强国有经济的活力、控制力、影响力,要推进经济结构战略性调整,优化产业结构。这表明传统评估业务赖以生存和发展的根本空间得以继续延伸,在深化国有企业改革以及优化产业结构方面,需要资产评估行业继续提供诸如企业价值评估、机器设备评估、无形资产评估等高质量的专业服务。

(二)围绕进一步服务多层次资本市场延伸的空间

党的十八大报告指出,要深化金融体制改革,发展多层次资本市场,完善金融监管,推进金融创新,维护金融稳定。这为金融衍生工具的评估,现代金融体系的评估,多元化资本市场的评估提供

了广阔的空间。如抵质押贷款动态评估、不良资产处置评估、借款人现金流分析与预测评估等。

（三）围绕国有资本更多地投向国家经济命脉的重要行业和关键领域，进一步服务多元投资的空间

党的十八大提出：推动国有资本更多投向关系国家安全和国民经济命脉的重要行业和关键领域。金融、军工、电网电力、石油石化、电信、煤炭、民航、航运等行业将得到国家的重点投入，这些领域涉及估值的多环节、多方位以及非评估服务估值，诸如企业经营效益评价、投资后评价、风险管理以及产权交易评估等高水平的专业服务。

二、新兴市场的增值服务形成的空间

（一）围绕各种所有制企业依法平等使用生产要素，市场对接需要公平价值尺度带来的需求

党的十八大报告提出，要保证各种所有制经济依法平等使用生产要素、公平参与市场竞争。促进生产要素市场化流动，合理确定生产要素的流通价值，优化资源配置，需要资产评估行业提供公平价值尺度，提供专业价值服务。诸如海域使用权评估、碳资产评估、林权评估以及生态环境评估等。

（二）围绕多元投资主体依法平等竞争所需要的价值发现和价值规范带来的需求

在实施创新驱动发展战略中，党的十八大报告指出要完善科技创新评价标准、激励机制、转化机制，实施知识产权战略，加强知识产权保护。在促进知识产权转换成为生产力的过程中，资产评估将利用自身的专业优势，在知识产权抵质押融资、出资等领域发挥重要作用,真正挖掘知识产权的价值,保障知识产权所有人的合法权益。党的十八大报告还提出,文化产业要成为国民经济的支柱性产业;深化科技体制改革,扎实推进文化建设,实施文化强国战略;加快完善文化管理体制和文化生产经营机制,基本建立现代文化市场体系,健全国有文化资产管理体制,形成有利于创新创造的文化发展环境;增强文化整体实力和竞争力。由此看出,进一步推动文化和市场的接轨已成为文化发展的必然选择。文化领域中存在大量的无形资产,科学地对无形资产进行计量和定价,将是推动文化产业发展的重要环节。在科技成果转化、检验检测认证机构市场化运营、科研院所的转企改制、文化产业集团做大做强、并购重组、引进外资、走出国门、三网融合等文化领域的深层次改革必然给资产评估行业提供更多的服务机会。以上市场的形成与发展,为资产评估展示了知识产权评估、品牌评估、文化资产评估和艺术品评估的广阔空间。

(三)围绕多元资本流动输出输入需要法律保护,同一经济尺度而带来的评估需求

党的十八大报告指出,适应经济全球化新形势,必须实行更加积极主动的开放战略,完善互利共赢、多元平衡、安全高效的开放型经济体系。加快走出去步伐,增强企业国际化经营能力,培育一批世界水平的跨国公司。在全面提高开放型经济水平的过程中,随着中资企业加快走出去步伐、国际化经营能力的增强,评估行业作为服务型的中介机构应充分发挥护卫舰的作用,为出海的航空母舰护航,为企业的国际化战略提供服务,帮助企业了解相关区域的政治经济财税政策、人力劳工政策、市场环境、法律环境、经济环境,相关行业的全球发展状况,中资企业在当地的优劣势态,都需要中介机构帮助进行投资收益经济评价、投资风险评价等。评估行业要创新境外合作方式,培养具有国际视野的评估人才,针对境外业务的特点开展海外并购资产评估、投资价值研究,提升境外业务

的执业能力。

三、改革催生的价值咨询服务提供的空间

（一）围绕社会公平，新的税收体系建立而衍生的服务

党的十八大报告提出，要加快改革财税体制，形成有利于结构优化、社会公平的税收制度。在税收领域，诸如财产税、所得税、资源税等税基的评估都逐渐依赖于中介机构出具的意见，加上已进入试点阶段的房产税以及未来可能开展的遗产税，资产评估将利用与国际财产税学会和国际税务官协会的深度交往的有利条件，大有作为。

（二）围绕政府、企业购买服务，公允价值，财务报告公开透明催生的服务

提高政府、企业管理科学化、精细化水平，保障会计信息的客观和独立等都有赖于资产评估行业提供独立客观的价值咨询服务，包括：财政资金运用、政府预算绩效管理、内部控制体系评价、财务管理能力评估、优化公司治理结构、企业战略并购及境外资产管理等服务空间。

（三）围绕公共体系完善催生的价值和咨询服务

党的十八大报告提出，要完善促进基本公共服务均等化，建立公共资源出让收益合理共享机制。诸如：新兴经济体的建立，城镇化的建立，主体功能区的建立，资源补偿，拆迁补偿、灾害补偿、司法鉴定、绩效评价、生态价值评估等将为评估行业拓宽价值咨询的服务空间。

围绕传统市场的衍生、延伸服务空间、新兴市场的增值服务空

间以及改革催生的价值咨询服务空间。中国资产评估协会建立了从发现市场、研究市场到固化市场，并进一步创新市场、规范市场，最终实现市场、完善市场，不断拓宽服务领域，延长评估服务链条，扩大服务辐射面，创新性地建立从市场研究到标准制定，再到素质培养、执业质量检查等市场建设模式，为资产评估行业市场空间的实现提供了扎实的基础。

第五节　中国资产评估行业建设路径

新的发展时期，如何实现行业发展前景，需要中国评估行业在行业建设、专业建设和协会建设方面制定切实可行的实现路径和具体措施，重点如下：

一、行业建设

加快构建充满活力，富有效率，更加开放，有利于资产评估行业科学发展的体制机制，重点抓住三个关键环节：一是围绕机构准入与退出、执业风险与质量控制、评估理论与方法创新等方面，强化评估机构的监督与管理；二是围绕人员的准入与退出、综合素质能力的考核和培养、执业能力提升等，强化评估人员的培养与使用；三是围绕行业总体目标的管理与实现，积极营造良好的法制、执业等外部环境。

（一）加强行业自律管理与执业监管

进一步探索完善行政与自律有机结合的管理体制，充分利用自律管理的前置程序功能，做好注册管理和服务平台建设，协助行政部门降低行政风险，节约行政成本，提高效率。在加强对传统评估业务监管的基础上，应对新开展的评估、评价、分析、测算、调查等鉴证服务和管理咨询服务领域的业务质量进行重点研究和监管，通过完善相关监管制度、检查手段等，对恶意压价竞争的行为进行惩戒。

（二）持续加强资产评估队伍建设

资产评估是智力密集型高端服务行业，资产评估队伍是资产评估行业发展的第一资源和微观基础，其核心是机构的健康发展和人才的教育与培养。新时期加强队伍建设，需在培养思路上完善，在培养方式上创新，在培养机制上进步，形成分步骤、全过程终身职业培养和学习机制，突破现在单一的考培体制，形成考试、注册、培训有机结合的系统化的人才培养链条，真正培养一支道德自觉、专业自信的评估队伍。

持续提升资产评估机构的核心竞争力。鼓励资产评估机构根据其发展战略、业务特点和规模，选择相应的组织形式，探索做优做强做大的途径和模式，完善内部治理结构和运行机制，强化风险管理和质量控制，不断提高评估机构的服务质量和执业水平。

全面实施资产评估行业人才战略。制定和实施资产评估行业人才规划，完善行业人才培养体系，以专业教育为基础，以诚信教育为主线，以职业需求为导向，全面提高资产评估队伍的整体素质。多渠道、分层次地培养更加适应社会主义市场经济发展、社会发展、参与国际竞争和行业发展要求，具备良好职业道德和专业素质的执业人员队伍、管理人才队伍和高端人才队伍，实现人才队伍在品质、能力、素质三方面的全面提升。拓宽执业人员的知识面，优化知识结构，强化知识培养；重点培养机构和评估师的市场洞察力、专业胜任力、沟通协调力，强化能力培养；提高业务创新和评估技术创新的能力，强化创新力培养。充分发挥评估机构在行业人才培养中的主体作用，营造良好的行业从业人员成长氛围。

完善考试培训机制。加强考试政策的沟通与协调，改进注册资产评估师考试制度，促进资产评估从业人员知识结构更新和能力提升。重视资产评估专业硕士培养工程。建立胜任能力评价体系，制定注册资产评估师职业发展规划。建立健全分类分级后续教育培训体系，实行岗位分级和专业分类培训，完善后续教育培训机制。引导和鼓励资产评估机构开展内部后续教育培训，与行业协会培训形成优势互补的机制。

（三）继续大力推进国际交流与合作

进一步充分发挥中评协在国际、国内评估行业之间的桥梁和纽带作用，加大我国评估机构与境外评估机构之间的技术交流与业务合作，实现由一般交流到专业实质性交流与合作，由扩大影响到发挥作用，由参与其中到话语权提升的三个重要转变，加快推进实施行业走出去战略。特别是进一步深化评估准则交流，加大中国资产评估行业的国际推广力度，与国际同行互相分享准则制定经验，提高中国评估行业的影响力和话语权。

（四）充分发挥党建的政治保障作用

资产评估协会是新经济组织和新社会组织中的重要组成部分，是党和政府联系群众的重要桥梁和纽带，是促进经济发展、社会和谐的积极力量。要积极探索符合行业发展特点的党建管理模式，扩大党组织覆盖面，充分发挥基层党组织的战斗堡垒作用和党员的先锋模范作用，努力构建行业党建与业务有机结合、相互促进的长效机制，为行业科学发展提供坚强的政治保证。

通过行业建设，建立一套体现行业发展目标的考核奖惩评价体系；建立会员发展目标指引、诚信评价体系；建立市场反映质量的机制,加强质量监管,提高执业水平。

二、专业建设

专业建设是行业发展的重要引擎。从发展趋势上看评估管理将更加侧重于专业管理。评估行业打造专业形象,赢得市场和公众的信任,需在现有的基础上创新、发展,建立以机构为主体、以市场为导向、产学研结合的专业创新体系,整合资源,共享成果,继续推进理论研究和准则建设。

(一) 加强专业理论研究

评估理论是评估实践的先导,是评估行业专业建设的重要内容。紧跟国家大政方针,结合行业发展实际,加强评估服务经济社会重点领域、行业重大基础理论、行业管理重点难点问题等理论研究,为评估专业建设提供坚实的理论基础,从理论上引领行业发展。建立健全市场开拓路线指引、新业务报备、专业新锐计划等专业制度,加强对业务拓展的专业指导,鼓励评估机构积极拓展新业务,尤其是延伸、衍生、派生和前瞻业务,打造资产评估价值管理的完整链条。充分发挥评估理论研究的作用,整合研究资源,汇聚协会、机构、院校等研究力量,为会员执业、市场开拓和行业发展提供智力支持。

(二) 丰富和完善执业准则体系

为服务经济社会发展,中评协根据业务拓展对执业准则的需求,创新地丰富和完善了资产评估执业准则体系,在评估准则体系之外,规划了操作指引体系。其中,评估准则体系仍然对价值估算类评估业务进行指导与规范,操作指引体系对各种评审、评价、咨询等非价值估算类业务进行指导与规范。中评协将继续根据市场和执业需求、监管方的要求，加强对执业中重点、难点问题的理论与实践研究，丰富完善评估准则体系，积极推进操作指引的研究制定，并发布专家提示等对执业具有参考性的专业技术文件。中评协和各地方协会还要努力为执业准则的实施营造良好的环境，加强准则宣传、培训、解释、答疑等工作，使社会加深对准则的了解和理解，提高社会对准则的认可度，提升行业影响力。

三、协会建设

行业组织是现代市场经济体系的重要支撑。资产评估协会作为资产评估行业的组织者和管理者，在评估行业发展中有引领作用。新时期，各级资产评估协会要不断健全和完善民主决策体系，加强干部队伍建设、作风建设和专业建设，管理与服务并重，全面提升服务行业发展和经济社会建设的能力和水平，以更好地承接政府转移职能，为政府提供专业服务，发挥社会管理作用，建立一个符合改革发展需要的、高效运转的协会。

（一）增强服务功能

秉承服务会员、行业、市场经济的理念，正确处理和把握自身发展和服务会员、行业和市场经济的关系，探索深化服务的新方法、新途径，把全部心思凝聚到会员服务上，把全部精力集中到行业科学发展上，把全部工作服从于推动服务经济社会发展的大局上，不断提升专业管理水平，增强带领行业开拓市场的能力，切实为会员提供优质高效的服务。

（二）完善监督机制

自律监管是资产评估行业监管的重要组成部分。行业协会要在服务政府决策，增进公共利益前提下，履行行业监管责任。创新监管形式，将注册管理、质量检查、市场开拓、队伍建设等有机结合起来，建立多渠道、立体式的执业质量监管体系。

（三）加强自律管理

建立完善的自律管理机制，反映会员诉求，引导会员维护国家利益、公众利益，协助政府进行监管，建立结构科学、运转高效的管理机制。充分发挥会长会、理事会决策议事功能，不断完善常务理事会和理事会机制。将秘书处建设成为运转高效、反应灵敏、服务有力、管理有效、勤政廉洁、纪律严明的办事机构，为行业自律管理提供必要的平台和通道。

（四）加大协调力度

资产评估行业处于市场经济中各种关系和利益的平衡点，协调工作尤为重要。加大协调工作力度，关注政府主管机关的需要，关注各资产监管当局的需要，关注市场对行业的需要，关注评估师的需要，研究制定行业发展的各种政策和措施，调动各方面的积极性，高效开展评估行业服务与管理，发挥好政府桥梁和纽带作用。建立和完善与财政部门、相关监管部门、评估报告使用方的沟通协调机制，争取各方的信任和支持，重点协调解决行政不当干预、商业贿赂、变相实行二次准入等行为，规范评估项目的招投标管理，营造评估行业发展的良好环境。

新的起点，新的机遇，新的希望，中国资产评估人将以勇往直前的进取精神和求真务实的创新实践，凝心聚力，开拓创新，积极推动新时期评估行业的健康发展、科学发展和可持续发展，充分提升资产评估行业竞争力，争取在我国现代专业服务行业发展中走在前列，作出表率，在我国市场经济完善进程中作出更新、更大的贡献！

未来的几十年，中国资产评估行业将谱写激荡雄浑的历史乐章，一个新兴的高端专业在中华大地展现蓬勃生机，在汇入国际同行前进的潮流中，迎来更加美好的明天，坚信未来属于历尽沧桑而又自信、自强、自立的中国资产评估行业！

参考文献

1. 楼继伟：《中国政府间财政关系再思考》，中国财政经济出版社 2013 年版。
2. 楼继伟：《聚焦中国——中国公共财政》，外文出版社 2008 年版。
3. 楼继伟：《楼继伟改革论集》，中国发展出版社 2008 年版。
4. 贺邦靖："面向未来 精诚合作 共同创造资产评估行业的美好明天"，美国注册价值分析师协会年会上的演讲，2010。
5. 贺邦靖："评估行业的可持续发展"，英国皇家特许测量师学会年会上的演讲，2011。
6. 刘红薇："加快推进资产评估管理体制建设"，《中国证券报》，2011 - 11 - 30。
7. 刘红薇："进一步加强交流与合作 促进评估行业共同发展"，美国评估师协会国际评估师大会上的演讲，2011。
8. 刘萍：《资产评估准则——基本准则》、《资产评估职业道德准则——基本准则》释义，机械工业出版社 2004 年版。
9. 刘萍：《企业价值评估指导意见（试行）讲解》，经济科学出版社 2005 年版。
10. 刘萍："中国资产评估行业发展经验"，国际评估准则理事会管委会上的演讲 2010 年版。
11. 张文珠、刘萍：《资产评估行业在中国的创立》，中国资产评估协会，2006 - 06。

12. 赵立新、刘萍：《上市公司并购重组市场法评估研究》，中国金融出版社2012年版。

13. 刘玉廷："深化企业改革 助力资产评估发展新契机"，《中国资产评估》，2012 – 01。

14. 刘玉廷："资产评估：在做大的基础上做优做强"，《中国会计报》，2011 – 11 – 18。

15. 贾谌："加大行政监管力度 不断开创评估事业发展新局面"，《中国资产评估》，2010 – 11。

16. 郭建新："资本市场呼唤企业价值评估"，《中国资产评估》，2006 – 05。

17. 李春满："国有资产管理体制改革的重大突破"，《经济研究参考》，2003 – 01 – 16。

18. 刘公勤、潘宇："修改收费办法 规范评估执业"，《中国资产评估》，2010 – 01。

19. 袁白薇："推动知识产权质押评估 助力质押融资工作开展"，《中国资产评估》，2013 – 09。

20. 刘伟：《经济学教程 – 中国经济分析（第二版）》，北京大学出版社2012年版。

21. 王子林：《资产评估原理·实务·管理》，中国财政经济出版社1994年版。

22. 中国证券监督管理委员会：《中国资本市场二十年》，中信出版社2012年版。

23. 国务院国资委政策法规局：《国务院国有资产监督管理委员会规章规范性文件汇编》，经济科学出版社2011年版。

24. 财政部《资产评估与金融风险防范》课题组，《资产评估与金融资产防范》，经济科学出版社2009年版。

25. 上海证券交易所、中国资产评估协会联合课题组：《上市公司2009年度并购重组资产评估专题分析报告》，《上海证券报》，

2010-04-16。

26. 张训苏："资产评估业的国际比较"，《上海证券报》，1998。

27. 王少豪：《高新技术企业价值评估》，中信出版社2001年版。

28. 中国资产评估协会：《资产评估理论与实践研究》，经济科学出版社2011年版。

29. 中国资产评估协会：《资产评估》，中国财政经济出版社2013年版。

30. 中国资产评估协会：《资产评估与市场经济发展：2006国际评估论坛中外嘉宾演讲文集》，经济科学出版社2007年版。

31. 中国资产评估协会：《借鉴与参考——国外资产评估行业考察研究报告》，中国财政经济出版社2007年版。

32. 中国资产评估协会：《中国资产评估准则体系发布会系列活动文集》，经济科学出版社2008年版。

33. 中国资产评估协会：《资产评估准则2013》，中国财政经济出版社2013年版。

34. 中国资产评估协会：《市场拓展与品牌建设》，经济科学出版社2012年版。

35. 中国资产评估协会：《中国资产评估行业规范汇编》，经济科学出版社2012年版。

36. 保罗·萨缪尔森，威廉·诺德豪斯：《经济学》，人民邮电出版社2011年版。

37. N·格里高利·曼昆：《经济学原理：微观经济学分册》，北京大学出版社2012年版。

38. 艾斯沃斯·达摩达兰：《达摩达兰论估价》，东北财经大学出版社2010年版。

39. John Hull. Options, Futures, and Other Derivatives, Six Edition. Published by Pearson Education, Inc publishing as Prentice Hall, 2006.

后 记

　　集全行业精英之力编撰，历时年余，反复斟酌，数易其稿，三部全面记录中国资产评估二十余年发展历程、真实反映中国资产评估协会成立二十年来推动行业建设的丰硕成果、客观凝聚中国资产评估理论建设与实践发展进程中的行业共识的系列著作：《中国资产评估理论与实践》、《中国资产评估制度与准则》、《中国资产评估国际交流与借鉴》终于付梓，为中国资产评估协会成立二十周年献上了一份厚礼。

　　组织编撰这样一套丛书，藉以系统总结中国资产评估二十余年发展历程，向全社会展示资产评估在社会经济发展中的作用，彰显资产评估行业全体同仁持续推动行业建设的不懈努力。这套丛书是由中评协会长贺邦靖倡议，会长办公会议一致通过，责成协会秘书负责组织编写。丛书由贺邦靖会长任主编，并主导编写组研究确定了编写大纲和三本书的基本框架，由我担任执行主编，负责丛书的工作进展、编写内容以及丛书总纂。

　　贺邦靖会长以及中评协副会长刘玉廷、贾谌、刘公勤、袁白薇、刘伟、王子林都亲自审阅了书稿，并提出了许多宝贵的意见和建议。

　　丛书由中评协李春满顾问具体统筹协调。在丛书编撰过程中，李春满顾问亲力亲为，以多年的经验和智慧指导各项工作有序开展，对丛书的编撰付出了极大的热情和精力。中评协秘书处专职副书记宋阳，副秘书长卞荣华、韩立英全程参与了丛书讨论、撰写和修改。

　　为做好丛书的编写工作，中评协采取了多项有力措施，全力推动丛书编写工作。第一，汇聚专家力量。中评协组成课题队伍，召集高等院校、大型评估机构、中评协和部分地方协会的专家开展编写工作。第二，注重交流研讨。中评协按照丛书编写的进度安排，数次举办汇报交流和专门的章节研讨，保证全面掌握丛书进展，并及时解决难点问题。第三，征集典型案例。中评协面向全行业征集评估典型案例和历史素材，充实丛书内容，形成丛书亮点。第四，统稿集思广益。在统稿阶段邀请行业专家，对丛书提出修改意见和建议。第五，审校严格把关。协会领导、统稿专家、章节负责人、校稿人等多个层次，对书稿进行整体质量把关。这一系列有效措施，保证了全书的统一和完整性。

　　在近两年的丛书编写过程中，编写组成员付出了大量的智慧和心血，收集、整理了大量的珍贵历史资料，研读了大量中外经济和评估方面的书籍，体现了执着、严谨、负责的专业精神，展现了热爱行业、勇于奉献的精神风貌。同时，编写组成员也为能亲身参与这一行业盛事，加深了对行业的理解而深感自豪。在这里对编写组全体成员的辛勤工作表示感谢。

　　资产评估行业在中国改革开放的伟大进程中发展壮大，成为市场经济不可或缺的现代服务业。业界同仁筚路蓝缕，艰难困苦，玉汝于成，甘苦自知。其创业之艰难，道路之曲折，于《中国资产评估理论与实践》一书中可窥一斑。本书回顾总结资产评估的起源、发展，展望资产评估发展前景，系统描述了中国特色的评估体系，彰显了中国资产评估的特点，是评估行业二十年发展历程和成果的集合。

　　中评协始终坚持规范起步，制度先行。《中国资产评估制度与准则》将迄今规范中国资产评估行业的各种制度及具有中国特色与国际视野的资产评估准则蒐集汇编，并加以分析概述，是一项重要的基础建设工作，为今后资产评估行业建设与发展奠定制度基础。

中国资产评估行业之所以卓然屹立于世界评估界，迅速实现由学习借鉴到平等交流，直至在部分领域为世界评估界贡献经验，与中评协采取开放、进取的科学学习态度有着直接关系。《中国资产评估国际交流与借鉴》总结了中国资产评估行业国际交流与借鉴的发展历程和最新成果，是对中国资产评估国际交流的总结，也是对国际评估界的一大贡献。

近日，财政部部长楼继伟和主管领导刘红薇部长助理对资产评估工作给予充分肯定，明确指出资产评估是市场经济的基础工作，也是财政管理的基础工作，对默默耕耘在评估行业的仁人志士给予鼓励，期望评估行业在中国经济转型升级、财政深化改革的重大机遇中发挥更大的作用，这是对评估人数十年努力的肯定，也是对行业今后发展提出的更高要求，是激励行业发展的动力。

《中国资产评估理论与实践》的主要撰稿人有：李春满、韩立英、赵金娥、王生龙、彭小蓉、杜元钰、何亮亮、汪宁、俞明轩、刘登清、孙建民、杨志明、张梅、崔劲、朱军、王少豪、赵强、陈华、刘伍堂。

参加编写和讨论的还有：邓艳芳、阮咏华、唐光兴、霍振彬、崔太平、刘兴旺、胡建新、王永贞、张莹、王静、唐伟、李秀春、孙宇光、郝晋宏、陈光宇、李光明、鲁杰钢、王含秋、杨伶俐、赵林、王昭力、傅文捷、章海凤、唐克。

对本书进行审改的有：刘萍、姜楠、曹邑平。

在丛书的编写过程中，丛书大纲初稿由中联研究院起草，后经编委会团队集体编纂，北京、山西、大连、厦门等地方评估协会和各具有证券期货相关业务评估资格的资产评估机构为丛书提供了大量的典型案例和宝贵的原始资料，对本书的编写提供了有益帮助，在此一并表示感谢。

由于编写者水平所限,更由于中国资产评估行业仍处于不断发展变革时期,本套丛书仍存在许多不够完善、不够成熟之处,恳请广大读者批评指正。

中国资产评估协会副会长、秘书长　刘　萍
二○一三年八月八日